2025 9급 법원직

형법
기출문제집

|법원직시험연구진|

[2013년 ~ 2024년 기출문제]
[년도별 수록]

엑스퍼트원

머리말

　모든 시험에 있어서 기출문제의 중요성은 아무리 강조해도 지나침이 없을 정도로 중요한 건 사실이다. 특히 공개채용 시험에서의 기출문제는 망망대해를 헤쳐 나가는 범선의 나침반과 같고 멀고 먼 길을 여행하는 여행객의 안내자와 같은 것이라 할 수 있다.

　아무리 많은 시간과 노력을 투자하여 시험 준비를 하였더라도 시험의 출제경향과 수준에 맞지 않았다면 모든 노력은 수포로 돌아가고 말 것이다. 특히 법원사무직 및 등기사무직의 경우는 몇 년 전에 출제되었던 문제들이 반복 출제되는 경향을 보이고 있어 기출문제는 상당히 중요하다고 볼 수 있다.

　'지피지기면 백전백승'이듯이 기출문제는 시험에 있어 자신감과 학습방향 설정에 도움을 줄뿐더러 짧은 기간에 효율적인 학습을 가능하게 해준다는 장점이 있다.

　본 "법원직 형법 기출문제집(2025)"은 2013년부터 2024년까지 출제되었던 기출문제들을 년도 별로 수록하여 출제경향의 흐름을 한눈에 파악할 수 있도록 하였으며 상세한 해설을 함께 수록하였다. 또한 관련 판례를 수록하여 이해를 돕고자 하였으며 최신 개정된 법조문들을 반영하여 수록하였다.

　이와 같은 특성을 지닌 "법원직 형법 기출문제집(2025)"을 접한 수험생들의 영광된 합격을 기원하는 바이다.

- 법원직시험연구진 -

차 례

·형법 기출문제·

2013. 3. 9. 시행 ·· 9
2014. 3. 8. 시행 ·· 23
2015. 3. 7. 시행 ·· 36
2016. 3. 5. 시행 ·· 50
2017. 2. 25. 시행 ······································ 64
2018. 3. 3. 시행 ·· 77
2019. 2. 23. 시행 ······································ 91
2020. 2. 22. 시행 ······································ 103
2021. 2. 27. 시행 ······································ 117
2022. 6. 25. 시행 ······································ 133
2023. 6. 24. 시행 ······································ 150
2024. 6. 22. 시행 ······································ 167

차 례

-형법 정답 및 해설-

2013. 3. 9. 시행 ·················· 185
2014. 3. 8. 시행 ·················· 197
2015. 3. 7. 시행 ·················· 208
2016. 3. 5. 시행 ·················· 217
2017. 2. 25. 시행 ················· 230
2018. 3. 3. 시행 ·················· 242
2019. 2. 23. 시행 ················· 256
2020. 2. 22. 시행 ················· 267
2021. 2. 27. 시행 ················· 276
2022. 6. 25. 시행 ················· 285
2023. 6. 24. 시행 ················· 296
2024. 6. 22. 시행 ················· 309

- **형법** 기출문제 -

  2013. 3. 9. 시행
  2014. 3. 8. 시행
  2015. 3. 7. 시행
  2016. 3. 5. 시행
  2017. 2. 25. 시행
  2018. 3. 3. 시행
  2019. 2. 23. 시행
  2020. 2. 22. 시행
  2021. 2. 27. 시행
  2022. 6. 25. 시행
  2023. 6. 24. 시행
  2024. 6. 22. 시행

기출문제 (2013년 3월 9일 시행)

01. 부동산 명의신탁과 관련한 횡령 또는 배임죄에 관한 다음 설명 중 가장 옳지 않은 것은? (다툼이 있는 경우 판례에 의함)

① 부동산을 소유자로부터 명의수탁 받은 자가 이를 임의로 처분하였다면 명의신탁자에 대한 횡령죄가 성립하며, 그 명의신탁이 부동산 실권리자명의 등기에 관한 법률 시행 전에 이루어졌고 같은 법이 정한 유예기간 이내에 실명등기를 하지 아니함으로써 그 명의신탁약정 및 이에 따라 행하여 진 등기에 의한 물권변동이 무효로 된 후에 처분행위가 이루어졌다고 하여 달리 볼 것이 아니다.

② 신탁자와 수탁자가 명의신탁 약정을 맺고, 이에 따라 수탁자가 당사자가 되어 명의신탁 약정이 있다는 사실을 알지 못하는 소유자와 사이에서 부동산에 관한 매매계약을 체결한 후 그 매매계약에 기하여 당해 부동산의 소유권이전등기를 수탁자 명의로 경료한 경우 수탁자가 그 부동산을 처분하더라도 횡령죄나 배임죄가 성립하지 않는다.

③ 부동산을 그 소유자로부터 매수한 자가 그의 명의로 소유권이전등기를 하지 아니하고 제3자와 맺은 명의신탁약정에 따라 매도인으로부터 바로 그 제3자에게 중간생략의 소유권이전등기를 경료하였는데, 수탁자인 제3자가 그 부동산을 임의로 처분한 경우 횡령죄가 성립한다.

④ 이른바 계약명의신탁 방식으로 명의수탁자가 당사자가 되어 명의신탁약정이 있다는 사실을 알고 있는 소유자로부터 부동산을 매수하는 계약을 체결한 후 명의수탁자 앞으로 소유권이전등기가 행하여진 경우 그 명의수탁자가 제3자에게 그 부동산을 처분한 때에는 횡령죄가 성립한다.

02. 공동정범에 관한 다음 설명 중 가장 옳지 않은 것은? (다툼이 있는 경우 판례에 의함)

① 3인 이상의 범인이 합동절도의 범행을 공모한 후 적어도 2인 이상의 범인이 범행 현장에서 시간적, 장소적으로 협동관계를 이루어 절도의 실행행위를 분담하여 절도 범행을 한 경우에, 그 공모에는 참여하였으나 현장에서 절도의 실행행위를 직접 분담하지 아니한 다른 범인에 대하여도 그가 현장에서 절도 범행을 실행한 위 2인 이상의 범인의 행위를 자기의사의 수단으로 하여 합동절도의 범행을 하였다고 평가할 수 있는 정범성의 표지를 갖추고 있는 한 공동정범의 일반 이론에 비추어 그 다른 범인에 대하여 합동절도의 공동정범으로 인정할 수 있다.

② 공모공동정범에 있어서 공모자 중의 1인이 다른 공모자가 실행행위에 이르기 전에 그 공모관계에서 이탈한 때에는 그 이후의 다른 공모자의 행위에 관하여는 공동정범으로서의 책임은지지 않는다 할 것이나, 공모관계에서의 이탈은 공모자가 공모에 의하여 담당한 기능직 행위지배를 해소하는 것이 필요하므로 공모자가 공모에 주도적으로 참여하여 다른 공모자의 실행에 영향을 미친 때에는 범행을 저지하기 위하여 적극적으로 노력하는 등 실행에 미친 영향력을 제거하지 아니하는 한 공모관계에서 이탈하였다고 할 수 없다.

③ 甲이 A를 강간하고 있을 때, 乙 스스로 강간행위에 가담할 의사로 甲이 모르는 사이에 망을 보아 준 경우, 乙은 강간죄의 공동정범이 된다.

④ 甲과 乙이 공동하여 강도하기로 공모하고 함께 협박에 사용할 등산용 칼을 구입하였으나 실행의 착수에 이르지 못한 경우, 강도예비죄의 공동정범이 된다.

03. 정당방위에 관한 설명 중 가장 옳지 않은 것은? (다툼이 있는 경우 판례에 의함)

① 현행범인 체포행위가 적법한 공무집행을 벗어나 불법인 경우, 현행범이 체포를 면하려고 반항하는 과정에서 경찰관에게 상해를 가한 것은 불법체포로 인한 신체에 대한 현재의 부당한 침해에서 벗어나기 위한 행위로서 정당방위에 해당하여 위법성이 조각된다.

② 가해자의 행위가 피해자의 부당한 공격을 방위하기 위한 것이라기보다는 서로 공격할 의사로 싸우다가 먼저 공격을 받고 이에 대항하여 가해하게 된 것이라고 봄이 상당한 경우, 그 가해행위는 방어행위인 동시에 공격행위의 성격을 가지므로 정당

방위 또는 과잉방위행위라고 볼 수 없다.
③ 甲과 乙이 공동으로 인적이 드문 심야에 혼자 귀가 중인 丙女에게 뒤에서 느닷없이 달려들어 양팔을 붙잡고 어두운 골목길로 끌고 들어가 담벽에 쓰러뜨린 후, 甲이 丙女의 음부를 만지고 이에 반항하는 丙女의 옆구리를 무릎으로 차고 억지로 키스를 하므로 丙女가 정조와 신체를 지키려는 일념에서 엉겁결에 甲의 혀를 깨물어 설(舌)절단상을 입힌 행위는 방위행위의 한도를 넘어선 것으로서 정당방위에 해당하지 않는다.
④ 이혼소송중인 남편이 찾아와 가위로 폭행하고 변태적 성행위를 강요하는 데에 격분하여 처가 칼로 남편의 복부를 찔러 사망에 이르게 한 경우, 그 행위는 방위행위로서의 한도를 넘어선 것으로 사회통념상 용인될 수 없다는 이유로 정당방위나 과잉방위에 해당하지 않는다.

04. 인과관계에 관한 설명 중 가장 옳지 않은 것은? (다툼이 있는 경우 판례에 의함)

① 폭행이나 협박을 가하여 간음을 하려는 행위와 이에 극도의 흥분을 느끼고 공포심에 사로잡혀 이를 피하려다 사상에 이르게 된 사실과는 이른바 상당인과관계가 있어 강간치사상죄로 다스릴 수 있다.
② 강간을 당한 피해자가 집에 돌아가 음독자살하기에 이르른 원인이 강간을 당함으로 인하여 생긴 수치심과 장래에 대한 절망감 등에 있었다고 한다면 그 자살행위가 바로 강간행위로 인하여 생긴 당연의 결과라고 볼 수 있으므로, 강간행위와 피해자의 자살행위 사이에 인과관계를 인정할 수 있다.
③ 살인의 실행행위가 피해자의 사망이라는 결과를 발생하게 한 유일한 원인이거나 직접적인 원인이어야만 되는 것은 아니므로, 살인의 실행행위와 피해자의 사망과의 사이에 다른 사실이 개재되어 그 사실이 치사의 직접적인 원인이 되었다고 하더라도 그와 같은 사실이 통상 예견할 수 있는 것에 지나지 않는다면 살인의 실행행위와 피해자의 사망과의 사이에 인과관계가 있는 것으로 보아야 한다.
④ 운전사가 시동을 끄고 시동열쇠는 꽂아 둔 채로 하차한 동안에 조수가 이를 운전하다가 사고를 낸 경우에 시동열쇠를 그대로 꽂아 둔 행위와 상해의 결과발생 사이에는 특별한 사정이 없는 한 인과관계가 없다.

05. 형법 제16조 소정의 법률의 착오와 관련한 다음 설명 중 가장 옳지 않은 것은? (다툼이 있는 경우 판례에 의함)

① 행정청의 허가가 있어야 함에도 불구하고 허가를 받지 아니하여 처벌대상의 행위를 한 경우에 허가를 담당하는 공무원이 허가를 요하지 않는 것으로 잘못 알려 주었다고 하더라도 이러한 사정만으로는 피고인이 자신의 행위가 죄가 되지 않는다고 오인함에 정당한 이유가 있다고 보기 어렵다.
② 약 23년간 경찰공무원으로 근무하여 온 형사계 강력반장이 검사의 수사지휘만 받으면 죄가 되지 아니하는 것으로 믿고 허위공문서를 작성하였다고 하더라도 형법 제16조에 의하여 처벌을 면할 수는 없다.
③ 건물 임차인인 피고인이 건축법의 관계 규정을 알지 못하여 임차건물을 자동차정비공장으로 사용하는 것이 건축법상의 무단용도변경 행위에 해당한다는 것을 모르고 사용을 계속하였다고 하더라도, 이는 단순한 법률의 부지에 해당하므로 범죄의 성립에 아무런 지장이 없다.
④ 대법원의 판례에 비추어 자신의 행위가 무허가 의약품의 제조·판매행위에 해당하지 아니하는 것으로 오인하였다고 하더라도 그것이 사안을 달리하는 사건에 관한 대법원의 판례의 취지를 오해하였던 것에 불과하였다면 그와 같은 사정만으로는 그 오인에 정당한 사유가 있다고 볼 수 없다.

06. 실행의 착수에 관한 설명으로 가장 옳은 것은? (다툼이 있는 경우 판례에 의함)

① 피고인이 노상에 세워 놓은 자동차 안에 있는 물건을 훔칠 생각으로 유리창을 따기 위해 면장갑을 끼고 칼을 소지한 채 자동차의 유리창을 통하여 그 내부를 손전등으로 비추어 보았다면 절도의 실행의 착수에 이른 것이다.
② 피고인이 주택주변과 피해자의 몸에 휘발유를 상당히 뿌린 상태에서 라이터를 켜 불꽃을 일으켰는데, 불이 피해자의 몸에만 붙고 방화 목적물인 주택 자체에 불이 옮겨 붙지 않았다면 현존건조물방화죄의 실행의 착수가 있었다고 볼 수 없다.
③ 피담보채권인 공사대금 채권을 실제와 달리 허위로 부풀려 유치권에 의한 경매를 신청한 경우 소송사기죄의 실행의 착수에 해당한다.
④ 피고인이 제1차 매수인으로부터 계약금 및 중도금 명목의 금원을 교부받은 후 제2

차 매수인에게 부동산을 매도하기로 하고 계약금을 지급받으면 배임죄의 실행의 착수가 된다.

07. 다음 중 국가의 기능에 대한 죄와 관련하여 형법상 처벌받지 않는 자는? (다툼이 있는 경우 판례에 의함)

① 자기의 형사사건에 관한 증거를 인멸하기 위하여 타인을 교사하여 죄를 범하게 한 자
② 피고인 자신이 직접 형사처분이나 징계처분을 받게 될 것을 두려워한 나머지 자기의 이익을 위하여 증인이 될 사람을 도피하게 하였는데, 그 행위가 동시에 다른 공범자의 형사사건이나 징계사건에 관한 증인을 도피하게 한 결과가 된 경우 그 피고인
③ 피무고자의 교사 하에 제3자가 피무고자에 대한 허위의 사실을 신고한 경우 제3자를 교사한 피무고자
④ 자기의 형사사건에 관하여 타인을 교사하여 위증죄를 범하게 한 자

08. 준강도죄에 관한 다음 설명 중 가장 옳지 않은 것은? (다툼이 있는 경우 판례에 의함)

① 강도범인이 체포를 면탈할 목적으로 경찰관에게 폭행을 가한 때에는 강도죄와 공무집행방해죄는 상상적 경합관계에 있다.
② 준강도죄의 기수 여부는 폭행 또는 협박이 종료되었는가 하는 점에 따라 결정되는 것이 아니라 절도행위의 기수 여부를 기준으로 판단하여야 한다.
③ 주간에 절도의 목적으로 타인의 주거에 침입하였다가 실행의 착수 이전에 발각되어 체포를 면탈하고자 폭행을 가한 경우에는 단순 주거침입죄와 폭행죄의 경합범만이 성립한다.
④ 절도범인이 처음에는 흉기를 휴대하지 아니하였으나, 체포를 면탈할 목적으로 폭행 또는 협박을 가할 때는 비로소 흉기를 휴대 사용하게 된 경우에도 특수강도의 준강도가 된다.

09. 다음 설명 중 가장 옳지 않은 것은? (다툼이 있는 경우 판례에 의함)

① '주간에' 사람의 주거 등에 침입하여 '야간에' 타인의 재물을 절취한 행위를 형법 제330조의 야간주거침입절도죄로 처벌할 수 없다.
② 피고인이 수사기관에 자진 출석하여 처음 조사를 받으면서는 돈을 차용하였을 뿐이라며 범죄사실을 부인하다가 제2회 조사를 받으면서 비로소 업무와 관련하여 돈을 수수하였다고 자백한 행위는 자수라고 할 수 없다.
③ 직무유기죄는 그 직무를 수행하여야 하는 작위의무의 존재와 그에 대한 위반을 전제로 하고 있으므로, 그 작위의무를 수행하지 아니함으로써 곧바로 성립하는 즉시범이다.
④ 배임죄에 있어 재산상의 손해를 가한 때라 함은 현실적인 손해를 가한 경우뿐만 아니라 재산상 실해 발생의 위험을 초래한 경우도 포함되고, 재산상 손해의 유무에 대한 판단은 본인의 전 재산 상태와의 관계에서 법률적 판단에 의하지 아니하고 경제적 관점에서 파악하여야 하며, 따라서 법률적 판단에 의하여 당해 배임행위가 무효라 하더라도 경제적 관점에서 파악하여 배임행위로 인하여 본인에게 현실적인 손해를 가하였거나 재산상 실해 발생의 위험을 초래한 경우에는 재산상의 손해를 가한 때에 해당되어 배임죄를 구성한다.

10. 다음 설명 중 가장 옳지 않은 것은? (다툼이 있는 경우 판례에 의함)

① 판결선고 후 누범인 것이 발각된 때에는 선고한 형의 집행을 종료하거나 그 집행이 면제된 경우가 아니라면 그 선고한 형을 통산하여 다시 형을 정할 수 있다.
② 가석방 기간 중 과실로 인한 죄로 금고 이상의 형의 선고를 받아 그 판결이 확정된 때에도 가석방처분은 효력을 잃는다.
③ 벌금, 과료, 몰수와 추징에 있어서는 강제처분을 개시함으로 인하여 형의 시효가 중단된다.
④ 선고유예 판결을 할 경우에 그 판결이유에서는 선고할 형의 종류와 양 즉 선고형을 정해놓아야 하고 그 선고를 유예하는 형이 벌금형일 경우에는 그 벌금액뿐만 아니라 환형유치처분까지 해 두어야 한다.

11. 문서에 관한 죄에 대한 다음 설명 중 가장 옳지 않은 것은? (다툼이 있는 경우 판례에 의함)

　① 타인으로부터 약속어음 작성에 사용하라고 인장을 교부받았음에도 그 인장을 사용하여 그 타인 명의의 지급명령 이의신청취하서를 작성한 경우에는 사문서위조죄가 성립한다.
　② 정부에서 발주하는 공사를 낙찰받기 위하여 허위사실을 기재한 공사실적증명원을 구청의 담당직원에게 제출하여 그 내용이 허위인 정을 모르는 담당직원으로부터 기재된 사실을 증명한다는 취지로 구청장의 직인을 날인받는 경우 공문서위조죄의 간접정범이 된다.
　③ 문서를 작성할 권한이 있는 공무원의 직무를 보좌하는 자가 그 직위를 이용하여 행사할 목적으로 초안한 문서에 허위내용을 기입하고, 그 정을 모르는 상사에게 제출·결재하게 한 경우에는 허위공문서작성죄가 성립한다.
　④ 건축 담당 공무원이 건축허가신청서를 접수·처리함에 있어 건축법상의 요건을 갖추지 못하고 설계된 사실을 알면서도 기안서인 건축허가통보서를 작성하여 건축허가서의 작성명의인인 군수의 결재를 받아 건축허가서를 작성한 경우, 위 건축허가서를 작성한 행위를 허위공문서작성죄로 처벌할 수는 없다.

12. 다음 설명 중 가장 옳지 않은 것은? (다툼이 있는 경우 판례에 의함)

　① 이미 과다한 부채의 누적 등으로 신용카드 사용으로 인한 대출금채무를 변제할 의사나 능력이 없는 상황에 처하였음에도 불구하고 신용카드를 사용한 경우, 사기죄에 있어서 기망행위 내지 편취의 범의를 인정할 수 있다.
　② 甲이 권한 없이 인터넷뱅킹으로 타인의 예금계좌에서 자신의 예금계좌로 돈을 이체한 후 그 중 일부를 인출하여 그 점을 아는 乙에게 교부한 경우, 乙에게 장물취득죄가 성립한다.
　③ 절취한 친족 소유의 예금통장을 현금자동지급기에 넣고 조작하여 예금 잔고를 다른 금융기관의 자기 계좌로 이체하는 방법으로 저지른 컴퓨터 등 사용사기죄에 있어서의 피해자는 친족 명의 계좌의 '금융기관'이므로, 위와 같은 경우에는 친족 사이의 범행을 전제로 하는 친족상도례를 적용할 수 없다.

④ 강취한 신용카드를 가지고 자신이 그 신용카드의 정당한 소지인인양 가맹점의 점주를 속이고 그에 속은 점주로부터 주류 등을 제공받아 이를 취득한 것이라면 신용카드부정사용죄와 별도로 사기죄가 성립한다.

13. 다음 중 위험한 물건을 휴대하면 형법상 가중처벌 되는 범죄는 모두 몇 개인가?

㉠ 주거침입죄 ㉡ 공무집행방해죄 ㉢ 손괴죄 ㉣ 체포죄

① 1개
② 2개
③ 3개
④ 4개

14. 배임수재죄와 배임죄에 관한 다음 설명 중 가장 옳지 않은 것은? (다툼이 있는 경우 판례에 의함)

① 타인의 사무를 처리하는 자가 그 임무에 관하여 부정한 청탁을 받은 이상 그 후 사직으로 인하여 그 직무를 담당하지 아니하게 된 상태에서 재물을 수수하게 되었다 하더라도, 그 재물 등의 수수가 부정한 청탁과 관련하여 이루어진 것이라면 배임수재죄가 성립한다.
② 배임죄는 타인의 사무를 처리하는 자가 그 임무에 위배하는 행위가 있어야 하고 그 행위로서 본인에게 손해를 가함으로써 성립하는 것이나 부정한 청탁을 받거나 금품을 수수한 것을 그 요건으로 하지 않는다.
③ 배임수재죄에서 말하는 '재산상의 이익의 취득'이라 함은 현실적인 취득뿐만 아니라 단순히 요구 또는 약속만을 한 경우도 포함된다.
④ 배임수재죄와 배임죄는 일반법과 특별법관계가 아닌 별개의 독립된 범죄이다.

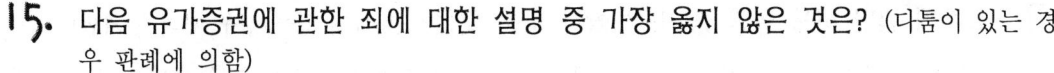

15. 다음 유가증권에 관한 죄에 대한 설명 중 가장 옳지 않은 것은? (다툼이 있는 경우 판례에 의함)

① 유가증권위조·변조죄에 관한 형법 제214조제1항과 달리 수표위조·변조에 의한 부정수표단속법 제5조 위반죄의 성립에는 '행사할 목적'이 요구되지 않는다.
② 문방구 약속어음 용지를 이용하여 작성되었다고 하더라도 그 전체적인 형식·내용에 비추어 일반인이 진정한 것으로 오신할 정도의 약속어음 요건을 갖추고 있으면 당연히 형법상 유가증권에 해당한다.
③ 위조유가증권의 교부자와 피교부자가 서로 유가증권위조를 공모하였거나 위조유가증권을 타에 행사하여 그 이익을 나누어 가질 것을 공모한 공범의 관계에 있다면, 그들 사이에 위조유가증권을 교부하였다 하더라도 위조유가증권행사죄가 성립하지 않는다.
④ 유가증권의 내용 중 이미 변조된 부분을 다시 권한 없이 변경한 경우에도 유가증권변조죄가 성립한다.

16. 부작위범에 관한 다음 설명 중 가장 옳지 않은 것은? (다툼이 있는 경우 판례에 의함)

① 부작위범 사이의 공동정범은 다수의 부작위범에게 공통된 의무가 부여되어 있고 그 의무를 공통으로 이행할 수 있을 때에만 성립한다.
② 압류된 골프장시설을 보관하는 회사의 대표이사가 위 압류시설의 사용 및 봉인의 훼손을 방지할 수 있는 적절한 조치 없이 골프장을 개장하게 하여 봉인이 훼손되게 한 경우, 부작위에 의한 공무상표시무효죄에 해당한다.
③ 법무사가 아닌 사람이 법무사로 소개되거나 호칭되는 데에도 자신이 법무사가 아니라는 사실을 밝히지 않은 채 법무사 행세를 계속하면서 근저당권설정계약서를 작성하였다면 부작위에 의한 법무사법위반죄에 해당한다.
④ 입찰업무를 담당하는 공무원이 부하직원의 입찰보증금 횡령사실을 알고도 이를 방지할 조치를 취하지 아니하고 묵인한 경우, 이는 작위에 의한 법익침해와 동등한 형법적 가치가 있으므로 부작위에 의한 업무상횡령죄의 정범이 성립한다.

17. 몰수에 관한 다음 설명 중 가장 옳지 않은 것은? (다툼이 있는 경우 판례에 의함)

① 형법 제134조는 뇌물에 공할 금품을 필요적으로 몰수하고 이를 몰수하기 불가능한 때에는 그 가액을 추징하도록 규정하고 있는바, 몰수는 특정된 물건에 대한 것이고 추징은 본래 몰수할 수 있었음을 전제로 하는 것임에 비추어 뇌물에 공할 금품이 특정되지 않았던 것은 몰수할 수 없고 그 가액을 추징할 수도 없다.

② 마약류관리에 관한 법률 제67조에 의한 몰수나 추징은 범죄행위로 인한 이득의 박탈을 목적으로 하는 것이 아니라 징벌적 성질의 처분이므로, 그 범행으로 인하여 이득을 취득한 바 없다 하더라도 법원은 그 가액의 추징을 명하여야 한다.

③ 몰수의 취지가 범죄에 의한 이득의 박탈을 그 목적으로 하는 것이고 추징도 이러한 몰수의 취지를 관철하기 위한 것이라는 점을 고려하면 몰수하기 불능한 때에 추징하여야 할 가액은 범인이 그 물건을 보유하고 있다가 몰수의 선고를 받았더라면 잃었을 이득상당액을 의미한다고 보아야 할 것이므로 그 가액산정은 재판선고시의 가격을 기준으로 하여야 할 것이다.

④ 형법 제134조의 몰수나 추징을 선고하기 위하여는 몰수나 추징의 요건이 공소가 제기된 범죄사실과 반드시 관련되어 있어야 할 필요는 없으므로, 법원으로서는 범죄사실에서 인정되지 아니한 사실에 관하여도 몰수나 추징만을 선고할 수 있다.

18. 기대가능성에 관한 다음 설명 중 가장 옳지 않은 것은? (다툼이 있는 경우 판례에 의함)

① 자신의 강도상해 범행을 일관되게 부인하였으나 유죄판결이 확정된 피고인이 별건으로 기소된 공범의 형사사건에서 자신의 범행사실을 부인하는 증언을 한 경우, 피고인에게는 사실대로 진술할 기대가능성이 없으므로 위증죄가 성립하지 않는다.

② 입학시험에 응시한 수험생으로서 자기 자신이 부정한 방법으로 탐지한 것이 아니고 우연한 기회에 미리 출제될 시험문제를 알게 되어 그에 대한 답을 암기하였을 경우 그 암기한 답에 해당된 문제가 출제되었다 하여도 위와 같은 경위로서 암기한 답을 그 입학시험 답안지에 기재하여서는 아니된다는 것을 그 일반수험생에게 기대한다는 것은 보통의 경우 도저히 불가능하다 할 것이므로 업무방해죄를 구성하지 않는다.

③ 양심적 병역거부자의 양심상의 결정이 적법행위로 나아갈 동기의 형성을 강하게

압박할 것이라고 보이기는 하지만 그렇다고 하여 그가 적법행위로 나아가는 것이 실제로 전혀 불가능하다고 할 수 없다.
④ 직장의 상사가 범법행위를 하는 데 가담한 부하가 직무상 지휘·복종관계에 있다 하여 범법행위에 가담하지 않을 기대가능성이 없다고 할 수는 없는 것이다.

19. 뇌물죄에 관한 다음 설명 중 가장 옳지 않은 것은? (다툼이 있는 경우 판례에 의함)
① 공무원이 직무에 관하여 금전을 무이자로 사용한 경우에는 차용 당시에 금융이익 상당의 뇌물을 수수한 것으로 보아야 하므로, 공소시효는 금전을 무이자로 차용한 때로부터 기산한다.
② 뇌물공여죄가 성립하기 위하여는 반드시 상대방측에서 뇌물수수죄가 성립하여야 할 필요는 없다.
③ 수뢰자가 자기앞수표를 뇌물로 받아 이를 소비한 후 자기앞수표 상당액을 증뢰자에게 반환하였다 하더라도 뇌물 그 자체를 반환한 것은 아니므로 이를 몰수할 수 없고 수뢰자로부터 그 가액을 추징하여야 할 것이다.
④ 공무원이 직접 뇌물을 받지 아니하고 증뢰자로 하여금 공무원 자신의 채권자에게 뇌물을 공여하도록 하여 공무원이 그 만큼 지출을 면하게 되는 경우에는 뇌물수수죄가 아니라 제3자뇌물제공죄가 성립한다.

20. 죄수에 관한 다음 설명 중 가장 옳지 않은 것은? (다툼이 있는 경우 판례에 의함)
① 채권자들에 의한 복수의 강제집행이 예상되는 경우 재산을 은닉 또는 허위 양도함으로써 채권자들을 해하였다면 채권자별로 각각 강제집행면탈죄가 성립하고, 상호 상상적 경합법의 관계에 있다.
② 피해자를 1회 강간하여 상처를 입게 한 후 약 1시간 후에 장소를 옮겨 같은 피해자를 다시 1회 강간한 행위는 그 범행시간과 장소를 달리하고 있을 뿐만 아니라 각 별개의 범위에서 이루어진 행위로서 형법 제37조 전단의 실체적 경합범에 해당한다.
③ 소송사건의 같은 심급에서 변론기일을 달리하여 수차 증인으로 나가 수 개의 허위

진술을 한 경우에는 최초 한 선서의 효력을 유지시킨 후 증언을 하더라도 각 진술마다 수 개의 위증죄를 구성한다.
④ 절도범이 甲의 집에 침입하여 그 집의 방안에서 그 소유의 재물을 절취하고 그 무렵 그 집에 세들어 사는 乙의 방에 침입하여 재물을 절취하려다 미수에 그쳤다면 위 두 범죄는 그 범행장소와 물품의 관리자를 달리하고 있어서 별개의 범죄를 구성한다.

21. 형법상 책임능력에 관한 설명 중 가장 옳지 않은 것은? (다툼이 있는 경우 판례에 의함)
① 피고인이 생리기간 중에 심각한 충동조절장애에 빠져 절도범행을 저지른 것으로 의심이 된다고 하더라도 자신의 충동을 억제하지 못하여 범죄를 저지르게 되는 현상은 정상인에게서도 얼마든지 찾아볼 수 있는 일이므로, 형의 감면사유인 심신장애에 해당하지 아니한다.
② 평소 간질병 증세가 있었더라도 범행 당시에는 간질병이 발작하지 않았다면 심신상실 또는 심신미약에 해당한다고 볼 수 없다.
③ 범행 당시를 기억하지 못한다는 사실만으로 바로 범행시 심신상실상태에 있었다고 단정할 수 없다.
④ 듣거나 말하는 데 모두 장애가 있는 사람이 시비를 변별하고 이에 따라 행위할 능력이 있다 하더라도 반드시 형을 감경하여야 한다.

22. 방조범에 대한 설명 중 가장 옳지 않은 것은? (다툼이 있는 경우 판례에 의함)
① 정범이 범행을 한다는 점을 알면서 그 실행행위를 용이하게 한 이상 그 행위가 간접적이거나 직접적이거나를 가리지 않으며 이 경우 정범이 누구에 의하여 실행되어지는가를 확지할 필요는 없다.
② 방조범에 있어서 정범의 고의는 정범에 의하여 실현되는 범죄의 구체적 내용을 인식할 것을 요하는 것은 아니고 미필적 인식 또는 예견으로 충분하다.
③ 방조자의 인식과 정범의 실행간에 착오가 있고 양자의 구성요건을 달리한 경우에는 원칙적으로 방조자의 고의는 조각되는 것이나, 그 구성요건이 중첩되는 부분이 있

는 경우에는 그 중복되는 한도내에서는 방조자의 죄책을 인정하여야 할 것이다.
④ 정범이 실행에 착수하기 전에 장래의 실행행위를 예상하고 이를 용이하게 하는 행위를 하여 방조한 경우에는, 그 이후 정범이 실행에 착수하였다 하더라도 방조범이 성립할 수 없다.

23. 과실범에 관한 다음 설명 중 가장 옳지 않은 것은? (다툼이 있는 경우 판례에 의함)
① 환자의 주치의 겸 전공의가 같은 과 수련의의 처방에 대한 감독의무를 소홀히 한 나머지, 환자가 수련의의 잘못된 처방으로 인하여 상해를 입게 된 경우, 전공의에 대한 업무상 과실이 인정된다.
② 형법 제268조의 업무상 과실의 유무를 판단함에는 같은 업무와 직무에 종사하는 일반적 보통인의 주의정도를 표준으로 한다.
③ 교량붕괴 사고와 관련하여, 건설업자 甲과 이를 감독하는 공무원 乙 및 완공된 교량의 관리를 담당하는 공무원 丙의 과실이 서로 합쳐져 교량이 붕괴된 사실이 인정되더라도 과실범의 공동정범이 성립되지 않는다.
④ 공동정범은 고의범이나 과실범을 불문하고 의사의 연락이 있는 경우이면 그 성립을 인정할 수 있다.

24. 다음 중 형법 제314조제1항 소정의 업무방해죄에서 보호되는 업무에 해당하는 것을 모두 모은 것은? (다툼이 있는 경우 판례에 의함)

> ㉠ 성매매업소 운영 업무
> ㉡ 경찰관의 민원접수 업무
> ㉢ 주주로서 주주총회에서 의결권을 행사하는 업무
> ㉣ 종중 정기총회를 주재하는 종중 회장의 의사진행업무

① ㉠, ㉡, ㉢, ㉣
② ㉡, ㉢, ㉣
③ ㉢, ㉣
④ ㉣

25. 형법 제20조(정당행위)에 의하여 위법성이 조각되는 경우만 모두 모은 것은? (다툼이 있는 경우 판례에 의함)

> ㉠ 시장번영회 회장으로서 일부 점포주들이 시장번영회에서 정한 상품진열관리규정에 위반한 사실을 알게 되자, 시장기능을 확립하기 위하여 관리규정에 따라 위반 점포에 대해 단전조치를 취한 행위
> ㉡ 차를 손괴하고 도망하려는 피해자를 도망하지 못하게 멱살을 잡고 흔들어 피해자에게 전치 14일의 흉부찰과상을 가한 행위
> ㉢ 외국에서 침구사자격을 취득하였으나 국내에서 침술행위를 할 수 있는 면허나 자격을 취득하지 못한 자가 단순한 수지침의 정도를 넘어 환자의 허리와 다리에 체침을 시술한 행위
> ㉣ 쟁의행위에 대한 찬반투표 실시를 위하여 근무시간 중에 노동조합 임시총회를 개최하고 3시간에 걸쳐 투표를 한 행위

① ㉡　　　　　　　　　　② ㉠, ㉡
③ ㉠, ㉡, ㉣　　　　　　④ ㉠, ㉡, ㉢, ㉣

기출문제 (2014년 3월 8일 시행)

01. 다음 설명 중 가장 옳지 않은 것은? (다툼이 있는 경우 판례에 의함)
① 공무원이 그 직무의 대상이 되는 사람으로부터 금품 기타 이익을 받은 때에는 그것이 그 사람이 종전에 공무원으로부터 접대 또는 수수받은 것을 갚는 것으로서 사회상규에 비추어 볼 때에 의례상의 대가에 불과한 것이라고 여겨지거나, 개인적인 친분관계가 있어서 교분상의 필요에 의한 것이라고 명백하게 인정할 수 있는 경우 등 특별한 사정이 없는 한 직무와의 관련성이 없는 것으로 볼 수 없고, 공무원의 직무와 관련하여 금품을 수수하였다면 비록 사교적 의례의 형식을 빌어 금품을 주고 받았다 하더라도 그 수수한 금품은 뇌물이 된다.
② 국가공무원이 지방자치단체의 업무에 관하여 전문가로서 위원 위촉을 받아 한시적으로 직무를 수행하는 경우와 같이 공무원이 그 고유의 직무와 관련이 없는 일에 관하여 별도의 위촉절차 등을 거쳐 다른 직무를 수행하게 된 경우에는 그 위촉이 종료되면 그 위원 등으로서 새로 보유하였던 공무원 지위는 소멸한다고 보아야 하므로, 그 이후에 종전에 위촉받아 수행한 직무에 관하여 금품을 수수하더라도 이는 사후수뢰죄에 해당할 수 있음은 별론으로 하고 일반 수뢰죄로 처벌할 수는 없다.
③ 형법 제130조의 제3자뇌물제공죄에 있어서 '부정한 청탁'은 명시적 의사표시에 의해서 뿐 아니라 묵시적 의사표시에 의해서도 가능하므로, 당사자 사이에 청탁의 대상이 되는 직무집행의 내용과 제3자에게 제공되는 금품이 그 직무집행에 대한 대가라는 점에 대하여 공통의 인식이나 양해가 존재하지 않더라도 막연히 선처하여 줄 것이라는 기대에 의하여 제3자에게 금품을 공여한 경우에는 묵시적 의사표시에 의한 부정한 청탁이 있다고 보아야 한다.
④ 여러 사람이 공동으로 뇌물을 수수한 경우 그 가액을 추징하려면 실제로 분배받은 금품만을 개별적으로 추징하여야 하고 수수금품을 개별적으로 알 수 없을 때에는 평등하게 추징하여야 하며 공동정범뿐 아니라 교사범 또는 종범도 뇌물의 공동수수자에 해당할 수 있다.

02. 공정증서원본불실기재에 관한 다음 설명 중 가장 옳은 것은? (다툼이 있는 경우 판례에 의함)

① 협의상 이혼의 의사표시가 기망에 의하여 이루어져 호적에 그 협의상 이혼사실이 기재되었다면 공정증서원본불실기재죄가 성립한다.
② 가장매매로 인한 소유권이전등기를 경료한 경우에는 공정증서원본불실기재 및 동행사죄가 성립한다.
③ 발행인과 수취인이 통모하여 진정한 어음채무 부담이나 어음채권 취득 의사 없이 단지 발행인의 채권자에게서 채권추심이나 강제집행을 받는 것을 회피하기 위하여 형식적으로만 약속어음의 발행을 가장한 후 공증인에게 마치 진정한 어음발행행위가 있는 것처럼 허위로 신고하여 어음공정증서원본을 작성·비치하게 한 경우에 공정증서원본불실기재 및 동행사죄가 성립한다.
④ 타인의 부동산을 자기의 소유라고 허위의 사실을 신고하여 소유권이전등기를 경료한 이후라면 그 부동산이 자기의 소유인 것처럼 가장하여 그 부동산에 관하여 자기 명의로 채권자와의 사이에 근저당권설정등기를 경료한 경우 별도로 공정증서원본불실기재 및 동행사죄가 성립하지 않는다.

03. 협박죄에 대한 다음 설명 중 가장 옳지 않은 것은? (다툼이 있는 경우 판례에 의함)

① 법인도 협박죄의 객체가 될 수 있다.
② 협박의 경우 행위자가 직접 해악을 가하겠다고 고지하는 것은 물론, 제3자로 하여금 해악을 가하도록 하겠다는 방식으로도 가능하다.
③ 피고인이 공중전화를 이용하여 경찰서에 여러 차례 전화를 걸어 전화를 받은 각 경찰관에게 경찰서 관할구역 내에 있는 甲 정당의 당사를 폭파하겠다는 말을 한 경우에는 각 경찰관에 대한 협박죄를 구성하지 아니한다.
④ 피고인이 피해자의 장모가 있는 자리에서 서류를 보이면서 "피고인의 요구를 들어주지 않으면 서류를 세무서로 보내 세무조사를 받게 하여 피해자를 망하게 하겠다"라고 말하여 피해자의 장모로 하여금 피해자에게 위와 같은 사실을 전하게 하고, 그 다음날 피해자의 처에게 전화를 하여 "며칠 있으면 국세청에서 조사가 나올 것이니 그렇게 아시오"라고 말한 경우, 협박죄에 해당한다.

04. 다음 중 불가벌적 사후행위가 성립하지 않는 경우는? (다툼이 있는 경우 판례에 의함)

① 절도범인으로부터 장물보관 의뢰를 받은 자가 그 정을 알면서 이를 인도받아 보관하고 있다가 임의 처분한 경우(횡령죄 성립 여부)
② 甲 주식회사 대표이사인 피고인이 자신의 채권자 乙에게 차용금에 대한 담보로 甲 회사 명의 정기예금에 질권을 설정하여 주었는데, 그 후 乙이 피고인의 동의하에 정기예금 계좌에 입금되어 있던 甲 회사 자금을 전액 인출한 경우(후행 인출행위의 횡령죄 성립 여부)
③ 부동산에 피해자 명의의 근저당권을 설정하여 줄 의사가 없음에도 피해자를 속이고 근저당권설정을 약정하여 금원을 편취한 이후에 그 부동산에 관하여 제3자 명의로 근저당권설정등기를 마친 경우(배임죄 성립 여부)
④ 공동상속인 중 1인이 상속재산인 임야를 보관 중 다른 상속인들로부터 매도 후 분배 또는 소유권이전등기를 요구받고도 그 반환을 거부하였는데, 그 후 그 임야에 관하여 다시 제3자 앞으로 근저당권설정등기를 경료해 준 행위(후행 근저당권설정행위의 횡령죄 성립 여부)

05. 신용훼손죄에 관한 설명 중 가장 옳지 않은 것은? (다툼이 있는 경우 판례에 의함)

① 형법상 신용훼손죄는 허위사실의 유포 기타 위계로써 사람의 신용을 훼손함으로써 성립하는 범죄이다.
② 피고인의 단순한 의견이나 가치판단을 표시하는 것은 형법상 신용훼손죄에서의 '허위사실의 유포'에 해당하지 않는다.
③ 형법상 신용훼손죄에서의 '신용'은 경제적 신용, 즉 사람의 지불능력 또는 지불의사에 대한 사회적 신뢰를 의미한다.
④ 퀵서비스 운영자인 피고인이 배달업무를 하면서, 손님의 불만이 예상되는 경우에는 평소 경쟁관계에 있는 甲 운영의 퀵서비스 명의로 된 영수증을 작성·교부함으로써 손님들로 하여금 불친절하고 배달을 지연시킨 사업체가 피해자 운영의 퀵서비스인 것처럼 인식하게 한 행위는 형법상 신용훼손죄에 해당한다.

06. 다음 설명 중 가장 옳은 것은? (다툼이 있는 경우 판례에 의함)

① 피고인에게 이 사건 공소제기된 범죄의 범행 이후에 금고 이상의 형을 선고받아 판결이 확정된 전과가 있으나, 위 범행 당시에는 벌금형 외에 처벌받은 전력이 없었다면 피고인에 대한 형의 선고를 유예한 조치는 정당하다.

② 피고인을 금고 이상의 형에 처한 甲죄에 대한 판결이 확정되고, 그 후에 甲죄 판결확정일 이전에 저질러진 乙죄에 대하여 금고 이상의 형에 처하는 판결이 확정되었는데, 피고인에게 공소제기된 본건 범행이 甲죄 판결확정일과 乙죄 판결확정일 사이에 저질러진 경우, 위 본건 범행에 대한 법령의 적용에서 乙 전과의 죄와 동시에 판결을 할 경우와의 형평을 고려하여 형을 선고한 조치는 위법하다.

③ 형법 제37조 후단 경합범에 해당하는 甲죄에 대하여 형을 감경 또는 면제할 것인지는 원칙적으로 그 죄에 대하여 심판하는 법원이 재량에 따라 판단할 수 있으나, 이때 위 판결이 확정된 죄와 甲죄에 대한 선고형의 합이 위 두죄에 대하여 형법 제38조를 적용하여 산출한 처단형의 범위 내에 속하도록 甲죄에 대한 형을 정하여야 한다.

④ 무기징역에 처하는 판결이 확정된 죄와 형법 제37조 후단 경합범의 관계에 있는 죄에 대하여 공소가 제기된 경우, 형법 제38조 제1항 제1호가 형법 제37조 전단 경합범 중 가장 중한 죄에 정한 처단형이 무기징역인 때에는 흡수주의를 취하고 있는 점을 고려하여, 법원은 뒤에 공소제기된 범죄에 대한 형을 필요적으로 면제하여야 한다.

07. 다음 설명 중 가장 옳은 것은? (다툼이 있는 경우 판례에 의함)

① 폭행 또는 협박으로 사람을 강간한 범행이 유죄로 인정될 경우, 형법상 강간죄 이외에 형법상의 폭행죄나 협박죄가 별도로 성립한다.

② 강간의 피해자가 배우자 있는 자인 경우 그 성관계는 피해자의 자의에 의한 것이라고 볼 수 없으므로 강간 피해자에게 따로 간통죄가 성립할 수는 없다는 것이 현재 대법원 판례의 입장이다.

③ 혼인관계가 실질적으로 유지되고 있다면 남편이 반항을 불가능하게 하거나 현저히 곤란하게 할 정도의 폭행이나 협박을 가하여 아내를 간음하더라도 강간죄가 성립

하지 않는다는 것이 현재 대법원 판례의 입장이다.
④ 강간범이 강간행위의 종료 전에 강도의 행위를 할 경우에는 형법 제339조의 강도강간죄가 아니라 강간죄와 강도죄의 경합범이 성립된다.

08. 다음 중 형법상 약취와 유인의 죄에 관한 설명으로 가장 옳지 않은 것은?

① 미성년자를 약취한 자가 그 미성년자를 안전한 장소로 풀어준 때에는 그 형을 감경할 수 있다.
② 국외이송을 위한 약취·유인죄의 경우 예비, 음모한 자도 징역 3년에 처해질 수 있다.
③ 2013. 6. 20. 결혼할 목적으로 사람을 약취한 자는 피약취자의 고소가 없더라도 처벌된다.
④ 베트남 국적 여성인 피고인이 남편의 동의 없이 생후 13개월 된 자녀를 베트남의 친정으로 데려간 행위는 실력을 행사하여 자녀를 평온하던 종전의 보호·양육 상태로부터 이탈시킨 것으로서 국외이송약취죄 및 피약취자국외이송죄에 해당한다.

09. 다음 설명 중 가장 옳지 않은 것은? (다툼이 있는 경우 판례에 의함)

① 절도죄의 성립에 필요한 불법영득의 의사라 함은 타인의 물건을 그 권리자를 배제하고 자기의 소유물과 같이 그 경제적 용법에 따라 이용·처분하고자 하는 의사를 말한다.
② 종전 점유자의 점유가 그의 사망으로 인한 상속에 의하여 당연히 그 상속인에게 이전된다는 민법 제193조는 절도죄의 요건으로서의 '타인의 점유'와 관련하여서는 적용의 여지가 없고, 재물을 점유하는 소유자로부터 이를 상속받아 그 소유권을 취득하였다고 하더라도 상속인이 그 재물에 관하여 사실상의 지배를 가지게 되어야만 이를 점유하는 것으로서 그때부터 비로소 상속인에 대한 절도죄가 성립할 수 있다.
③ 피고인이 자신의 어머니 甲 명의로 구입·등록하여 甲에게 명의신탁한 자동차를 乙에게 담보로 제공한 후 乙 몰래 가져간 경우, 乙에 대한 절도죄가 성립하는 것이

아니라 乙에 대한 권리행사방해죄가 성립한다.
④ 일시 사용의 목적으로 타인의 점유를 침탈한 경우에도 사용으로 인하여 물건 자체가 가지는 경제적 가치가 상당한 정도로 소모되거나 또는 상당한 장시간 점유하고 있거나 본래의 장소와 다른 곳에 유기하는 경우에는 이를 일시 사용하는 경우라고는 볼 수 없으므로 영득의 의사가 없다고 할 수 없다.

10. 음모 또는 예비에 관한 설명으로 옳지 않은 것은 몇 개인가? (다툼이 있는 경우 판례에 의함)

> (a) 일본으로 밀항하고자 甲에게 도항비로 일화 100만 엔을 주기로 약속한 바 있었으나 그 후 이 밀항을 포기하였다면 이는 밀항의 예비이다.
> (b) 예비죄도 각칙에 규정되어 있어 실행행위성을 인정할 수 있으므로, 예비에 대한 방조도 가능하다.
> (c) 범죄의 음모 또는 예비행위가 실행의 착수에 이르지 아니한 때에는 법률에 특별한 규정이 없는 한 벌하지 아니한다.
> (d) 예비죄는 단순한 고의뿐만 아니라 기본범죄를 범할 목적이 있을 것을 요하는 목적범이다.
> (e) 예비의 공동정범은 성립 가능하다.
> (f) 음모·예비죄의 중지미수는 불가능하므로 형법 제26조(중지미수 규정)에 따라 형을 감면할 수 없다.

① 1개   ② 2개
③ 3개   ④ 4개

11. 다음 위증죄에 관한 설명 중 가장 옳지 않은 것은? (다툼이 있는 경우 판례에 의함)

① 심문절차로 진행되는 가처분 신청사건에서는 증인으로 선서를 하고 허위 진술을 하였다 하더라도 위증죄로 처벌받지 않는다.
② 선서한 증인이 기억에 반하는 허위의 진술을 하면 그 신문이 끝나기 전에 그 진술을

철회 시정하더라도 위증죄의 성립에 지장이 없다.
③ 증언내용이 요증사실이 아니고 지엽적인 사항에 관한 것이어서 판결결과에 영향을 미치지 아니한 경우에도 위증죄가 성립한다.
④ 증인이 기억에 반하는 진술을 한 경우 그 내용이 객관적 사실과 부합한다 하더라도 위증죄가 성립한다.

12. 공갈죄에 관한 다음 설명 중 가장 옳지 않은 것은? (다툼이 있는 경우 판례에 의함)
① 공무원이 직무집행의 의사 없이 또는 직무처리와 대가적 관계없이 타인을 공갈하여 재물을 교부하게 한 경우에는 공갈죄만이 성립하고, 이러한 경우 재물의 교부자가 공무원의 해악의 고지로 인하여 외포의 결과 금품을 제공한 것이라면 그는 공갈죄의 피해자가 될 것이고 뇌물공여죄는 성립될 수 없다.
② 甲이 피고인의 돈을 절취한 다음 다른 금전과 섞거나 교환하지 않고 쇼핑백 등에 넣어 자신의 집에 숨겨두었는데, 피고인이 폭행·협박으로 甲에게 겁을 주어 쇼핑백 등에 넣어 둔 위 돈을 다시 그대로 교부받은 경우에는 공갈죄가 성립된다.
③ 공갈죄에 있어서 공갈의 상대방은 재산상의 피해자와 동일함을 요하지는 아니하나, 공갈의 목적이 된 재물 기타 재산상의 이익을 처분할 수 있는 사실상 또는 법률상의 권한을 갖거나 그러한 지위에 있음을 요한다.
④ 공갈죄의 수단인 협박은 사람의 의사결정의 자유를 제한하거나 의사실행의 자유를 방해할 정도로 겁을 먹게 할 만한 해악을 고지하는 것을 말하는데, 해악의 고지는 반드시 명시적인 방법이 아니더라도 말이나 행동을 통해서 상대방으로 하여금 어떠한 해악에 이르게 할 것이라는 인식을 갖게 하는 것이면 족하고, 피공갈자 이외의 제3자를 통해서 간접적으로 할 수도 있다.

13. 실행의 착수에 관한 설명으로 가장 옳은 것은? (다툼이 있는 경우 판례에 의함)
① 강간을 목적으로 피해자의 집에 침입하여 안방에서 자고 있는 피해자의 가슴과 엉덩이를 만지면서 간음을 기도하였다는 사실만으로는 강간죄의 실행의 착수가 있었다고 볼 수 없다.

② 피고인이 노상에 세워 놓은 자동차 안에 있는 물건을 훔칠 생각으로, 유리창을 따기 위해 면장갑을 끼고 칼을 소지한 채 자동차의 유리창을 통하여 그 내부를 손전등으로 비추어 보았다면 절도의 실행의 착수에 이른 것이다.
③ 피고인이 주택주변과 피해자의 몸에 휘발유를 상당히 뿌린 상태에서 라이터를 켜 불꽃을 일으켰는데, 불이 피해자의 몸에만 붙고 방화 목적물인 주택 자체에 불이 옮겨붙지 않았다면 현존건조물방화죄의 실행의 착수가 있었다고 볼 수 없다.
④ 제소자가 상대방의 주소를 허위로 기재함으로써 그 허위주소로 소송서류가 송달되어 그로 인하여 상대방 아닌 다른 사람이 그 서류를 받아 소송이 진행된 경우에는 소송사기의 실행에 착수한 것으로 볼 수 없다.

14. 다음 중 외국인이 대한민국 영역 외에서 범한 경우 우리 형법을 적용할 수 없는 범죄는?

① 외교상기밀누설죄　　② 전시군수계약불이행죄
③ 국기비방죄　　　　　④ 소인말소죄

15. 공무집행방해죄 및 업무방해죄에 관한 설명으로 가장 옳은 것은? (다툼이 있는 경우 판례에 의함)

① 피고인이 甲 등과 공모하여 위력으로 시장 乙 및 丙 회사 관계자 등의 기자회견 업무를 방해하였을 경우, 공무원 乙의 기자회견 업무에 대하여 업무방해죄가 성립하지 아니한다.
② 경찰청 민원실에서 말똥을 책상 및 민원실 바닥에 뿌리고 소리를 지르는 등 난동을 부린 행위가 '위력'으로 경찰관의 민원접수 업무를 방해한 경우, 경찰청 민원실 근무 경찰공무원에 대하여 업무방해죄가 성립한다.
③ 공무원의 직무 수행에 대한 비판이나 시정 등을 요구하는 집회·시위 과정에서 일시적으로 상당한 소음이 발생하였다는 사정만으로도, 이를 공무집행방해죄에서의 음향으로 인한 폭행이 있었다고 할 수 있다.

④ 불법주차 차량에 불법주차 스티커를 붙였다가 이를 다시 떼어 낸 직후에 있는 주차단속 공무원을 폭행한 경우, 폭행 당시 주차단속 공무원은 불법주차 단속의 직무수행을 하고 있지 않았다고 보아야 하므로 공무집행방해죄가 성립하지 않는다.

16. 다음 설명 중 가장 옳지 않은 것은? (다툼이 있는 경우 판례에 의함)
    ① 가해자의 행위가 피해자의 부당한 공격을 방위하기 위한 것이라기 보다는 서로 공격할 의사로 싸우다가 먼저 공격을 받고 이에 대항하여 가해하게 된 것이라고 봄이 상당한 경우라면, 정당방위 또는 과잉방위행위라고 볼 수 없다.
    ② 독립행위가 경합하여 상해의 결과를 발생하게 한 경우에 있어서 원인된 행위가 판명되지 아니한 때에는 각 행위를 미수범으로 처벌한다.
    ③ 피해자가 계속되는 피고인의 상해행위를 피하려고 도로를 건너 도주하다가 차량에 치여 사망하였다면 상해행위와 사망 사이에 인과관계가 인정된다.
    ④ 여러 사람이 상해의 범의로 범행 중 한 사람이 중한 상해를 가하여 피해자가 사망에 이르게 된 경우, 나머지 사람들은 사망의 결과를 예견할 수 없는 때가 아닌 한 상해치사의 죄책을 면할 수 없다.

17. 형법상 친족상도례 규정에 관한 다음 설명 중 가장 옳지 않은 것은? (다툼이 있는 경우 판례에 의함)
    ① 형법상 친족상도례에 관한 규정은 범인과 피해물건의 소유자 및 점유자 모두 사이에 친족관계가 있는 경우에만 적용되는 것이고 절도범인이 피해물건의 소유자나 점유자의 어느 일방과 사이에서만 친족관계가 있는 경우에는 그 적용이 없다.
    ② 흉기 기타 위험한 물건을 휴대하고 공갈죄를 범하여 폭력행위 등 처벌에 관한 법률 제3조 제1항에 의해 가중처벌되는 경우에도 형법상 친족상도례 규정이 적용된다.
    ③ 형법상 친족상도례에 관한 규정이 적용되기 위한 친족관계는 범행 당시에 존재하여야 하므로, 부가 혼인 외의 출생자를 인지하더라도 그 인지가 범행 후에 이루어진 것이라면 인지의 소급효에 따라 형성되는 친족관계를 기초로 하여 친족상도례의

규정이 적용된다고 할 수 없다.
④ 법원을 기망하여 직계혈족인 제3자로부터 재물을 편취한 경우에는 그 범인에 대하여 형을 면제하여야 한다.

18. 다음 설명 중 가장 옳지 않은 것은? (다툼이 있는 경우 판례에 의함)
① 소송사기가 성립하기 위하여는 제소 당시에 그 주장과 같은 채권이 존재하지 아니하다는 것만으로는 부족하고 그 주장의 채권이 존재하지 아니한 사실을 잘 알고 있으면서도 허위의 주장과 입증으로써 법원을 기망한다는 인식을 하고 있어야만 하고, 단순히 사실을 잘못 인식하거나 법률적인 평가를 그르침으로 인하여 존재하지 않는 채권을 존재한다고 믿고 제소하는 행위는 사기죄를 구성하지 않는다.
② 피고인이 타인과 공모하여 그 공모자를 상대로 제소하여 의제자백의 판결을 받아 이에 기하여 부동산의 소유권이 이전등기를 한 경우, 그 부동산의 진정한 소유자가 따로 있는 이상 소송사기가 성립한다.
③ 소송사기에서 말하는 증거의 조작이란 처분문서 등을 거짓으로 만들어 내거나 증인의 허위 증언을 유도하는 등으로 객관적·제3자적 증거를 조작하는 행위를 말한다.
④ 유치권에 의한 경매를 신청한 유치권자는 일반채권자와 마찬가지로 피담보채권액에 기초하여 배당을 받게 되므로 피담보채권인 공사대금 채권을 실제와 달리 허위로 크게 부풀려 유치권에 의한 경매를 신청할 경우 소송사기죄의 실행의 착수에 해당한다.

19. 살인죄나 낙태죄에 관련된 설명으로 옳지 않은 것은 몇 개인가? (다툼이 있는 경우 판례에 의함)

> (a) 사람의 생명과 신체의 안전을 보호법익으로 하고 있는 형법의 해석으로는 규칙적인 진통을 동반하면서 분만이 개시된 때(소위 진통설 또는 분만개시설)가 사람의 시기(始期)라고 봄이 타당하다.
> (b) 제왕절개 수술의 경우에는 '의학적으로 제왕절개 수술이 가능하였고 규범적으로 수술이 필요하였던 시기(時期)'를 분만의 시기(始期)로 보아야 한다.

(c) 태아를 사망에 이르게 하는 행위는 태아의 사망으로 인하여 그 태아를 양육, 출산 하는 임산부의 생리적 기능이 침해되어 임산부에 대한 상해가 된다.
(d) 낙태시술을 하였으나 살아서 출생한 미숙아가 정상적으로 생존할 확률이 적은 경우, 그 미숙아에게 염화칼륨을 주입하여 사망에 이르게 하였다면 이는 낙태행위의 완성일 뿐 별개의 살인행위를 구성하지 않는다.
(e) 소위 타격의 착오가 있는 경우라 할지라도 행위자의 살인의 고의 성립에 방해가 되지 아니한다.

① 1개 ② 2개
③ 3개 ④ 4개

20. 다음 형법상 범죄 중 2013년 12월 31일 기준으로 대법원 양형위원회의 양형기준이 제정되어 시행되고 있는 범죄가 아닌 것은?

① 특수공갈죄
② 미성년자 약취·유인죄
③ 배임수재죄
④ 컴퓨터등사용사기죄

21. 교사범에 관한 설명으로 옳지 않은 것은 몇 개 인가? (다툼이 있는 경우 판례에 의함)

(a) 간접교사도 판례상 긍정된다.
(b) 피교사자가 이미 범죄의 결의를 가지고 있을 때에는 교사범이 성립할 여지가 없다.
(c) 정범에게 범죄의 습벽이 있어 그 습벽과 함께 교사행위가 원인이 되어 정범이 범죄를 실행한 경우 교사행위와 정범의 범죄실행 사이에 인과관계가 단절되어 교사범이 성립될 여지가 없다.
(d) 경찰관이 취객을 상대로 한 이른바 부축빼기 절도범을 단속하기 위하여, 공원 인도에 쓰러져 있는 취객근처에서 감시하고 있다가, 마침 피고인이 나타나 취객을 부축하여 10m 정도를 끌고 가 지갑을 뒤지자 현장에서 체포하여 기소한 경우, 위법한 함정수사가 아니다.
(e) 공범종속성의 원칙상 교사범의 선고형이 정범의 선고형보다 더 무거울 수는 없다.

① 1개　　　　　　　　　② 2개
③ 3개　　　　　　　　　④ 4개

22. 긴급피난에 관한 설명으로 가장 옳지 않은 것은? (다툼이 있는 경우 판례에 의함)

① 아파트 입주자대표회의 회장이 다수 입주민들의 민원에 따라 위성방송 수신을 방해하는 케이블TV방송의 시험방송 송출을 중단시키기 위하여 위 케이블TV방송의 방송안테나를 절단하도록 지시한 행위는 긴급피난에 해당한다고 볼 수 없다.
② 임신의 지속이 모체의 건강을 해칠 우려가 현저할뿐더러 기형아 내지 불구아를 출산할 가능성마저도 없지 않다는 판단 하에 부득이 취하게 된 산부인과 의사의 낙태수술행위는 긴급피난에 해당한다.
③ 母가 갑자기 기절을 하여 이를 치료하기 위하여 군무를 이탈하였다면 이는 긴급피난에 해당한다.
④ 신고된 甲대학교에서의 집회가 집회장소 사용 승낙을 하지 아니한 甲대학교측의 요청으로 경찰관들에 의하여 저지되자, 신고 없이 乙대학교로 옮겨 집회를 한 것은 긴급피난에 해당한다고 볼 수 없다.

23. 다음 중 가장 옳지 않은 것은? (다툼이 있는 경우 판례에 의함)

① 간첩죄에 있어서의 국가(군사)기밀이란 순전한 의미에서의 국가(군사)기밀에만 국한할 것이 아니고 정치, 경제, 사회, 문화 등 각 방면에 걸쳐 북한괴뢰집단의 지, 부지에 불구하고 국방정책상 위 집단에 알리지 아니하거나 확인되지 아니함을 우리나라의 이익으로 하는 모든 기밀사항을 포함한다.
② 일간신문에 보도되는 사항이라 하더라도 북한괴뢰집단에 대하여 비밀로 하는 것이 대한민국의 이익을 위하여 필요하다고 생각되는, 군사에 관계되는 정보라면 그것을 수집, 탐지하는 것도 간첩행위가 된다.
③ 간첩이 무전기를 비닐에 싸서 땅에 매몰할 때 그 망을 보아주는 행위는 간첩방조행위가 된다.

④ 간첩행위에 의하여 탐지, 모집한 기밀을 적국에 제보하여 누설하였다고 하더라도 이는 따로 별개의 죄가 성립되는 것이 아니다.

24. 현행 형법상 집행유예에 관한 다음 설명 중 가장 옳지 않은 것은? (다툼이 있는 경우 판례에 의함)
① 금고 이상의 형을 선고한 판결이 확정된 때부터 그 집행을 종료하거나 면제된 후 3년까지의 기간에 범한 죄에 대하여는 집행유예를 선고할 수 없다.
② 집행유예 기간 중에 범한 범죄라고 할지라도 집행유예가 실효·취소됨이 없이 그 유예기간이 경과한 경우에는 이에 대해 다시 집행유예의 선고가 가능하다.
③ 집행유예기간이 경과함으로써 형의 선고가 효력을 잃은 후에는 형법 제62조 단행의 사유가 발각되었다고 하더라도 그와 같은 이유로 집행유예를 취소할 수 없고 그대로 유예 기간경과의 효과가 발생한다.
④ 집행유예의 선고를 받은 자가 유예기간 중 고의 또는 과실로 범한 죄로 금고 이상의 실형을 선고받아 그 판결이 확정된 때에는 집행유예의 선고는 효력을 잃는다.

25. 현행 형법상 형벌에 관한 다음 설명 중 가장 옳은 것은?
① 금고는 최장 45년까지 선고할 수 있다.
② 구류 20일의 선고유예는 불가능하다.
③ 자격정지는 최장 20년까지 가능하다.
④ 과료는 1,000원 이상 50,000원 미만의 금전적 형벌을 가하는 재산형이다.

기출문제 (2015년 3월 7일 시행)

01. 실행의 착수에 관한 다음 설명 중 가장 옳지 않은 것은? (다툼이 있는 경우 판례에 의함)

① 2인 이상이 합동하여 주간에 절도의 목적으로 타인의 주거에 침입하였으나 아직 절취할 물건의 물색행위를 시작하기 전이라면 형법 제331조 제2항의 특수절도죄의 실행에 착수한 것이 아니다.

② 입영대상자가 병역면제처분을 받을 목적으로 병원으로부터 허위의 병사용진단서를 발급받은 행위만으로는 사위행위에 의한 병역기피를 이유로 한 병역법위반죄의 실행에 착수한 것이 아니다.

③ 태풍 피해복구보조금 지원절차가 행정당국에 의한 실사를 거쳐 피해자로 확인된 경우에 한하여 보조금 지원신청을 할 수 있는 경우, 피해신고는 국가의 보조금 지원 여부 및 정도를 결정함에 있어 그 직권조사를 개시하기 위한 참고자료에 불과하다고 하더라도, 허위의 피해신고를 한 이상 보조금 편취로 인한 사기죄의 실행에 착수한 것이다.

④ 소송사기는 법원을 기망한다는 고의를 가지고 소를 제기하면 이로써 실행의 착수가 있는 것이고, 소장의 유효한 송달까지 요하는 것은 아니다.

02. 중지미수에 관한 다음 설명 중 가장 옳지 않은 것은? (다툼이 있는 경우 판례에 의함)

① 범죄의 실행행위에 착수하고 그 범죄가 완수되기 전에 자기의 자유로운 의사에 따라 범죄의 실행행위를 중지한 경우 자의에 의한 중지가 일반 사회통념상 장애에 의한 미수라고 보여지는 경우가 아니면 이는 중지미수에 해당한다.

② 피고인이 장롱 안에 있는 옷가지에 불을 놓아 건물을 소훼하려 하였으나 불길이 치솟는 것을 보고 겁이 나서 물을 부어 불을 끈 것이라면, 중지미수에 해당한다.

③ 피고인이 피해자를 강간하려다가 피해자의 다음번에 만나 친해지면 응해 주겠다는 취지의 간곡한 부탁으로 인하여 그 목적을 이루지 못한 후 피해자를 자신의 차에 태워 집에까지 데려다 주었다면, 중지미수에 해당한다.

④ 피고인이 피해자를 살해하려고 그의 목 부위와 왼쪽 가슴부위를 칼로 수 회 찔렀으나 피해자의 가슴 부위에서 많은 피가 흘러나오는 것을 발견하고 겁을 먹고 그만두는 바람에 미수에 그친 것이라면, 중지미수에 해당하지 않는다.

03. 다음 설명 중 가장 옳지 않은 것은?

① 7세, 3세의 자녀에게 함께 죽자고 권유하여 물속에 따라 들어오게 하여 결국 익사하게 하였다면 살인죄가 성립한다.

② 상해죄의 성립에는 상해의 원인인 폭행에 대한 인식이 있으면 충분하고 상해를 가할 의사의 존재까지는 필요하지 않다.

③ 폭행죄에서의 폭행은 사람의 신체에 대한 유형력의 행사를 가리키고 그 유형력의 행사는 신체적 고통을 주는 물리력의 작용을 의미하므로 신체의 청각기관을 직접적으로 자극하는 음향도 경우에 따라서는 유형력에 포함될 수 있다.

④ 골프경기를 하던 중 골프공을 쳐서 아무도 예상하지 못한 자신의 등 뒤편으로 보내어 등 뒤에 있던 경기보조원에게 상해를 입힌 경우 위 행위는 운동경기 중의 행위이므로 과실치상죄에 해당하지 아니한다.

04. 다음 설명 중 옳게 설명한 것은 모두 몇 개인가? (다툼이 있는 경우 판례에 의함)

㉮ 강간범행의 와중에서 피해자가 가해자의 손가락을 깨물며 반항하자, 가해자가 물린 손가락을 비틀며 잡아 뽑다가 피해자에게 치아결손의 상해를 입힌 경우, 긴급피난이 인정되지 아니한다.

㉯ 사용자의 직장폐쇄가 정당한 쟁의행위로 인정되지 아니하는 경우, 적법한 쟁의행위로서 사업장을 점거 중인 근로자들이 직장폐쇄를 단행한 사용자로부터 퇴거요구를 받고 이에 불응한 채 직장점거를 계속하더라도 퇴거불응죄를 구성하지 아니한다.

㉰ 절도범으로 오인받은 자가 야간에 군중들로부터 무차별 구타를 당하자 이를 방위하기 위하여 소지하고 있던 손톱깎기에 달린 줄칼을 휘둘러 상해를 입힌 행위는 정당방위에 해당한다.

㉱ 시장번영회 회장이 이사회의 결의와 시장번영회의 관리규정에 따라서 관리비 체납자의 점포에 대하여 실시한 단전조치는 정당행위로서 업무방해죄를 구성하지 아니한다.

① 1개 ② 2개
③ 3개 ④ 4개

05. 사기죄에 관한 다음 설명 중 가장 옳지 않은 것은? (다툼이 있는 경우 판례에 의함)

① 자기에게 유리한 판결을 얻기 위하여 소송상의 주장이 사실과 다름이 객관적으로 명백하거나 증거가 조작되어 있는 점을 인식하지 못하는 제3자를 이용하여 그로 하여금 소송의 당사자가 되게 하고 법원을 기망하여 소송 상대방의 재물 또는 재산상 이익을 취득하려고 하였다면 간접정범의 형태에 의한 소송사기죄가 성립한다.

② 허위의 내용으로 소를 제기하여 법원을 기망한다는 고의가 있는 경우 반드시 허위의 증거를 이용하지 않더라도 당사자의 주장이 법원을 기망하기에 충분한 것이면 사기죄가 성립한다.

③ 사망한 자를 상대로 소를 제기하는 경우 사망한 자에 대한 판결은 그 내용에 따른 효력이 생기지 아니하여 상속인에게 그 효력이 미치지 아니하므로 사기죄가 성립하지 아니한다.

④ 민사소송의 피고는 허위내용의 서류를 작성하여 이를 증거로 제출하거나 위증을 시키는 등의 적극적인 방법으로 법원을 기망하여 착오에 빠지게 하더라도 적극적 소송당사자가 아니므로 사기죄의 주체가 될 수 없다.

06. 공갈죄에 관한 다음 설명 중 가장 옳지 않은 것은? (다툼이 있는 경우 판례에 의함)

① 부동산에 대한 공갈죄는 그 부동산에 관하여 소유권이전등기를 경료받거나 또는 인도를 받기 이전이더라도, 소유권이전등기에 필요한 서류를 교부 받은 때에 기수로 되어 그 범행이 완료된다.
② 공갈죄의 대상이 되는 재물은 타인의 재물을 의미하므로, 사람을 공갈하여 자기의 재물을 교부받는 경우에는 공갈죄가 성립하지 아니한다.
③ 토지매도인이 그 매매대금을 지급받기 위하여 매수인을 상대로 하여 당해 토지에 관한 소유권이전등기말소청구소송을 제기하고 위 대금을 변제받지 못하면 위 소송을 취하하지 아니하고 예고등기도 말소하지 않겠다는 취지를 알렸다고 하여 이를 지목하여 공갈행위라고 단정할 수 없다.
④ 공갈죄에도 친족상도례가 적용된다.

07. 몰수, 추징에 관한 다음 설명 중 가장 옳지 않은 것은? (다툼이 있는 경우 판례에 의함)

① 밀항단속법상의 몰수와 추징은 징벌적 제재의 성격을 띠고 있으므로, 여러 사람이 공모하여 죄를 범하고도 몰수대상인 수수 또는 약속한 보수를 몰수할 수 없을 때에는 공범자 전원에 대하여 그 보수액 전부를 추징한다.
② 뇌물을 수수한 자가 뇌물의 공동수수자가 아닌 교사범 또는 종범에게 뇌물 중 일부를 사례금 명목으로 교부하였다 하더라도, 뇌물수수자에게서 수뢰액 전부를 추징하여야 한다.
③ 수뢰자가 금품의 무상차용을 통하여 위법한 재산상 이익을 취득한 경우, 추징의 대상이 되는 금융이익 상당액은 금융기관으로부터 대출받는 등 통상적인 방법으로 자금을 차용하였을 경우 부담하게 될 대출이율을 기준으로 하거나, 그 대출이율을 알 수 없는 경우에는 금품을 제공받은 피고인의 지위에 따라 민법 또는 상법에서 규정하고 있는 법정이율을 기준으로 하여 금융이익의 수액을 산정한 뒤 추징한다.
④ 몰수의 취지가 범죄에 의한 이득의 박탈을 그 목적으로 하는 것이고 추징도 이러한 몰수의 취지를 관철하기 위한 것이라는 점을 고려하면, 몰수할 수 없을 때에 추징하여야 할 가액의 산정은 특별한 사정이 없는 한 몰수불능 시의 가격을 기준으로 하여야 한다.

08. 인과관계 등에 관한 다음 설명 중 가장 옳지 않은 것은? (다툼이 있는 경우 판례에 의함)

① 피고인이 피해자를 유인하여 호텔 객실에 감금한 후 강간하려 하자 피해자가 완강히 반항하던 중 예약된 대실시간이 끝나감에 따라 피고인이 대실시간 연장을 위하여 프론트에 전화를 하는 사이 피해자가 객실 창문을 통해 탈출하려다가 지상에 추락하여 사망한 경우, 피고인의 강간미수행위와 피해자의 사망 사이에 상당인과관계가 인정된다.

② 피고인이 공모자 甲과 빈 가게로 알고 있던 범행장소에서의 절도를 공모한 다음, 甲이 가게에 침입하여 물건을 절취하는 동안 피고인이 밖에서 망을 보던 중 예기치 않았던 인기척 소리가 나서 도주해 버린 이후 甲이 피해자에게 붙들리자 체포를 면탈할 목적으로 폭행을 가하여 상해를 입힌 경우, 피고인에 대하여 준강도상해죄의 공동책임을 지울 수 없다.

③ 피고인이 좌회전 금지구역에서 좌회전하는데 50미터 후방에서 따라오던 후행차량이 중앙선을 넘어 피고인 운전차량의 좌측으로 돌진하여 사고가 발생한 경우, 피고인이 좌회전 금지구역에서 좌회전한 행위와 사고발생 사이에 상당인과관계가 인정된다.

④ 선행 교통사고와 후행 교통사고 중 어느 쪽이 원인이 되어 피해자가 사망에 이르게 되었는지 밝혀지지 않은 경우, 후행 교통사고를 일으킨 사람의 과실과 피해자의 사망 사이에 인과관계가 인정되기 위해서는 후행 교통사고를 일으킨 사람이 주의의무를 게을리 하지 않았다면 피해자가 사망에 이르지 않았을 것이라는 사실이 증명되어야 한다.

09. 죄형법정주의 등에 관한 다음 설명 중 가장 옳지 않은 것은? (다툼이 있는 경우 판례에 의함)

① 형 면제 사유의 범위를 제한적으로 유추하는 것은 행위자에 대한 가벌성의 범위가 확대되는 결과를 초래하므로 유추해석금지의 원칙에 위반되어 허용될 수 없다.

② 가정폭력범죄의 처벌 등에 관한 특례법이 정한 보호처분 중의 하나인 사회봉사명령은 형벌 그 자체가 아니라 보안처분의 성격을 가지나, 실질적으로 신체적 자유를 제한하게 되므로 이에 대하여는 형벌불소급의 원칙에 따라 행위시법을 적용함이

상당하다.
③ 특정 범죄자에 대한 보호관찰 및 위치추적 전자장치 부착 등에 관한 법률 제5조제1항 제3호는 검사가 전자장치 부착명령을 법원에 청구할 수 있는 경우 중의 하나로 '성폭력범죄를 2회 이상 범하여(유죄의 확정판결을 받은 경우를 포함한다) 그 습벽이 인정된 때'라고 규정하고 있는데, 피부착명령청구자가 2회 이상 성폭력범죄를 범하였는지를 판단할 때 소년법에 의한 보호처분을 받은 전력을 고려하는 것은 죄형법정주의에 위반되므로 허용되지 아니한다.
④ 대법원 양형위원회가 설정한 '양형기준'이 발효하기 전에 공소가 제기된 범죄에 대하여 위 '양형기준'을 참고하여 형을 양정하였다면, 이는 피고인에게 불리한 법률을 소급하여 적용한 위법이 있다.

10. 강제추행 등에 관한 다음 설명 중 옳게 설명한 것은 모두 몇 개인가? (다툼이 있는 경우 판례에 의함)

> ㉮ 피고인이 자신의 지인과 분쟁이 있던 피해자(여, 48세)를 따라가서 말을 걸었으나, 피해자가 이를 무시하고 사람 및 차량의 왕래가 빈번한 도로에 주차해 둔 피해자의 차량 쪽으로 걸어가자, 피고인이 피해자에게 '내가 오늘 너를 잡아 죽인다'는 내용의 욕설을 하면서 직접적인 신체 접촉 없이 바지를 벗어 자신의 성기를 보여 준 행위는 강제추행죄가 성립하지 아니한다.
> ㉯ 아파트 엘리베이터에 11세의 여아와 단둘이 탄 다음 여아를 향하여 성기를 꺼내 잡고 여러 방향으로 움직이다가 이를 보고 놀란 여아 쪽으로 가까이 다가간 경우, 성폭력범죄의 처벌 등에 관한 특례법 제7조 제5항 소정의 13세 미만의 자에 대한 위력에 의한 추행에 해당한다.
> ㉰ 준강간, 준강제추행에서의 항거불능의 상태라 함은 심신상실 이외의 원인 때문에 심리적 또는 물리적으로 반항이 절대적으로 불가능하거나 현저히 곤란한 경우를 의미한다.
> ㉱ 형법 제305조의 미성년자의제강제추행죄의 성립에 필요한 주관적 구성요건요소는 고의만으로 충분하고 그 외에 성욕을 자극·흥분·만족시키려는 주관적 동기나 목적까지 있어야 하는 것은 아니므로, 비록 교육적인 의도가 있었다고 하더라도 초등학교 4학년 담임교사(남자)가 교실에서 자신이 담당하는 반의 남학생의 성기를 4회에 걸쳐 만진 행위는 미성년자의제강제추행죄에서 말하는 '추행'에 해당한다.

① 1개 ② 2개
③ 3개 ④ 4개

11. 포괄일죄에 관한 다음 설명 중 가장 옳지 않은 것은? (다툼이 있는 경우 판례에 의함)

① 영리를 목적으로 무면허 의료행위를 업으로 하는 자가 반복적으로 여러 개의 무면허 의료행위를 단일하고 계속된 범의 아래 일정 기간 계속하여 행하고 그 피해법익도 동일하다면 이들 각 행위를 포괄일죄로 처단하여야 한다.
② 포괄일죄의 관계에 있는 범행일부에 관하여 약식명령이 확정된 경우, 약식명령의 발령시를 기준으로 하여 그 전의 범행에 대하여는 면소의 판결을 하여야 하고, 그 이후의 범행에 대하여서만 일개의 범죄로 처벌하여야 한다.
③ 타인의 사무를 처리하는 자가 여러 사람으로부터 그 직무에 관하여 각각 부정한 청탁을 받고 그들로부터 각각 금품을 수수한 경우에 그 청탁이 동종의 것이라면 그 전체를 배임수재의 포괄일죄로 보아야 한다.
④ 수 개의 업무상 배임행위가 있더라도 피해법익이 단일하고 범죄의 태양이 동일할 뿐만 아니라, 그 수 개의 배임행위가 단일한 범의에 기한 일련의 행위라고 볼 수 있는 경우에는 그 수 개의 배임행위는 포괄하여 일죄를 구성한다.

12. 다음 설명 중 가장 옳지 않은 것은? (다툼이 있는 경우 판례에 의함)

① 교사자가 피교사자에 대하여 상해 또는 중상해를 교사하였는데 피교사자가 이를 넘어 살인을 실행한 경우 일반적으로 교사자는 상해죄 또는 중상해죄의 죄책을 지게 되나 교사자에게 피해자의 사망이라는 결과에 대하여 과실 또는 예견가능성이 있는 때에는 상해치사죄의 죄책을 지울 수 있다.
② 교사를 받은 자가 범죄의 실행을 승낙하고 실행의 착수에 이르지 아니한 때에는 교사자와 피교사자를 음모 또는 예비에 준하여 처벌한다.
③ 방조범이 성립하기 위해서는 정범의 실행을 방조한다는 이른바 방조의 고의와 정범의 행위가 구성요건에 해당하는 행위인 점에 대한 정범의 고의가 있어야 한다.

④ 종범은 정범이 실행행위에 착수하여 범행을 하는 과정에서 이를 방조한 경우에만 성립할 뿐 정범의 실행의 착수전에 장래의 실행행위를 미필적으로나마 예상하고 이를 용이하게 하기 위하여 방조한 경우에는 그 후 정범이 실행행위에 나아갔다고 하더라도 종범이 성립할 수 없다.

13. 장물죄에 관한 다음 설명 중 가장 옳은 것은? (다툼이 있는 경우 판례에 의함)
① 피고인이 예금계좌를 개설하여 본범에게 양도하는 사기방조 행위로 인해 본범에게 편취금이 귀속되는 과정 없이 피해자로부터 피고인의 예금계좌로 편취금이 바로 송금된 경우, 피고인이 자신의 예금계좌에서 편취금을 인출하였다고 하더라도 따로 장물취득죄가 성립하지 않는다.
② 절도 범인으로부터 장물보관 의뢰를 받은 피고인이 그 정을 알면서 이를 인도받아 보관하고 있다가 임의 처분한 경우, 장물보관죄 외에 횡령죄가 성립한다.
③ 피고인이 본범이 절취한 차량이라는 정을 알면서도 본범으로부터 그가 위 차량을 이용하여 강도를 하려 함에 있어 차량을 운전해 달라는 부탁을 받고 운전해 준 경우, 강도예비죄가 성립하는 외에 별도로 장물운반죄는 성립하지 않는다.
④ 장물범이 본범과 직계혈족일 경우, 장물범에 대하여 그 형을 면제한다.

14. 횡령죄 등에 관한 다음 설명 중 가장 옳은 것은? (다툼이 있는 경우 판례에 의함)
① 부동산을 공동으로 상속한 자들 중 1인이 상속 부동산을 혼자 점유하던 중 다른 공동상속인의 상속지분을 임의로 처분한 경우, 횡령죄의 죄책을 부담한다.
② 조합 또는 내적 조합과 달리 익명조합의 경우에는 익명조합원이 영업을 위하여 출자한 금전 기타의 재산은 상대편인 영업자의 재산이 되므로 영업자는 타인의 재물을 보관하는 자의 지위에 있지 않고, 따라서 영업자가 영업이익금을 임의로 소비하였더라도 횡령죄가 성립하지 아니한다.
③ 동업자 사이에 손익분배 정산이 되지 않은 상태에서 동업자 중 1인이 동업재산을 보관하던 중 임의로 횡령하였다면 횡령금액 중 자신의 지분비율을 제외한 금액에

대하여만 횡령죄의 죄책을 부담한다.
④ 계약명의신탁 방식으로 명의수탁자가 당사자가 되어 명의신탁약정이 있다는 사실을 알고 있는 소유자로부터 부동산을 매수하는 계약을 체결한 후 명의수탁자 앞으로 소유권이전등기가 행하여진 경우, 명의수탁자는 명의신탁자에 대한 관계에서 횡령죄의 '타인의 재물을 보관하는 자'에 해당한다.

15. 절도죄에 관한 다음 설명 중 가장 옳지 않은 것은? (다툼이 있는 경우 판례에 의함)
① 피고인이 피해자와의 동업자금으로 구입하여 피해자가 관리하고 있던 물건을 피해자의 허락 없이 제3자로 하여금 운전하여 가게 하는 행위는 절도죄에 해당한다.
② 절취한 타인의 신용카드를 이용하여 현금지급기에서 그 타인의 계좌에서 자신의 계좌로 돈을 이체한 후 자신의 신용카드나 현금카드를 이용하여 현금을 인출한 경우 그 현금인출은 현금지급기 관리자의 의사에 반하여 그의 지배를 배제한 채 그 현금을 자기의 지배하에 옮겨 놓는 행위로서 절도죄에 해당한다.
③ 자동차 명의신탁관계에서 제3자가 명의수탁자로부터 승용차를 가져가 매도할 것을 허락받고 인감증명 등을 교부받아 위 승용차를 명의신탁자 몰래 가져간 경우 위 제3자와 명의수탁자는 절도죄의 공모공동정범에 해당한다.
④ 귀금속가게에서 마치 귀금속을 구입할 것처럼 가장하여 피해자로부터 순금목걸이 등을 건네받은 다음 화장실에 갔다 오겠다는 핑계를 대고 도주한 행위는 절도죄에 해당한다.

16. 주거침입죄 등에 관한 다음 설명 중 가장 옳은 것은? (다툼이 있는 경우 판례에 의함)
① 비록 사실상 주거의 평온을 해하였다고 하더라도 신체의 일부만이 집 안으로 들어가는데 그쳤다면 주거침입죄의 미수로만 처벌할 수 있다.
② 다세대주택 · 연립주택 · 아파트 등 공동주택 안에서 공용으로 사용하는 계단과 복도는 특별한 사정이 없는 한 주거침입죄의 객체인 '사람의 주거'에 해당한다.
③ 타인의 주거에 거주자의 의사에 반하여 들어가면 주거침입죄가 성립하고, 이 때

거주자의 의사라 함은 명시적인 경우뿐만 아니라 묵시적인 경우도 포함되나, 주변 사정에 따른 거주자의 반대의사를 추정하여 그에 반한다는 이유로 주거침입죄를 인정할 수는 없다.
④ 출입문이 열려 있으면 안으로 들어가겠다는 의사 아래 출입문을 당겨보았다고 하더라도, 그것만으로는 주거침입의 실행에 착수한 것이라고 할 수 없다.

17. 업무방해죄에 관한 다음 설명 중 가장 옳지 않은 것은? (다툼이 있는 경우 판례에 의함)

① 업무방해죄의 성립에는 업무방해의 결과가 실제로 발생함을 요하지 않고 업무방해의 결과를 초래할 위험이 발생하는 것이면 족하며, 업무수행 자체가 아니라 업무의 적정성 내지 공정성이 방해된 경우에도 업무방해죄가 성립한다.
② 신규직원 채용권한을 가지고 있는 지방공사 사장인 피고인의 부정한 지시에 따라 피고인 및 신규직원 채용업무담당자들 전부의 공모 내지 양해 하에 시험성적조작 등의 부정한 행위를 하였다면, 신규직원 채용업무와 관련하여 법인인 지방공사에게 오인·착각 또는 부지를 일으키게 하였다고 할 수 있으므로 위계에 의한 업무방해죄가 성립한다.
③ 의료인이나 의료법인이 아닌 자가 의료기관을 개설하여 운영하는 행위는 업무방해죄의 보호대상이 되는 '업무'에 해당하지 않는다.
④ 법원의 직무집행정지 가처분결정에 의하여 그 직무집행이 정지된 자가 법원의 결정에 반하여 직무를 수행함으로써 업무를 계속 행하더라도, 그 업무는 업무방해죄에서 보호대상이 되는 '업무'에 해당하지 않는다.

18. 다음 설명 중 가장 옳지 않은 것은? (다툼이 있는 경우 판례에 의함)

① 위험한 물건을 '휴대하여'라는 말은 소지뿐만 아니라 널리 이용한다는 뜻도 포함한다.
② 피고인이 폭력행위 당시 위험한 물건인 과도를 호주머니 속에 지니고 있었던 이상 피해자가 과도의 존재를 인식하지 못하였더라도 위험한 물건을 휴대한 경우에 해

당한다.
③ 피고인이 청산염 2그램을 협박편지에 동봉 우송하여 피해자에게 도달케 하였다는 것만으로는 위험한 물건의 휴대라고 할 수 없다.
④ 甲, 乙, 丙이 흉기를 휴대하여 타인의 건조물에 침입하기로 공모한 다음, 甲, 乙은 건물로부터 30 내지 50미터 떨어진 차량에서 흉기를 보관한 채 망을 보고, 丙은 흉기를 소지하지 아니하고 건조물에 침입한 경우, 甲, 乙, 丙에 대하여 흉기 기타 위험한 물건을 휴대하여 타인의 주거 등에 침입함으로서 성립하는 폭력행위 등 처벌에 관한 법률 제3조 제1항 소정의 특수주거침입죄가 성립한다.

19. 다음 설명 중 가장 옳지 않은 것은? (다툼이 있는 경우 판례에 의함)
① 형법 제114조의 범죄단체조직죄에 있어서 단체나 조직이 목적으로 하는 범죄에는 아무런 제한이 없다.
② 형법 제114조의 범죄를 목적으로 하는 단체는 특정다수인이 일정한 범죄를 수행한다는 공동목적 아래 이루어진 계속적인 결합체로서 그 단체를 주도하는 최소한의 통솔체제를 갖추고 있음을 요한다.
③ 매개물을 통한 점화에 의하여 건조물을 소훼하는 형태의 방화죄의 경우, 범인이 매개물에 불을 켜서 붙였거나 범인의 행위로 매개물에 불이 붙게 됨으로써 연소작용이 계속될 수 있는 상태에 이르렀다면, 방화죄의 실행의 착수가 있다.
④ 현주건조물방화죄는 화력이 매개물을 떠나 목적물인 건조물 스스로 연소할 수 있는 상태에 이름으로써 기수가 된다.

20. 뇌물죄에 관한 다음 설명 중 가장 옳지 않은 것은? (다툼이 있는 경우 판례에 의함)
① 뇌물죄에서 뇌물의 내용인 이익이라 함은 금전, 물품 기타의 재산적 이익뿐만 아니라 사람의 수요·욕망을 충족시키기에 족한 일체의 유형·무형의 이익을 포함하며, 제공된 것이 성적 욕구의 충족이라고 하여 달리 볼 것이 아니다.
② 뇌물죄에서 말하는 직무에는 공무원이 법령상 관장하는 직무 그 자체뿐만 아니라

직무와 밀접한 관계가 있는 행위 또는 관례상이나 사실상 관여하는 직무행위도 포함된다.
③ 임명권자에 의하여 임용되어 공무에 종사하여 온 사람이 나중에 임용결격자이었음이 밝혀져 당초의 임용행위가 무효인 경우에는, 그가 임용행위라는 외관을 갖추어 실제로 공무를 수행하였더라도 공무원이 아니므로 그가 그 직무에 관하여 뇌물을 수수한 때에는 수뢰죄로 처벌할 수 없다.
④ 형법 제132조의 알선뇌물요구죄가 성립하기 위하여는 뇌물을 요구할 당시 반드시 상대방에게 알선에 의하여 해결을 도모하여야 할 현안이 존재하여야 할 필요는 없다.

21. 공무방해에 관한 죄에 관한 다음 설명 중 가장 옳지 않은 것은? (다툼이 있는 경우 판례에 의함)
① 노동조합관계자들과 사용자측 사이의 다툼을 수습하려 하였으나 노동조합측이 지시에 따르지 않자 경비실 밖으로 나와 회사의 노사분규 동향을 파악하거나 파악하기 위해 대기 또는 준비 중이던 근로감독관을 폭행한 행위는 공무집행방해죄를 구성한다.
② 공무집행방해죄는 공무원의 적법한 공무집행이 전제로 된다 할 것이고, 그 공무집행이 적법하기 위하여는 그 행위가 당해 공무원의 추상적 직무 권한에 속할 뿐 아니라 구체적으로도 그 권한 내에 있어야 한다.
③ 행정관청이 사실을 충분히 확인하지 아니한 채 출원자가 제출한 허위의 출원사유나 허위의 소명자료를 가볍게 믿고 인가 또는 허가를 하였다면, 이는 행정관청의 불충분한 심사에 기인한 것으로서 출원자의 위계에 의한 것이었다고 할 수 없어 위계에 의한 공무집행방해죄를 구성하지 않는다.
④ 직무를 집행하는 공무원에 대하여 위험한 물건을 휴대하여 고의로 상해를 가한 경우에는 특수공무집행방해치상죄 뿐만 아니라, 이와 별도로 폭력행위 등 처벌에 관한 법률위반(집단·흉기 등 상해)죄를 구성한다.

22. 다음 중 형법 제228조의 공정증서원본등불실기재죄의 객체인 '공정증서 원본 또는 이와 동일한 전자기록 등 특수매체기록', '면허증', '허가증', '등록증', '여권'에 해당하는 것은 모두 몇 개인가? (다툼이 있는 경우 판례에 의함)

| ㉮ 토지대장 | ㉯ 상업등기부 |
| ㉰ 공증인이 인증한 사서증서 | ㉱ 사업자등록증 |

① 1개　　　　　　　　　　② 2개
③ 3개　　　　　　　　　　④ 4개

23. 명예훼손죄에 관한 다음 설명 중 가장 옳지 않은 것은? (다툼이 있는 경우 판례에 의함)

① 명예훼손죄에 있어서의 공연성은 불특정 또는 다수인이 인식할 수 있는 상태를 의미하므로, 비록 개별적으로 한 사람에 대하여 사실을 유포하더라도 이로부터 불특정 또는 다수인에게 전파될 가능성이 있다면 공연성의 요건을 충족한다.
② 기자를 통해 사실을 적시하는 경우에 기자가 취재를 한 상태에서 아직 기사화하여 보도하지 아니한 경우에도 전파가능성이 있으므로 공연성이 있다고 봄이 상당하다.
③ 서울시민 또는 경기도민 등과 같은 막연한 표시에 의해서는 명예훼손죄를 구성하지 않지만, 집합적 명사를 쓴 경우에도 그것에 의하여 그 범위에 속하는 특정인을 가리키는 것이 명백하면, 이를 각자의 명예를 훼손하는 행위라고 볼 수 있다.
④ 명예훼손죄가 성립하기 위해서는 사실의 적시가 있어야 하고 적시된 사실은 이로써 특정인의 사회적 가치 내지 평가가 침해될 가능성이 있을 정도로 구체성을 띠어야 한다.

24. 무고죄에 관한 다음 설명 중 가장 옳지 않은 것은? (다툼이 있는 경우 판례에 의함)

① 피고인이 사립대학교 교수인 피해자로 하여금 학교법인으로부터 징계처분을 받게 할 목적으로 국민권익위원회가 운영하는 국민신문고에 허위의 민원을 제기하였다면, 피고인의 행위는 무고죄에 해당한다.
② 객관적으로 고소사실에 대한 공소시효가 완성되었더라도, 고소를 제기하면서 마치 공소시효가 완성되지 아니한 것처럼 고소하였다면 무고죄를 구성한다.
③ 자기무고는 무고죄를 구성하지 않으나, 피무고자의 교사하에 제3자가 피무고자에 대한 허위의 사실을 신고한 경우에는 제3자를 교사한 피무고자도 교사범으로서의 죄책을 부담한다.
④ 당초 고소장에 기재하지 않은 사실을 수사기관에서 고소보충조서를 받을 때 자진하여 진술하였다면 이러한 진술부분까지 신고한 것으로 보아야 한다.

25. 보호관찰 등에 관한 다음 설명 중 옳게 설명한 것은 모두 몇 개인가?

> ㉮ 형의 집행을 유예하면서 사회봉사명령 또는 수강명령을 선고하려면 보호관찰을 받을 것도 함께 명하여야 한다.
> ㉯ 사회봉사명령 또는 수강명령은 집행유예 기간이 경과한 후에는 이를 집행할 수 없다.
> ㉰ 보호관찰이나 사회봉사 또는 수강을 명한 집행유예를 받은 자가 준수사항이나 명령을 위반하고 그 정도가 무거운 때에는 집행유예의 선고를 취소할 수 있다.
> ㉱ 선고유예의 조건으로 사회봉사명령 또는 수강명령을 부과할 수는 없다.

① 1개 ② 2개
③ 3개 ④ 4개

기출문제 (2016년 3월 5일 시행)

01. 공범에 관한 다음 설명 중 가장 옳지 않은 것은? (다툼이 있는 경우 판례에 의함)

① 2인 이상이 범죄에 공동 가공하는 공범관계에서 공모는 법률상 어떤 정형을 요구하는 것이 아니고 2인 이상이 공모하여 어느 범죄에 공동 가공하여 그 범죄를 실현하려는 의사의 결합만 있으면 되는 것으로서, 비록 전체의 모의과정이 없었다고 하더라도 수인 사이에 순차적으로 또는 암묵적으로 상통하여 그 의사의 결합이 이루어지면 공모관계가 성립한다.

② 공모관계에서의 이탈은 공모자가 공모에 의하여 담당한 기능적 행위지배를 해소하는 것이 필요하므로, 공모자가 공모에 주도적으로 참여하여 다른 공모자의 실행에 영향을 미친 때에는 범행을 저지하기 위하여 적극적으로 노력하는 등 실행에 미친 영향력을 제거하지 아니하는 한 공모관계에서 이탈되었다고 할 수 없다.

③ 피고인이 포괄일죄의 관계에 있는 범행의 일부를 실행한 후 공범관계에서 이탈하였으나 다른 공범자에 의하여 나머지 범행이 이루어진 경우, 피고인이 관여하지 않은 부분에 대하여도 죄책을 부담한다.

④ 포괄일죄의 범행 도중에 공동정범으로 범행에 가담한 자는 그가 그 범행에 가담할 때 이미 이루어진 종전의 범행을 알고 이를 용인한 것이므로 전체 범행에 대하여 공동정범으로 책임을 진다.

02. 다음 설명 중 가장 옳지 않은 것은? (다툼이 있는 경우 판례에 의함)

① 권총에 탄알을 장전하여 발사하였으나 탄알이 불량이어서 불발된 경우에도 이러한 행위는 결과발생을 초래할 위험이 내포되어 있었다 할 것이므로 이를 불능범이라

할 수 없다.
② 임차인이 임차건물에 거주하기는 하였으나 그의 처만이 전입신고를 마친 후에 경매절차에서 배당을 받기 위하여 임대차계약서상의 임차인 명의를 처로 변경하여 경매법원에 배당요구를 한 경우, 임차인 명의를 처의 명의로 변경하지 아니하였다 하더라도 소액임대차보증금에 대한 우선 변제권 행사로서 배당금을 수령할 권리가 있다 할 것이어서, 재물의 편취라는 결과의 발생은 불가능하다 할 것이고, 이러한 임차인의 행위를 객관적으로 결과발생의 가능성이 있는 행위라고 볼 수도 없다.
③ 타인의 재물을 공유하는 자가 공유자의 승낙을 받지 않고 공유대지를 담보로 가등기를 경료하고 그 후 가등기를 말소하였다면 중지미수에 해당한다.
④ 범행당일 미리 제보를 받은 세관직원들이 범행장소 주변에 잠복근무를 하고 있어 그들이 왔다 갔다하는 것을 본 피고인이 범행의 발각을 두려워한 나머지 자신이 분담하기로 한 실행행위에 이르지 못한 경우, 이는 피고인의 자의에 의한 범행의 중지가 아니어서 중지범에 해당한다고 볼 수 없다.

03. 다음 설명 중 위계에 의한 공무집행방해죄가 성립하지 않는 경우는? (다툼이 있는 경우 판례에 의함)

① 불법체류를 이유로 강제출국 당한 중국 동포가 중국에서 이름과 생년월일을 변경한 호구부를 발급받아 중국 주재 대한민국 총영사관에 제출하여 입국사증을 받은 다음, 다시 입국하여 외국인등록증을 발급받고 귀화허가신청서를 제출한 경우
② 음주운전을 하다가 교통사고를 야기한 후 그 형사처벌을 면하기 위하여 타인의 혈액을 자신의 혈액인 것처럼 교통사고 조사 경찰관에게 제출하여 감정하도록 한 경우
③ 당사자가 법원에 가처분신청을 하면서 허위의 주장을 하거나 허위의 증거를 제출한 경우
④ 병역법상의 지정업체에서 산업기능요원으로 근무할 의사가 없음에도 해당 지정업체의 장과 공모하여 허위내용의 편입신청서를 제출하여 관할관청으로부터 산업기능요원 편입을 승인받고, 관할관청의 실태조사를 회피하기 위하여 허위서류를 작성·제출하는 등의 방법으로 파견근무를 신청하여 관할관청으로부터 파견근무를 승인받은 경우

04. 다음 설명 중 가장 옳지 않은 것은? (다툼이 있는 경우 판례에 의함)

① 부동산에 관한 횡령죄에서 타인의 재물을 보관하는 자의 지위는 부동산에 대한 점유의 여부가 아니라 법률상 부동산을 제3자에게 처분할 수 있는 지위에 있는지 여부를 기준으로 판단하여야 한다.
② 타인 명의의 등기서류를 위조하여 등기공무원에게 제출함으로써 피고인 명의로 소유권이전등기를 마쳤다고 하여도 등기공무원에게는 위 부동산의 처분권한이 있다고 볼 수 없어 사기죄가 성립하지 않는다.
③ 부동산에 대한 공갈죄는 소유권이전등기에 필요한 서류를 교부받은 때에 기수가 된다.
④ 피고인이 피해자에게 부동산매도용인감증명 및 등기의무자본인확인서면의 진실한 용도를 속이고 그 서류들을 교부받아 피고인 등 명의로 위 부동산에 관한 소유권이전등기를 경료하였다면 피해자의 처분행위가 있었다고 할 수 없어 사기죄를 구성하지 않는다.

05. 선고유예와 집행유예에 관한 다음 설명 중 가장 옳지 않은 것은? (다툼이 있는 경우 판례에 의함)

① 자격정지 이상의 형을 받은 전과가 있는 자에 대하여는 선고를 유예할 수 없고, 형의 선고유예를 받은 자가 유예기간 중 자격정지 이상의 형에 처한 전과가 발견된 때에는 유예한 형을 선고한다.
② 금고 이상의 형을 선고한 판결이 확정된 때부터 그 집행을 종료하거나 면제된 후 3년까지의 기간에 범한 죄에 대하여 형을 선고하는 경우에는 형의 집행을 유예할 수 없다.
③ 집행유예를 함에 있어 그 집행유예기간의 시기는 집행유예를 선고한 판결 확정일로 하여야 하고, 법원이 판결 확정일 이후의 시점을 임의로 선택할 수는 없다.
④ 하나의 판결로 두 개의 징역형을 선고하는 경우, 그 중 하나의 징역형에 대하여 실형을 선고하면서 다른 징역형에 대하여 집행유예를 선고하는 것은 허용되지 않는다.

06. 위증죄에 관한 다음 설명 중 판례의 태도와 일치하지 않는 것은?

① 선서한 증인이 기억에 반하는 허위의 진술을 하였더라도 그 진술을 철회·시정하면 위증이 되지 아니하므로, 증인이 증인신문절차에서 허위의 진술을 하고 증인신문 절차가 종료된 후, 다시 증인 신청 및 채택 절차를 거쳐 신문을 받는 과정에서 종전 신문절차에서의 진술을 철회·시정하면 위증죄가 성립하지 아니한다.
② 민사소송의 당사자인 법인의 대표자가 선서하고 증언하였더라도 위증죄가 성립하지 아니한다.
③ 자기의 형사사건에 관하여 타인을 교사하여 위증죄를 범하게 하는 것은 방어권을 남용하는 것으로 위증교사죄가 성립한다.
④ 하나의 사건에 관하여 한 번 선서한 증인이 같은 기일에 여러 가지 사실에 관하여 기억에 반하는 허위의 진술을 한 경우 이는 하나의 범죄의사에 의하여 계속하여 허위의 진술을 한 것으로서 포괄하여 1개의 위증죄를 구성한다.

07. 문서에 관한 죄에 대한 다음 설명 중 가장 옳은 것은? (다툼이 있는 경우 판례에 의함)

① 주취운전자 적발보고서 및 주취운전자 정황진술보고서의 각 운전자란에 타인의 서명을 한 다음 이를 경찰관에게 제출하였다면 허위공문서작성죄의 간접정범이 성립한다.
② 제3자로부터 신분확인을 위하여 신분증명서의 제시를 요구받고 다른 사람의 운전면허증을 제시한 행위는 운전면허증의 사용목적에 따른 행사라고 할 수 없으므로, 공문서부정행사죄가 성립하지 아니한다.
③ 타인의 주민등록증 사본의 사진란에 자신의 사진을 붙여 복사하여 행사하였다면 공문서위조 및 동행사죄가 성립한다.
④ 기왕에 습득한 타인의 주민등록증을 자신의 가족의 것이라고 제시하면서 그 주민등록증상의 명의로 이동전화 가입신청을 한 경우 공문서부정행사죄가 성립한다.

08. 일반교통방해죄에 관한 다음 설명 중 가장 옳지 않은 것은? (다툼이 있는 경우 판례에 의함)

① 일반교통방해죄는 교통이 불가능하거나 또는 현저히 곤란한 상태가 발생하더라도 교통방해의 결과가 현실적으로 발생하지 않은 경우에는 일반교통방해미수죄가 성립한다.
② 일반교통방해죄는 일반공중의 교통의 안전을 보호법익으로 하는 범죄로서 여기서의 '육로'라 함은 사실상 일반공중의 왕래에 공용되는 육상의 통로를 널리 일컫는 것으로서 그 부지의 소유관계나 통행권리관계 또는 통행인의 많고 적음 등을 가리지 않는다.
③ 집회 또는 시위가 당초 신고된 범위를 현저히 일탈하거나 교통질서 유지를 위한 조건을 중대하게 위반하여 도로 교통을 방해함으로써 통행을 불가능하게 하거나 현저하게 곤란하게 하는 경우에는 일반교통방해죄가 성립한다.
④ 피고인이 고속도로 2차로를 따라 자동차를 운전하다가 1차로를 진행하던 甲의 차량 앞에 급하게 끼어든 후 곧바로 정차하여, 甲의 차량 및 이를 뒤따르던 차량 두 대는 급정차하였으나 그 뒤를 따라오던 乙의 차량이 앞의 차량들을 연쇄적으로 추돌케 하여 乙을 사망에 이르게 하고 나머지 차량 운전자 등 피해자들에게 상해를 입힌 경우 일반교통방해치사상죄가 성립한다.

09. 다음 설명 중 가장 옳지 않은 것은? (다툼이 있는 경우 판례에 의함)

㉮ 절도죄의 죄수는 원칙적으로 침해된 점유의 개수에 의하여 결정되므로, 동일인의 점유 또는 공동점유 아래 있는 재물을 절취한 경우 비록 그 소유자를 달리하더라도 일죄이다. 예컨대, ㉯ A의 방 안에서 A 소유의 오디오와 A가 B로부터 빌려 사용하고 있는 B 소유의 손목시계를 절취한 경우가 이에 해당한다. 한편, ㉰ 40여 일간에 걸쳐 피해자 C 소유 임야에서 고령토를 계속 절취하는 경우는 범의의 단일성을 인정할 수 있으므로 일죄이지만, ㉱ 절도의 습벽이 있는 자가 그 습벽의 발로로 주간에 절도의 목적으로 타인의 주거에 침입하였으나 절도에 이르지 못한 경우, 그 위법성은 상습절도의 구성요건적 평가에 포함되어 있다고 볼 수 없으므로, 주거침입죄가 성립한다.

① 가　　　　　　　　　② 나
③ 다　　　　　　　　　④ 라

10. 다음 설명 중 가장 옳지 않은 것은? (다툼이 있는 경우 판례에 의함)

① 자수라 함은 범인이 스스로 수사책임이 있는 관서에 자기의 범행을 고하고 그 처분을 구하는 의사표시를 하는 것을 말하므로, 수사기관의 직무상의 질문 또는 조사에 응하여 범죄사실을 진술한 경우는 자수로 평가할 수 있다.
② 법인의 직원 또는 사용인이 위반행위를 하여 양벌규정에 의하여 법인이 처벌받는 경우, 법인에게 자수감경을 적용하기 위하여는 법인의 이사 기타 대표자가 수사책임이 있는 관서에 자수한 경우에 한하고, 그 위반행위를 한 직원 또는 사용인이 자수한 것만으로는 형을 감경할 수 없다.
③ 법률상 감경사유가 있을 때에는 작량감경보다 우선하여야 한다.
④ 자수서를 소지하고 수사기관에 자발적으로 출석하였으나 자수서를 제출하지 아니하고 범행사실도 부인하였다면 자수가 성립하지 아니하고, 그 이후 구속까지 된 상태에서 자수서를 제출하고 범행사실을 시인한 것을 자수에 해당한다고 인정할 수 없다.

11. 무고죄에 관한 다음 설명 중 가장 옳은 것은? (다툼이 있는 경우 판례에 의함)

① 무고죄에서 형사처분 또는 징계처분을 받게 할 목적은 허위신고를 함에 있어서 다른 사람이 그로 인하여 형사 또는 징계처분을 받게 될 것이라는 인식이 있으면 족하고 그 결과발생을 희망하는 것까지를 요하는 것은 아니다.
② 타인으로 하여금 형사처분을 받게 할 목적으로 허위의 사실을 신고한 이상, 그 사실 자체가 형사범죄로 구성되지 아니하더라도 무고죄가 성립한다.
③ 피고인 자신이 상대방의 범행에 공범으로 가담하였음에도 자신의 가담사실을 숨기고 상대방만을 고소한 경우에는 무고죄가 성립한다.
④ 무고죄에서의 허위사실 적시의 정도는 수사관서 또는 감독관서에 대하여 수사권 또는 징계권의 발동을 촉구하는 정도로는 부족하고 범죄구성요건 사실이나 징계요

건 사실을 구체적으로 명시하여야 한다.

12. 소급효 금지의 원칙에 관한 다음 설명 중 판례의 태도와 일치하는 것은?

① 보호관찰은 과거의 불법에 대한 책임에 기초하고 있는 제재가 아니라 장래의 위험성으로부터 행위자를 보호하고 사회를 방위하기 위한 합목적적인 조치이므로, 소급효 금지의 원칙이 적용되지 아니한다.
② 행위 당시의 판례에 의하면 처벌대상이 아니었던 행위를 판례의 변경에 따라 처벌하는 것은 평등의 원칙과 형벌불소급의 원칙에 반한다.
③ 가정폭력범죄의 처벌 등에 관한 특례법이 정한 보호처분 중의 하나인 사회봉사명령은 가정폭력범죄를 범한 자에 대하여 환경의 조정과 성행의 교정을 목적으로 하는 것이므로 원칙적으로 형벌불소급의 원칙이 적용되지 아니한다.
④ 대법원 양형위원회의 양형기준은 법관이 합리적인 양형을 정하는 데 참고할 수 있는 구체적이고 객관적인 기준으로 마련된 것으로 법적 구속력을 가지지 아니하나, 법관의 양형에 있어서 그 존중이 요구되는 것이므로, 대법원 양형위원회가 설정한 '양형기준'이 발효하기 전에 공소가 제기된 범죄에 대하여 위 '양형기준'을 참고하여 형을 양정함으로써 결과적으로 형이 더 무거워졌다면 피고인에게 불리한 법률을 소급하여 적용한 위법이 있다고 할 수 있다.

13. 다음 설명 중 가장 옳지 않은 것은? (다툼이 있는 경우 판례에 의함)

① 피해자가 양손으로 피고인의 넥타이를 잡고 늘어져 후경부피하출혈상을 입을 정도로 목이 졸리게 된 피고인이 피해자를 떼어놓기 위하여 왼손으로 자신의 목 부근 넥타이를 잡은 상태에서 오른손으로 피해자의 손을 잡아 비틀면서 서로 밀고 당기고 하였다면, 피고인의 그와 같은 행위는 목이 졸린 상태에서 벗어나기 위한 소극적인 저항행위에 불과하여 정당행위에 해당하여 죄가 되지 아니한다.
② 남편을 상대로 한 제소행위에 대하여 응소하는 행위가 처의 일상가사대리권에 속한다고 할 수 있으므로, 행방불명된 남편에 대하여 불리한 민사판결이 선고되어 처가

남편 명의의 항소장을 작성하여 법원에 제출한 행위는 사회통념상 용인되는 극히 정상적인 생활형태의 하나로서 위법성이 있다 할 수 없다.
③ 분쟁이 있던 옆집 사람이 야간에 술에 만취된 채 시비를 하며 거실로 들어오려 하므로 이를 제지하며 밀어내는 과정에서 2주 상해를 입힌 피고인의 행위는 정당행위로 무죄이다.
④ 회사측이 회사 운영을 부실하게 하여 소수주주들에게 손해를 입게 하였다고 하더라도 위와 같은 사정만으로 주주총회에 참석한 주주가 강제로 사무실을 뒤져 회계장부를 찾아내는 것이 사회통념상 용인되는 정당행위로 되는 것은 아니다.

14. 다음 설명 중 가장 옳지 않은 것은? (다툼이 있는 경우 판례에 의함)

① 가치중립적인 표현을 사용하였다 하여도 사회통념상 그로 인하여 특정인의 사회적 평가가 저하되었다고 판단된다면 명예훼손죄가 성립할 수 있다.
② 장래의 일을 적시하더라도 그것이 과거 또는 현재의 사실을 기초로 하거나 이에 대한 주장을 포함하는 경우에는 명예훼손죄가 성립한다고 할 것이고, 장래의 일을 적시하는 것이 과거 또는 현재의 사실을 기초로 하거나 이에 대한 주장을 포함하는지 여부는 그 적시된 표현 자체는 물론 전체적인 취지나 내용, 적시에 이르게 된 경위 및 전후 상황, 기타 제반 사정을 종합적으로 참작하여 판단하여야 한다.
③ 목사가 예배 중 특정인을 가리켜 '이단 중에 이단이다'라고 설교한 부분은 명예훼손죄에 해당한다.
④ 누구든지 범죄가 있다고 생각하는 때에는 고발할 수 있는 것이므로 어떤 사람이 범죄를 고발하였다는 사실이 주위에 알려졌다고 하여 그 고발사실 자체만으로 고발인의 사회적 가치나 평가가 침해될 가능성이 있다고 볼 수는 없다. 다만, 그 고발의 동기나 경위가 불순하다거나 온당하지 못하다는 등의 사정이 함께 알려진 경우에는 고발인의 명예가 침해될 가능성이 있다.

15. 다음 설명 중 가장 옳지 않은 것은? (다툼이 있는 경우 판례에 의함)
   ① 공무원이 골재채취허가 과정에 협조해 달라는 청탁과 함께 동일인으로부터 20일 사이에 3차례에 걸쳐 다른 장소에서 금품을 교부받은 경우, 단일 범의에 의하여 행해진 계속된 행위라고 볼 수 있고 피해법익 또한 동일하므로 포괄하여 일죄를 구성한다.
   ② 건축공무원이 약 4개월 사이에 10회에 걸쳐 동일한 건설회사의 대표이사, 상무이사, 공사현장 소장으로부터 동일 명목으로 뇌물을 받았다면 단일 범의에 의하여 행해진 계속된 행위라고 볼 수 없으므로 수죄의 뇌물수수죄가 성립한다.
   ③ 등기소 조사계장이 동일 법무사로부터 그가 신청하는 등기신청사건을 신속히 처리하여 달라는 부탁조로 1건당 얼마씩 이른바 급행료를 받은 경우, 단일한 범의의 계속 아래 일정한 기간 동종행위를 같은 장소에서 반복한 것으로 볼 수 있어 일죄이다.
   ④ 형법 제133조 제2항의 제3자뇌물취득죄는 제133조 제1항의 증뢰자로부터 교부받은 금품을 수뢰할 사람에게 전달하였는지 여부에 관계없이 제3자가 그 정을 알면서 금품을 교부받음으로써 성립하며, 나아가 제3자가 그 금품을 수뢰할 사람에게 전달하였다 하더라도 별도로 뇌물공여죄가 성립하는 것은 아니다.

16. 강제집행면탈죄에 관한 다음 설명 중 판례의 태도와 일치하지 않는 것은?
   ① 강제집행면탈죄는 채권자의 권리보호를 주된 보호법익으로 하므로, 채권의 존재가 인정되지 않을 때에는 강제집행면탈죄는 성립하지 않는다.
   ② 채무자가 제3자 명의로 되어 있던 사업자등록을 또 다른 제3자 명의로 변경하였다면 사업장 내 유체동산에 관한 소유관계를 종전보다 더 불명하게 하여 채권자에게 손해를 입게 할 위험성을 야기한 것이라 봄이 상당하다.
   ③ 채권자들에 의한 복수의 강제집행이 예상되는 경우 재산을 은닉 또는 허위양도함으로써 채권자들을 해하였다면 채권자별로 각각 강제집행면탈죄가 성립하고, 상호 상상적 경합범의 관계에 있다.
   ④ 형법 제327조의 강제집행면탈죄는 채권자가 본안 또는 보전소송을 제기하거나 제기할 태세를 보이고 있는 상태에서 주관적으로 강제집행을 면탈하려는 목적으로 재산을 은닉, 손괴, 허위양도하거나 허위의 채무를 부담하여 채권자를 해할 위험이

있으면 성립하는 것이고, 반드시 채권자를 해하는 결과가 야기되거나 행위자가 어떤 이득을 취하여야 범죄가 성립하는 것은 아니다.

17. 다음 설명 중 가장 옳지 않은 것은? (다툼이 있는 경우 판례에 의함)
① 기망행위에 의하여 조세를 포탈하거나 조세의 환급·공제를 받은 것은 사기죄의 기망행위에 해당한다.
② 비의료인이 개설한 의료기관이 의료법에 의하여 적법하게 개설된 요양기관인 것처럼 국민건강보험공단에 요양급여비용의 지급을 청구하여 지급받은 것은 사기죄의 기망행위에 해당한다.
③ 보험계약자가 보험계약 체결 시 보험금액이 목적물의 가액을 현저하게 초과하는 초과보험 상태를 의도적으로 유발한 후 보험사고가 발생하자 초과보험 사실을 알지 못하는 보험자에게 목적물의 가액을 묵비한 채 보험금을 청구하여 교부받은 것은 사기죄의 기망행위에 해당한다.
④ 토지의 매수를 권유하면서 언급한 내용이 객관적 사실에 부합하거나 비록 확정된 것은 아닐지라도 연구용역 보고서와 신문스크랩 등에 기초한 것이라면 사기죄의 기망행위에 해당하지 않는다.

18. 다음 설명 중 甲의 행위에 대하여 횡령죄가 성립하지 않는 경우는? (다툼이 있는 경우 판례에 의함)
① 甲이 자기 명의의 계좌에 착오로 송금된 돈을 다른 계좌로 이체하는 등 임의로 사용하는 행위
② 甲이 乙로부터 환전하여 달라는 부탁과 함께 교부받은 돈을 임의로 자신의 乙에 대한 채권에 상계 충당하는 행위
③ 회사에 대하여 개인적인 채권을 가지고 있는 대표이사 甲이 회사를 위하여 보관하고 있는 회사 소유의 금전으로 자신의 채권의 변제에 충당하는 행위
④ 종중으로부터 토지를 명의신탁받아 보관 중이던 甲이 개인 채무 변제에 사용할

돈을 차용하기 위해 위 토지에 근저당권을 설정한 후 그 토지를 乙에게 매도한 경우, 甲의 토지 매도 행위

19. 배임수재죄와 배임증재죄에 관한 다음 설명 중 가장 옳지 않은 것은? (다툼이 있는 경우 판례에 의함).

① 배임수재죄의 구성요건 중 '부정한 청탁'이란 반드시 업무상 배임의 내용이 되는 정도에 이를 필요는 없고, 사회상규 또는 신의성실의 원칙에 반하는 것을 내용으로 하면 족하다.

② 배임수재죄는 임무에 관하여 부정한 청탁을 받고 재물 또는 재산상 이익을 취득하면 성립되고, 어떠한 임무위배행위를 하거나 본인에게 손해를 가하는 것을 요건으로 하지 아니한다.

③ 배임수재죄와 배임증재죄는 필요적 공범의 관계에 있으므로, 배임증재죄는 성립하지 않으면서 배임수재죄만이 성립할 수는 없다.

④ 학교법인의 이사장 또는 사립학교경영자가 학교법인 운영권을 양도하고 양수인으로부터 양수인측을 학교법인의 임원으로 선임해 주는 대가로 양도대금을 받기로 하는 내용의 청탁을 받았다 하더라도, 특별한 사정이 없는 한 그 청탁을 배임수재죄의 구성요건인 '부정한 청탁'에 해당한다고 할 수 없다.

20. 절도죄에 관한 다음 설명 중 가장 옳지 않은 것은? (다툼이 있는 경우 판례에 의함)

① 피고인이 피해자의 영업점 내에 있는 피해자 소유의 휴대전화를 허락 없이 가지고 나와 이를 이용하여 통화를 하고 문자메시지를 주고받은 다음 약 1~2시간 후 피해자에게 아무런 말을 하지 않고 위 영업점 정문 옆 화분에 놓아두고 간 경우 절도죄가 성립한다

② 타인의 은행 직불카드를 무단 사용하여 타인의 예금계좌에서 자기의 예금계좌로 돈을 이체시킨 경우 직불카드 자체가 가지는 경제적 가치가 계좌이체된 금액만큼 소모되었다고 할 수 있으므로, 이를 일시 사용하고 곧 반환한 경우라도 직불카드에

대한 불법영득의 의사가 있다고 보아야 한다.
③ 피해자가 결혼예식장에서 신부측 축의금 접수인인 것처럼 행세하는 피고인에게 축의금을 내어 놓자 피고인이 위 돈을 가져간 경우 절도죄에 해당한다.
④ 피고인이 피해자의 컴퓨터에 저장된 정보를 출력하여 생성한 문서를 가지고 간 행위를 들어 피해자 소유의 문서를 절취한 것으로 볼 수는 없다.

21. 몰수에 관한 다음 설명 중 가장 옳지 않은 것은? (다툼이 있는 경우 판례에 의함)

① 범죄행위에 제공하였거나 제공하려고 한 물건이라 하더라도 적법한 절차에 의하여 압수되어 있지 아니한 물건은 몰수할 수 없다.
② 대형할인매장에서 수회 상품을 절취하여 자신의 승용차에 싣고 간 경우, 그 절취한 물품의 부피가 상당한 크기의 것이어서 대중교통수단을 타고 운반하기에 곤란한 수준이었다면, 위 승용차를 범죄행위에 제공한 물건으로 보아 몰수할 수 있다.
③ 피고인의 소유물은 물론 공범자의 소유물도 그 공범자의 소추 여부를 불문하고 몰수할 수 있다.
④ 행위자에게 유죄의 재판을 아니할 때에도 몰수의 요건이 있는 때에는 몰수만을 선고할 수 있다.

22. 직무유기죄에 관한 다음 설명 중 가장 옳지 않은 것은? (다툼이 있는 경우 판례에 의함)

① 직무유기죄에서 '직무를 유기한 때'란 공무원이 법령, 내규 등에 의한 추상적 성실의무를 태만히 하는 일체의 경우에 성립하는 것이 아니라 직장의 무단이탈, 직무의 의식적인 포기 등과 같이 국가의 기능을 저해하고 국민에게 피해를 야기시킬 가능성이 있는 경우를 가리킨다.
② 직무유기죄는 그 직무를 수행하여야 하는 작위의무의 존재와 그에 대한 위반을 전제로 하고 있는바, 그 작위의무를 수행하지 아니함으로써 즉시 성립하고 그와 동시에 완성되는 즉시범이므로 그 범죄성립과 동시에 공소시효가 진행한다.

③ 병가 중인 공무원의 경우에는 구체적인 작위의무 내지 국가기능의 저해에 대한 구체적인 위험성이 있다고 할 수 없으므로 직무유기죄의 주체로 될 수 없다.
④ 공무원이 어떠한 위법사실을 발견하고도 직무상 의무에 따른 적절한 조치를 취하지 아니하고 위법사실을 적극적으로 은폐할 목적으로 허위공문서를 작성, 행사한 경우에는 직무위배의 위법상태는 허위공문서작성 당시부터 그 속에 포함되는 것으로 작위범인 허위공문서작성, 동행사죄만이 성립하고 부작위범인 직무유기죄는 따로 성립하지 아니한다.

23. 범인은닉죄와 범인도피죄에 관한 다음 설명 중 가장 옳지 않은 것은? (다툼이 있는 경우 판례에 의함)

① 범인 아닌 자가 수사기관에 범인임을 자처하고 허위사실을 진술하여 진범의 체포와 발견에 지장을 초래하게 한 행위는 범인은닉죄 또는 범인도피죄에 해당한다.
② 참고인이 수사기관에서 범인에 관하여 조사를 받으면서 그가 알고 있는 사실을 묵비하거나 허위로 진술하였다고 하더라도, 그것이 적극적으로 수사기관을 기만하여 착오에 빠지게 함으로써 범인의 발견 또는 체포를 곤란 내지 불가능하게 할 정도가 아닌 한 범인도피죄를 구성하지 않고, 이러한 법리는 피의자가 수사기관에서 공범에 관하여 묵비하거나 허위로 진술한 경우에도 그대로 적용된다.
③ 범인도피죄는 범인을 도피하게 함으로써 기수에 이르지만, 범인도피행위가 계속되는 동안에는 범죄행위도 계속되고 행위가 끝날 때 비로소 범죄행위가 종료되므로, 공범자의 범인도피행위 도중에 그 범행을 인식하면서 그와 공동의 범의를 가지고 기왕의 범인도피 상태를 이용하여 스스로 범인도피 행위를 계속한 경우에는 범인도피죄의 공동정범이 성립한다.
④ 범인이 자신을 위하여 타인으로 하여금 허위의 자백을 하게 하여 범인도피죄를 범하게 하는 행위는 방어권의 남용으로 범인도피교사죄에 해당하나, 이 경우 그 타인이 형법 제151조 제2항에 의하여 처벌을 받지 아니하는 친족 또는 동거의 가족에 해당하는 경우에는 범인도피교사죄에 해당하지 않는다.

24. 경합범에 관한 다음 설명 중 가장 옳은 것은? (다툼이 있는 경우 판례에 의함)

① 판결이 확정되지 아니한 수개의 죄 또는 벌금 이상의 형에 처한 판결이 확정된 죄와 그 판결확정 전에 범한 죄를 경합범으로 한다.
② 경합범 중 판결을 받지 아니한 죄가 있는 때에는 그 죄와 판결이 확정된 죄를 동시에 판결할 경우와 형평을 고려하여 그 죄에 대하여 형을 선고한다. 이 경우 그 형을 감경 또는 면제한다.
③ 1개의 행위가 수개의 죄에 해당하는 경우, 각 죄에 정한 형이 사형 또는 무기징역이나 무기금고 이외의 동종의 형인 때에는 가장 중한 죄에 정한 장기 또는 다액에 그 2분의 1까지 가중하되, 각 죄에 정한 형의 장기 또는 다액을 합산한 형기 또는 액수를 초과할 수 없다. 단 과료와 과료, 몰수와 몰수는 병과할 수 있다.
④ 아직 판결을 받지 아니한 죄가 이미 판결이 확정된 죄와 동시에 판결할 수 없었던 경우에는 형법 제37조 후단의 경합범 관계가 성립할 수 없다.

25. 결과적 가중범에 관한 다음 설명 중 가장 옳지 않은 것은? (다툼이 있는 경우 판례에 의함)

① 교통방해에 의한 치사상죄에 있어서, 교통방해 행위와 결과 사이에 피해자나 제3자의 과실 등 다른 사실이 개재된 때에도 그와 같은 사실이 통상 예견될 수 있는 것이라면 상당인과관계를 인정할 수 있다.
② 고의의 기본범죄가 미수에 그치더라도 중한 결과가 발생한 경우에는 결과적 가중범의 기수범에 해당한다.
③ 결과적 가중범인 상해치사죄의 공동정범은 폭행 기타의 신체침해 행위를 공동으로 할 의사가 있으면 성립되고 결과를 공동으로 할 의사는 필요 없다.
④ 부진정결과적 가중범에서 고의로 중한 결과를 발생하게 한 행위가 별도의 구성요건에 해당하는 경우, 그 고의범에 대하여 결과적 가중범에 정한 형보다 더 무겁게 처벌하는 규정이 없는 경우에는 그 고의범과 결과적 가중범이 상상적 경합관계에 있다.

기출문제 (2017년 2월 25일 시행)

01. 실행의 착수에 관한 다음 설명 중 가장 옳지 않은 것은? (다툼이 있는 경우 판례에 의함)

① 피고인이 피해자 소유 자동차 안에 들어있는 밍크코트를 발견하고 이를 절취할 생각으로 다른 사람이 망을 보고 있는 상태에서 차량 앞문손잡이를 당기다가 피해자에게 발각된 경우 절도의 실행에 착수하였다고 볼 수 있다.

② 사기죄는 편취의 의사로 기망행위를 개시한 때에 실행에 착수한 것으로 보아야 하므로 사기도박에 있어 도금을 편취하려는 자가 상대방에게 참가할 것을 권유한 것만으로도 원칙적으로 사기죄의 실행에 착수한 것으로 볼 수 있다.

③ 야간에 아파트에 침입하여 물건을 훔칠 의도로 아파트 베란다 철제난간까지 올라가 유리창문을 열려고 시도하였다면 야간주거침입절도죄의 실행에 착수한 것으로 보아야 한다.

④ 제3자가 피보험자 본인인 것처럼 가장하여 타인의 사망을 보험사고로 하는 생명보험계약을 체결한 행위는 원칙적으로 사기죄의 실행에 착수한 것으로 볼 수 있다.

02. 형법 제16조(법률의 착오)의 '정당한 이유'에 관한 다음 설명 중 가장 옳지 않은 것은? (다툼이 있는 경우 판례에 의함)

① 정당한 이유가 있는지 여부는 행위자에게 자기 행위의 위법의 가능성에 대해 심사숙고하거나 조회할 수 있는 계기가 있어 자신의 지적 능력을 다하여 이를 회피하기 위한 진지한 노력을 다하였더라면 스스로의 행위에 대하여 위법성을 인식할 수 있는 가능성이 있었음에도 이를 다하지 못한 결과 자기 행위의 위법성을 인식하지

못한 것인지 여부에 따라 판단하여야 한다.
② 행정청의 허가가 있어야 함에도 불구하고 허가를 받지 아니하여 처벌대상이 되는 행위를 한 경우라도 허가를 담당하는 공무원이 허가를 요하지 않는 것으로 잘못 알려주어 이를 믿었기 때문인 경우 형법 제16조에 해당하여 벌할 수 없다.
③ 광역시의회 의원이 선거구민들에게 의정보고서를 배부하기에 앞서 미리 관할 선거관리위원회 소속 공무원들에게 자문을 구하고 그들의 지적에 따라 수정한 의정보고서를 배부한 경우 형법 제16조에 해당하여 벌할 수 없다.
④ 부동산중개업자가 부동산중개업협회의 자문을 통하여 인원수의 제한 없이 중개보조원을 채용하는 것이 허용되는 것으로 믿고서 제한인원을 초과하여 중개보조원을 채용한 경우 형법 제16조에 해당하여 벌할 수 없다.

03. 다음 설명 중 절도죄의 불법영득의사가 인정되는 경우는? (다툼이 있는 경우 판례에 의함)

① 피고인이 살해된 피해자의 주머니에서 꺼낸 지갑을 살해도구로 이용한 골프채와 옷 등 다른 증거품들과 함께 자신의 차량에 싣고 가다가 쓰레기 소각장에서 태워 버린 경우
② 피고인이 甲의 영업점 내에 있는 甲 소유의 휴대전화를 허락없이 가지고 나와 사용한 다음 약 1~2시간 후 위 영업점 정문 옆 화분에 놓아두고 간 경우
③ 피고인이 내연관계를 회복시켜 볼 목적으로 내연녀의 물건을 가져와 보관한 후 이를 찾으러 오면 그때 그 물건을 반환하면서 잘 타일러 다시 내연관계를 지속시킬 생각으로 그 물건을 가져온 경우
④ 피해자의 승낙없이 혼인신고서를 작성하기 위하여 피해자의 도장을 몰래 꺼내어 사용한 후 곧바로 제자리에 갖다 놓은 경우

04. 다음 설명 중 가장 옳지 않은 것은? (다툼이 있는 경우 판례에 의함)

① 정리해고 등 기업의 구조조정 실시 여부는 경영주체의 고도의 경영상 결단에 속하

는 사항으로서 이는 원칙적으로 단체교섭의 대상이 될 수 없고 그것이 긴박한 경영상의 필요나 합리적 이유없이 불순한 의도로 추진되는 등의 특별한 사정이 없는 한 노동조합이 그 실시 자체를 반대하기 위해 쟁의행위에 나아가는 것은 허용되지 않으나, 그 실시로 인해 근로자들의 지위나 근로조건의 변경이 필연적으로 수반되는 경우에 한해 그 쟁의행위의 목적의 정당성을 인정할 수 있다.

② '회사 직원이 회사의 이익을 빼 돌린다'는 소문을 확인할 목적으로, 비밀번호를 설정함으로써 비밀장치를 한 전자기록인 피해자가 사용하던 '개인용 컴퓨터 하드디스크'를 떼어내어 다른 컴퓨터에 연결한 다음 의심 드는 단어로 파일을 검색하여 메신저 대화내용, 이메일 등을 출력한 경우라면 정당행위에 해당한다.

③ 신문기자인 피고인이 고소인에게 2회에 걸쳐 증여세 포탈에 대한 취재를 요구하면서 이에 응하지 않으면 자신이 취재한 내용대로 보도하겠다고 말하여 협박한 경우이는 정당행위에 해당한다.

④ 수지침 한 봉지를 사 가지고 수지침 전문가인 피고인을 찾아와 수지침 시술을 부탁하므로 피고인이 아무런 대가 없이 시술행위를 해준 경우 사회통념상 허용될 만한 정도의 상당성이 있는 것으로 정당행위에 해당한다.

05. 다음 설명 중 가장 옳지 않은 것은? (다툼이 있는 경우 판례에 의함)

① 피고인이 대형할인매장을 1회 방문하여 범행을 할 때마다 수 개 품목의 수십만 원어치 상품을 절취하여 이를 자신의 승용차에 싣고 간 경우 그 승용차는 형법 제48조 제1항 제1호 소정의 범죄행위에 제공한 물건이므로 몰수할 수 있다.

② 체포될 당시 미처 송금하지 못하고 소지하고 있던 자기앞수표나 현금은 장차 실행하려고 한 외국환거래법 위반의 범행에 제공하려는 물건일 뿐 그 이전에 범해진 외국환거래법 위반의 범죄행위에 제공하려고 한 물건으로 볼 수 없으므로 이를 몰수할 수 없다.

③ 징역 또는 금고는 무기 또는 유기로 하고 유기는 1개월 이상 30년 이하로 한다. 단, 유기징역 또는 유기금고에 대하여 형을 가중하는 때에는 50년까지로 하고 자격의 전부 또는 일부에 대한 자격정지는 1개월 이상 15년 이하로 한다. 그리고 유기징역 또는 유기금고에 자격정지를 병과한 때에는 징역 또는 금고의 집행을 종료하거나 면제된 날로부터 정지기간을 기산한다.

④ 누범 전과는 금고 이상의 형을 받아 그 집행을 종료하거나 면제받은 후 3년 이내에 금고 이상에 해당하는 죄를 범한 경우인데 일반사면된 전과는 누범가중사유가 되지 아니하나 복권된 전과사실은 누범가중사유에 해당한다.

06. 죄수(罪數)에 대한 다음 설명 중 가장 옳지 않은 것은? (다툼이 있는 경우 판례에 의함)

① 동일한 장소에서 동일한 방법으로 시간적으로 접착된 상황에서 권총으로 처와 자식들에게 각기 실탄 1발씩을 순차로 발사하여 살해한 경우 단일하고도 계속된 범의 아래 동종의 범행을 반복하여 행하였으므로 포괄일죄에 해당한다.
② 피해자를 2회 강간하여 상해를 입힌 자가 피해자에게 용서를 구하였으나 피해자가 이에 불응하면서 강간사실을 부모에게 알리겠다고 하자 피해자를 살해하여 범행을 은폐시키기로 마음먹고 목을 졸라 질식 사망케 한 경우 강간치상죄와 살인죄의 경합범이 된다.
③ 형법 제40조의 상상적 경합의 경우 중한 죄가 친고죄로서 고소가 취소되었다 하더라도 경한 죄에 대하여는 아무런 영향을 미치지 않는다.
④ 1개의 기망행위에 의하여 다수의 피해자로부터 각각 재산상 이익을 편취한 경우에는 피해자별로 수 개의 사기죄가 성립하고 각 사기죄는 상상적 경합의 관계에 있다.

07. 다음 설명 중 가장 옳지 않은 것은? (다툼이 있는 경우 판례에 의함)

① 렌트카 회사의 공동대표이사 1인으로부터 개인적인 채무담보 명목으로 넘겨받은 회사보유 차량에 대한 점유도 권리행사방해죄의 보호대상인 점유에 해당한다.
② 회사의 전직 대표이사가 회사가 타인에게 담보로 제공한 회사 소유의 물건을 타에 매도한 경우 권리행사방해죄를 구성하지 않는다.
③ 공장근저당권이 설정된 선반기계 등을 이중담보로 제공하기 위하여 이를 다른 장소로 옮긴 경우에도 권리행사방해죄가 성립한다.
④ 채권자에 대한 채무변제로 자기 소유의 건물을 대물변제하기로 하였으나 이를 이행하지 아니하여 채권자가 강제집행을 하려 하자 이를 면하기 위하여 또 다른 채권자

와 위 건물에 대하여 대물변제계약을 체결한 경우 강제집행면탈죄가 성립된다.

08. 명예훼손죄에 관한 다음 설명 중 가장 옳지 않은 것은? (다툼이 있는 경우 판례에 의함)

① 개인 블로그의 비공개 대화방에서 상대방으로부터 비밀을 지키겠다는 말을 듣고 일대일로 대화한 경우에도 대화 상대방이 대화내용을 불특정 또는 다수에게 전파할 가능성이 있으면 공연성을 인정할 여지가 있다.
② 이혼소송 계속 중인 처가 남편의 친구에게 서신을 보내면서 남편의 명예를 훼손하는 문구가 기재된 서신을 동봉한 경우에는 그것이 전파될 가능성이 없으므로 명예훼손죄에 있어서의 공연성이 없다.
③ 피고인이 경찰관을 상대로 진정한 사건이 혐의인정되지 않아 내사종결 처리되었음에도 불구하고 공연히 "사건을 조사한 경찰관이 내일부로 검찰청에서 구속영장이 떨어진다"고 말한 것은 명예훼손죄에 있어서의 '사실의 적시'에 해당하지 않는다.
④ 동네 아줌마 및 피해자의 시어머니가 있는 자리에서 피해자에 대하여 "시커멓게 생긴 놈하고 매일 붙어 다닌다. 점방 마치면 여관에 가서 누워 자고 아침에 들어온다"는 말을 한 경우 공연성을 부정하기 어렵다.

09. 선고유예에 관한 다음 설명 중 가장 옳지 않은 것은? (다툼이 있는 경우 판례에 의함)

① 1년 이하의 징역이나 금고, 자격정지 또는 벌금의 형을 선고할 경우에 뉘우치는 정상이 뚜렷한 때에는 그 선고를 유예할 수 있다. 단, 자격정지 이상의 형을 받은 전과가 있는 자에 대하여는 예외로 한다. 형을 병과할 경우에도 형의 전부 또는 일부에 대하여 그 선고를 유예할 수 있다.
② 형의 선고를 유예하는 경우 재범방지를 위하여 필요한 때에는 보호관찰을 받을 것을 명할 수 있고 그 기간은 법원이 형법 제51조의 사항을 참작하여 재량으로 정한다.
③ 선고유예 판결에서도 그 판결이유에서는 선고할 형의 종류와 양을 정해 놓아야

한다.
④ 형의 선고유예를 받은 날로부터 2년을 경과한 때에는 면소된 것으로 간주한다.

10. 다음 설명 중 가장 옳지 않은 것은? (다툼이 있는 경우 판례에 의함)
① 사람을 공갈하여 자신이 아닌 제3자로 하여금 재물의 교부를 받게 하거나 재산상의 이익을 취득하게 한 경우도 공갈죄가 성립한다.
② 공갈죄에 있어 피공갈자의 하자 있는 의사에 기하여 이루어지는 재물의 교부 자체가 공갈죄에서의 재산상 손해에 해당하므로 반드시 피해자의 전체 재산의 감소가 요구되는 것도 아니다.
③ 피고인이 예금주인 현금카드 소유자를 협박하여 그 카드를 갈취한 다음 피해자의 승낙에 의하여 현금카드를 사용할 권한을 부여받아 이를 이용하여 여러 차례 현금자동지급기에서 예금을 인출한 경우 포괄하여 하나의 공갈죄를 구성하고 현금지급기에서 피해자의 예금을 취득한 행위를 따로 절도죄로 처단할 수 없다.
④ 피고인이 정당한 권리 실현의 수단으로 사회통념상 용인되기 어려운 정도를 넘는 협박을 사용하여 상대방을 외포케 하여 재물을 교부받은 경우 피고인에게는 불법영득의사가 없으므로 공갈죄가 아닌 협박죄가 성립한다.

11. 다음 설명 중 가장 옳지 않은 것은? (다툼이 있는 경우 판례에 의함)
① 고소인이 甲에게 대여하였다가 이미 변제받은 금원에 관하여 甲이 수개월간 변제치 않고 있었던 점을 들어 위 금원을 착복하였다고 고소장에 기재한 경우 그것이 甲으로부터 아직 변제받지 못한 금원에 관한 고소내용의 정황을 과장한 것이라면 특별의 사정이 없는 한 무고죄가 성립하지 않는다.
② 피고인이 '피고소인 甲이 2010. 1. 1. 피고인과의 사이에 피고인이 10년간 甲 소유의 임야에 자생하는 송이를 채취하고 甲에게 그 대가를 지급하기로 하는 계약을 체결하였는데, 甲이 이후 乙에게 위 임야에 자생하는 송이 채취권을 이중으로 넘겨주어 피고인으로 하여금 손해를 입게 하였다'는 고소장을 제출하였는데, 피고인이

2010. 1. 1. 피고소인 甲과 위 내용과 같은 계약을 체결한 사실이 없는 것으로 드러난 경우 피고인의 위 고소 행위는 무고죄에 해당한다.
③ 무고죄에서 허위사실의 신고방식은 구두에 의하건 서면에 의하건 관계가 없다.
④ 피무고자의 승낙을 받아 허위사실을 기재한 고소장을 제출한 경우 무고죄가 성립될 수 있다.

12. 다음 설명 중 가장 옳은 것은? (다툼이 있는 경우 판례에 의함)
① 피고인들이 1시간의 시간적 간격을 두고 피해자를 각 폭행하여 피해자가 사망에 이르게 되었으나, 피고인들 중 누구의 폭행행위로 피해자가 사망하였는지가 밝혀지지 않았더라도 피고인들을 모두 폭행치사죄로 처벌할 수 있다.
② 피고인이 의약품을 판매할 수 없는 甲이 판매 목적으로 의약품을 취득한다는 정을 알면서 甲에게 의약품을 공급해 준 경우 피고인을 甲의 판매목적 의약품 취득이라는 약사법위반의 공범으로 처벌할 수 있다.
③ 변호사 사무실 직원인 甲이 공무원인 乙에게 부탁을 하여 수사 중인 사건의 체포영장 발부자 명단을 누설받은 경우 甲을 공무상비밀누설교사죄로 처벌할 수 있다.
④ 변호사 아닌 甲이 변호사인 乙을 고용하여 법률사무소를 개설한 변호사법 위반죄를 저지른 경우 乙을 甲의 범죄행위에 대한 공범으로 처벌할 수 있다.

13. 뇌물죄 등에 관한 다음 설명 중 가장 옳지 않은 것은? (다툼이 있는 경우 판례에 의함)
① 배임수재자가 배임증재자로부터 무상으로 물건을 빌려 사용하던 중 공무원이 된 경우 그 사실을 알게 된 배임증재자가 배임수재자에게 앞으로 물건은 공무원의 직무에 관하여 빌려주는 것이라고 하면서 뇌물공여의 뜻을 밝히고 물건을 계속하여 배임수재자가 사용할 수 있게 한 경우는 특별한 사정이 없는 한 뇌물공여죄에 해당하지 않는다.
② 뇌물의 목적물이 이익인 경우 그 가액이 확정되어 있지 않아도 뇌물약속죄가 성립하는 데에는 영향이 없다.

③ 뇌물약속죄의 구성요건인 뇌물의 '약속'은 양 당사자의 뇌물수수의 합의를 말하고 여기에서 '합의'란 그 방법에 아무런 제한이 없고 명시적이어야 하는 것은 아니며 뇌물을 주고 받겠다는 양 당사자의 의사표시가 확정적으로 합치되어야 하는 것도 아니다.

④ 뇌물죄에서 뇌물의 내용인 이익이라 함은 금전, 물품 기타의 재산적 이익뿐만 아니라 사람의 수요·욕망을 충족시키기에 족한 일체의 유형·무형의 이익을 포함하며 성적 욕구의 충족도 이에 포함될 수 있다.

14. 다음 설명 중 가장 옳은 것은? (다툼이 있는 경우 판례에 의함)

① 이미 수신이 완료된 전기통신에 관하여 남아 있는 기록이나 내용을 열어보는 등의 행위는 통신비밀보호법에 규정된 통신제한조치 중 '전기통신의 감청'에 원칙적으로 해당한다.

② 형법 제65조에서 '형의 선고가 효력을 잃는다'는 의미는 형의 실효와 마찬가지로 형의 선고에 의한 법적 효과가 소급하여 소멸한다는 것이다.

③ 대주가 차주의 신용 상태를 인식하고 있어 장래의 변제 지체 또는 변제불능에 대한 위험을 예상하고 있었던 경우에는 다른 특별한 사정이 없는 한 차주가 제대로 변제하지 못하였다는 사정만으로 차주에게 편취의 범의가 있었다고 단정할 수 없다.

④ 정비사업조합의 임원이 조합 임원의 지위를 상실하거나 직무수행권을 상실하였다면 조합 임원으로 등기되어 있는 상태에서 실질적으로 조합 임원으로서 직무를 수행해 왔다 하더라도 형법상 뇌물죄의 적용에서 공무원으로 볼 수는 없다.

15. 공무집행방해죄에 관한 다음 설명 중 가장 옳지 않은 것은? (다툼이 있는 경우 판례에 의함)

① 위계에 의한 공무집행방해죄는 상대방의 오인, 착각, 부지를 일으키고 이를 이용하는 위계에 의해 상대방이 그릇된 행위나 처분을 하게 함으로써 성립한다.

② 행정청에 대한 일방적 통고로 효과가 완성되는 '신고'의 경우 신고인이 신고서에 허위

사실을 기재하였다 하더라도 그것만으로는 담당 공무원의 구체적이고 현실적인 직무집행이 방해받았다고 볼 수 없어 위계에 의한 공무집행방해죄는 성립하지 않는다.
③ 등기관은 등기신청이 실체법상의 권리관계와 일치하는지를 심사할 권한이 없으므로 등기관이 등기신청인이 제출한 허위의 소명자료에 대해 충분히 심사를 하였으나 이를 발견하지 못한 채 등기가 마쳐졌다 하더라도 위계에 기한 공무집행방해죄는 성립하지 않는다.
④ 외국 주재 한국영사관에 허위의 소명자료를 제출하여 비자를 신청하였는데 업무담당자가 사실을 충분히 확인하지 아니한 채 신청인 제출의 허위의 소명자료를 가볍게 믿고 비자를 발급하였다면 위계에 의한 공무집행방해죄는 성립하지 않는다.

16. 형법의 적용범위에 관한 다음 설명 중 가장 옳지 않은 것은? (다툼이 있는 경우 판례에 의함)
① 외국인도 대한민국 영역 내에서 죄를 범하였다면 형법이 적용된다.
② 내국인은 대한민국 영역 외에서 죄를 범한 경우에도 형법이 적용된다.
③ 외국인이 대한민국 영역 외에서 위조유가증권행사죄, 위조공문서행사죄, 위조사문서행사죄를 범한 경우에도 형법이 적용된다.
④ 외국인이 대한민국 영역 외에서 대한민국 국민의 법익이 직접적으로 침해되는 결과를 야기하는 죄를 범한 경우에도 형법이 적용된다.

17. 형법상 주거침입죄의 객체에 해당하지 않는 것은? (다툼이 있는 경우 판례에 의함)
① 가옥의 위요지
② 타워크레인 운전실
③ 다가구용 단독주택 안의 공용 계단
④ 아파트 내부의 엘리베이터

18. 책임능력, 의사능력에 관한 다음 설명 중 가장 옳지 않은 것은? (다툼이 있는 경우 판례에 의함)

① 14세 되지 아니한 자의 행위는 형사미성년자로 벌하지 아니하고, 듣거나 말하는 데 모두 장애가 있는 사람의 행위는 형을 감경한다.
② 음주운전과 관련한 도로교통법 위반죄의 범죄수사를 위하여 미성년자의 혈액채취가 필요한 경우 미성년자에게 의사능력이 없다면 법정대리인이 피의자를 대리하여 동의할 수 있다.
③ 정신적 장애가 있는 자라고 하여도 범행 당시 정상적인 사물변별능력이나 행위통제능력이 있었다면 심신장애로 볼 수 없다.
④ 절도의 충동을 억제하지 못하는 성격적 결함은 원칙적으로 형의 감면사유인 심신장애에 해당하지 아니한다.

19. 다음 설명 중 사기죄의 성립을 인정하기에 가장 어려운 경우는? (다툼이 있는 경우 판례에 의함)

① 매도인이 자동차에 GPS를 미리 부착해 놓는 방법으로 자동차를 다시 절취할 의사가 있었음에도 이를 숨긴 채 자동차를 매도하고 소유권이전등록에 필요한 서류를 교부하여 매매대금을 받은 경우
② 비의료인이 개설한 의료기관이 의료법에 의하여 적법하게 개설된 요양기관인 것처럼 국민건강보험공단에 요양급여비용의 지급을 청구하여 지급받은 경우
③ 보험자가 보험금액이 목적물의 가액을 현저히 초과한다는 사정을 알았더라면 같은 조건으로 보험계약을 체결하지 않았고 협정보험가액에 따른 보험금을 그대로 지급하지 않았을 것임에도 보험계약자가 초과보험 사실을 알지 못하는 보험자에게 목적물의 가액을 묵비한 채 보험금을 청구하여 지급받은 경우
④ 회사를 고의로 부도내려고 준비한 사실 등을 숨긴 채 회사 명의로 대한주택보증 주식회사와 임대보증금 보증약정을 체결해 보증서를 발급받은 경우

20. 문서에 관한 죄에 대한 다음 설명 중 가장 옳지 않은 것은? (다툼이 있는 경우 판례에 의함)

① 사문서위조죄는 명의자가 진정으로 작성한 문서로 볼 수 있을 정도의 형식과 외관을 갖추어 일반인이 명의자의 진정한 사문서로 오신하기에 충분한 정도이면 성립한다.
② 사문서위조죄는 명의자가 진정으로 작성한 문서가 아님을 전제로 하므로 '문서가 원본인지 여부'가 중요한 거래에서 문서의 사본을 진정한 원본인 것처럼 행사하였다 하더라도 다른 조작을 가함이 없이 문서의 원본을 그대로 컬러복사기로 복사한 경우 사문서위조죄 및 동행사죄는 성립하지 아니한다.
③ 문서에 2인 이상의 작성명의인이 있는 때에 그 명의자 중 한 명이 타명의자와 합의없이 행사할 목적으로 그 문서의 내용을 변경하였을 때는 사문서변조죄가 성립된다.
④ 소유자의 의사에 따라 특정 장소에 게시 중인 문서를 소유자의 의사에 반하여 떼어내는 경우에도 문서손괴죄가 성립할 수 있다.

21. 업무방해죄의 보호대상이 되는 업무에 해당하는 것은? (다툼이 있는 경우 판례에 의함)

① 법원의 직무집행정지 가처분결정에 의하여 그 직무집행이 정지된 자가 법원의 결정에 반하여 직무를 수행하는 행위
② 성매매알선 등 행위의 처벌에 관한 법률에서 정하고 있는 성매매알선행위
③ 의료인이나 의료법인이 아닌 자가 의료기관을 개설하여 운영하는 행위
④ 선착장에 대한 공유수면점용허가를 받지 아니하고 선박으로 폐석을 운반하는 행위

22. 다음 설명 중 불가벌적 사후행위에 해당하지 아니하고 별도의 죄가 성립하는 경우로서 가장 옳은 것은? (다툼이 있는 경우 판례에 의함)

① 법원을 기망하여 승소판결을 받고 그 확정판결에 의하여 소유권이전등기를 경료한 경우

② 타인을 공갈하여 취득한 임야를 매각한 경우
③ 절취한 자기앞수표를 음식대금으로 교부하고 거스름돈을 환불받은 경우
④ 장물보관의뢰를 받은 자가 그 정을 알면서 이를 보관하고 있다가 임의처분한 경우

23. 부작위범에 관한 다음 설명 중 가장 옳지 않은 것은? (다툼이 있는 경우 판례에 따르고 전원합의체 판결의 경우 다수의견에 의함)

① 범죄는 보통 적극적인 행위에 의하여 실행되지만 때로는 결과의 발생을 방지하지 아니한 부작위에 의하여도 실현될 수 있다.
② 부작위가 형법적으로 부작위로서의 의미를 가지기 위해서는 보호법익의 주체에게 해당 구성요건적 결과발생의 위험이 있는 상황에서 행위자가 구성요건의 실현을 회피하기 위하여 요구되는 행위를 현실적·물리적으로 행할 수 있었음에도 하지 아니하였다고 평가될 수 있어야 한다.
③ 살인죄는 일반적으로는 작위를 내용으로 하는 범죄이다.
④ 이른바 부진정부작위범을 인정하기 위하여는 부작위행위자에게 그 침해위협으로부터 법익을 보호해 주어야 할 작위의무가 있어야 하는데, 여기서의 작위의무는 법령, 법률행위, 선행행위로 인한 것임이 원칙이고 신의성실의 원칙에 기하여 인정될 수 없다.

24. 내란음모죄, 내란선동죄에 관한 다음 설명 중 가장 옳지 않은 것은? (다툼이 있는 경우 판례에 따르고 전원합의체 판결의 경우 다수의견에 의함)

① 내란음모죄에 해당하는 합의를 인정하기 위하여는 객관적으로 내란범죄의 실행을 위한 합의라는 것이 명백히 인정될 뿐만 아니라 그 합의에 실질적인 위험성이 인정되어야 한다.
② 내란을 실행시킬 목표가 있더라도 특정한 정치적 사상을 옹호·교시하는 것만으로는 내란선동이 될 수 없고 피선동자에게 내란 결의를 유발하거나 증대시킬 위험성이 인정되어야만 내란선동으로 볼 수 있다.

③ 내란선동에 있어서는 시기와 장소, 대상과 방식 등 내란 실행행위의 주요 내용이 선동 단계에서 구체적으로 제시되어야 할 것은 아니나 선동에 따라 피선동자가 내란의 실행행위로 나아갈 개연성은 인정되어야 한다.
④ 내란음모를 인정하기 위하여 개별 범죄행위에 관한 세부적 합의가 있을 필요는 없으나, 공격의 대상과 목표가 설정되어 있고 그 밖의 실행계획에 있어서 주요 사항의 윤곽을 공통적으로 인식할 정도의 합의가 있어야 한다.

25. 횡령죄에 관한 다음 설명 중 가장 옳은 것은? (다툼이 있는 경우 판례에 따르고 전원합의체 판결의 경우 다수의견에 의함)

① 이른바 중간생략등기형 명의신탁에서 명의수탁자가 신탁받은 부동산을 임의로 처분한 경우 신탁자와의 관계에서 횡령죄가 성립한다.
② 보관자가 소유자의 이익을 위하여 재물을 처분한 경우에도 특별한 사정이 없는 한 그 재물에 대하여는 불법영득의사를 인정할 수 있다.
③ 소유권 취득에 등록이 필요한 타인 소유의 차량을 인도받아 보관하고 있는 사람이 이를 사실상 처분하였다 하더라도 보관 위임자가 차량의 등록명의자가 아닌 이상 횡령죄는 성립하지 아니한다.
④ 용도가 엄격히 제한된 자금을 위탁받아 집행하면서 제한된 용도 이외의 목적으로 자금을 사용한 경우 결과적으로 자금을 위탁한 본인을 위하는 면이 있더라도 사용행위 자체로서 불법영득의 의사를 실현한 것이 되어 횡령죄가 성립한다.

기출문제 (2018년 3월 3일 시행)

01. 다음 설명 중 가장 옳지 않은 것은? (다툼이 있는 경우 판례에 의하고, 전원합의체 판결의 경우 다수의견에 의함)

① 위력으로써 공무원의 직무집행을 방해하는 경우 업무방해죄가 성립하지 아니한다.
② 파업에 이르게 된 전후 사정과 경위 등에 비추어, 파업이 전격적으로 이루어져 사용자의 사업운영에 심대한 혼란 내지 막대한 손해를 초래할 위험이 있는 등의 사정으로 사용자의 사업계속에 관한 자유의사가 제압·혼란될 수 있다고 평가할 수 있는 경우 비로소 그러한 집단적 노무제공의 거부도 위력에 해당하여 업무방해죄를 구성한다.
③ 법원의 직무집행정지 가처분결정에 의하여 그 직무집행이 정지된 자가 법원의 결정에 반하여 직무를 수행함으로써 업무를 계속 행하고 있더라도, 그 업무가 반사회성을 띠는 경우라고까지는 할 수 없어, 그 업무 자체가 법의 보호를 받을 가치를 상실하였다고 볼 수 없으므로, 업무방해죄에서 말하는 업무에 해당한다.
④ 임대차계약 종료일 후 1주일 이내에 임차인이 물건을 반출하지 아니할 경우 임대인이 임차인의 물건을 임의로 철거·폐기할 수 있다는 취지로 임대차계약을 체결하였다고 하더라도, 임대인이 임차인 점포의 간판을 철거하고 출입문을 봉쇄하였다면 업무방해죄가 성립한다.

02. 횡령죄에 관한 다음 설명 중 가장 옳지 않은 것은? (다툼이 있는 경우 판례에 의하고, 전원합의체 판결의 경우 다수의견에 의함)

① 공무원에게 뇌물로 전달하여 달라는 부탁을 받았음에도 뇌물로 전달하지 않고 소비한 경우 횡령죄가 성립하지 않는다.

② 소유권의 취득에 등록이 필요한 차량에 대한 횡령죄에서 타인의 재물을 보관하는 사람의 지위는 차량에 대한 점유 여부가 아니라 등록에 의하여 차량을 제3자에게 법률상 유효하게 처분할 수 있는 권한 유무에 따라 결정되어야 하므로 차량의 등록명의자가 아닌 사람은 타인의 재물을 보관하는 자에 해당하지 않는다.

③ 발행인으로부터 일정한 금액의 범위 내에서 액면을 보충·할인하여 달라는 의뢰를 받고 액면이 백지인 약속어음을 교부받아 보관 중이던 자가 보충권의 한도를 넘어 보충을 한 약속어음을 자신의 채무변제조로 제3자에게 교부하여 임의로 사용하였다고 하더라도 횡령죄가 성립될 수는 없다.

④ 위탁판매인과 위탁자간에 판매대금에서 각종 비용이나 수수료 등을 공제한 이익을 분배하기로 하는 등 그 대금처분에 관하여 특별한 약정이 있는 경우에는 위탁물을 판매하여 이를 소비하거나 인도를 거부하였다 하여 곧바로 횡령죄가 성립한다고는 할 수 없다.

03. 배임죄에 관한 다음 설명 중 가장 옳지 않은 것은? (다툼이 있는 경우 판례에 의하고, 전원합의체 판결의 경우 다수의견에 의함)

① 담보권자가 변제기 경과 후에 담보권을 실행하기 위하여 담보목적물을 처분함에 있어서 부당하게 염가로 처분하더라도 배임죄로 처벌할 수 없다.

② 업무상 배임죄의 실행으로 인하여 이익을 얻게 되는 거래 상대방인 수익자는 해당 거래행위가 배임행위에 해당한다는 점을 인식하였더라도 그러한 사정만으로는 배임죄의 공범으로 처벌할 수 없다.

③ 회사직원이 영업비밀 등을 적법하게 반출하여 그 반출행위가 업무상배임죄에 해당하지 않는 경우라도, 퇴사 시에 그 영업비밀 등을 회사에 반환하거나 폐기할 의무가 있음에도 경쟁업체에 유출하거나 스스로의 이익을 위하여 이용할 목적으로 이를 반환하거나 폐기하지 아니하였다면, 퇴사 시에 업무상배임죄의 기수가 된다.

④ 주식회사의 대표이사가 대표권을 남용하는 등 그 임무에 위배하여 회사 명의로 약속어음을 발행하였더라도 상대방이 대표권남용 사실을 알았거나 알 수 있었던 경우라면 그러한 약속어음 발행행위는 회사에 대하여 효력이 없으므로 그 약속어음이 유통되었는지 여부를 불문하고 배임죄의 기수범으로는 처벌할 수 없다.

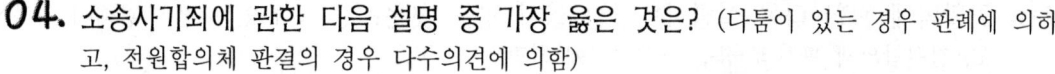

04. 소송사기죄에 관한 다음 설명 중 가장 옳은 것은? (다툼이 있는 경우 판례에 의하고, 전원합의체 판결의 경우 다수의견에 의함)

① 유치권에 의한 경매를 신청한 유치권자는 일반채권자와 마찬가지로 피담보채권액에 기초하여 배당을 받을 수는 없으므로, 피담보채권액을 허위로 크게 부풀려 유치권에 의한 경매를 신청하였다고 하더라도 그 자체로는 소송사기죄의 실행의 착수가 있다고 보기 어렵다.
② 자신이 토지의 소유자라고 허위의 주장을 하면서 소유권보존등기 명의자를 상대로 보존등기의 말소를 구하는 소송을 제기하여 보존등기의 말소를 명하는 내용의 확정판결을 받았다면, 아직 자기 앞으로 소유권보존등기를 경료하지 않은 상태라고 하더라도 소송사기죄의 기수에 이르렀다고 할 것이다.
③ 소유권이전등기청구권에 대한 압류는 당해 부동산에 대한 경매의 실시를 위한 사전 단계로서의 의미를 가지는 것에 불과하므로, 허위 채권에 기한 공정증서를 집행권원으로 하여 채무자의 소유권이전등기청구권에 대하여 압류신청을 하였더라도 소송사기의 실행에 착수하였다고 볼 수 없다.
④ 허위채권에 기하여 가압류신청을 한 이상 본안소송을 제기하지 아니하였다고 하더라도 가압류신청을 한 때에 소송사기죄의 실행에 착수하였다고 할 것이다.

05. 몰수에 관한 다음 설명 중 가장 옳지 않은 것은? (다툼이 있는 경우 판례에 의하고, 전원합의체 판결의 경우 다수의견에 의함)

① 주형을 선고유예하는 경우에 몰수의 선고유예도 가능하다.
② 행위자에게 유죄의 재판을 아니할 때에도 몰수의 요건이 있는 때에는 몰수만을 선고할 수 있다.
③ 주형의 선고를 유예하는 경우에 몰수의 요건이 있는 때에는 몰수만을 선고할 수도 있다.
④ 주형의 선고를 유예하지 않으면서 몰수와 추징에 대하여만 선고를 유예할 수도 있다.

06. 경합범에 관한 다음 설명 중 가장 옳지 않은 것은? (다툼이 있는 경우 판례에 의하고, 전원합의체 판결의 경우 다수의견에 의함)

① 경합범으로 기소되었어도 그중 유죄로 인정된 A죄에 대해서는 상고가 제기되지 않아 확정되고 무죄로 선고된 B죄에 대하여만 상고가 제기되어 파기환송된 경우 환송 후 원심은 B죄를 유죄로 인정하여도 A, B죄를 경합범으로 하여 1개의 형으로 선고할 것이 아니라 B죄에 대하여만 별개의 형을 선고하여야 한다.

② 금고 이상의 형에 처한 판결이 확정된 죄와 그 판결확정 전에 범한 죄는 경합범 관계에 있으므로 판결확정 전에 범한 죄에 대하여는 판결이 확정된 죄를 동시에 판결할 경우와 형평을 고려하여 그 죄에 대한 형을 선고하여야 한다.

③ 징역형만 규정된 A죄와 징역형과 벌금형을 병과할 수 있도록 규정된 B죄가 상상적 경합관계에 있고, A죄에 정해진 징역형의 상한이 B죄에서 정해진 징역형의 상한보다 높다면 A죄에서 정한 징역형으로 처벌하여야 하고 벌금형을 병과할 수는 없다.

④ 상습범과 같은 포괄일죄의 중간에 별종의 범죄에 대한 확정판결이 있어도 그 포괄일죄와 판결이 확정된 죄는 형법 제37조 후단에서 정한 경합범 관계에 있다고 할 수 없다.

07. 교사범에 대한 다음 설명 중 가장 옳은 것은? (다툼이 있는 경우 판례에 의하고, 전원합의체 판결의 경우 다수의견에 의함)

① 자신의 형사사건에 관한 증거은닉 행위는 피고인의 방어권을 인정하는 취지와 상충하여 처벌의 대상이 되지 아니하므로 자신의 형사사건에 관한 증거은닉을 위하여 타인에게 도움을 요청하는 행위는 언제나 증거은닉교사죄로 처벌되지 아니한다.

② 피교사자의 범행결의가 교사자의 교사행위에 의하여 생긴 것으로 보기 어려운 경우에는 실패한 교사로서 교사자를 음모 또는 예비에 준하여 처벌할 수 있을 뿐이다.

③ 교사범의 교사가 정범이 죄를 범한 유일한 조건일 필요는 없으나, 정범에게 범죄의 습벽이 있어 그 습벽과 함께 교사행위가 원인이 되어 정범이 범죄를 실행한 경우에도 교사행위와 정범의 범죄실행 사이에 인과관계가 단절되어 교사범이 성립할 여지가 없다.

④ 변호사 사무실 직원인 피고인 갑이 법원공무원인 피고인 을에게 부탁하여, 공무상

비밀에 해당하는 수사 중인 사건의 체포영장 발부자 명단을 누설받았다면, 피고인 갑의 행위는 공무상비밀누설교사죄에 해당한다.

08. 다음 중 허위공문서작성죄가 성립하지 않는 것은? (다툼이 있는 경우 판례에 의하고, 전원합의체 판결의 경우 다수의견에 의함)

① 건물이 건축법상의 요건을 갖추지 못하고 설계된 사실을 알면서도 건축허가서를 작성한 경우
② 가옥대장에 무허가건물을 허가받은 건물로 기재한 경우
③ 원본과 대조하지 않고 원본대조필을 날인한 경우
④ 인감증명서를 발행하면서 대리인의 신청에 의한 것을 본인의 신청에 의한 것으로 기재한 경우

09. 범인도피죄에 관한 다음 설명 중 가장 옳지 않은 것은? (다툼이 있는 경우 판례에 의하고, 전원합의체 판결의 경우 다수의견에 의함)

① 범인 스스로 도피하는 행위는 처벌되지 않으므로 범인이 도피를 위하여 타인에게 도움을 요청하였고 실제 그 타인이 범인도피에 도움을 주었다 하더라도 타인에게 도움을 요청한 행위가 통상적 도피행위의 범주에 속하는 한 범인도피교사죄는 성립하지 않는다.
② 공범자의 범인도피행위의 도중에 그 범행을 인식하면서 그와 공동의 범의를 가지고 기왕의 범인도피상태를 이용하여 스스로 범인도피행위를 계속한 경우에는 범인도피죄의 공동정범이 성립한다.
③ 피의자가 사실은 게임장·오락실·피씨방 등의 실제 업주가 아니라 그 종업원임에도 불구하고 자신이 실제 업주라고 허위로 진술하였다고 하더라도 그 자체만으로 범인도피죄를 구성하는 것은 아니다.
④ 신원보증인이 수사기관에 대하여 피의자의 신분, 직업, 주거 등을 보증하고 향후 수사기관이나 법원의 출석요구에 사실상 협조하겠다는 의사를 표시한 신원보증서

에 피의자의 인적 사항을 허위로 기재하여 제출한 행위는 범인도피죄를 구성한다.

10. 뇌물죄에 관한 다음 설명 중 가장 옳지 않은 것은? (다툼이 있는 경우 판례에 의하고, 전원합의체 판결의 경우 다수의견에 의함)

① 공무원이 직접 뇌물을 받지 않고 증뢰자로 하여금 다른 사람에게 뇌물을 공여하도록 한 경우에는 그 다른 사람이 공무원의 사자 또는 대리인으로서 뇌물을 받은 경우 등과 같이 사회통념상 그 다른 사람이 뇌물을 받은 것을 공무원이 직접 받은 것과 같이 평가할 수 있는 관계가 있는 경우에는 형법 제129조 제1항의 뇌물수수죄가 성립한다.

② 뇌물의 내용인 이익은 금전, 물품 기타의 재산적 이익에 한하고 뇌물약속죄에 있어서 뇌물의 목적물인 이익은 약속 당시에 현존하여야 하므로 공무원이 오랫동안 처분을 하지 못하고 있던 부동산을 개발이 예상되는 다른 토지와 교환계약을 체결한 것만으로는 뇌물약속죄가 성립한다고 할 수 없다.

③ 타인을 기망하여 그로부터 뇌물을 수수한 경우라도 뇌물수수죄, 뇌물공여죄가 성립할 수 있고, 이 경우 뇌물을 수수한 공무원에 대하여는 뇌물죄와 사기죄의 상상적 경합범이 성립한다.

④ 뇌물을 공여한 사람과 뇌물을 수수한 사람 사이에서는 상대방의 범행에 대하여 총칙상 공범관계가 성립되지 않는다.

11. 누범에 관한 다음 설명 중 가장 옳지 않은 것은? (다툼이 있는 경우 판례에 의하고, 전원합의체 판결의 경우 다수의견에 의함)

① 금고 이상의 형을 받아 그 집행을 종료하거나 면제를 받은 후 3년 내에 금고 이상에 해당하는 죄를 범한 자는 누범으로 처벌한다.

② 금고 이상의 형을 받고 그 형의 집행유예기간 중에 금고 이상에 해당하는 죄를 범하였다면 누범으로 처벌할 수 있다.

③ 포괄일죄의 일부 범행이 누범기간 내에 이루어진 이상 나머지 범행이 누범기간

경과 후에 이루어졌더라도 그 범행 전부가 누범에 해당한다고 보아야 한다.
④ 구성요건상 상습범에 해당하는 경우라도 누범가중을 할 수 있다.

12. 명예훼손죄와 모욕죄에 관한 다음 설명 중 가장 옳지 않은 것은? (다툼이 있는 경우 판례에 의하고, 전원합의체 판결의 경우 다수의견에 의함)
   ① 국가나 지방자치단체는 국민에 대한 관계에서 형벌의 수단을 통해 보호되는 외부적 명예의 주체가 될 수는 없으므로 명예훼손죄나 모욕죄의 피해자가 될 수 없다.
   ② 모욕죄는 특정한 사람에 대하여 사회적 평가를 저하시킬 만한 경멸적 감정을 표현함으로써 성립하므로, 인격을 보유하는 단체라고 하더라도 피해자가 될 수 없다.
   ③ 형법 제309조 제2항 소정의 '사람을 비방할 목적'은 공공의 이익을 위한 것과는 행위자의 주관적 의도의 방향이 서로 상반되는 관계에 있다고 할 것이므로, 적시한 사실이 공공의 이익에 관한 것인 경우에는 특별한 사정이 없는 한 비방할 목적은 부인된다.
   ④ 명예훼손죄가 성립하기 위하여는 사실의 적시가 있어야 하는데, 여기에서 적시의 대상이 되는 사실이란 현실적으로 발생하고 증명할 수 있는 과거 또는 현재의 사실을 말하며, 장래의 일을 적시하더라도 그것이 과거 또는 현재의 사실을 기초로 하거나 이에 대한 주장을 포함하는 경우에는 명예훼손죄가 성립한다.

13. 장물죄에 관한 다음 설명 중 가장 옳지 않은 것은? (다툼이 있는 경우 판례에 의하고, 전원합의체 판결의 경우 다수의견에 의함)
   ① 절도 범인으로부터 장물보관 의뢰를 받은 자가 그 정을 알면서 이를 인도받아 보관하고 있다가 임의 처분하였다 하여도 장물보관죄 외에 별도로 횡령죄가 성립하지 않는다.
   ② 甲이 권한 없이 인터넷뱅킹을 이용하여 타인 명의의 예금계좌로부터 자신의 예금계좌로 금원을 이체한 후 자신의 현금카드를 사용하여 현금자동지급기에서 현금을 인출한 경우, 그 인출된 현금은 장물이 될 수 없으므로 乙이 이를 취득하더라도

장물취득죄가 성립할 수 없다.
③ 甲이 회사를 위하여 업무상 보관하고 있던 자금을 乙에게 주식매각 대금조로 교부한 경우 위 자금은 횡령행위에 제공된 물건 자체이므로 장물이라고 볼 수 없어 乙에 대하여는 장물취득죄가 성립할 수 없다.
④ 장물임을 알면서 장물을 매매하는 계약을 중개하였다면 실제 매매계약이 성립하지 않거나 점유가 현실적으로 이전되지 아니한 경우라도 장물알선죄가 성립한다.

14. 다음 중 법조경합에 해당하여 처벌되지 않는 행위는? (다툼이 있는 경우 판례에 의하고, 전원합의체 판결의 경우 다수의견에 의함)
① 부정한 이익을 얻거나 기업에 손해를 가할 목적으로 그 기업에 유용한 영업비밀이 담겨 있는 타인의 재물을 절취한 후, 그 영업비밀을 사용하는 행위
② 필로폰을 받아 장소를 옮겨 투약한 다음, 남은 필로폰을 숨겨 소지하는 행위
③ 피해자의 택시 운행업무를 방해하기 위하여 이루어진 폭행행위
④ 공동상속인 중 1인이 상속재산인 임야를 보관 중 다른 상속인들로부터 그들 지분을 나눠 달라는 요구를 받고도 거부한 다음, 제3자에게 근저당권설정등기를 경료해 준 행위

15. 카드(신용카드, 직불카드 등) 관련 범죄에 관한 다음 설명 중 가장 옳지 않은 것은? (다툼이 있는 경우 판례에 의하고, 전원합의체 판결의 경우 다수의견에 의함)
① 타인 명의를 모용하여 발급받은 신용카드를 이용하여 현금자동지급기에서 현금을 인출한 행위는 현금자동지급기의 관리자에 대한 절도죄가, ARS 전화서비스 등을 이용하여 신용대출을 받은 행위에 관하여는 카드회사에 대한 사기죄가 각 성립한다.
② 은행이 발급한 직불카드를 사용하여 타인의 예금계좌에서 자기의 예금계좌로 돈을 이체한 후 그 직불카드를 곧 반환한 경우 직불카드에 대한 절도죄는 성립하지 않는다.
③ 정상적으로 발급받은 자기 명의의 신용카드를 사용한 경우라 하더라도 신용카드 사용으로 인한 대출금채무를 변제할 의사나 능력이 없는 상황에서 계속하여 신용

카드를 사용하였다면 사기죄가 성립할 수 있다.
④ 예금주인 현금카드 소유자로부터 일정액의 현금을 인출해 오라는 부탁과 함께 현금카드를 건네받았는데 그 위임받은 금액을 초과한 현금을 인출하였다면 컴퓨터 등 사용사기죄가 성립한다.

16. 친족상도례에 관한 설명 중 가장 옳지 않은 것은? (다툼이 있는 경우 판례에 의하고, 전원합의체 판결의 경우 다수의견에 의함)

① 친족상도례에 관한 규정은 범인과 피해물건의 소유자 및 점유자 모두 사이에 친족관계가 있는 경우에만 적용되는 것이고 절도범인이 피해물건의 소유자나 점유자의 어느 일방과 사이에서만 친족관계가 있는 경우에는 그 적용이 없다.
② 사기죄를 범하는 자가 금원을 편취하기 위한 수단으로 피해자와 혼인신고를 한 것이어서 그 혼인이 무효인 경우라면, 그러한 피해자에 대한 사기죄에서는 친족상도례를 적용할 수 없다.
③ 친족상도례를 적용하기 위하여는 범행 당시에 친족관계에 있어야 하므로, 피고인이 피해자의 재물을 절취한 후, 피고인이 재판상 인지의 확정판결을 받아 피해자와 사이에 친족관계가 발생하였다고 하더라도 친족상도례의 규정이 적용되지 아니한다.
④ 피고인이 위험한 물건을 휴대한 채 친족인 피해자를 공갈하여 재물을 교부받은 경우에도 친족상도례가 적용된다.

17. 다음 설명 중 가장 옳은 것은? (다툼이 있는 경우 판례에 의하고, 전원합의체 판결의 경우 다수의견에 의함)

① 휴업급여를 받을 권리는 압류금지채권이나 이를 계좌로 수령하면 더는 압류금지의 효력이 미치지 않아 강제집행의 객체가 되므로, 휴업급여를 기존의 압류된 예금계좌에서 압류되지 않은 다른 계좌로 바꾸어 수령하면 강제집행면탈죄가 성립한다.
② 근저당권의 목적물인 기계에 대하여 경매개시결정이 내려진 후 이를 원래 있던

곳에서 가지고 나가 숨겨 두면, 강제집행을 면할 목적으로 재산을 은닉한 것이므로 강제집행면탈죄가 성립한다.
③ '보전처분 단계에서의 가압류채권자의 지위'는 강제집행면탈죄의 객체가 될 수 없다.
④ 특허권이나 실용신안권은 민사집행법에 의한 강제집행이 불가능하므로 강제집행면탈죄의 객체가 될 수 없다.

18. 포괄일죄에 관한 다음 설명 중 가장 옳지 않은 것은? (다툼이 있는 경우 판례에 의하고, 전원합의체 판결의 경우 다수의견에 의함)

① 같은 심급에서 선서는 한 번 하고 그 최초 한 선서의 효력을 유지시킨 후 증언하였더라도, 변론기일을 달리하여 수차 증인으로 나가 수 개의 허위진술을 하면 각 증인신문기일별로 위증죄의 경합범이 될 뿐 위증죄의 포괄일죄에 해당하지 않는다.
② 음주상태로 자동차를 운전하다가 제1차 사고를 내고 그대로 진행하여 제2차 사고를 낸 경우, 제1차 사고 시의 음주운전죄와 제2차 사고 시의 음주운전죄는 포괄일죄에 해당한다.
③ 사기죄에 있어서 동일한 피해자에 대하여 수회에 걸쳐 기망행위를 하여 금원을 편취한 경우, 그 범의가 단일하고 범행 방법이 동일하다면 사기죄의 포괄일죄만이 성립한다.
④ 뇌물을 여러 차례에 걸쳐 수수함으로써 그 행위가 여러 개이더라도 그것이 단일하고 계속적 범의에 의하여 이루어지고 동일법익을 침해한 때에는 포괄일죄로 처벌함이 상당하다.

19. 직무유기죄에 관한 다음 설명 중 가장 옳지 않은 것은? (다툼이 있는 경우 판례에 의하고, 전원합의체 판결의 경우 다수의견에 의함)

① 경찰관이 압수물을 범죄 혐의의 입증에 사용하도록 하는 등의 조치를 취하지 않고 피압수자에게 돌려준 경우 증거인멸죄와 직무유기죄가 모두 성립하고, 양 죄는 상상적 경합관계에 있다.

② 경찰관이 불법체류자의 신병을 출입국관리사무소에 인계하지 않고 훈방하면서 이들의 인적사항조차 기재해 두지 아니하였다면 직무유기죄가 성립한다.
③ 일단 직무집행의 의사로 자신의 직무를 수행하였다면 그 직무집행의 내용이 위법하다 하더라도 직무유기죄는 성립하지 않는다.
④ 농지사무를 담당한 군 직원이 농지불법전용 사실을 알고도 아무런 조치를 취하지 않다가 해당 농지의 농지전용허가를 내주기 위해 불법농지전용사실은 일체 기재하지 않은 허위의 출장복명서 및 심사의견서를 작성한 경우 허위공문서작성죄, 동행사죄와 직무유기죄가 별도 성립하고, 각 죄는 실체적 경합관계에 있다.

20. 다음 설명 중 가장 옳은 것은? (다툼이 있는 경우 판례에 의하고, 전원합의체 판결의 경우 다수의견에 의함)

① 이른바 '보이스피싱' 범죄에 사용될 것임을 알고 자기 계좌의 통장을 양도한 다음, 그 계좌에 입금된 '보이스피싱' 피해금원을 인출한 경우 그 피해자에 대한 횡령죄가 성립한다.
② 사기죄에서 말하는 처분행위가 인정되려면 피기망자에게 처분결과에 대한 인식이 있어야 하므로, 토지거래허가에 필요한 서류라고 믿고 근저당권설정등기신청서에 날인한 경우 사기죄에서의 처분행위라고 할 수 없다.
③ 변제능력이 없는데도 돈을 빌려주면 갚겠다고 거짓말하여 차용금을 편취한 사기죄가 성립하면, 그 돈을 빌리면서 담보로 제공한 채권을 추심하여 임의로 소비하였더라도 횡령죄는 별도로 성립할 수 없다.
④ 자기 계좌에 타인이 착오로 송금한 돈을 인출한 경우 은행에 대한 사기죄가 성립한다.

21. 다음 설명 중 가장 옳지 않은 것은? (다툼이 있는 경우 판례에 의하고, 전원합의체 판결의 경우 다수의견에 의함)

① 범죄가 성립하는지 여부는 행위가 종료되었을 때의 법률에 의한다.
② 포괄일죄 범행이 계속되는 사이 법률이 개정된 경우 행위가 종료된 때의 신법을

적용해야 하나, 신법 부칙에서 '이 법 시행 전의 행위에 대한 벌칙의 적용에 있어서는 종전의 규정에 따른다.'는 규정을 두었다면 구법을 적용해야 한다.
③ 범죄행위 시와 재판 시 사이 여러 번 법이 개정되어 형이 변경된 경우, 그 중 가장 형이 가벼운 법을 적용해야 한다.
④ 헌법재판소의 헌법불합치결정은 위헌결정에 해당하므로, 그 대상인 형벌조항을 적용하여 기소된 사건은 범죄로 되지 않는 때에 해당하여 법원이 무죄를 선고해야 한다. 이는 헌법재판소가 헌법불합치결정에서 시한을 두고 그때까지 개선입법이 이루어지지 않는 경우 그 다음 날부터 효력을 상실하도록 하였더라도 달리 해석할 수 없다.

22. 문서위조의 죄에 관한 다음 설명 중 가장 옳지 않은 것은? (다툼이 있는 경우 판례에 의하고, 전원합의체 판결의 경우 다수의견에 의함)

① 명의자의 명시적인 승낙이나 동의가 없다는 것을 알고 있었더라도 명의자가 문서작성 사실을 알았다면 승낙하였을 것이라고 기대하거나 예측한 경우에는 문서위조죄가 성립하지 않는다.
② 연대보증인이 될 것을 허락한 자의 인감도장과 인감증명서를 교부받아 그를 차주로 하는 차용금 증서를 작성한 경우에는 위조죄가 성립하지 않는다.
③ 다른 조작을 가함이 없이 문서의 원본을 그대로 컬러복사기로 복사한 후 복사한 문서의 사본을 원본인 것처럼 행사한 행위도 사문서위조죄 및 동행사죄에 해당할 수 있다.
④ 공무원 아닌 자가 관공서에 허위 내용의 증명원을 제출하여 그 내용이 허위인 정을 모르는 담당공무원으로부터 그 증명원 내용과 같은 증명서를 발급받은 경우에는 공문서위조죄의 간접정범이 성립하지 않는다.

23. 공무집행에 관한 다음 설명 중 가장 옳지 않은 것은? (다툼이 있는 경우 판례에 의하고, 전원합의체 판결의 경우 다수의견에 의함)

① 폭행·협박·위계가 아닌 방법으로 공무원이 직무상 수행하는 공무를 방해한 경우에는 공무집행방해죄는 물론 업무방해죄로도 처벌할 수 없다.

② 음주운전을 하다가 교통사고를 야기한 후 그 형사처벌을 면하기 위하여 타인의 혈액을 자신의 혈액인 것처럼 교통사고 조사 경찰관에게 제출하여 감정하도록 한 행위에 대하여 위계에 의한 공무집행방해죄가 성립한다.
③ 민사소송을 제기하면서 피고의 주소를 허위로 기재하여 법원공무원으로 하여금 변론기일소환장 등을 허위주소로 송달하게 하더라도 위계에 의한 공무집행방해죄가 성립하지 않는다.
④ 과속단속카메라에 촬영되더라도 불빛을 반사시켜 차량 번호판이 식별되지 않도록 하는 기능이 있는 제품('파워매직세이퍼')을 차량 번호판에 뿌린 상태로 차량을 운행하여 교통단속 경찰공무원의 업무를 방해한 행위는 위계에 의한 공무집행방해죄를 구성한다.

24. 다음 설명 중 가장 옳지 않은 것은? (다툼이 있는 경우 판례에 의하고, 전원합의체 판결의 경우 다수의견에 의함)

① 신체의 일부만 타인의 집 안에 들어간다는 인식 하에 타인의 집의 창문을 열고 집 안으로 얼굴을 들이미는 등의 행위를 한 경우에도 주거침입죄의 실행착수가 인정될 수 있다.
② 2인 이상이 합동하여 주간에 절도의 목적으로 타인의 주거에 침입한 경우 절취할 물건의 물색행위를 시작하기 전이라면 형법 제331조 제2항의 특수절도 미수죄가 성립하지 않는다.
③ 강간할 목적으로 피해자의 집에 침입하였다 하더라도 안방에 들어가 누워 자고 있는 피해자의 가슴과 엉덩이를 만지면서 간음을 기도하였다는 사실만으로는 강간미수죄로 처벌할 수 없다.
④ 절도미수범이 체포를 면탈하기 위하여 폭행을 가한 경우에는 절도행위가 기수에 이르지 않았더라도 준강도죄의 기수가 성립한다.

25. 다음 중 필요적 감경 또는 면제 사유에 해당하지 않은 것은?

① 위증죄를 범한 자가 그 공술한 사건의 재판이 확정되기 전에 자백한 때
② 형법상 추행 목적 약취유인죄를 범한 자가 그 약취유인된 사람을 안전한 장소로 풀어준 때
③ 현주건조물방화예비죄를 범한 자가 그 목적한 죄의 실행에 이르기 전에 자수한 때
④ 장물취득죄를 범한 자가 본범과 동거친족인 때

기출문제 (2019년 2월 23일 시행)

01. 명예훼손죄에 관한 다음 설명 중 가장 옳지 않은 것은? (다툼이 있는 경우 판례에 의하고, 전원합의체 판결의 경우 다수의견에 의함. 이하 같음)

① 피해자인 경찰관을 상대로 진정한 사건이 혐의가 인정되지 않아 내사종결 처리되었음에도 공연히 "사건을 조사한 경찰관에 대해 내일부로 검찰청에서 구속영장이 떨어진다."라고 말한 것은 희망 또는 의견을 진술하거나 가치판단을 나타낸 것에 불과하여 명예훼손죄에 있어서의 사실의 적시에 해당하지 않는다.

② 피해자들이 전과가 많다는 내용의 명예훼손 발언을 들은 사람들이 이미 피해자들의 전과사실을 알고 있었다고 하더라도 명예훼손죄가 성립할 수 있다.

③ 새로 목사로서 부임한 피고인이 전임목사에 관한 교회내의 불미스러운 소문의 진위를 확인하기 위하여 이를 교회집사들에게 물어보았다면 이는 명예훼손의 고의 없는 단순한 확인에 지나지 아니하여 사실의 적시라고 할 수 없다.

④ 소문이나 제3자의 말을 인용한 언론보도가 허위사실을 적시한 것인지 판단하려면 원칙적으로 그 보도내용의 주된 부분인 암시된 사실 자체를 기준으로 그것이 진실인지 여부를 살펴보아야 하며, 그러한 소문, 제3자의 말 등의 존부를 기준으로 보도가 허위사실인지를 판단해서는 안 된다

02. 甲이 주점에서 술에 취하여 옆 자리 손님을 폭행하였는데, 이를 신고받은 경찰관 A와 B가 출동하였다. 甲은 경찰관 A와 B에게 욕설을 하며 경찰관 A의 얼굴을 주먹으로 때리고, 곧이어 이를 제지하는 B의 다리를 걷어차 폭행하였다. 위 사안과 관련한 다음 설명 중 가장 옳은 것은?

① 위 사안에서 甲의 폭행으로 경찰관 A가 상해를 입었다면, 공무집행방해치상죄가

성립한다.
② 공무집행방해죄에 있어서 '직무를 집행하는'이라 함은 공무원이 직무수행에 직접 필요한 행위를 현실적으로 행하고 있는 때만을 가리키므로, 출동만 한 상태의 경찰관 A, B에 대하여는 공무집행방해죄가 성립하지 않는다.
③ 공무집행방해죄는 국가적 법익에 관한 죄이나, 위 사안과 같이 甲이 같은 목적으로 출동한 경찰관 A, B를 폭행한 경우에, 두 개의 공무집행방해죄가 성립한다.
④ 위 사안과 같은 경우, 동일한 장소에서 동일한 기회에 폭행이 이루어졌으나, 두 명의 공무원에 대한 폭행은 실체적 경합관계이다.

03. 무고죄에 관한 다음 설명 중 가장 옳지 않은 것은?

① 타인으로 하여금 형사처분 또는 징계처분을 받게 할 목적으로 공무소 또는 공무원에 대하여 허위의 사실을 신고함으로써 성립한다.
② 허위의 사실을 신고하여야 하므로 신고 당시 그 사실 자체가 형사범죄를 구성하지 않으면 무고죄는 성립하지 않는다.
③ 무고죄를 범한 자가 그 신고한 사건의 재판 또는 징계처분이 확정되기 전에 자백 또는 자수한 때에는 그 형을 감경 또는 면제할 수 있다.
④ 상대방의 범행에 공범으로 가담한 사람이 자신의 가담 사실을 숨기고 상대방을 고소한 경우에는 무고죄가 성립하지 않는다.

04. 공범에 관한 다음 설명 중 가장 옳지 않은 것은?

① 종범은 정범이 실행행위에 착수하여 범행을 하는 과정에서 이를 방조한 경우뿐만 아니라 정범의 실행의 착수 이전에 장래의 실행행위를 예상하고 이를 용이하게 하기 위하여 방조한 경우에도 그 후 정범이 실행행위에 나아갔다면 성립할 수 있다.
② 포괄일죄의 관계에 있는 범행의 일부를 실행한 후 공범관계에서 이탈하였으나 다른 공범자에 의하여 나머지 범행이 이루어진 경우, 피고인이 관여하지 않은 부분에 대하여도 죄책을 부담한다.

③ 중지범은 범죄의 실행에 착수한 후 자의로 그 행위를 중지한 때를 말하는 것이고 실행의 착수가 있기 전인 예비음모의 행위를 처벌하는 경우에 있어서 중지범의 관념은 이를 인정할 수 없다.
④ 부작위범 사이의 공동정범은 부작위범 상호 간에 공통된 의무가 부여되어 있지 않더라도 그 의무를 공통으로 이행할 수 있는 경우에 성립한다.

05. 모욕죄에 관한 다음 설명 중 가장 옳은 것은?

① 종교적 목적을 위한 언론·출판의 자유를 행사하는 과정에서 타 종교의 신앙의 대상을 우스꽝스럽게 묘사하거나 모욕적이고 불쾌하게 느껴지는 표현을 사용하는 것은 예외 없이 모욕죄에 해당한다.
② 강원도 양구군과 양구군수는 국민에 대한 관계에서 명예훼손죄와 모욕죄의 피해자가 될 수 있다.
③ 모욕죄의 피해자는 특정되어야 하는데, 특정한 집단을 표시한 이른바 집단표시에 의한 모욕은 피해자가 특정되었다고 볼 수 있으므로 일반적으로 모욕죄가 성립한다.
④ 어떠한 표현이 상대방의 인격적 가치에 대한 사회적 평가를 저하시킬 만한 것이 아니라면 표현이 다소 무례한 방법으로 표시되었다 하더라도 모욕죄의 구성요건에 해당한다고 볼 수 없는 경우가 있다.

06. 다음 설명 중 가장 옳지 않은 것은?

① 인감증명서는 형법상 재물에 해당하므로, 인감증명서를 편취하는 경우 그 소지인에 대한 관계에서 사기죄가 성립한다.
② 타인을 위하여 금전 등을 보관·관리하는 자가 개인적 용도로 사용할 자금을 마련하기 위하여, 적정한 금액보다 과다하게 부풀린 금액으로 공사계약을 체결하기로 공사업자 등과 사전에 약정하고 그에 따라 과다 지급된 공사대금 중의 일부를 공사업자로부터 되돌려 받는 행위는 그 타인에 대한 관계에서 과다하게 부풀려 지급된 공사대금 상당액의 횡령이 된다.

③ 형법 제357조 제1항의 배임수재죄와 같은 조 제2항의 배임증재죄는 통상 필요적 공범의 관계에 있기는 하나, 이것은 반드시 수재자와 증재자가 같이 처벌받아야 하는 것을 의미하는 것은 아니고, 증재자에게는 정당한 업무에 속하는 청탁이라도 수재자에게는 부정한 청탁이 될 수도 있다.
④ 비록 주간에 사람의 주거 등에 침입하였다고 하더라도, 야간에 타인의 재물을 절취한 이상 형법 제330조의 야간주거침입절도죄에 해당한다.

07. 위증죄에 관한 다음 설명 중 가장 옳지 않은 것은?

① 선서한 증인이 일단 기억에 반하는 허위의 진술을 하였다면 위증죄는 기수에 달하고 그 신문이 끝나기 전에 그 진술을 철회·시정한 경우에도 위증죄의 성립에 어떤 영향을 주는 것은 아니다.
② 심문절차로 진행되는 가처분 신청사건에서 증인으로 선서를 하고 허위의 공술을 하였다고 하더라도 위증죄는 성립하지 않는다.
③ 타인으로부터 전해들은 금품의 전달사실을 마치 증인 자신이 전달한 것처럼 진술한 것은 증인의 기억에 반하는 허위진술이라고 할 것이므로 그 진술부분은 위증에 해당한다.
④ 단순위증죄와 마찬가지로 모해위증죄를 범한 자도 그 공술한 사건의 재판 또는 징계처분이 확정되기 전에 자백 또는 자수한 때에는 그 형을 감경 또는 면제한다.

08. 강제추행죄에 관한 다음 설명 중 가장 옳지 않은 것은?

① 추행이라 함은 객관적으로 일반인에게 성적 수치심이나 혐오감을 일으키게 하고 선량한 성적 도덕관념에 반하는 행위로서 피해자의 성적 자유를 침해하는 일체의 행위를 말한다.
② 강제추행은 피해자의 신체에 대해 물리적 접촉이 없더라도 피해자의 나이, 행위 당시의 객관적 상황 등에 비추어 인정될 수 있으므로, 어떠한 신체 접촉도 없이 사람이나 차량의 왕래가 빈번한 도로에서 여성인 피해자에게 욕설을 하면서 자신

의 바지를 벗어 성기를 보여준 행위는 강제추행죄를 구성한다.
③ 강제추행죄는 폭행행위 자체가 추행행위라고 인정되는 경우에도 성립하고, 이 경우에 있어서의 폭행은 반드시 상대방의 의사를 억압할 정도의 것임을 요하지 않고 상대방의 의사에 반하는 유형력의 행사가 있는 이상 그 힘의 대소강약을 불문한다.
④ 강제추행죄의 성립에 필요한 주관적 구성요건으로 성욕을 자극·흥분·만족시키려는 주관적 동기나 목적이 있어야 하는 것은 아니므로, 머리채를 잡아 폭행을 가하는 여성인 피해자에 대한 보복의 의미에서 그 피해자의 입술, 귀, 유두, 가슴을 입으로 깨무는 등의 행위는 추행에 해당하는 것으로 평가할 수 있고, 강제추행에 관한 고의도 인정할 수 있다.

09. 강제집행면탈죄에 관한 다음 설명 중 가장 옳은 것은?

① 국가의 적정한 강제집행권의 행사를 보호법익으로 한다.
② 강제집행면탈죄가 적용되는 강제집행에는 민사집행의 적용대상인 강제집행 또는 가압류·가처분 등의 집행에 한하지 않고 담보권 실행 등을 위한 경매도 포함된다.
③ 강제집행면탈죄에서 말하는 강제집행에는 금전채권의 강제집행뿐만 아니라 소유권이전등기의 강제집행도 포함된다.
④ 강제집행면탈죄가 성립하기 위해서는 주관적 구성요건으로 채권자를 해한다는 고의가 있으면 족하고, 강제집행을 면할 목적이 있어야 하는 것은 아니다.

10. 뇌물죄 일반에 관한 다음 설명 중 가장 옳지 않은 것은?

① 뇌물죄에서 말하는 직무에는 공무원이 법령상 관장하는 직무 그 자체뿐만 아니라 직무와 밀접한 관계가 있는 행위 또는 관례상이나 사실상 관여하는 직무행위도 포함되나, 과거에 담당하였던 직무는 현재 그 직무관련성이 인정되지 않으므로 이에 포함되지 않는다.
② 뇌물죄는 직무집행의 공정과 이에 대한 사회의 신뢰에 기하여 직무행위의 불가매수성을 그 직접적 보호법익으로 하고 있으므로 뇌물성은 의무위반행위의 유무와 청

탁의 유무 및 금품 수수시기와 직무집행행위의 전후를 가리지 아니한다.
③ 뇌물죄에서 뇌물의 내용인 이익이라 함은 금전, 물품 기타의 재산적 이익뿐만 아니라 사람의 수요 욕망을 충족시키기에 족한 일체의 유형, 무형의 이익을 포함한다고 해석되고, 투기적 사업에 참여할 기회를 얻는 것도 이에 해당한다.
④ 甲이 뇌물 수수의 의사로 1,000만 원을 지급받아 그 중 300만 원을 함께 일하는 다른 공무원 乙에게 교부한 경우에도 1,000만 원 전액에 대하여 뇌물수수죄가 성립한다.

11. 문서에 관한 죄에 대한 다음 설명 중 가장 옳지 않은 것은?
① 2인 이상의 연명문서를 위조한 때에는 수개의 문서위조죄의 상상적 경합범에 해당한다.
② 주식회사의 적법한 대표이사는 회사의 영업에 관하여 재판상 또는 재판외의 모든 행위를 할 권한이 있으므로, 대표이사로부터 포괄적으로 권한 행사를 위임받은 사람이 주식회사 명의로 문서를 작성하는 행위는 권한 있는 사람의 문서 작성행위로서 자격모용사문서작성 또는 위조에 해당하지 않는다.
③ 공무원인 의사가 공무소의 명의로 허위진단서를 작성한 경우에는 허위공문서작성죄만이 성립하고 허위진단서작성죄는 별도로 성립하지 않는다.
④ 공문서의 작성권자를 보조하는 직무에 종사하는 공무원이 허위공문서를 기안하여 허위인 정을 모르는 작성권자에게 제출하고 그로 하여금 그 내용이 진실한 것으로 오신케 하여 서명 또는 기명날인케 함으로써 공문서를 완성한 때에는 허위공문서작성죄의 간접정범이 성립된다.

12. 업무방해죄에 관한 다음 설명 중 가장 옳지 않은 것은?
① 업무방해죄의 보호 대상이 되는 '업무'란 직업 또는 계속적으로 종사하는 사무나 사업으로서 타인의 위법한 행위에 의한 침해로부터 보호할 가치가 있으면 되고, 반드시 그 업무가 적법하거나 유효할 필요는 없다.

② 공무원이 직무상 수행하는 공무를 방해하는 행위에 대해서는 업무방해죄가 성립하지 않는다.
③ 업무방해죄의 성립에는 업무방해의 결과가 실제로 발생함을 요하지 않고 업무방해의 결과를 초래할 위험이 발생하는 것이면 족하다.
④ 쟁의행위로서의 파업은 근로자가 사용자에게 압력을 가하여 그 주장을 관철하고자 집단적으로 노무 제공을 중단하는 실력행사이므로 언제나 업무방해죄에서 말하는 '위력'에 해당한다.

13. 몰수, 추징에 관한 다음 설명 중 가장 옳지 않은 것은?

① 수뢰자가 자기앞수표를 뇌물로 받아 이를 소비한 후 자기앞수표 상당액을 증뢰자에게 반환한 경우에는 증뢰자로부터 그 가액을 추징하여야 한다.
② 형법 제48조 제1항 제1호, 제2항에 의한 몰수 및 추징은 임의적인 것이므로 그 추징의 요건에 해당되는 물건이라도 이를 추징할 것인지의 여부는 법원의 재량에 맡겨져 있다.
③ 필요적 몰수의 요건을 갖추지 못한 경우라도 형법 제48조 제1항에서 정하는 임의적 몰수 요건을 충족하면 몰수할 수 있다.
④ 형법상 배임수재죄에서의 몰수, 추징은 필요적 몰수, 추징이다.

14. 사기죄, 횡령죄, 배임죄에 관한 다음 설명 중 가장 옳지 않은 것은?

① 자기가 점유하는 타인의 재물에 대하여는 이를 취득하면서 기망행위를 한다 하여도 사기죄는 성립하지 않고 횡령죄만 성립한다.
② 타인의 사무를 처리하는 자가 그 사무처리상 임무에 위배하여 본인을 기망하고 착오에 빠진 본인으로부터 재물을 교부받은 경우에는 사기죄와 배임죄가 모두 성립하고 양 죄는 상상적 경합관계에 있다.
③ 기망의 상대방인 피해자 법인의 대표자가 기망행위자와 동일인인 경우에는 사기죄가 성립한다고 보기 어렵다.

④ 피해자 법인의 업무를 처리하는 실무자인 일반 직원이 기망행위임을 알지 못했다면, 그 대표자가 기망행위임을 알고 있었다고 하더라도 피해자 법인에 대한 사기죄 성립에 영향이 없다.

15. 위법성의 판단에 관한 다음 설명 중 가장 옳지 않은 것은?
① 경찰관이 임의동행을 요구하며 손목을 잡고 뒤로 꺾어 올리는 등으로 제압하자 거기에서 벗어나려고 몸싸움을 하는 과정에서 경찰관에게 경미한 상해를 입힌 경위는 위법성이 결여된 행위에 해당한다.
② 겉으로는 서로 싸움을 하는 것처럼 보이더라도 실제로는 한쪽 당사자가 일방적으로 위법한 공격을 가하고 상대방은 이러한 공격으로부터 자신을 보호하고 이를 벗어나기 위하여 소극적인 방어의 한도 내에서 유형력을 행사한 경우에는 위법하지 않다.
③ 서로 공격할 의사로 싸우다가 먼저 공격을 받고 이에 대항하여 가해하게 된 경우에 그 가해행위는 정당방위에 해당하지 않으나 과잉방위가 될 수 있다.
④ 강제연행을 모면하기 위하여 팔꿈치로 뿌리치면서 가슴을 잡고 벽에 밀어붙인 행위는 소극적인 저항으로 사회상규에 위반되지 않는다.

16. 형법상 친고죄와 반의사불벌죄에 관한 다음 설명 중 가장 옳은 것은?
① 형법상 강간죄는 친고죄가 아니지만, 강제추행죄는 친고죄이다.
② 존속폭행죄는 단순폭행죄와 달리 반의사불벌죄가 아니다.
③ 사자명예훼손죄는 모욕죄와 달리 반의사불벌죄이다.
④ 동거하지 않는 형제지간에 절도죄를 범한 때에는 고소가 있어야 공소를 제기할 수 있다.

17. 불가벌적 사후행위에 관한 다음 설명 중 가장 옳지 않은 것은?

① 미등기건물의 관리를 위임받아 보관하고 있는 자가 피해자의 승낙 없이 건물을 자신의 명의로 보존등기를 한 때 이미 횡령죄는 완성되고, 이후 근저당권설정등기를 한 행위는 불가벌적 사후행위에 해당한다.
② 사람을 살해한 자가 그 사체를 다른 장소로 옮겨 유기한 행위는 불가벌적 사후행위에 해당하여 별도의 사체유기죄를 구성하지 않는다.
③ 장물인 자기앞수표를 취득한 후 이를 현금 대신 교부한 행위는 장물취득에 대한 가벌적 평가에 당연히 포함되는 불가벌적 사후행위로서 별도의 범죄를 구성하지 아니한다.
④ 업무상 과실로 장물을 보관하고 있던 사람이 이를 제3자에게 처분한 행위는 불가벌적 사후행위에 해당하여 별도로 횡령죄를 구성하지 않는다.

18. 중지미수에 관한 다음 설명 중 가장 옳은 것은?

① 甲과 乙이 A를 강간하기로 공모하여 A를 강제로 텐트에 끌고 들어가 甲이 먼저 A의 반항을 억압한 후 1회 간음하고, 이어 乙이 A를 강간하려 하였으나 A가 애걸하여 그만 둔 경우, 乙은 중지미수에 해당한다.
② 살해의 의사로 피해자를 칼로 수회 찔렀으나, 많은 피가 흘러나오는 것을 보고 겁을 먹고 그만 둔 경우 중지미수에 해당한다.
③ 방화 후 불길이 치솟는 것을 보고 겁이 나서 불을 끈 경우 중지미수에 해당한다.
④ 강도가 강간하려고 하였으나 다음에 만나 친해지면 응해 주겠다는 피해자의 간곡한 부탁에 따라 강간행위의 실행을 중지한 경우 중지미수에 해당한다.

19. 위법성인식과 심신장애에 대한 다음 설명 중 가장 옳지 않은 것은?

① 형법 제10조에 규정된 심신장애의 유무 및 정도의 판단은 사실적 판단으로서 반드시 전문감정인의 의견에 기속되어야 하는 것은 아니다.
② 음주운전을 할 의사를 가지고 음주만취한 후 운전을 결행하여 교통사고를 일으켰

다면, 음주 시에 교통사고를 일으킬 위험성을 예견하였는데도 자의로 심신장애를 야기한 경우에 해당하므로 심신장애로 인한 감경 등을 할 수 없다.
③ 충동을 억제하지 못하여 범죄를 저지르게 되는 현상은 정상인에게서도 얼마든지 찾아볼 수 있으므로, 원칙적으로 충동조절장애와 같은 성격적 결함은 형의 감면사유인 심신장애에 해당하지 아니한다.
④ 범죄의 성립에 있어서 위법의 인식은 그 범죄사실이 사회정의와 조리에 어긋난다는 것을 인식하는 것으로서 족하고 구체적인 해당 법조문까지 인식할 것을 요하는 것은 아니다.

20. 주거침입죄에 관한 다음 설명 중 가장 옳지 않은 것은?
① 다가구용 단독주택이나 다세대주택·연립주택·아파트 등 공동주택 안에서 공용으로 사용하는 계단과 복도는 특별한 사정이 없는 한 주거침입죄의 객체인 '사람의 주거'에 해당한다.
② 일반인의 출입이 허용된 음식점이라 하더라도, 영업주의 명시적 또는 추정적 의사에 반하여 들어간 것이라면 주거침입죄가 성립된다.
③ 주거침입죄의 경우 주거침입의 범의로써 예컨대, 주거로 들어가는 문의 시정장치를 부수거나 문을 여는 등 침입을 위한 구체적 행위를 시작하였다면 주거침입죄의 실행의 착수는 있었다고 보아야 한다.
④ 형법 제332조에 규정된 상습절도죄를 범한 범인이 범행의 수단으로 주간에 주거침입을 한 경우, 주간 주거침입행위는 상습절도죄에 흡수되어 별개로 주거침입죄를 구성하지 아니한다.

21. 다음 중 가장 옳지 않은 것은?
① 산부인과 의사 甲의 업무상 과실로 임신 32주의 임산부 乙의 배 속에 있는 태아가 사망하였다. 甲에게 업무상과실치상죄가 성립할 수 있다.
② 甲은 조카인 乙을 살해할 것을 마음먹고 乙을 저수지로 데리고 가 미끄러지기 쉬운

제방 쪽으로 유인하여 함께 걷다가 물에 빠진 조카를 구호하지 아니하여 乙이 익사하였다. 甲에게 살인죄가 성립할 수 있다.
③ 乙은 甲과 말다툼을 하다가 '죽고 싶다', '같이 죽자'고 하며 甲에게 기름을 사오라고 하였고, 甲이 휘발유 1병을 사다주자 乙은 몸에 휘발유를 뿌리고 불을 붙여 자살하였다. 甲에게 자살방조죄가 성립할 수 있다.
④ 甲은 7세, 3세 남짓의 어린 자식들에게 함께 죽자고 권유하여 물속에 따라 들어오게 하여 익사하게 하였다. 甲에게 살인죄가 성립할 수 있다.

22. 공갈죄에 관한 다음 설명 중 가장 옳지 않은 것은?

① 공갈죄에 있어서 공갈의 상대방은 재산상의 피해자와 동일함을 요하지는 아니하나, 공갈의 목적이 된 재물 기타 재산상의 이익을 처분할 수 있는 권한을 갖거나 그러한 지위에 있음을 요한다.
② 주점의 종업원에게 신체에 위해를 가할 듯한 태도를 보여 이에 겁을 먹은 위 종업원으로부터 주류를 제공받은 경우에 있어 위 종업원은 주류에 대한 처분권자가 아니므로 공갈죄가 성립할 수 없다.
③ 공갈죄의 해악의 내용이 실현가능해야만 하는 것은 아니다.
④ 공갈죄의 고지된 해악의 실현은 그 자체가 위법한 것임을 요하지 않는다.

23. 형의 감면에 관한 다음 설명 중 가장 옳은 것은?

① 자기 또는 타인의 법익에 대한 현재의 부당한 침해에 대한 방위행위가 그 정도를 초과한 때에는 그 형을 감경할 수 있을 뿐, 면제할 수는 없다.
② 범행이 심신미약의 상태에서 저질러진 때에는 그 형을 감경해야 한다.
③ 경합범 중 판결을 받지 아니한 죄가 있는 때에는 그 죄와 판결이 확정된 죄를 동시에 판결할 경우와 형평을 고려하여 그 죄에 대하여 형을 선고하되, 이 경우 그 형을 감경 또는 면제해야 한다.
④ 범인이 자의로 실행에 착수한 행위를 중지하거나 그 행위로 인한 결과의 발생을

방지한 때에는 형을 감경 또는 면제해야 한다.

24. 업무상배임죄의 주체에 관한 다음 설명 중 가장 옳지 않은 것은?
① 업무상배임죄로 이익을 얻은 수익자 또는 그와 밀접한 관련이 있는 제3자라도 배임행위의 전 과정에 관여하는 등으로 배임행위에 적극 가담하는 경우는 배임의 실행행위자와 공동정범이 성립할 수 있다.
② 업무상배임죄와 배임증재죄는 별개의 범죄로서 배임증재죄를 범한 자라 할지라도 그와 별도로 타인의 사무를 처리하는 지위에 있는 사람과 공범으로서는 업무상배임죄를 범할 수도 있다.
③ 공무원은 업무상배임죄의 주체가 될 수 없다.
④ 업무상배임죄에 있어서 '타인의 사무를 처리하는 자'란 고유의 권한으로서 그 처리를 하는 자에 한하지 아니하고, 그 자의 보조기관으로서 직접 또는 간접으로 그 처리에 관한 사무를 담당하는 자도 포함된다.

25. 배임죄에 관한 다음 설명 중 가장 옳지 않은 것은?
① 부동산 매매계약에서 중도금을 지급받은 매도인이 매수인에게 소유권을 이전하기 전에 제3자에게 이를 처분한 경우 배임죄가 성립한다고 보는 중요한 이유는 중도금이 수수되면 당사자가 임의로 계약을 해제할 수 없는 구속력이 발생하기 때문이다.
② 부동산 이중양도에 있어서 매도인이 제2차 매수인으로부터 계약금만을 지급받고 중도금을 수령한 바 없다면, 배임죄의 실행의 착수가 있었다고 볼 수 없다.
③ 채무자가 채권자에 대하여 소비대차 등으로 인한 채무를 부담하고 이를 담보하기 위하여 장래에 부동산의 소유권을 이전하기로 하는 내용의 대물변제예약을 한 후, 채무자가 대물로 변제하기로 한 부동산을 제3자에게 처분한 경우 배임죄가 성립한다.
④ 부동산의 매도인이 매수인으로부터 중도금까지 수령하였으나, 매수인 앞으로 소유권이전등기 등을 마치기 이전에 제3자로부터 금원을 차용하고 그 담보로 근저당권설정등기를 해준 경우 배임죄가 성립한다.

기출문제 (2020년 2월 22일 시행)

01. 횡령죄, 배임죄에 관한 다음 설명 중 가장 옳지 않은 것은?(다툼이 있는 경우 판례에 의하고, 전원합의체 판결의 경우 다수의견에 의함. 이하 같음)

① 송금의뢰인과 계좌명의인 사이에 송금·이체의 원인이 된 법률관계가 존재하지 않음에도 송금·이체에 의하여 계좌명의인이 송금·이체된 금액 상당의 예금채권을 취득한 경우 계좌명의인은 그 예금채권 상당의 돈을 송금의뢰인에게 반환하여야 하므로, 계좌명의인은 그와 같이 송금·이체된 돈에 대하여 송금의뢰인을 위하여 보관하는 지위에 있다고 보아야 한다. 따라서 계좌명의인이 그와 같이 송금·이체된 돈을 그대로 보관하지 않고 영득할 의사로 인출하면 횡령죄가 성립한다.

② 부동산의 공유자 중 1인이 다른 공유자의 지분에 대한 처분권능이 없음에도 불구하고 다른 공유자의 지분을 임의로 임대하고 수령한 임차료를 임의로 소비한 경우 횡령죄가 성립한다.

③ 횡령범인이 위탁자가 소유자를 위해 보관하고 있는 물건을 위탁자로부터 보관받아 이를 횡령한 경우에 친족상도례의 적용은 횡령범인과 피해물건의 소유자 및 위탁자 쌍방 사이에 친족상도례 규정에서 정한 친족관계가 있는 경우에만 적용되고, 단지 횡령범인과 피해물건의 소유자간에만 그러한 친족관계가 있거나 횡령범인과 피해물건의 위탁자간에만 그러한 친족관계가 있는 경우에는 적용되지 않는다.

④ 부동산 매매계약에서 중도금이 지급되는 등 계약이 본격적으로 이행되는 단계에 이르렀음에도 불구하고 매도인이 매수인에게 계약 내용에 따라 부동산의 소유권을 이전해 주기 전에 그 부동산을 제3자에게 처분하고 제3자 앞으로 그 처분에 따른 등기를 마쳐주는 행위를 하는 경우 배임죄가 성립한다.

02. 다음 설명 중 가장 옳지 않은 것은?

① 살해의 용도에 공하기 위한 흉기를 준비하였다 하더라도 그 흉기로 살해할 대상자가 확정되지 아니한 경우에는 살인예비죄로 처벌할 수 없다.
② 준강도죄에 관한 형법 제335조는 "절도가 재물의 탈환을 항거하거나 체포를 면탈하거나 죄적을 인멸할 목적으로 폭행 또는 협박을 가한 때에는 전2조의 예에 의한다."라고 규정하면서 준강도를 강도죄와 같이 취급하도록 규정하고 있다. 따라서 강도예비·음모죄가 성립하기 위해서는 예비·음모행위자에게 미필적으로라도 '준강도'를 할 목적이 있음이 인정되어야 하고 만일 이에 이르지 않고 단순히 '특수절도'할 목적이 있음에 그치는 경우에는 강도예비·음모죄로 처벌할 수 없다.
③ 종범은 정범의 실행행위 중에 이를 방조하는 경우뿐만 아니라, 실행 착수 전에 장래의 실행행위를 예상하고 이를 용이하게 하는 것을 말한다. 따라서 정범의 범죄종료 후의 이른바 사후방조를 종범이라고 볼 수는 없다.
④ 정범이 실행의 착수에 이르지 아니하고 예비단계에 그친 경우에는, 이에 가공한다 하더라도 예비의 공동정범이 되는 때를 제외하고는 종범으로 처벌할 수 없다.

03. 다음 설명 중 가장 옳지 않은 것은?

① 동일한 공무를 집행하는 여럿의 공무원에 대하여 폭행, 협박행위를 한 경우에는 공무를 집행하는 공무원의 수에 따라 여럿의 공무집행방해죄가 성립하고, 위와 같은 폭행, 협박행위가 동일한 장소에서 동일한 기회에 이루어진 것으로서 사회관념상 1개의 행위로 평가되는 경우에는 여럿의 공무집행방해죄는 상상적 경합의 관계에 있다.
② 음주로 인한 특정범죄가중처벌 등에 관한 법률 위반(위험운전치사상)죄와 도로교통법 위반(음주운전)죄는 입법 취지와 보호법익 및 적용영역을 달리하는 별개의 범죄이므로, 1개의 행위에 관하여 양 죄의 각 구성요건이 모두 구비된 때에는 서로 법조경합의 관계로 볼 것이 아니라 상상적 경합관계로 봄이 상당하다.
③ 공무원인 의사가 공무소의 명의로 허위진단서를 작성한 경우에는 허위공문서작성죄만이 성립하고 허위진단서작성죄는 별도로 성립하지 않는다.

④ 강도가 한 개의 강도 범행을 하는 기회에 수명의 피해자에게 각 폭행을 가하여 각 상해를 입힌 경우에는 각 피해자별로 수개의 강도상해죄가 성립하고 이들은 실체적 경합범의 관계에 있다.

04. 다음 설명 중 가장 옳지 않은 것은?

① 사람을 기망하여 부동산의 소유권을 이전받거나 제3자로 하여금 이전받게 함으로써 이를 편취한 경우, 그 부동산에 근저당권설정등기가 경료되어 있거나 압류 또는 가압류 등이 이루어져 있는 때에는 그 부동산의 시가 상당액에서 근저당권의 채권최고액 범위 내에서의 피담보채권액, 압류에 걸린 집행채권액, 가압류에 걸린 청구금액 범위 내에서의 피보전채권액 등을 뺀 실제의 교환가치를 편취금액으로 보아야 한다.
② 임대인이 임대차계약을 체결하면서 임차인에게 임대목적물이 경매진행 중인 사실을 알리지 않았다면, 설령 임차인이 등기부를 확인 또는 열람하는 것이 가능하였다 하더라도 사기죄가 성립한다.
③ 타인으로부터 금전을 차용함에 있어 그 차용한 금전의 용도나 변제할 자금의 마련방법에 관하여 사실대로 고지하였다면 상대방이 응하지 않았을 경우에 그 용도나 변제자금의 마련방법에 관하여 진실에 반하는 사실을 고지하여 금전을 교부받은 경우에는 사기죄가 성립하는 것이 원칙이나, 다만 차용금채무에 대한 충분한 담보를 제공함으로써 상대방이 대여한 자금의 회수에 실질적으로 지장이 없었다면 교부된 금전의 가액에서 담보가치를 차감한 범위 내에서만 사기죄가 성립한다고 보아야 한다.
④ 소극적 소송당사자인 피고라 하더라도 허위내용의 서류를 작성하여 이를 증거로 제출하거나 위증을 시키는 등의 적극적인 방법으로 법원을 기망하여 착오에 빠지게 한 결과 승소확정판결을 받음으로써 자기의 재산상의 의무이행을 면하게 된 경우에는 그 재산가액 상당에 대하여 사기죄가 성립한다.

05. 다음 설명 중 가장 옳지 않은 것은?

① 공무원이 수수·요구 또는 약속한 금품에 그 직무행위에 대한 대가로서의 성질과 직무 외의 행위에 대한 사례로서의 성질이 불가분적으로 결합되어 있는 경우에는, 그 수수·요구 또는 약속한 금품 전부가 불가분적으로 직무행위에 대한 대가로서의 성질을 가진다.

② 공무원이 장래에 담당할 직무에 대한 대가로 이익을 수수한 경우에도 뇌물수수죄가 성립할 수 있지만, 그 이익을 수수할 당시 장래에 담당할 직무에 속하는 사항이 그 수수한 이익과 관련된 것임을 확인할 수 없을 정도로 막연하고 추상적이거나, 장차 그 수수한 이익과 관련지을 만한 직무권한을 행사할지 자체를 알 수 없다면, 그 이익이 장래에 담당할 직무에 관하여 수수되었다거나 그 대가로 수수되었다고 단정하기 어렵다.

③ 임명권자에 의하여 임용되어 공무에 종사하여 온 사람이 나중에 임용결격자이었음이 밝혀져 당초의 임용행위가 무효인 경우 형법 제129조의 수뢰죄에서 규정한 공무원에 해당하지 아니한다.

④ 뇌물약속죄에서 뇌물의 약속은 직무와 관련하여 장래에 뇌물을 주고받겠다는 양 당사자의 의사표시가 확정적으로 합치하면 성립하고, 뇌물의 가액이 얼마인지는 문제되지 아니하며, 또한 뇌물의 목적물이 이익인 경우에 그 가액이 확정되어 있지 않아도 뇌물약속죄가 성립하는 데에는 영향이 없다.

06. 다음 설명 중 가장 옳지 않은 것은?

① 정당방위의 성립요건으로서의 방어행위에는 순수한 수비적 방어뿐만 아니라 적극적 반격을 포함하는 반격방어의 형태도 포함되나, 그 방어행위는 자기 또는 타인의 법익침해를 방위하기 위한 행위로서 상당한 이유가 있어야 한다.

② 서로 격투를 하는 자 상호간에는 공격행위와 방어행위가 연속적으로 교차되고 방어행위는 동시에 공격행위가 되는 양면적 성격을 띠는 것이므로 어느 한쪽 당사자의 행위만을 가려내어 방어를 위한 정당행위라거나 정당방위에 해당한다고 보기 어려운 것이 보통이다.

③ 겉으로는 서로 싸움을 하는 것처럼 보이더라도 실제로는 한쪽 당사자가 일방적으로 위법한 공격을 가하고 상대방은 이러한 공격으로부터 자신을 보호하고 이를 벗어나기 위한 저항수단으로서 유형력을 행사한 경우에는, 그 행위가 새로운 적극적 공격이라고 평가되지 아니하는 한, 이는 사회관념상 허용될 수 있는 상당성이 있는 것으로서 위법성이 조각된다.

④ 형사소송법 제148조의 증언거부권은 헌법 제12조 제2항에 의한 불이익 진술의 강요금지 원칙을 구체화한 자기부죄거부특권에 관한 것이다. 따라서 자신에 대해 유죄판결이 이미 확정된 증인이라 하더라도 공범에 대한 사건에서는 증언을 거부할 수 있고, 특히 증인이 자신에 대한 형사사건에서 시종일관 범행을 부인하였다면 증인이 진실대로 진술할 것을 기대할 가능성이 없는 경우에 해당한다.

07. 다음 설명 중 가장 옳지 않은 것은?

① 주식회사의 대표이사가 대표권을 남용하는 등 그 임무에 위배하여 약속어음을 발행한 경우, 설령 그 어음발행이 무효라 하더라도 그 어음이 실제로 제3자에게 유통되었다면 회사로서는 어음채무를 부담할 위험이 구체적으로 발생하였으므로 배임죄의 기수범이 된다. 그러나 그 어음이 아직 유통되지 않았다면 배임죄의 기수범이 아니라 배임미수죄가 된다.

② 채무자가 채무이행의 담보를 위하여 동산에 관한 양도담보계약을 체결하고 점유개정의 방법으로 여전히 그 동산을 점유하는 경우 그 동산을 다른 사유에 의하여 보관하게 된 채권자는 타인 소유의 물건을 보관하는 자로서 횡령죄의 주체가 된다.

③ 양도담보가 처분정산형이든 귀속정산형이든 담보권자가 청산금을 담보제공자에게 반환할 의무는 담보계약에 따라 부담하는 자신의 정산의무이므로 그 의무를 이행하는 사무는 타인인 채무자의 사무처리에 속한다고 볼 수 없다. 따라서 그 정산의무를 이행하지 아니한 행위는 배임죄를 구성하지 않는다.

④ 장물인 정을 모르고 장물을 보관하였다가 나중에 장물인 정을 알게 된 경우, 그 정을 알면서도 계속하여 보관하는 것은 장물보관죄에 해당하고, 이는 설령 해당 장물을 점유할 권한을 갖는 경우에도 마찬가지이다.

08. 형법 제33조는 "신분관계로 인하여 성립될 범죄에 가공한 행위는 신분관계가 없는 자에게도 전3조(공동정범, 교사범, 종범)의 규정을 적용한다. 단, 신분관계로 인하여 형의 경중이 있는 경우에는 중한 형으로 벌하지 아니한다."고 규정하고 있다. 이러한 공범과 신분에 관한 다음 설명 중 가장 옳지 않은 것은?

① 공무원이 아닌 자가 공무원과 공동하여 허위공문서작성죄를 범한 때에는 공무원이 아닌 자도 허위공문서작성죄의 공동정범이 된다.

② '업무상의 임무'라는 신분관계가 없는 자가 그러한 신분관계 있는 자와 공모하여 업무상배임죄를 저질렀다면, 그러한 신분관계가 없는 공범에게도 형법 제33조 본문에 따라 일단 신분범인 업무상배임죄가 성립하되, 다만 과형에서는 같은 조 단서에 따라 단순배임죄의 법정형이 적용된다.

③ 모해할 목적이 있는 甲이 그 목적이 없는 乙을 교사하여 위증죄를 범하게 한 경우, 甲에게는 "타인을 교사하여 죄를 범하게 한 자는 죄를 실행한 자와 동일한 형으로 처벌한다."라고 규정한 형법 제31조 제1항에 우선하여 형법 제33조 단서가 적용되어 乙보다 중하게 처벌된다.

④ 의료인인 甲이 의료인이나 의료법인 아닌 乙의 의료기관 개설행위에 공모하여 가공하면 의료법위반죄의 공동정범에 해당하나, 甲이 乙을 교사하여 진료행위를 하도록 지시하면 무면허의료행위의 교사범에 해당하지 않는다.

09. 공무원의 직무에 관한 죄에 대한 다음 설명 중 가장 옳지 않은 것은?

① 형법 제123조의 직권남용죄에 있어서 직권남용이란 공무원이 그 일반적 직무권한에 속하는 사항에 관하여 직권의 행사에 가탁하여 실질적, 구체적으로 위법·부당한 행위를 하는 경우를 의미하고, 위 죄에 해당하려면 현실적으로 다른 사람이 의무 없는 일을 하였거나 다른 사람의 구체적인 권리행사가 방해되는 결과가 발생하여야 하며, 또한 그 결과의 발생은 직권남용 행위로 인한 것이어야 한다.

② 형법 제128조의 선거방해죄의 주체는 검찰, 경찰 또는 군의 직에 있는 공무원이다.

③ 경찰관이 압수물을 범죄 혐의의 입증에 사용하도록 하는 등의 적절한 조치를 취하지 아니하고 피압수자에게 돌려주어 증거인멸죄를 범한 경우에 별도로 부작위범인 직무유기죄가 성립한다.

④ 뇌물을 수수함에 있어서 공여자를 기망한 점이 있다 하여도 뇌물수수죄, 뇌물공여죄의 성립에는 영향이 없다.

10. 위증죄에 관한 다음 설명 중 가장 옳은 것은?
① 위증죄는 그 진술이 판결에 영향을 미쳤는지 여부나 지엽적인 사항인지 여부와 무관하게 성립하나, 경험한 사실에 대한 법률적 평가인 경우에는 위증죄가 성립하지 않는다.
② 위증죄에서의 허위의 진술이란 증인이 자신의 기억에 반하는 사실을 진술하는 것을 말하나, 그 내용이 객관적 사실과 부합하는 경우에는 위증죄가 성립하지 않는다.
③ 증인의 증언은 그 전부를 일체로 관찰·판단하는 것이므로, 증인이 증인신문절차에서 허위의 진술을 하고 그 진술이 철회·시정된 바 없이 그대로 증인신문절차가 종료된 후, 별도의 증인 신청 및 채택 절차를 거쳐 그 증인이 다시 신문을 받는 과정에서 종전 신문절차에서의 진술을 철회·시정한 경우에는 위증죄가 성립되지 않는다.
④ 피고인이 자기의 형사사건에 관하여 타인을 교사하여 위증죄를 범하게 하는 것은 형사소송에 있어서의 방어권을 인정하는 취지상 처벌의 대상이 되지 않는다.

11. 다음 설명 중 가장 옳지 않은 것은?
① 강제집행면탈죄는 강제집행을 당할 구체적인 위험이 있는 상태에서 재산을 은닉, 손괴, 허위양도 또는 허위의 채무를 부담함으로써 채권자를 해하는 결과가 야기되어야 한다. 따라서 채무자가 그 소유의 부동산을 허위로 양도하였더라도 그 부동산의 시가액보다 그 부동산에 의하여 담보된 채무액이 더 많아 실질적으로 담보가치가 없었다면 그 허위양도로 인해 채권자를 해할 위험이 없다고 보아야 한다.
② 이미 타인에 의하여 위조된 약속어음의 기재사항을 권한 없이 변경하더라도 유가증권변조죄는 성립하지 않는다.
③ 타인이 위조한 액면과 지급기일이 백지로 된 약속어음을 구입하여 행사의 목적으로

백지인 액면란에 금액을 기입하여 그 위조어음을 완성하였다면, 백지어음 형태의 위조행위와는 별개로 유가증권위조죄가 성립한다.
④ 위조유가증권행사죄에서의 유가증권이라 함은 위조된 유가증권의 원본을 말하는 것이지 전자복사기 등을 사용하여 기계적으로 복사한 사본은 이에 해당하지 않는다.

12. 다음 설명 중 가장 옳지 않은 것은?
① 간호보조원의 무면허 진료행위가 있은 후 의사가 진료부에다가 위 진료행위에 대해 기재하는 행위는 정범의 실행행위종료 후의 단순한 사후행위에 불과한 것으로 볼 수 있으므로, 의사에 대해서는 무면허 의료행위의 방조죄가 성립하지 않는다.
② 변호사가 아닌 자에게 고용되어 법률사무소의 개설·운영에 관여한 변호사의 행위는 일반적인 형법 총칙상의 공모, 교사 또는 방조에 해당된다 하더라도 그 변호사를 변호사 아닌 자의 공범으로는 처벌할 수 없다.
③ 의료인이 의료인의 자격이 없는 일반인의 의료기관 개설행위에 공모하여 가공하면 구 의료법 제87조 제1항 제2호, 제33조 제2항 위반죄의 공동정범에 해당한다.
④ 형법 제31조 제1항은 협의의 공범의 일종인 교사범이 그 성립과 처벌에 있어서 정범에 종속한다는 일반적인 원칙을 선언한 것에 불과하다. 신분관계로 인하여 형의 경중이 있는 경우에 신분이 있는 자가 신분이 없는 자를 교사하여 죄를 범하게 한 때에는 형법 제33조 단서가 형법 제31조 제1항에 우선하여 적용됨으로써 신분이 있는 교사범이 신분이 없는 정범보다 중하게 처벌된다.

13. 권리행사방해죄에 관한 다음 설명 중 가장 옳은 것은?
① 물건의 소유자가 아닌 사람은, 권리행사방해죄의 주체가 될 수 없을 뿐만 아니라, 물건 소유자의 권리행사방해 범행에 가담한 경우 그의 공범도 될 수 없다.
② 권리행사방해죄에 있어서의 타인의 점유는 정당한 원인에 기하여 그 물건을 점유하는 권리 있는 점유를 의미하는 것으로, 무효인 경매절차에서 경매목적물을 경락받

아 이를 점유하고 있는 낙찰자는 권리행사방해죄에 있어서의 타인의 물건을 점유하고 있는 자에 해당하지 않는다.
③ 중간생략등기형 명의신탁 또는 계약명의신탁의 방식으로 자신의 처에게 등기명의를 신탁하여 놓은 점포에 자물쇠를 채워 점포의 임차인을 출입하지 못하게 한 경우, 그 점포는 권리행사방해죄의 객체인 자기의 물건에 해당하지 않는다.
④ 권리행사방해죄의 구성요건 중 타인의 '권리'에는 물건에 대하여 점유를 수반하지 아니하는 채권은 포함되지 않는다.

14. 다음 중 가장 옳지 않은 것은?
① 혼인관계가 파탄된 경우뿐만 아니라 혼인관계가 실질적으로 유지되고 있는 법률상의 처도 강간죄의 객체가 된다.
② 강간죄에서의 폭행·협박과 간음 사이에는 인과관계가 있어야 하므로, 폭행·협박이 반드시 간음행위보다 선행되어야 한다.
③ 피고인이 강간할 목적으로 피해자의 집에 침입하였다 하더라도 안방에 들어가 누워 자고 있는 피해자의 가슴과 엉덩이를 만지면서 간음을 기도하였다는 사실만으로는 강간의 수단으로 피해자에게 폭행이나 협박을 개시하였다고 볼 수 없다.
④ 협박과 간음 또는 추행 사이에 시간적 간격이 있더라도 협박에 의하여 간음 또는 추행이 이루어진 것으로 인정될 수 있다면 강간죄 또는 강제추행죄가 성립한다.

15. 다음 설명 중 가장 옳은 것은?
① 국가나 지방자치단체도 명예훼손죄의 피해자가 될 수 있다.
② 기자를 통해 사실을 적시하였다면 기자가 취재를 한 상태에서 아직 기사화하여 보도하지 아니한 경우에도 전파가능성이 있으므로 공연성이 있다.
③ 장래의 일을 적시하는 경우에는 과거 또는 현재의 사실을 기초로 하거나 이에 대한 주장을 포함하는 경우라도 명예훼손죄가 성립할 수 없다.
④ 허위사실 적시에 의한 명예훼손죄에 해당하는 행위에 대하여는 위법성조각에 관한

형법 제310조는 적용될 여지가 없다.

16. 문서에 관한 죄, 인장에 관한 죄에 대한 다음 설명 중 가장 옳은 것은?

① 형법 제239조 제1항에 규정된 사인(私印)위조죄를 범한 사람에 대하여 벌금형으로 처벌할 수 있다.
② 허위공문서작성죄의 객체가 되는 문서는 문서상 작성명의인이 명시된 경우여야 하므로, 작성명의인이 명시되어 있지 않은 문서는 허위공문서작성죄의 객체가 될 수 없다.
③ 위조사문서행사죄에 있어서의 행사는 위조된 사문서를 진정한 것으로 사용함으로써 사문서에 대한 공공의 신용을 해칠 우려가 있는 행위를 말하므로, 위조된 사문서의 작성 명의인은 행사의 상대방이 절대로 될 수 없고, 사문서가 위조된 것임을 이미 알고 있는 공범자 등에게 행사하는 경우에도 위조사문서행사죄가 성립될 수 없다.
④ 휴대전화 신규 가입신청서를 위조한 후 이를 스캔한 이미지 파일을 제3자에게 이메일로 전송한 경우, 그 이미지 파일을 전송하여 컴퓨터 화면상으로 보게 한 행위는 이미 위조한 가입신청서를 행사한 것에 해당하므로 위조사문서행사죄가 성립한다.

17. 책임능력에 관한 다음 설명 중 가장 옳지 않은 것은?

① 심신장애로 인하여 사물을 변별할 능력이나 의사를 결정할 능력이 미약한 자가 2019. 12. 1. 절도죄를 저지른 경우 반드시 형을 감경하여야 한다.
② 심신장애의 유무 및 정도의 판단은 법률적 판단으로서 반드시 전문감정인의 의견에 기속되어야 하는 것은 아니다.
③ 2005. 3. 3.에 출생한 자가 2019. 1. 1.에 절도죄를 저지른 경우 그 행위에 대하여 형벌을 과할 수 없다.
④ 듣거나 말하는 데 모두 장애가 있는 사람이 2019. 12. 1. 절도죄를 저지른 경우 반드시 형을 감경하여야 한다.

18. 다음 설명 중 가장 옳지 않은 것은?
① 소급효금지의 원칙은 형벌에만 적용되는 것이므로 가정폭력범죄의 처벌 등에 관한 특례법이 정한 사회봉사명령에는 원칙적으로 형벌불소급의 원칙이 적용되지 아니한다.
② 판례의 변경으로 인한 소급처벌은 소급효금지의 원칙에 반하지 아니한다.
③ 형벌법규의 해석에서 법률문언의 통상적인 의미를 벗어나지 않는 한 그 법률의 입법취지와 목적, 입법연혁 등을 고려한 목적론적 해석도 가능하다.
④ 형법 제243조의 '음란한 문서·도화'와 제244조의 '음란한 물건'의 '음란'은 불명확하다고 볼 수 없기 때문에 죄형법정주의에 반하지 아니한다.

19. 친족상도례에 관한 다음 설명 중 가장 옳지 않은 것은?
① 배우자의 현금카드를 몰래 가지고 나와 현금자동인출기에서 현금을 인출한 경우 그 형을 면제하여야 한다.
② 법원을 기망하여 甲으로부터 재물을 편취한 경우 甲과 사기죄를 범한 자가 직계혈족 관계에 있을 때에는 그 형을 면제하여야 한다.
③ 형법 제328조 제1항은 "직계혈족, 배우자, 동거친족, 동거가족 또는 그 배우자 간의 제323조의 죄는 그 형을 면제한다."고 규정하는데, 여기서 '그 배우자'는 동거가족의 배우자만을 의미하는 것이 아니라, 직계혈족, 동거친족, 동거가족 모두의 배우자를 의미한다.
④ 父가 혼인 외의 출생자를 인지하는 경우 그 인지가 범행 후에 이루어진 경우라고 하더라도 그 소급효에 따라 형성되는 친족관계를 기초로 하여 위 친족상도례의 규정이 적용된다.

20. 다음 설명 중 가장 옳지 않은 것은?

① 협박죄에서 피해자와 밀접한 관계에 있는 제3자에 대한 해악도 포함되나 이 때 제3자에는 자연인만 해당하고 법인은 포함되지 아니한다.
② 판례에 의하면 협박죄의 기수에 이르기 위하여는 상대방이 현실적으로 공포심을 일으킬 것을 요하지 아니한다.
③ 협박죄가 성립하기 위하여는 적어도 발생 가능한 것으로 생각될 수 있는 정도의 구체적인 해악의 고지가 있어야 하나, 해악의 고지가 있다 하더라도 그것이 사회통념상 용인할 수 있을 정도의 것이라면 협박죄는 성립하지 아니한다.
④ 협박이라고 하기 위해서는 해악의 발생이 직접·간접적으로 행위자에 의하여 좌우될 수 있는 것이어야 한다.

21. 다음 설명 중 가장 옳지 않은 것은?

① 횡령 교사를 한 후 그 횡령한 물건을 취득한 때에는 횡령교사죄와 장물취득죄의 경합범이 성립한다.
② 주식회사의 대표이사가 타인을 기망하여 신주를 인수하게 한 후 그로부터 납입받은 신주인수대금을 횡령한 것은 사기죄와는 전혀 다른 새로운 보호법익을 침해하는 행위로서 별죄를 구성한다.
③ 타인의 부동산을 보관 중인 자가 불법영득의 의사를 가지고 그 부동산에 근저당권설정등기를 경료함으로써 일단 횡령행위가 기수에 이르렀다면, 그 후 같은 부동산에 별개의 근저당권을 설정하거나 해당 부동산을 매각하였다 하더라도 당초의 근저당권 실행을 위한 임의경매에 의한 매각 등 그 근저당권으로 인해 당연히 예상될 수 있는 범위를 넘어 새로운 법익침해의 위험을 추가시키거나 법익침해의 결과를 발생시켰다는 등의 특별한 사정이 없는 한 불가벌적 사후행위에 불과하고 별도의 횡령죄를 구성하지 않는다.
④ 직무를 집행하는 공무원에 대하여 위험한 물건을 휴대하여 고의로 상해를 가한 경우에는 특수공무집행방해치상죄만 성립할 뿐, 이와는 별도로 폭력행위 등 처벌에 관한 법률 위반(집단·흉기 등 상해)죄를 구성하지 않는다.

22. 다음 설명 중 가장 옳지 않은 것은?

① 사람의 생명과 신체의 안전을 보호법익으로 하고 있는 형법의 해석으로는 규칙적인 진통을 동반하면서 분만이 개시된 때가 사람의 시기라고 봄이 타당하다.
② 태아를 사망에 이르게 하는 행위가 임산부 신체의 일부를 훼손하는 것이라거나 태아의 사망으로 인하여 그 태아를 양육, 출산하는 임산부의 생리적 기능이 침해되어 임산부에 대한 상해가 된다고 볼 수는 없다.
③ 직계존속인 피해자를 폭행하고, 상해를 가한 것이 존속에 대한 동일한 폭력습벽의 발현에 의한 것으로 인정되는 경우, 그 중 법정형이 더 중한 상습존속상해죄에 나머지 행위들을 포괄시켜 하나의 죄만이 성립한다.
④ 감금을 하기 위한 수단으로서 행사된 협박행위는 비록 그것이 단순한 협박행위에 불과하다고 할지라도 감금죄와 별도로 협박죄를 구성한다.

23. 다음 설명 중 가장 옳은 것은?

① 채권자에 대하여 소정기일까지 지급할 의사나 능력이 없음에도 종전 채무의 변제기를 늦출 목적에서 어음을 발행, 교부한 것만으로는 사기죄가 성립하지 아니한다.
② 위조된 약속어음을 진정한 약속어음인 것처럼 속여 기왕의 물품대금채무의 변제를 위하여 채권자에게 교부하였다고 하여도 어음이 결제되지 않는 한 물품대금채무가 소멸되지 아니하므로 사기죄는 성립되지 않는다.
③ 비의료인이 의료법 제33조 제2항을 위반하여 개설한 의료기관이 마치 적법하게 개설된 요양기관인 것처럼 국민건강보험공단에 요양급여비용을 청구하여 국민건강보험공단으로부터 이를 지급받은 행위는 사기죄의 기망행위에 해당하지 아니한다.
④ 피고인이 피해자에게 자동차를 양도하면서 소유권이전등록에 필요한 서류를 교부하고 자동차를 인도하여 매매대금을 받은 후 자동차에 미리 부착해 놓은 지피에스(GPS)로 위치를 추적하여 자동차를 절취한 경우 절도 외에 매매대금에 대한 사기죄도 성립한다.

24. 다음 설명 중 가장 옳은 것은?

① 태풍 피해복구보조금 지원절차가 행정당국에 의한 실사를 거쳐 피해자로 확인된 경우에 한하여 보조금 지원신청을 할 수 있도록 되어 있는 경우, 허위의 피해신고만으로도 사기죄의 실행의 착수가 있다고 볼 수 있다.
② 절취의 목적으로 자동차내부를 손전등으로 비추어 본 것은 절도의 실행에 착수한 것으로 볼 수 있다.
③ 강간의 실행에 착수하였으나 피해자가 수술한지 얼마 안 되어 배가 아프다면서 애원하여 간음을 중단한 경우에는 자의로 실행을 중지한 경우로 볼 수 없다.
④ 피고인이 피해자가 심신상실 또는 항거불능의 상태에 있다고 인식하고 그러한 상태를 이용하여 간음할 의사로 피해자를 간음하였으나 피해자가 실제로는 심신상실 또는 항거불능의 상태에 있지 않은 경우, 준강간죄의 불능미수가 성립하지 아니한다.

25. 다음 설명 중 가장 옳은 것은?

① 형법 제37조 후단의 경합범 관계에 있는 죄에 대하여 형법 제39조 제1항에 의하여 따로 형을 선고하여야 하기 때문에 하나의 판결로 두 개의 자유형을 선고하는 경우 그 두 개의 자유형은 각각 별개의 형이므로 형법 제62조 제1항에 정한 집행유예의 요건에 해당하면 그 각 자유형에 대하여 각각 집행유예를 선고할 수 있는 것이고, 또 그 두 개의 자유형 중 하나의 자유형에 대하여 실형을 선고하면서 다른 자유형에 대하여 집행유예를 선고하는 것도 허용된다.
② '사형, 무기금고, 유기징역, 벌금, 자격상실, 자격정지, 구류, 과료, 몰수'는 형이 무거운 것부터 순서대로 나열한 것이다.
③ 금고 이상의 형을 받아 그 집행을 종료하거나 면제를 받은 후 5년 내에 금고 이상에 해당하는 죄를 범한 자는 누범으로 처벌한다.
④ 몰수는 타형에 부가하여 과한다. 따라서 행위자에게 유죄의 재판을 아니 할 때에는 어떤 경우에도 몰수만을 선고할 수는 없다.

기출문제 (2021년 2월 27일 시행)

01. 다음 설명 중 가장 옳지 않은 것은?(다툼이 있는 경우 판례에 의하고, 전원합의체 판결의 경우 다수의견에 의함. 이하 같음)

① 폭행에 수반된 상처가 극히 경미한 것으로서 굳이 치료할 필요가 없어서 자연적으로 치유되며 일상생활을 하는 데 아무런 지장이 없는 경우에는 상해죄의 상해에 해당되지 아니한다고 할 수 있을 터이나, 이는 폭행이 없어도 일상생활 중 통상 발생할 수 있는 상처와 같은 정도임을 전제로 하는 것이므로 그러한 정도를 넘는 상처가 폭행에 의하여 생긴 경우라면 상해에 해당된다.

② 폭행죄의 상습성은 폭행 범행을 반복하여 저지르는 습벽을 말하는 것으로서, 동종 전과의 유무와 그 사건 범행의 횟수, 기간, 동기 및 수단과 방법 등을 종합적으로 고려하여 상습성 유무를 결정하여야 하고, 단순폭행, 존속폭행의 범행이 동일한 폭행 습벽의 발현에 의한 것으로 인정되는 경우, 그중 법정형이 더 중한 상습존속폭행죄에 나머지 행위를 포괄하여 하나의 죄만이 성립한다고 봄이 타당하다.

③ 강요죄는 폭행 또는 협박으로 사람의 권리행사를 방해하거나 의무 없는 일을 하게 하는 범죄이다. 여기에서 협박은 객관적으로 사람의 의사결정의 자유를 제한하거나 의사실행의 자유를 방해할 정도로 겁을 먹게 할 만한 해악을 고지하는 것을 말한다. 이와 같은 협박이 인정되기 위해서는 발생 가능한 것으로 생각할 수 있는 정도의 구체적인 해악의 고지가 있어야 한다.

④ 피고인이 혼자 술을 마시던 중 갑 정당이 국회에서 예산안을 강행처리하였다는 것에 화가 나서 공중전화를 이용하여 경찰서에 여러 차례 전화를 걸어 전화를 받은 각 경찰관에게 경찰서 관할구역 내에 있는 갑 정당의 당사를 폭파하겠다는 말을 하였다면 각 경찰관에 대한 협박죄를 구성한다.

02. 직권남용죄에 관한 다음 설명 중 가장 옳지 않은 것은?

① 어떠한 직무가 공무원의 일반적 직무권한에 속하는 사항이라고 하기 위해서는 그에 관한 법령상 근거가 필요하다. 법령상 근거는 반드시 명문의 규정만을 요구하는 것이 아니라 명문의 규정이 없더라도 법령과 제도를 종합적, 실질적으로 살펴보아 그것이 해당 공무원의 직무권한에 속한다고 해석되고, 이것이 남용된 경우 상대방으로 하여금 사실상 의무 없는 일을 하게 하거나 권리를 방해하기에 충분한 것이라고 인정되는 경우에는 직권남용죄에서 말하는 일반적 직무권한에 포함된다.

② 공무원이 한 행위가 직권남용에 해당한다고 하여 그러한 이유만으로 상대방이 한 일이 '의무 없는 일'에 해당한다고 인정할 수는 없다.

③ 직권남용 행위의 상대방이 일반 사인인 경우 특별한 사정이 없는 한 '의무 없는 일'에 해당하는지는 직권을 남용하였는지와 별도로 그에게 그러한 일을 할 법령상 의무가 있는지를 살펴 개별적으로 판단하여야 한다.

④ 남용에 해당하는가를 판단하는 기준은 구체적인 공무원의 직무행위가 본래 법령에서 그 직권을 부여한 목적에 따라 이루어졌는지, 직무행위가 행해진 상황에서 볼 때 필요성·상당성이 있는 행위인지, 직권행사가 허용되는 법령상의 요건을 충족했는지 등을 종합하여 판단하여야 한다.

03. 다음 설명 중 가장 옳지 않은 것은?

① 어떠한 물건을 점유자의 의사에 반하여 취거하더라도, 그것이 결과적으로 소유자의 이익으로 된다는 사정 또는 소유자의 추정적 승낙이 있다고 볼 만한 사정이 인정된다면, 다른 특별한 사정이 없는 한 불법영득의 의사가 있다고 할 수 없다.

② 피고인이 자신의 모친 甲 명의로 구입·등록하여 甲에게 명의신탁한 자동차를 乙에게 담보로 제공한 후 乙 몰래 가져가 절취한 경우, 乙에 대한 관계에서 자동차의 소유자는 甲이고 피고인은 소유자가 아니므로 乙이 점유하고 있는 자동차를 임의로 가져간 이상 절도죄가 성립한다.

③ 강간을 당한 피해자가 도피하면서 현장에 놓아두고 간 손가방은 점유이탈물이 아니라 사회통념상 피해자의 지배하에 있는 물건이라고 보아야 하므로, 피고인이 그

손가방 안에 들어 있는 피해자 소유의 돈을 꺼낸 경우 절도죄에 해당한다.
④ 동업체에 제공된 물품은 동업관계가 청산되지 않는 한 동업자들의 공동점유에 속하므로, 그 물품이 원래 피고인의 소유라거나 피고인이 다른 곳에서 빌려서 제공하였다는 사유만으로는 절도죄의 객체가 됨에 지장이 없다.

04. 사기죄에 관한 다음 설명 중 가장 옳지 않은 것은?

① 소극적 행위로서의 부작위에 의한 기망은 법률상 고지의무 있는 자가 일정한 사실에 관하여 상대방이 착오에 빠져 있음을 알면서도 이를 고지하지 아니함을 말하는 것으로서, 일반거래의 경험칙상 상대방이 그 사실을 알았더라면 당해 법률행위를 하지 않았을 것이 명백한 경우에는 신의칙에 비추어 그 사실을 고지할 법률상 의무가 인정되는 것이다.
② 공사도급계약 당시 관련 영업 또는 업무를 규제하는 행정법규나 입찰 참가자격, 계약절차 등에 관한 규정을 위반한 사정이 있는 때에는 그러한 사정만으로 공사도급계약을 체결한 행위가 기망행위에 해당한다고 단정해서는 안 되고, 그 위반으로 말미암아 계약 내용대로 이행되더라도 공사의 완성이 불가능하였다고 평가할 수 있을 만큼 그 위법이 공사의 내용에 본질적인 것인지 여부를 심리·판단하여야 한다.
③ 금원 편취를 내용으로 하는 사기죄에서 그 대가가 일부 지급되거나 담보가 제공된 경우에도 편취액은 피해자로부터 교부된 금원으로부터 그 대가 또는 담보 상당액을 공제한 차액이 아니라 교부받은 금원 전부라고 보아야 한다.
④ 의료인으로서 자격과 면허를 보유한 사람이 의료법에 따라 의료기관을 개설하여 건강보험의 가입자 또는 피부양자에게 국민건강보험법에서 정한 요양급여를 실시하고 국민건강보험공단으로부터 요양급여비용을 지급받았다고 하더라도, 그 의료기관이 다른 의료인의 명의로 개설·운영되어 의료법 제4조 제2항을 위반하였다면, 국민건강보험공단을 피해자로 하는 사기죄를 구성한다.

05. 다음 설명 중 가장 옳지 않은 것은?

① 현행 형법의 해석상 강도예비·음모죄가 성립하기 위해서는 예비·음모 행위자에게 미필적으로라도 '강도'를 할 목적이 있음이 인정되어야 하고 그에 이르지 않고 단순히 '준강도'할 목적이 있음에 그치는 경우에는 강도예비·음모죄로 처벌할 수 없다.

② 법령에 어떠한 행위의 예비음모를 처벌한다는 규정은 있으나 그 형을 따로 정하지 않은 경우에는 결국 예비음모로 처벌할 수 없다.

③ 음모는 실행의 착수 이전에 2인 이상의 자 사이에 성립한 범죄실행의 합의로서, 합의 자체는 행위로 표출되지 않은 합의 당사자들 사이의 의사표시에 불과한 만큼 실행행위로서의 정형이 없고, 따라서 합의의 모습 및 구체성의 정도도 매우 다양하게 나타날 수밖에 없다. 그런데 어떤 범죄를 실행하기로 막연하게 합의한 경우나 특정한 범죄와 관련하여 단순히 의견을 교환한 경우까지 모두 범죄실행의 합의가 있는 것으로 보아 음모죄가 성립한다고 한다면 음모죄의 성립범위가 과도하게 확대되어 국민의 기본권인 사상과 표현의 자유가 위축되거나 그 본질이 침해되는 등 죄형법정주의의 원칙이 형해화될 우려가 있으므로, 음모죄의 성립범위도 이러한 확대해석의 위험성을 고려하여 엄격하게 제한하여야 한다.

④ 타인의 사망을 보험사고로 하는 생명보험계약을 체결함에 있어 제3자가 피보험자인 것처럼 가장하여 체결하는 등으로 그 유효요건이 갖추어지지 못한 경우, 보험계약 체결 당시에 이미 보험사고가 발생하였음에도 이를 숨겼다거나 보험사고의 구체적 발생 가능성을 예견할 만한 사정을 인식하고 있었던 경우 또는 고의로 보험사고를 일으키려는 의도를 가지고 보험계약을 체결한 경우와 같이 보험사고의 우연성과 같은 보험의 본질을 해칠 정도라고 볼 수 있는 특별한 사정이 없다고 하더라도, 그와 같이 하자 있는 보험계약을 체결한 행위는 미필적으로라도 보험금을 편취하려는 의사에 의한 기망행위의 실행에 착수에 해당한다.

06. 다음 설명 중 가장 옳은 것은?

① 교사범이란 정범인 피교사자로 하여금 범죄를 결의하게 하여 그 죄를 범하게 한 때에 성립하므로, 교사자의 교사행위에도 불구하고 피교사자가 범행을 승낙하지 아니하거나 피교사자의 범행결의가 교사자의 교사행위에 의하여 생긴 것으로 보기 어려운 경우에는 이른바 실패한 교사로서 형법 제31조 제3항에 의하여 교사자를

음모 또는 예비에 준하여 처벌할 수 있을 뿐이다.
② 교사자가 피교사자에게 피해자를 "정신차릴 정도로 때려주라"고 교사하였다는 사정만으로는 상해에 대한 교사로 보기까지는 어렵다.
③ 막연히 "범죄를 하라"거나 "절도를 하라"고 하는 등의 행위만으로는 교사행위가 되기에 부족하므로, 교사범이 성립하기 위해서는 범행의 일시, 장소, 방법 등의 사항을 특정하여 교사하여야 한다.
④ 대리응시자들의 시험장 입장이 시험관리자의 승낙 또는 그 추정된 의사에 반한 불법침입이라 하더라도, 이와 같은 침입을 교사한 사람에게 주거침입교사죄가 성립된다고 볼 수는 없다.

07. 다음 설명 중 옳지 않은 것의 개수는?

㉮ 횡령 범행으로 취득한 돈을 공범자끼리 수수한 행위가 공동정범들 사이의 범행에 의하여 취득한 돈을 공모에 따라 내부적으로 분배한 것에 지나지 않는다면 별도로 그 돈의 수수행위에 관하여 뇌물죄가 성립하는 것은 아니다.
㉯ 횡령죄는 타인의 재물에 대한 재산범죄로서 재물의 소유권 등 본권을 보호법익으로 하는 범죄이다. 따라서 횡령죄의 객체가 타인의 재물에 속하는 이상 구체적으로 누구의 소유인지는 횡령죄의 성립 여부에 영향이 없다. 주식회사는 주주와 독립된 별개의 권리주체로서 그 이해가 반드시 일치하는 것은 아니므로, 주주나 대표이사 또는 그에 준하여 회사 자금의 보관이나 운용에 관한 사실상의 사무를 처리하는 자가 회사 소유의 재산을 사적인 용도로 함부로 처분하였다면 횡령죄가 성립한다.
㉰ 동업자 사이에 손익분배의 정산이 되지 아니하였다면 동업자의 한 사람이 임의로 동업자들의 합유에 속하는 동업재산을 처분할 권한이 없는 것이므로, 동업자의 한 사람이 동업재산을 보관 중 임의로 횡령하였다면 지분비율에 관계없이 임의로 횡령한 금액 전부에 대하여 횡령죄의 죄책을 부담한다.
㉱ 횡령죄의 주체는 타인의 재물을 보관하는 자이어야 하고, 여기서 보관이라 함은 위탁관계에 의하여 재물을 점유하는 것을 의미하므로, 결국 횡령죄가 성립하기 위하여는 그 재물의 보관자가 재물의 소유자(또는 기타의 본권자)와 사이에 법률상 또는 사실상의 위탁신임관계가 존재하여야 하고, 또한 부동산의 경우 보관자의 지위는 점유를 기준으로 할 것이 아니라 그 부동산을 제3자에게 유효하게 처분할 수 있는 권능의 유무를 기준으로 결정하여야 하므로, 원인무효인 소유권이전등기의 명의자는 횡령죄의 주체인 타인의 재물을 보관하는 자에 해당한다고 할 수 없다.

① 없음 ② 1개
③ 1개 ④ 3개

08. 공갈죄에 관한 다음 설명 중 가장 옳지 않은 것은?

① 해악의 고지가 비록 정당한 권리의 실현 수단으로 사용된 경우라고 하여도 그 권리실현의 수단·방법이 사회통념상 허용되는 정도나 범위를 넘는다면 공갈죄가 성립할 수 있다.
② 피공갈자의 하자 있는 의사에 기하여 이루어지는 재물의 교부 자체가 공갈죄에서의 재산상 손해에 해당하므로, 반드시 피해자의 전체 재산의 감소가 요구되는 것은 아니다.
③ 단일하고 계속된 범의 아래 예금인출의 승낙을 받고 현금카드를 갈취한 행위와 이를 사용하여 현금자동지급기에서 예금을 여러 번 인출한 행위는 포괄하여 하나의 공갈죄를 구성한다.
④ 공무원이 직무집행의 의사 없이 또는 직무처리와 대가적 관계없이 타인을 공갈하여 재물을 교부하게 한 경우, 공갈죄와 뇌물수수죄가 모두 성립하고 두 죄는 상상적 경합 관계에 있다.

09. 다음 중 업무방해죄가 성립하는 것은?

① 해외건설협회로부터 해외건설공사 기성실적 증명서를 허위로 발급받아 이를 대한건설협회에 제출하여 국가종합전자조달 시스템에 입력되게 함으로써 거액의 관급공사의 낙찰자격을 획득한 후 실제로 여러 관급공사를 낙찰받거나 제3자에게 낙찰받게 한 경우
② 피고인들이 주류판매, 접대부 알선의 행위로 형사처벌을 받은 전력이 있는 노래방 업주로 하여금 행정처분을 받게 할 목적으로 노래방에서 주류제공 및 접대부 알선을 요구한 후 경찰에 신고한 경우
③ 주택재개발조합의 조합장인 피고인이 조합사무장에게 조합정관 개정 및 조합장

재신임의 안건에 대하여 반대한다는 내용이 담긴 조합원 276명 명의의 서면결의서 등을 접수하지 말 것을 지시하여 위 조합원들의 의사를 누락시킨 채 임시총회를 개최하여 안건을 통과시킨 경우
④ 피해자가 농장 출입을 위하여 사용해 온 피고인 소유 토지 위의 현황도로 일부를 피고인이 막았으나 이미 오래 전부터 바로 근방에 농장으로의 차량 출입이 가능한 비포장도로가 대체도로로 개설되어 있었던 경우

10. 다음 설명 중 가장 옳지 않은 것은?
① 미성년자유인죄를 정한 형법 제287조는 대한민국 영역 밖에서 죄를 범한 외국인에게도 적용한다.
② 형법 제287조의 미성년자유인죄를 범한 사람이 유인된 사람을 안전한 장소로 풀어준 때에는 그 형을 반드시 감경한다.
③ 형법 제287조의 미성년자유인죄란 기망 또는 유혹을 수단으로 하여 미성년자를 꾀어 그 하자 있는 의사에 따라 미성년자를 자유로운 생활관계 또는 보호관계로부터 이탈하게 하여 자기 또는 제3자의 사실적 지배하에 옮기는 행위를 말하고, 여기서 사실적 지배라고 함은 미성년자에 대한 물리적·실력적인 지배관계를 의미한다.
④ 형법 제288조 제1항의 추행, 간음, 결혼 목적 유인죄의 객체는 여성에 한정되지 않는다.

11. 다음 설명 중 가장 옳지 않은 것은?
① 법인이 설치·운영하는 전산망 시스템에 제공되어 정보의 생성·처리·저장·출력이 이루어지는 전자기록 등 특수매체기록은 그 법인의 임직원과의 관계에서 '타인'의 전자기록 등 특수매체기록에 해당한다.
② 시스템의 설치·운영 주체로부터 각자의 직무 범위에서 개개의 단위정보의 입력 권한을 부여받은 사람이 그 권한을 남용하여 허위의 정보를 입력함으로써 시스템 설치·운영 주체의 의사에 반하는 전자기록을 생성하는 경우에는 사전자기록등위

작죄에서 말하는 전자기록의 '위작'에 포함되지 않는다.
③ 공문서의 작성권한 없는 사람이 허위공문서를 기안하여 작성권자의 결재를 받지 않고 공문서를 완성한 경우, 공문서위조죄가 성립한다.
④ 자동차 등의 운전자가 경찰공무원에게 다른 사람의 운전면허증 자체가 아니라 이를 촬영한 이미지파일을 휴대전화 화면 등을 통하여 보여주는 행위는 공문서부정행사죄를 구성하지 아니한다.

12. 다음 설명 중 가장 옳지 않은 것은?

① 형법 제114조에서 정한 '범죄를 목적으로 하는 집단'이란 특정 다수인이 사형, 무기 또는 장기 4년 이상의 징역에 해당하는 범죄를 수행한다는 공동목적 아래 구성원들이 정해진 역할분담에 따라 행동함으로써 범죄를 반복적으로 실행할 수 있는 조직체계를 갖춘 계속적인 결합체를 의미하므로, 위 '범죄를 목적으로 하는 집단'의 경우 '범죄단체'에서 요구되는 '최소한의 통솔체계'를 갖출 필요가 있다.
② 다중이 집합하여 손괴의 행위를 한 자는 형법 제115조의 소요죄로 처벌된다.
③ 폭행, 협박의 행위를 할 목적으로 다중이 집합하여 그를 단속할 권한이 있는 공무원으로부터 2회의 해산명령만을 받은 경우에는 해산하지 아니하더라도 형법 제116조의 다중불해산죄로 처벌되지 않는다.
④ 공무원의 자격을 사칭하여 그 직권을 행사한 자는 형법 제118조의 공무원자격사칭죄로 처벌되지만, 형법상 그 미수범 처벌규정을 두고 있지는 않다.

13. 포괄일죄에 관한 다음 설명 중 가장 옳지 않은 것은?

① 포괄일죄로 되는 개개의 범죄행위가 법 개정의 전후에 걸쳐서 행하여진 경우, 범죄 실행 종료 시의 법이라고 할 수 있는 신법을 적용한다.
② 포괄일죄의 중간에 다른 종류의 확정판결이 끼어 있는 경우에는 그 확정판결 때문에 포괄적 범죄가 둘로 나뉘는 것이고, 이를 그 확정판결 후의 범죄로서 다룰 것은 아니다.
③ 범죄단체를 구성하거나 이에 가입한 자가 더 나아가 구성원으로 활동하는 경우

이는 포괄일죄의 관계에 있다.
④ 포괄일죄에 있어서는 그 죄의 일부를 구성하는 개개의 행위에 대하여 구체적으로 특정하지 않더라도 그 전체 범행의 시기와 종기, 범행방법, 범행횟수 또는 피해액의 합계 및 피해자나 상대방을 명시하면 이로써 그 범죄사실은 특정된다.

14. 장물죄에 관한 다음 설명 중 옳은 것의 개수는?

> ㉮ 장물이라 함은 재산죄인 범죄행위에 의하여 영득된 물건을 말하는 것으로서 절도, 강도, 사기, 공갈, 횡령 등 영득죄에 의하여 취득된 물건이어야 한다.
> ㉯ 장물취득죄에 있어서 장물의 인식은 확정적 인식임을 요하지 않으며 장물일지도 모른다는 의심을 가지는 정도의 미필적 인식으로서도 충분하다.
> ㉰ 장물인 귀금속의 매도를 부탁받은 피고인이 그 귀금속이 장물임을 알면서도 매매를 중개하고 매수인에게 이를 전달하려다가 매수인을 만나기도 전에 체포되었다면 장물알선죄가 성립한다고 보기 어렵다.
> ㉱ 장물취득죄에서 '취득'이라고 함은 점유를 이전받음으로써 그 장물에 대하여 사실상의 처분권을 획득하는 것을 의미하는 것이므로, 단순히 보수를 받고 본범을 위하여 장물을 일시 사용하거나 그와 같이 사용할 목적으로 장물을 건네받은 것만으로는 장물을 취득한 것으로 볼 수 없다.

① 없음 ② 1개
③ 1개 ④ 3개

15. 무고죄에 관한 다음 설명 중 가장 옳지 않은 것은?

① 성폭행 등의 피해를 입었다는 신고사실에 관하여 불기소처분 내지 무죄판결이 내려졌다고 하여, 그 자체를 무고를 하였다는 적극적인 근거로 삼아 신고내용을 허위라고 단정하여서는 아니 된다.
② 개별적, 구체적인 사건에서 성폭행 등의 피해자임을 주장하는 자가 처하였던 특별한 사정을 충분히 고려하지 아니한 채 진정한 피해자라면 마땅히 이렇게 하였을 것이라는 기준을 내세워 성폭행 등의 피해를 입었다는 점 및 신고에 이르게 된 경

위 등에 관한 변소를 쉽게 배척하여서는 아니 된다.
③ 타인으로 하여금 형사처분을 받게 할 목적으로 공무소에 대하여 허위의 사실을 신고하였다면, 그 사실이 친고죄로서 그에 대한 고소기간이 경과하여 공소를 제기할 수 없음이 그 신고내용 자체에 의하여 분명한 경우에도 당해 국가기관의 직무를 그르치게 할 위험이 없다고 할 수 없으므로 무고죄가 성립한다.
④ 무고죄에서 신고한 사실이 객관적 진실에 반하는 허위사실이라는 요건은 적극적 증명이 있어야 하고, 신고사실의 진실성을 인정할 수 없다는 소극적 증명만으로 곧 그 신고사실이 객관적 진실에 반하는 허위의 사실이라 단정하여 무고죄의 성립을 인정할 수는 없다.

16. 다음 설명 중 가장 옳지 않은 것은?
① 형을 가중 감경할 사유가 경합된 때에는 형법 각칙 본조에 의한 가중 → 형법 제34조 제2항의 가중 → 누범가중 → 경합범가중 → 법률상감경 → 작량감경의 순서에 의하여야 한다.
② 형을 병과할 경우에도 형법 제59조에 따라 형의 전부 또는 일부에 대하여 선고를 유예할 수 있다.
③ 징역이나 금고의 집행 중에 있는 사람이 행상이 양호하여 뉘우침이 뚜렷한 때에는 무기형은 20년, 유기형은 형기의 3분의 1을 지난 후 행정처분으로 가석방을 할 수 있다.
④ 징역 또는 금고의 집행을 종료하거나 집행이 면제된 자가 피해자의 손해를 보상하고 자격정지 이상의 형을 받음이 없이 7년을 경과한 때에는 본인 또는 검사의 신청에 의하여 그 재판의 실효를 선고할 수 있다.

17. 다음 설명 중 가장 옳지 않은 것은?
① 형법 제328조의 친족상도례에 관한 규정은 형법 제333조의 강도죄, 형법 제366조의 재물손괴죄에 준용되지 않는다.
② 사기죄의 범인이 2020. 1. 15. 피해자를 상대로 사기 범행을 저질렀고, 그 범인과

피해자가 사돈지간인 경우, 친족상도례가 적용되는 친족에 해당하지 않는다.
③ 甲으로 하여금 甲의 아버지의 시계를 절취하도록 교사한 乙이 甲의 아버지와 아무런 친족관계가 없다면 乙은 甲에게 적용되는 친족상도례의 적용을 받지 않는다.
④ 형법 제151조 제2항은 친족 또는 동거의 가족이 본인을 위하여 범인도피죄를 범한 때에는 처벌하지 아니한다고 규정하고 있는바, 사실혼 관계에 있는 자는 민법 소정의 친족이라 할 수는 없어도 위 조항에서 말하는 친족에는 해당한다.

18. 배임죄에 관한 다음 설명 중 가장 옳지 않은 것은?
① 타인의 사무를 처리하는 자가 배임의 범의로, 즉 임무에 위배하는 행위를 한다는 점과 이로 인하여 자기 또는 제3자가 이익을 취득하여 본인에게 손해를 가한다는 점에 대한 인식이나 의사를 가지고 임무에 위배한 행위를 개시한 때 배임죄의 실행에 착수한 것이고, 이러한 행위로 인하여 자기 또는 제3자가 이익을 취득하여 본인에게 손해를 가한 때 기수에 이른다.
② 채무자가 채권담보의 목적으로 점유개정 방식으로 채권자에게 동산을 양도하고 이를 보관하던 중 임의로 제3자에게 처분한 경우 배임죄가 아니라 횡령죄가 성립한다고 보아야 한다.
③ 회사직원이 퇴사 시에 영업비밀 등을 회사에 반환하거나 폐기할 의무가 있음에도 경쟁업체에 유출하거나 스스로의 이익을 위하여 이용할 목적으로 이를 반환하거나 폐기하지 아니하였다면, 이러한 행위 역시 퇴사 시에 업무상배임죄의 기수가 된다.
④ 주권발행 전 주식에 대한 양도계약에서 양도인이 양수인으로 하여금 회사 이외의 제3자에게 대항할 수 있도록 확정일자 있는 증서에 의한 양도통지 또는 승낙을 갖추어 주어야 할 채무를 부담한다 하더라도 이는 자기의 사무라고 보아야 하고, 이를 양수인과의 신임관계에 기초하여 양수인의 사무를 맡아 처리하는 것으로 볼 수 없다.

19. 다음 설명 중 가장 옳지 않은 것은?

① 피고인 이외의 제3자의 소유에 속하는 물건의 경우, 몰수를 선고한 판결의 효력은 원칙적으로 몰수의 원인이 된 사실에 관하여 유죄의 판결을 받은 피고인에 대한 관계에서 그 물건을 소지하지 못하게 하는 데 그치지 않고, 그 사건에서 재판을 받지 아니한 제3자의 소유권에도 영향을 미친다.

② 형법 제37조 후단 경합범에 대하여 형법 제39조 제1항에 의하여 형을 감경할 때에도 법률상 감경에 관한 형법 제55조 제1항이 적용되어 유기징역을 감경할 때에는 그 형기의 2분의 1 미만으로는 감경할 수 없다.

③ 형사소송법 제459조가 "재판은 이 법률에 특별한 규정이 없으면 확정한 후에 집행한다."라고 규정한 취지나 집행유예 제도의 본질 등에 비추어 보면 집행유예를 함에 있어 그 집행유예 기간의 시기(始期)는 집행유예를 선고한 판결 확정일로 하여야 한다.

④ 형법 제51조의 사항과 개전의 정상이 현저한지에 관한 사항은 형의 양정에 관한 법원의 재량사항에 속하므로, 상고심으로서는 형사소송법 제383조 제4호에 의하여 사형·무기 또는 10년 이상의 징역·금고가 선고된 사건에서 형의 양정의 당부에 관한 상고이유를 심판하는 경우가 아닌 이상, 선고유예에 관하여 형법 제51조의 사항과 개전의 정상이 현저한지에 대한 원심판단의 당부를 심판할 수 없다.

20. 다음 설명 중 가장 옳지 않은 것은?

① 기습추행의 경우 추행행위와 동시에 저질러지는 폭행행위는 반드시 상대방의 의사를 억압할 정도의 것임을 요하지 않고 상대방의 의사에 반하는 유형력의 행사가 있기만 하면 그 힘의 대소강약을 불문한다.

② 형법 제302조의 위계에 의한 미성년자간음죄에 있어서 위계라 함은 행위자가 간음의 목적으로 상대방에게 오인, 착각, 부지를 일으키고는 상대방의 그러한 심적 상태를 이용하여 간음의 목적을 달성하는 것을 말하는 것이고, 여기에서 오인, 착각, 부지란 간음행위 자체에 대한 오인, 착각, 부지를 말하는 것이지, 간음행위와 불가분적 관련성이 인정되지 않는 다른 조건에 관한 오인, 착각, 부지를 가리키는 것은 아니다.

③ 형법은 제2편 제32장에서 '강간과 추행의 죄'를 규정하고 있는데, 이 장에 규정된 죄는 모두 개인의 성적 자유 또는 성적 자기결정권을 침해하는 것을 내용으로 한다. 여기에서 '성적 자유'는 적극적으로 성행위를 할 수 있는 자유가 아니라 소극적으로 원치 않는 성행위를 하지 않을 자유를 말하고, '성적 자기결정권'은 성행위를 할 것인가 여부, 성행위를 할 때 상대방을 누구로 할 것인가 여부, 성행위의 방법 등을 스스로 결정할 수 있는 권리를 의미한다.
④ 강간치상죄나 강제추행치상죄에 있어서의 상해는 피해자의 신체의 완전성을 훼손하거나 생리적 기능에 장애를 초래하는 것, 즉 피해자의 건강상태가 불량하게 변경되고 생활기능에 장애가 초래되는 것을 말하는 것으로, 여기서의 생리적 기능에는 육체적 기능뿐만 아니라 정신적 기능도 포함된다.

21. 다음 설명 중 가장 옳지 않은 것은?

① 사용자인 수급인에 대한 정당성을 갖춘 쟁의행위가 도급인의 사업장에서 이루어져 형법상 보호되는 도급인의 법익을 침해한 경우, 그것이 항상 위법하다고 볼 것은 아니고, 법질서 전체의 정신이나 그 배후에 놓여있는 사회윤리 내지 사회통념에 비추어 용인될 수 있는 행위에 해당하는 경우에는 형법 제20조의 '사회상규에 위배되지 아니하는 행위'로서 위법성이 조각된다.
② 노동조합이 주도한 쟁의행위 자체의 정당성과 이를 구성하거나 여기에 부수되는 개개 행위의 정당성은 구별하여야 하므로, 일부 소수의 근로자가 폭력행위 등의 위법행위를 하였더라도, 전체로서의 쟁의행위마저 당연히 위법하게 되는 것은 아니다.
③ 사문서를 작성·수정할 때 명의자의 명시적인 승낙이나 동의가 없다는 것을 알면서도 명의자가 문서작성 사실을 알았다면 승낙하였을 것이라고 기대하거나 예측하였다면 그 승낙이 추정된다고 할 수 있다.
④ 현행범인 체포행위가 적법한 공무집행을 벗어나 불법인 것으로 볼 수밖에 없다면, 현행범이 체포를 면하려고 반항하는 과정에서 경찰관에게 상해를 가한 것은 불법체포로 인한 신체에 대한 현재의 부당한 침해에서 벗어나기 위한 행위로서 정당방위에 해당하여 위법성이 조각된다.

22. 다음 중 옳은 설명의 개수는?

> ㉮ 타인 소유의 광고용 간판을 백색페인트로 도색하여 광고문안을 지워버린 행위는 재물손괴죄를 구성한다.
> ㉯ 재건축사업으로 철거예정이고 그 입주자들이 모두 이사하여 아무도 거주하지 않은 채 비어 있는 아파트라 하더라도, 그 객관적 성상이 본래 사용목적인 주거용으로 쓰일 수 없는 상태라거나 재물로서의 이용가치나 효용이 없는 물건이라고도 할 수 없어 재물손괴죄의 객체가 된다.
> ㉰ 판결에 의하여 명도받은 토지의 경계에 설치해 놓은 철조망과 경고판을 치워 버림으로써 울타리로서의 역할을 해한 때에는 재물손괴죄가 성립한다.
> ㉱ 자동문을 자동으로 작동하지 않고 수동으로만 개폐가 가능하게 하여 자동잠금장치로서 역할을 할 수 없도록 한 경우에도 재물손괴죄가 성립한다.

① 1개 ② 2개
③ 3개 ④ 4개

23. 다음 설명 중 가장 옳은 것은?

① 명예훼손죄가 성립하기 위해서는 주관적 구성요소로서 타인의 명예를 훼손한다는 고의를 가지고 사람의 사회적 평가를 저하시키는 데 충분한 구체적 사실을 적시하는 행위를 할 것이 요구된다. 따라서 불미스러운 소문의 진위를 확인하고자 질문을 하는 과정에서 타인의 명예를 훼손하는 발언을 하였다면 이러한 경우에는 그 동기에 비추어 명예훼손의 고의를 인정하기 어렵다.
② 명예훼손죄의 구성요건인 공연성은 불특정 또는 다수인이 인식할 수 있는 상태를 말한다. 비록 개별적으로 한 사람에 대하여 사실을 유포하였더라도 그로부터 불특정 또는 다수인에게 전파될 고도의 가능성이 있다면 공연성의 요건을 충족한다.
③ 형법 제307조 제1항의 사실 적시에 의한 명예훼손죄, 형법 제308조의 사자(死者)명예훼손죄, 형법 제311조의 모욕죄는 모두 친고죄이고, 형법 제307조 제2항의 허위사실 적시에 의한 명예훼손죄는 반의사불벌죄이다.
④ 공연히 사실을 적시하여 사람의 명예를 훼손한 행위자의 주요한 동기 내지 목적이 공공의 이익을 위한 것이라면 부수적으로 다른 사익적 목적이나 동기가 내포

되어 있더라도 형법 제310조 위법성조각사유의 적용을 배제할 수 없다.

24. 다음 설명 중 가장 옳은 것은?
① 매도, 매수와 같이 2인 이상의 서로 대향된 행위의 존재를 필요로 하는 관계에 있어서는 공범이나 방조범에 관한 형법총칙 규정의 적용이 있을 수 없고, 따라서 매도인에게 따로 처벌규정이 없는 이상 매도인의 매도행위는 그와 대향적 행위의 존재를 필요로 하는 상대방의 매수범행에 대하여 공범이나 방조범관계가 성립되지 아니한다.
② 종범은 정범의 실행행위 중에 이를 방조하는 경우에 성립하므로, 실행 착수 전에 장래의 실행행위를 예상하고 이를 용이하게 하는 행위를 한 경우에는 방조범이 성립하지 않는다.
③ 방조범은 정범의 실행을 방조한다는 이른바 방조의 고의가 필요하고, 정범의 행위가 구성요건에 해당하는 행위인 점에 대한 정범의 고의가 있어야 하는 것은 아니다.
④ 종범은 임의적 감경사유에 해당한다.

25. 다음 설명 중 가장 옳은 것은?
① 절도죄 범행 당시 11세였더라도 판결선고 당시 14세가 된 경우에는 징역형으로 처벌할 수 있다.
② 원칙적으로 충동조절장애와 같은 성격적 결함은 형의 감면사유인 심신장애에 해당한다.
③ 형법 제10조에 규정된 심신장애는 생물학적 요소로서 정신병 또는 비정상적 정신상태와 같은 정신적 장애가 있는 외에 심리학적 요소로서 이와 같은 정신적 장애로 말미암아 사물에 대한 변별능력과 그에 따른 행위통제능력이 결여되거나 감소되었음을 요하므로, 정신적 장애가 있는 자라고 하여도 범행 당시 정상적인 사물변별능력이나 행위통제능력이 있었다면 심신장애로 볼 수 없다.

④ 형법 제12조(강요된 행위)의 저항할 수 없는 폭력은, 심리적인 의미에 있어서 육체적으로 어떤 행위를 절대적으로 하지 아니할 수 없게 하는 경우를 말할 뿐이고, 윤리적 의미에 있어서 강압된 경우를 말하지는 않는다.

기출문제 (2022년 6월 25일 시행)

01. 횡령죄에 관한 다음 설명 중 가장 옳지 않은 것은?(다툼이 있는 경우 판례에 의하고, 전원합의체 판결의 경우 다수의견에 의함. 이하 같음)

① 건설기계등록원부에의 등록을 소유권 취득의 요건으로 하는 화물자동차에 대한 횡령죄에 있어서, 타인의 재물을 보관하는 자의 지위는 일반 동산의 경우와는 달리 화물자동차에 대한 점유의 여부가 아니라 화물자동차를 제3자에게 유효하게 처분할 수 있는 권능의 유무에 따라 결정하여야 할 것이므로, 화물자동차의 지입차주로부터 그 자동차에 관한 관리·운영권만을 위임받아 이를 점유하여 온 자는 그 화물자동차를 법률상 처분할 수 있는 지위에 있다고 할 수 없으므로 타인의 재물을 보관하는 자에 해당하지 않는다고 할 것이다.

② 부동산 실권리자명의 등기에 관한 법률을 위반한 양자간 명의신탁의 경우 명의수탁자가 신탁받은 부동산을 임의로 처분하여도 명의신탁자에 대한 관계에서 횡령죄가 성립하지 아니한다.

③ 구분소유적 공유관계에서 구분소유하고 있는 특정 구분부분별로 독립한 필지로 분할되는 경우에는 특별한 사정이 없는 한 각자의 특정 구분부분에 해당하는 필지가 아닌 나머지 각 필지에 전사된 공유자 명의의 공유지분등기는 더 이상 당해 공유자의 특정 구분부분에 해당하는 필지를 표상하는 등기라고 볼 수 없고, 각 공유자 상호 간에 상호명의신탁관계만이 존속하므로, 각 공유자는 나머지 각 필지 위에 전사된 자신 명의의 공유지분에 관하여 다른 공유자에 대한 관계에서 그 공유지분을 보관하는 자의 지위에 있다고 할 것이므로, 다른 공유자의 특정 구분부분에 전사된 자신의 지분을 담보로 제공하는 경우 횡령죄가 성립한다.

④ 계좌명의인이 개설한 예금계좌가 전기통신금융사기 범행에 이용되어 그 계좌에 피해자가 사기피해금을 송금·이체한 경우 계좌명의인은 피해자와 사이에 아무런 법률관계 없이 송금·이체된 사기피해금 상당의 돈을 피해자에게 반환하여야 하므

로, 피해자를 위하여 사기피해금을 보관하는 지위에 있다고 보아야 하고, 만약 계좌명의인이 그 돈을 영득할 의사로 인출하면 피해자에 대한 횡령죄가 성립한다고 할 것이나, 이때 계좌명의인이 사기의 공범이라면 자신이 가담한 범행의 결과 피해금을 보관하게 된 것일 뿐이어서 피해자와 사이에 위탁관계가 없고, 그가 송금·이체된 돈을 인출하더라도 이는 자신이 저지른 사기범행의 실행행위에 지나지 아니하여 새로운 법익을 침해한다고 볼 수 없으므로 사기죄 외에 별도로 횡령죄를 구성하지 않는다.

02. 선고유예와 집행유예에 관한 다음 설명 중 가장 옳지 않은 것은?

① 주형에 대하여 선고를 유예하지 아니하면서 부가형인 몰수·추징에 대해서만 선고를 유예할 수는 없다.
② 선고유예는 자격정지 이상의 형을 받은 전과가 없는 경우에 2년 동안 형의 선고를 유예하고, 그 유예기간이 경과한 때에는 면소된 것으로 간주하는 제도이다.
③ 금고 이상의 형을 선고한 판결이 확정된 때부터 그 집행을 종료하거나 면제된 후 3년까지의 기간에 범한 죄에 대하여 형을 선고하는 경우에는 집행유예를 할 수 없다.
④ 법원이 선고유예 또는 집행유예를 하는 경우에는 보호관찰을 받을 것을 명하거나 사회봉사 또는 수강을 명할 수 있다.

03. 명예훼손죄 및 모욕죄에 관한 다음 설명 중 가장 옳지 않은 것은?

① 공연성의 존부는 발언자와 상대방 또는 피해자 사이의 관계나 지위, 대화를 하게 된 경위와 상황, 사실적시의 내용, 적시의 방법과 장소 등 행위 당시의 객관적 제반 사정에 관하여 심리한 다음, 그로부터 상대방이 불특정 또는 다수인에게 전파할 가능성이 있는지 여부를 검토하여 종합적으로 판단하여야 한다. 발언 이후 실제 전파되었는지 여부는 전파가능성 유무를 판단하는 고려요소가 될 수 있으나, 발언 후 실제 전파 여부라는 우연한 사정은 공연성 인정 여부를 판단함에 있어 소극적

사정으로만 고려되어야 한다.
② 사실적시의 내용이 사회 일반의 일부 이익에만 관련된 사항이라도 다른 일반인과의 공동생활에 관계된 사항이라면 공익성을 지닌다고 할 것이고, 이에 나아가 개인에 관한 사항이더라도 그것이 공공의 이익과 관련되어 있고 사회적인 관심을 획득한 경우라면 직접적으로 국가·사회 일반의 이익이나 특정한 사회집단에 관한 것이 아니라는 이유만으로 형법 제310조의 적용을 배제할 것은 아니다.
③ 어떤 글이 모욕적 표현을 담고 있는 경우에도 그 글이 객관적으로 타당성이 있는 사실을 전제로 하여 그 사실관계나 이를 둘러싼 문제에 관한 자신의 판단과 피해자의 태도 등이 합당한가 하는 데 대한 자신의 의견을 밝히고, 자신의 판단과 의견이 타당함을 강조하는 과정에서 부분적으로 모욕적인 표현이 사용된 것에 불과하다면 사회상규에 위배되지 않는 행위로서 형법 제20조에 의하여 위법성이 조각될 수 있다.
④ 명예훼손죄에서 '사실의 적시'란 가치판단이나 평가를 내용으로 하는 '의견표현'에 대치되는 개념으로서 시간적으로나 공간적으로 구체적인 과거 또는 현재의 사실관계에 관한 보고나 진술을 뜻하고, 표현 내용을 증거로 증명할 수 있는 것을 말한다. 따라서 객관적으로 피해자의 사회적 평가를 저하시키는 사실에 관한 발언이 보도, 소문이나 제3자의 말을 인용하는 방법으로 단정적인 표현이 아닌 전문 또는 추측의 형태로 표현되었다면 표현 전체의 취지로 보아 사실이 존재할 수 있다는 것을 암시하는 방식으로 이루어졌더라도 사실을 적시한 것으로 볼 수 없다.

04. 다음 중 상상적 경합 관계가 아닌 것은?

① 뇌물을 수수하면서 공여자를 기망한 경우 뇌물수수죄와 사기죄
② 수개의 접근매체를 한 번에 양도한 경우 각 전자금융거래법위반죄
③ 공무원이 취급하는 사건에 관하여 청탁 또는 알선을 할 의사와 능력이 없음에도 청탁 또는 알선을 한다고 기망하여 돈을 받은 경우 사기죄와 변호사법위반죄
④ 허위 또는 과장된 사실을 알리는 등 소비자를 유인하는 방법으로 기망하여 돈을 편취한 경우 사기죄와 방문판매업법위반죄

05. 배임죄의 주체인 타인의 사무를 처리하는 자에 관한 다음 설명 중 가장 옳지 않은 것은?

① 동산 매매계약에서의 매도인은 매수인에 대하여 그의 사무를 처리하는 지위에 있지 아니하므로, 매도인이 목적물을 타에 처분하였다 하더라도 형법상 배임죄가 성립하지 아니하는데, 이러한 법리는 권리이전에 등기·등록을 요하는 동산에 대한 매매계약에서도 동일하게 적용되므로, 자동차 등의 매도인은 매수인에 대하여 그의 사무를 처리하는 지위에 있지 아니한다.

② 채무자가 채권자로부터 금원을 차용하는 등 채무를 부담하면서 채무 담보를 위하여 부동산에 관한 저당권설정계약을 체결한 경우, 위 약정의 내용에 좇아 채권자에게 부동산에 관한 저당권을 설정하여 줄 의무는 자기의 사무인 동시에 상대방의 재산 보전에 협력할 의무에 해당하여 '타인의 사무'에 해당한다.

③ 채무자가 금전채무를 담보하기 위하여 그 소유의 동산을 채권자에게 양도담보로 제공함으로써 채권자인 양도담보권자에 대하여 담보물의 담보가치를 유지·보전할 의무 내지 담보물을 타에 처분하거나 멸실, 훼손하는 등으로 담보권 실행에 지장을 초래하는 행위를 하지 않을 의무를 부담하게 되었더라도, 이를 들어 채무자가 통상의 계약에서의 이익대립관계를 넘어서 채권자와의 신임관계에 기초하여 채권자의 사무를 맡아 처리하는 것으로 볼 수 없다. 따라서 채무자를 배임죄의 주체인 '타인의 사무를 처리하는 자'에 해당한다고 할 수 없다.

④ 주권발행 전 주식의 경우 양도인이 양수인으로 하여금 회사 이외의 제3자에게 대항할 수 있도록 확정일자 있는 증서에 의한 양도통지 또는 승낙을 갖추어 주어야 할 채무를 부담한다 하더라도 이는 자기의 사무라고 보아야 하고, 이를 양수인과의 신임관계에 기초하여 양수인의 사무를 맡아 처리하는 것으로 볼 수 없으므로, 주권발행 전 주식에 대한 양도계약에서의 양도인은 양수인에 대하여 그의 사무를 처리하는 지위에 있지 아니한다.

06. 무고죄에 관한 다음 설명 중 가장 옳지 않은 것은?

① 무고죄는 국가의 형사사법권 또는 징계권의 적정한 행사를 주된 보호법익으로 하는 것이지 개인의 부당하게 처벌 또는 징계받지 아니할 이익을 보호하는 죄는 아니므

로, 설사 무고에 있어서 피무고자의 승낙이 있었다고 하더라도 무고죄의 성립에는 영향을 미치지 못한다 할 것이다.
② 고소인이 차용금을 갚지 않는 차용인을 사기죄로 고소함에 있어서, 피고소인이 차용금의 용도를 속이는 바람에 대여하였다고 주장하는 경우, 실제용도에 관하여 고소인이 허위로 신고를 할 경우에는 그것만으로도 무고죄에 있어서의 허위의 사실을 신고한 경우에 해당한다.
③ 무고죄에서 신고한 사실이 객관적 사실에 반하는 허위사실이라는 요건은 적극적인 증명이 있어야 하며, 신고사실의 진실성을 인정할 수 없다는 소극적 증명만으로 곧 그 신고사실이 객관적 진실에 반하는 허위사실이라고 단정하여 무고죄의 성립을 인정할 수는 없다.
④ 무고죄에 있어서 형사처분 또는 징계처분을 받게 할 목적은 허위신고를 함에 있어서 다른 사람이 그로 인하여 형사 또는 징계처분을 받게 될 것이라는 인식이 있으면 족한 것이고 그 결과발생을 희망하는 것까지를 요하는 것은 아니므로, 고소인이 고소장을 수사기관에 제출한 이상 그러한 인식은 있었다고 보아야 한다.

07. 문서에 관한 죄에 대한 다음 설명 중 가장 옳지 않은 것은?
① 형법상 문서에 관한 죄에서 문서란 문자 또는 이에 대신할 수 있는 가독적 부호로 계속적으로 물체상에 기재된 의사 또는 관념의 표시인 원본 또는 이와 사회적 기능, 신용성 등을 동일시할 수 있는 기계적 방법에 의한 복사본으로서 그 내용이 법률상, 사회생활상 주요 사항에 관한 증거로 될 수 있는 것을 말하고, 컴퓨터 모니터 화면에 나타나는 이미지는 이미지 파일을 보기 위한 프로그램을 실행할 경우에 그때마다 전자적 반응을 일으켜 화면에 나타나는 것에 지나지 않아서 계속적으로 화면에 고정된 것으로는 볼 수 없으므로, 형법상 문서에 관한 죄에서의 '문서'에는 해당되지 않는다.
② 위조문서행사죄에서 행사란 위조된 문서를 진정한 문서인 것처럼 그 문서의 효용방법에 따라 이를 사용하는 것을 말하고, 위조된 문서를 진정한 문서인 것처럼 사용하는 한 행사의 방법에 제한이 없으므로 위조된 문서를 스캐너 등을 통해 이미지화한 다음 이를 전송하여 컴퓨터 화면상에서 보게 하는 경우도 행사에 해당하지만, 이는 문서의 형태로 위조가 완성된 것을 전제로 하는 것이므로, 공문서로서의 형식

과 외관을 갖춘 문서에 해당하지 않아 공문서위조죄가 성립하지 않는 경우에는 위조공문서행사죄도 성립할 수 없다.
③ 자동차 등의 운전자가 경찰공무원에게 다른 사람의 운전면허증 자체가 아니라 이를 촬영한 이미지파일을 휴대전화 화면 등을 통하여 보여주는 행위는 운전면허증의 특정된 용법에 따른 행사라고 볼 수 없는 것이어서 그로 인하여 경찰공무원이 그릇된 신용을 형성할 위험이 있다고 할 수 없으므로, 이러한 행위는 공문서부정행사죄를 구성하지 아니한다.
④ 공문서변조죄는 권한 없는 자가 공무소 또는 공무원이 이미 작성한 문서내용에 대하여 동일성을 해하지 않을 정도로 변경을 가하여 새로운 증명력을 작출케 함으로써 공공적 신용을 해할 위험성이 있을 때 성립하므로, 인터넷을 통하여 출력한 등기사항전부증명서 하단의 열람 일시 부분을 수정 테이프로 지우고 복사한 행위는 공공적 신용을 해할 위험이 있는 정도의 새로운 증명력을 작출한 것으로 보기 어려우므로 공문서변조죄에 해당하지 않는다.

08. 다음 설명 중 가장 옳지 않은 것은?

① 현재의 부당한 침해로부터 자기 또는 타인의 법익을 방위하기 위하여 한 행위는 상당한 이유가 있는 경우에는 벌하지 아니한다.
② 방위행위가 그 정도를 초과한 경우에는 정황에 따라 그 형을 감경하거나 면제한다.
③ 법률에서 정한 절차에 따라서는 청구권을 보전할 수 없는 경우에 그 청구권의 실행이 불가능해지거나 현저히 곤란해지는 상황을 피하기 위하여 한 행위는 상당한 이유가 있는 때에는 벌하지 아니한다.
④ 형법 제22조 제1항의 긴급피난이란 자기 또는 타인의 법익에 대한 현재의 위난을 피하기 위한 상당한 이유 있는 행위를 말하고, 여기서 '상당한 이유 있는 행위'에 해당하려면, 첫째 피난행위는 위난에 처한 법익을 보호하기 위한 유일한 수단이어야 하고, 둘째 피해자에게 가장 경미한 손해를 주는 방법을 택하여야 하며, 셋째 피난행위에 의하여 보전되는 이익은 이로 인하여 침해되는 이익보다 우월해야 하고, 넷째 피난행위는 그 자체가 사회윤리나 법질서 전체의 정신에 비추어 적합한 수단일 것을 요하는 등의 요건을 갖추어야 한다.

09. 형법 제287조 미성년자약취죄에 관한 다음 설명 중 가장 옳지 않은 것은?

① 미성년자를 보호·감독하는 사람이라고 하더라도 다른 보호감독자의 보호·양육권을 침해하거나 자신의 보호·양육권을 남용하여 미성년자 본인의 이익을 침해하는 때에는 형법 제287조 미성년자약취죄의 주체가 될 수 있다.

② 부모가 이혼하였거나 별거하는 상황에서 미성년의 자녀를 부모의 일방이 평온하게 보호·양육하고 있는데, 상대방 부모가 폭행, 협박 또는 불법적인 사실상의 힘을 행사하여 그 보호·양육 상태를 깨뜨리고 자녀를 탈취하여 자기 또는 제3자의 사실상 지배하에 옮긴 경우, 그와 같은 행위는 특별한 사정이 없는 한 미성년자에 대한 약취죄를 구성한다고 볼 수 있다.

③ 미성년의 자녀를 부모가 함께 동거하면서 보호·양육하여 오던 중 부모의 일방이 상대방 부모나 그 자녀에게 어떠한 폭행, 협박이나 불법적인 사실상의 힘을 행사함이 없이 그 자녀를 데리고 종전의 거소를 벗어나 다른 곳으로 옮겨 자녀에 대한 보호·양육을 계속하였다면, 그 행위가 보호·양육권의 남용에 해당한다는 등 특별한 사정이 없는 한 설령 이에 관하여 법원의 결정이나 상대방 부모의 동의를 얻지 아니하였다고 하더라도 그러한 행위에 대하여 곧바로 형법상 미성년자에 대한 약취죄의 성립을 인정할 수는 없다.

④ 부모가 별거하는 상황에서 비양육친이 면접교섭권을 행사하여 미성년 자녀를 데리고 갔다가 면접교섭 기간이 종료하였음에도 불구하고 자녀를 양육친에게 돌려주지 않은 경우에는 그러한 부작위를 폭행, 협박이나 불법적인 사실상의 힘을 행사한 것으로 볼 수는 없으므로, 미성년자약취죄가 성립할 수 없다.

10. 형법 제20조 정당행위에 관한 다음 설명 중 가장 옳지 않은 것은?

① 형법 제20조에 정하여진 '사회상규에 위배되지 아니하는 행위'란 법질서 전체의 정신이나 그 배후에 놓여 있는 사회윤리 내지 사회통념에 비추어 용인될 수 있는 행위를 말하므로, 어떤 행위가 그 행위의 동기나 목적의 정당성, 행위의 수단이나 방법의 상당성, 보호이익과 침해이익의 법익 균형성, 긴급성, 그 행위 이외의 다른 수단이나 방법이 없다는 보충성 등의 요건을 갖춘 경우에는 정당행위에 해당한다.

② 어떠한 행위가 위 요건들을 충족하는 정당한 행위로서 위법성이 조각되는 것인지는 구체적인 사정 아래서 합목적적, 합리적으로 고찰하여 개별적으로 판단되어야 하므로, 구체적인 사안에서 정당행위로 인정되기 위한 긴급성이나 보충성의 정도는 개별 사안에 따라 다를 수 있다.

③ 어떠한 행위가 형법 제20조의 정당행위에 해당한다는 것은 그 행위가 단지 특정한 상황 하에서 범죄행위로서 처벌대상이 될 정도의 위법성을 갖추지 못하였다는 것을 의미하는 것이 아니라, 그 행위가 적극적으로 용인, 권장된다는 의미이다.

④ 어떠한 글이 모욕적 표현을 포함하는 판단이나 의견을 담고 있을 경우에도 그 시대의 건전한 사회통념에 비추어 살펴보아 그 표현이 사회상규에 위배되지 않는 행위로 볼 수 있는 때에는 형법 제20조의 정당행위에 해당하여 위법성이 조각된다고 보아야 하고, 이로써 표현의 자유로 획득되는 이익 및 가치와 명예 보호에 의하여 달성되는 이익 및 가치를 적절히 조화할 수 있다.

11. 재물손괴죄에 관한 다음 설명 중 가장 옳지 않은 것은?

① 형법 제366조는 "타인의 재물, 문서 또는 전자기록 등 특수매체기록을 손괴 또는 은닉 기타 방법으로 그 효용을 해한 자는 3년 이하의 징역 또는 700만 원 이하의 벌금에 처한다."라고 규정하고 있다. 여기에서 '기타 방법'이란 형법 제366조의 규정 내용 및 형벌법규의 엄격해석 원칙 등에 비추어 손괴 또는 은닉에 준하는 정도의 유형력을 행사하여 재물 등의 효용을 해하는 행위를 의미하고, '재물의 효용을 해한다'고 함은 사실상으로나 감정상으로 그 재물을 본래의 사용목적에 제공할 수 없게 하는 상태로 만드는 것을 말하며, 일시적으로 그 재물을 이용할 수 없거나 구체적 역할을 할 수 없는 상태로 만드는 것도 포함한다.

② 피고인이 피해자가 홍보를 위해 설치한 광고판을 그 장소에서 제거하여 컨테이너로 된 창고로 옮겨 놓았다면 비록 물질적인 형태의 변경이나 멸실, 감손을 초래하지 않은 채 그대로 옮겼더라도 그 광고판은 본래적 역할을 할 수 없는 상태로 되었다고 보아야 하므로 재물손괴죄가 성립한다.

③ 피고인이 피해 차량의 앞뒤에 쉽게 제거하기 어려운 철근콘크리트 구조물 등을 바짝 붙여 놓아 차량을 운행할 수 없게 하였더라도 피해 차량 자체에 물리적 훼손

이나 기능적 효용의 멸실 내지 감소가 발생하지 않았으므로 재물 본래의 효용을 해한 것이라고 볼 수 없다.
④ 자동문설치공사를 한 피고인이 대금을 지급받지 못하자 자동문의 자동작동중지 예약기능을 이용하여 자동문이 자동으로 여닫히지 않도록 설정하여 수동으로만 개폐가 가능하도록 한 경우 재물손괴죄가 성립한다.

12. 다음 설명 중 가장 옳지 않은 것은?
① 사용자가 적법한 직장폐쇄 기간 중임에도 불구하고 일방적으로 업무에 복귀하겠다고 하면서 자신의 퇴거요구에 불응한 채 계속하여 사업장 내로 진입을 시도하는 해고 근로자를 폭행, 협박하였다면 이는 사업장 내의 평온과 노동조합의 업무방해 행위를 방지하기 위한 정당방위 내지 정당행위에 해당한다.
② 피해자가 불특정·다수인의 통행로로 이용되어 오던 기존통로의 일부 소유자인 피고인으로부터 사용승낙을 받지 아니한 채 통로를 활용하여 공사차량을 통행하게 함으로써 피고인의 영업에 다소 피해가 발생하자 피고인이 공사차량을 통행하지 못하도록 자신 소유의 승용차를 통로에 주차시켜 놓은 행위가 사회상규에 위배되지 않는 정당행위에 해당한다고 할 수 없다.
③ 아파트 입주자대표회의 회장이 다수 입주민들의 민원에 따라 위성방송 수신을 방해하는 케이블TV방송의 시험방송 송출을 중단시키기 위하여 위 케이블TV방송의 방송안테나를 절단하도록 지시한 행위를 긴급피난 내지는 정당행위에 해당한다고 볼 수 없다.
④ 아파트 입주자대표회의의 임원 또는 아파트관리회사의 직원들인 피고인들이 기존 관리회사의 직원들로부터 계속 업무집행을 제지받던 중 저수조 청소를 위하여 출입문에 설치된 자물쇠를 손괴하고 중앙공급실에 침입한 행위는 정당행위에 해당하지 않지만, 관리비 고지서를 빼앗거나 사무실의 집기 등을 들어낸 것에 불과한 행위는 정당행위에 해당하여 위법성이 조각된다.

13. 교사범에 관한 다음 설명 중 가장 옳지 않은 것은?
   ① 교사자의 교사행위에도 불구하고 피교사자가 범행을 승낙하지 아니한 경우에는 이른바 실패한 교사로서 형법 제31조 제3항에 의하여 교사자를 음모 또는 예비에 준하여 처벌할 수 있을 뿐이다.
   ② 교사자가 피교사자에 대하여 상해를 교사하였는데 피교사자가 살인을 실행한 경우, 일반적으로 교사자는 상해죄에 대한 교사범이 되는 것이고, 다만 교사자에게 피해자의 사망이라는 결과에 대하여 과실 내지 예견가능성이 있는 때에는 상해치사죄의 교사범으로서의 죄책을 지울 수 있다.
   ③ 교사범이란 타인(정범)으로 하여금 범죄를 결의하게 하여 그 죄를 범하게 한 때에 성립하는 것이므로, 피교사자가 이미 범죄의 결의를 가지고 있을 때에는 교사범이 성립할 여지가 없고, 교사범의 교사가 정범이 그 죄를 범한 유일한 조건이어야 한다.
   ④ 스스로 본인을 무고하는 자기무고는 형법 제156조 무고죄의 구성요건에 해당하지 아니하여 무고죄를 구성하지 않는다. 그러나 피무고자의 교사·방조 하에 제3자가 피무고자에 대한 허위의 사실을 신고한 경우에는 제3자의 행위는 무고죄의 구성요건에 해당하여 무고죄를 구성하므로, 제3자를 교사·방조한 피무고자도 교사·방조범으로서의 죄책을 부담한다.

14. 형법상 권리행사를 방해하는 죄에 관한 다음 설명 중 가장 옳지 않은 것은?
   ① 권리행사방해죄의 객체는 자기의 물건이어야 하므로 甲이 A에게 담보로 제공한 차량이 자동차등록원부에 제3자 명의로 등록되어 있다면 甲이 A의 승낙없이 미리 소지하고 있던 위 차량의 보조키를 이용하여 이를 운전하여 갔더라도 권리행사방해죄가 성립하지 않는다.
   ② 채무자가 가압류채권자의 지위에 있으면서 가압류집행해제를 신청함으로써 그 지위를 상실하는 행위는 강제집행면탈죄가 성립하지 않는다.
   ③ 직계혈족, 배우자, 동거친족, 동거가족 또는 그 배우자간의 권리행사방해죄는 그 형을 면제한다.
   ④ 강제집행면탈죄는 강제집행을 면한다는 목적이 있어야 하는 목적범으로, 그와 같은 목적으로 허위의 채무를 부담하였더라도 강제집행 면탈의 목적을 달성하지 못

하였다면 본죄의 기수가 아니라 미수범으로 처벌될 뿐이다.

15. 소송사기에 관한 다음 설명 중 가장 옳지 않은 것은?
① 유치권자가 피담보채권을 실제보다 허위로 부풀려 유치권에 의한 경매를 신청한 경우, 이는 소송사기죄의 실행의 착수에 해당한다.
② 소송절차에서 상대방에게 유리한 증거를 가지고 있더라도 상대방을 위하여 이를 현출하여야 할 의무가 있다고 할 수 없으므로 이러한 증거를 제출하지 아니한 행위만으로 소송사기의 기망행위가 있었다고 할 수 없다.
③ 소송사기에 의한 사기죄는 소를 제기한 때에 실행의 착수가 인정되고, 그 소장이 상대방에게 유효하게 도달할 것을 요하지 않는다.
④ 타인과 공모하여 그 공모자를 상대로 제소하여 의제자백의 판결을 받아 이에 기하여 부동산의 소유권이전등기를 한 경우에는 사기죄와 공정증서원본불실기재죄가 성립하고 양죄는 실체적 경합범 관계에 있다.

16. 결과적 가중범에 관한 다음 설명 중 가장 옳지 않은 것은?
① 특수공무집행방해치상죄는 원래 결과적가중범이기는 하지만, 이는 중한 결과에 대하여 예견가능성이 있었음에도 불구하고 예견하지 못한 경우에 벌하는 진정결과적가중범이 아니라 그 결과에 대한 예견가능성이 있었음에도 불구하고 예견하지 못한 경우뿐만 아니라 고의가 있는 경우까지도 포함하는 부진정결과적가중범이다.
② 결과적가중범의 공동정범은 기본행위를 공동으로 할 의사가 있으면 성립하고 결과를 공동으로 할 의사나 그 결과의 발생을 예견할 수 있었을 것을 요하지 않는다.
③ 기본범죄를 통하여 고의로 중한 결과를 발생하게 한 경우에 가중 처벌하는 부진정결과적가중범에서, 고의로 중한 결과를 발생하게 한 행위가 별도의 구성요건에 해당하고 그 고의범에 대하여 결과적가중범에 정한 형보다 더 무겁게 처벌하는 규정이 있는 경우에는 그 고의범과 결과적가중범은 상상적 경합관계에 있다.
④ 부진정결과적가중범에서 고의로 중한 결과를 발생하게 한 행위가 별도의 구성요건

에 해당하고 그 고의범에 대하여 더 무겁게 처벌하는 규정이 없는 경우에는 결과적 가중범이 고의범에 대하여 특별관계에 있으므로 결과적가중범만 성립하고 이와 법조경합의 관계에 있는 고의범에 대하여는 별도로 죄를 구성하지 않는다.

17. 공무집행방해죄에 관한 다음 설명 중 가장 옳지 않은 것은?

① 공무집행방해죄의 고의는 상대방이 직무를 집행하는 공무원이라는 사실 및 이에 대하여 폭행 또는 협박을 한다는 사실을 인식하는 것을 내용으로 하지만, 그 직무집행을 방해할 의사는 필요로 하지 않는다.

② 민사소송을 제기함에 있어 피고의 주소를 허위로 기재하여 법원공무원으로 하여금 변론기일소환장 등을 허위주소로 송달케 하였다는 사실만으로는 바로 위계에 의한 공무집행방해죄가 성립하지 않는다.

③ 범죄행위로 인하여 강제출국당한 전력이 있는 사람이 외국 주재 한국영사관에 허위의 호구부 및 외국인등록신청서 등을 제출하여 사증 및 외국인등록증을 발급받았다면 위계에 의한 공무집행방해죄가 성립한다.

④ 甲이 자신을 현행범 체포하려는 경찰관에 대항하여 경찰관을 폭행하였는데, 사후에 甲이 범인으로 인정되지 아니하였다면, 甲은 최소한 공무집행방해죄의 죄책을 지지는 않는다.

18. 직권남용죄에 관한 다음 설명 중 가장 옳지 않은 것은?

① 형법 제123조 직권남용죄의 미수범은 처벌하지 아니한다.

② 공무원의 직권남용행위가 있었다 할지라도 현실적으로 권리행사의 방해라는 결과가 발생하지 아니하였다면 직권남용죄가 성립하지 않는다.

③ 직권남용죄는 공무원이 그 일반적 직무권한에 속하는 사항에 관하여 직권의 행사에 가탁하여 실질적, 구체적으로 위법·부당한 행위를 한 경우에 성립하고, 그 일반적 직무권한은 반드시 법률상의 강제력을 수반하는 것임을 요하지 않는다.

④ 공무원이 자신의 직무권한에 속하는 사항에 관하여 실무 담당자로 하여금 그 직무집행을 보조하는 사실행위를 하도록 한 경우 그 직무집행이 위법한 것이라면, 특별

한 사정이 없는 이상 의무 없는 일을 하게 한 때에 해당한다.

19. 형의 양정에 관한 다음 설명 중 가장 옳지 않은 것은?

① 필요적 감경의 경우에는 감경사유의 존재가 인정되면 반드시 형법 제55조 제1항에 따른 법률상 감경을 하여야 함에 반해, 임의적 감경의 경우에는 감경사유의 존재가 인정되더라도 법관이 형법 제55조 제1항에 따른 법률상 감경을 할 수도 있고 하지 않을 수도 있다.

② 형법은 형의 가중·감경할 사유가 경합된 때에 그 적용 순서에 관하여, 각칙 조문에 따른 가중, 제34조 제2항에 따른 가중, 누범 가중, 법률상 감경, 경합범 가중, 정상참작 감경 순으로 규정하고 있으므로, 법관이 처단형을 결정하는 과정에서 최종 선고형을 머릿속에 그리면서 임의적 감경 여부를 결정하는 것은 법리적·논리적 순서에 부합한다고 볼 수 없다.

③ 유기징역형에 대한 법률상 감경을 하면서 형법 제55조 제1항 제3호에서 정한 것과 같이 장기와 단기를 모두 2분의 1로 감경하는 것이 아닌 장기 또는 단기 중 어느 하나만을 2분의 1로 감경하는 방식이나 2분의 1보다 넓은 범위의 감경을 하는 방식 등은 죄형법정주의 원칙상 허용될 수 없다.

④ 형법이 '형을 감경할 수 있다.'고 규정하고 있는 것은 임의적 감경사유가 인정되더라도 그에 따른 감경이 필요한 경우와 필요하지 않은 경우가 모두 있을 수 있으니 임의적 감경사유로 인한 행위불법이나 결과불법의 축소효과가 미미하거나 행위자의 책임의 경감 정도가 낮은 경우에는 감경하지 않은 무거운 처단형으로 처벌할 수 있도록 한 것이다.

20. 뇌물죄에 관한 다음 설명 중 가장 옳지 않은 것은?

① 뇌물죄에서 뇌물의 내용인 이익이라 함은 금전, 물품 기타의 재산적 이익뿐만 아니라 사람의 수요 욕망을 충족시키기에 족한 일체의 유형, 무형의 이익을 포함한다고 해석되고, 투기적 사업에 참여할 기회를 얻는 것도 이에 해당한다.

② 공무원이 뇌물로 투기적 사업에 참여할 기회를 제공받은 경우, 뇌물수수죄는 공무

원이 투기적 사업에 참여하면 기수가 되고, 해당 사업 참여행위가 종료되었는지 여부는 범죄성립과는 관련이 없다.
③ 단일하고도 계속된 범의 아래 일정 기간 반복하여 일련의 뇌물수수 행위와 부정한 행위가 행하여졌고 그 뇌물수수 행위와 부정한 행위 사이에 인과관계가 인정되며 피해법익도 동일하다면, 수뢰후부정처사죄의 포괄일죄가 성립한다.
④ 임용결격자라는 사실이 사후적으로 밝혀져 임용행위가 무효로 된 경우라 하더라도, 그가 임용행위라는 외관을 갖추어 실제로 공무를 수행한 이상 이러한 사람은 형법 제129조에서 규정한 공무원으로 봄이 타당하고, 그가 그 직무에 관하여 뇌물을 수수한 때에는 수뢰죄로 처벌할 수 있다.

21. 형법 제48조 제1항에 따라 몰수할 수 없는 것은?
① 사기도박에 참여하도록 유인하기 위하여 피해자에게 제시하였으나 직접 도박자금으로 사용되지는 않은 수표
② 이미 범한 외국환거래법 위반 혐의로 체포될 당시에 향후 외국환거래법을 위반하여 송금하기 위하여 소지하고 있던 자기앞수표나 현금
③ 甲과 乙이 공모하여 사행행위를 한 경우 甲에 대한 재판에서 사행행위에 제공된 乙 소유의 현금
④ 뇌물로 제공한 현금으로 위법한 절차에 의하여 압수된 경우

22. 형법 제16조 법률의 착오에 관한 다음 설명 중 가장 옳지 않은 것은?
① 형법 제16조에서 자기가 행한 행위가 법령에 의하여 죄가 되지 아니한 것으로 오인한 행위는 그 오인에 정당한 이유가 있는 때에 한하여 벌하지 아니한다고 규정하고 있는 것은 단순히 법률의 부지를 말하는 것이 아니다.
② 형법 제16조는 일반적으로 범죄가 되는 경우이지만 자기의 특수한 경우에는 법령에 의하여 허용된 행위로서 죄가 되지 아니한다고 그릇 인식하고 그와 같이 그릇

인식함에 정당한 이유가 있는 경우에는 벌하지 않는다는 취지이다.
③ 법률 위반 행위 중간에 판례에 따라 그 행위가 처벌대상이 되지 않는 것으로 해석되었던 적이 있었던 경우에는 자신의 행위가 처벌되지 않는 것으로 믿은 데에 정당한 이유가 있다고 할 수 있다.
④ 부동산중개업자가 부동산중개업협회의 자문을 통하여 인원수의 제한 없이 중개보조원을 채용하는 것이 허용되는 것으로 믿고서 제한인원을 초과하여 중개보조원을 채용함으로써 부동산중개업법 위반행위에 이르게 되었다고 하더라도 그러한 사정만으로 자신의 행위가 법령에 저촉되지 않는 것으로 오인함에 정당한 이유가 있는 경우에 해당한다거나 범의가 없었다고 볼 수는 없다.

23. 업무방해죄에 관한 다음 설명 중 가장 옳지 않은 것은?

① 위계에 의한 업무방해죄에서 '위계'란 행위자가 행위목적을 달성하기 위하여 상대방에게 오인, 착각 또는 부지를 일으키게 하여 이를 이용하는 것을 말한다.
② 컴퓨터 등 정보처리장치에 정보를 입력하는 등의 행위가 그 입력된 정보 등을 바탕으로 업무를 담당하는 사람의 오인, 착각 또는 부지를 일으킬 목적으로 행해진 경우에는 그 행위가 업무를 담당하는 사람을 직접적인 대상으로 이루어진 것이 아니라고 하여 위계가 아니라고 할 수는 없다.
③ 금융기관이 설치·운영하는 자동화기기(ATM)를 통한 무통장·무카드 입금을 하면서 '1인 1일 100만 원' 한도를 준수하는 것처럼 가장하기 위하여 제3자의 이름과 주민등록번호를 자동화기기에 입력한 후 100만 원 이하의 금액으로 나누어 여러 차례 현금을 입금하는 행위는 자동화기기를 설치·운영하는 금융기관 관리자로 하여금 정상적인 입금인 것과 같은 오인, 착각을 일으키게 하여 금융기관의 자동화기기를 통한 입금거래 업무를 방해한 것으로서 위계에 의한 업무방해죄가 성립한다.
④ 업무방해죄의 성립에는 업무방해의 결과가 실제로 발생함을 요하지 않고 업무방해의 결과를 초래할 위험이 발생하면 족하며, 업무수행 자체가 아니라 업무의 적정성 내지 공정성이 방해된 경우에도 업무방해죄가 성립한다.

24. 다음 중 상당인과관계가 인정되기 가장 어려운 경우는?

① 피고인이 고속도로 2차로를 따라 자동차를 운전하다가 1차로를 진행하던 甲의 차량 앞에 급하게 끼어든 후 곧바로 정차하여, 甲의 차량 및 이를 뒤따르던 차량 두 대는 연이어 급제동하여 정차하였으나, 그 뒤를 따라오던 乙의 차량이 앞의 차량들을 연쇄적으로 추돌케 하여 乙을 사망에 이르게 하고 나머지 차량 운전자 등 피해자들에게 상해를 입힌 경우, 피고인의 정차 행위와 사상의 결과 발생 사이

② 한의사인 피고인이 피해자에게 문진하여 과거 봉침을 맞고도 별다른 이상반응이 없었다는 답변을 듣고 알레르기 반응검사를 생략한 채 환부인 목 부위에 봉침시술을 하였는데, 피해자가 위 시술 직후 아나필락시 쇼크반응을 나타내는 등 상해를 입은 경우, 알레르기 반응검사를 하지 않은 과실과 피해자의 상해 사이

③ 4일 가량 물조차 제대로 마시지 못하고 잠도 자지 아니하여 거의 탈진 상태에 이른 피해자의 손과 발을 17시간 이상 묶어 두고 좁은 차량 속에서 움직이지 못하게 감금한 행위와 묶인 부위의 혈액 순환에 장애가 발생하여 혈전이 형성되고 그 혈전이 폐동맥을 막아 사망에 이르게 된 결과 사이

④ 폭행 또는 협박으로 타인의 재물을 강취하려는 행위와 이에 극도의 흥분을 느끼고 공포심에 사로잡혀 이를 피하려다 상해에 이르게 된 사실 사이

25. 허위공문서작성죄에 관한 다음 설명 중 가장 옳지 않은 것은?

① 피의자신문조서 말미에 작성자의 서명, 날인이 없으나, 첫머리에 작성 사법경찰리와 참여 사법경찰리의 직위와 성명을 적어 넣은 것이 있다면 그 문서자체에 의하여 작성자를 추지할 수 있으므로, 그러한 피의자신문조서는 허위공문서작성죄의 객체가 되는 공문서로 볼 수 있다.

② 공무원이 아닌 피고인이 건축물조사 및 가옥대장 정리업무를 담당하는 공무원을 교사하여 무허가 건물을 허가받은 건축물인 것처럼 가옥대장 등에 등재케 하여 허위공문서 등을 작성케 한 사실이 인정된다면, 허위공문서작성죄의 교사범으로 처벌할 수 있다.

③ 등기공무원이 소유권이전등기와 근저당권설정등기의 신청이 동시에 이루어지고 그와 함께 등본의 교부신청이 있었음에도 고의로 일부를 누락하여 소유권이전등기

만 기입하고 근저당권설정등기는 기입하지 않은 채 등기부등본을 발급한 경우 본죄가 성립한다.
④ 공무원인 甲이 문서작성자에게 전화로 문의하여 원본과 상이 없다는 사실을 확인하였고, 실제 그 사본이 원본과 다른 점이 없다면, 실제 원본과 대조함이 없이 공무원 甲이 그 직무에 관하여 사문서 사본에 "원본 대조필 토목 기사 甲"이라 기재하고 甲의 도장을 날인한 행위만으로는 허위공문서작성죄가 성립한다고 단정할 수 없다.

기출문제 (2023년 6월 24일 시행)

01. 다음 설명 중 가장 옳지 않은 것은? (다툼이 있는 경우 판례에 의하고, 전원합의체 판결의 경우 다수의견에 의함. 이하 같음)

① 위증죄에 있어서 증인의 증언이 기억에 반하는 허위진술인지 여부는 그 증언의 단편적인 구절에 구애될 것이 아니라 당해 신문절차에 있어서의 증언 전체를 일체로 파악하여 판단하여야 할 것이고, 그 진술이 객관적 사실과 부합하지 않는다고 하여 그 증언이 곧바로 기억에 반하는 진술이라고 단정할 수는 없다.

② 위증죄는 법률에 의하여 선서한 증인이 자기의 기억에 반하는 사실을 진술함으로써 성립하므로, 증인의 진술이 경험한 사실에 대한 법률적 평가이거나 단순한 의견에 지나지 아니하는 경우에는 위증죄에서 말하는 허위의 진술이라고 할 수 없고, 경험한 사실에 기초한 주관적 평가나 법률적 효력에 관한 견해를 부연한 부분에 다소의 오류가 있다 하여도 위증죄가 성립하지 않는다.

③ 피고인이 자기의 형사사건에 관하여 허위의 진술을 하는 행위는 피고인의 방어권을 인정하는 취지에서 처벌의 대상이 되지 않으나, 법률에 의하여 선서한 증인이 타인의 형사사건에 관하여 위증을 하면 형법 제152조 제1항의 위증죄가 성립되므로 자기의 형사사건에 관하여 타인을 교사하여 위증죄를 범하게 하는 것은 이러한 방어권을 남용하는 것이어서 교사범의 죄책을 부담한다.

④ 민사소송의 당사자는 증인능력이 없으므로 증인으로 선서하고 증언하였다고 하더라도 위증죄의 주체가 될 수 없으나, 민사소송에서의 당사자인 법인의 대표자의 경우에는 증인으로 선서하고 증언하는 것이 가능하므로 위증죄의 주체가 될 수 있다.

02. 부동산 명의신탁에 관한 다음 설명 중 가장 옳지 않은 것은?

① 명의신탁자와 명의수탁자 사이에 무효인 명의신탁약정 등에 기초하여 존재한다고 주장될 수 있는 사실상의 위탁관계라는 것은 부동산실명법에 반하여 범죄를 구성하는 불법적인 관계에 지나지 아니할 뿐 이를 형법상 보호할 만한 가치 있는 신임에 의한 것이라고 할 수 없다.

② 명의신탁자가 매수한 부동산에 관하여 부동산실명법을 위반하여 명의수탁자와 맺은 명의신탁약정에 따라 매도인에게서 바로 명의수탁자 명의로 소유권이전등기를 마친 이른바 중간생략등기형 명의신탁을 한 경우, 명의신탁자는 신탁부동산의 소유권을 가지지 아니하고, 명의신탁자와 명의수탁자 사이에 위탁신임관계를 인정할 수도 없다.

③ 부동산 명의신탁이 부동산실명법 시행 전에 이루어졌으나, 같은 법이 정한 유예기간 이내에 실명등기를 하지 아니함으로써 그 명의신탁약정 및 이에 따라 행하여진 등기에 의한 물권변동이 무효로 된 후에 처분행위가 이루어졌다면, 명의 수탁자가 명의신탁자에 대한 관계에서 여전히 '타인의 재물을 보관하는 자'의 지위에 있다고 보아야 한다.

④ 구분소유하고 있는 특정 구분부분별로 독립한 필지로 분할되는 경우에는 특별한 사정이 없는 한 각 공유자 상호간에 상호명의신탁관계만이 존속하는 것이므로, 각 공유자는 나머지 각 필지 위에 전사된 자신 명의의 공유지분에 관하여 다른 공유자에 대한 관계에서 그 공유지분을 보관하는 자의 지위에 있다.

03. 다음 설명 중 가장 옳은 것은?

① 형법 제354조, 제328조 제1항에 의하면 배우자 사이의 사기죄는 이른바 친족상도례에 의하여 형을 면제하도록 되어 있으므로, 사기죄를 범하는 자가 금원을 편취하기 위한 수단으로 피해자와 혼인신고를 한 것이어서 그 혼인이 무효인 경우에도, 그러한 피해자에 대한 사기죄에 관하여 친족상도례의 적용을 부정할 수 없다.

② 절도죄는 재물의 점유를 침탈하므로 인하여 성립하는 범죄이므로 재물의 점유자가 절도죄의 피해자가 되는 것이나 절도죄는 점유의 침탈로 인하여 그 재물의 소유자를 해하게 되는 것이므로 재물의 소유자도 절도죄의 피해자로 보아야 한다. 따라서

형법 제34조에 의하여 준용되는 형법 제328조 제2항 소정의 친족간의 범행에 관한 조문은 범인과 피해 물건의 소유자 및 점유자 쌍방 간에 같은 조문 소정의 친족관계가 있는 경우에만 적용되는 것이고, 단지 절도범인과 피해물건의 소유자간에만 친족관계가 있거나 절도범인과 피해물건의 점유자간에만 친족관계가 있는 경우에는 그 적용이 없는 것이라고 보는 것이 타당하다.

③ 형법상 사기죄를 가중처벌하는 특정경제범죄 가중처벌 등에 관한 법률 제3조 제1항에 관하여도 친족상도례에 관한 형법 제354조, 제328조를 적용한다는 명시적인 규정이 없으므로, 특정경제범죄 가중처벌 등에 관한 법률 제3조 제1항에 관하여는 친족상도례 규정이 적용되지 않는다.

④ 손자가 할아버지 소유 농업협동조합 예금통장을 절취하여 이를 현금자동지급기에 넣고 조작하는 방법으로 예금 잔고를 자신의 거래 은행 계좌로 이체한 경우, 할아버지가 컴퓨터 등 사용사기범행 부분의 피해자에 해당하므로 친족상도례 규정이 적용된다.

04. 모욕죄에 관한 다음 설명 중 가장 옳지 않은 것은?

① 형법 제31조의 모욕죄는 사람의 가치에 대한 사회적 평가를 의미하는 외부적 명예를 보호법익으로 하는 범죄로서, 모욕죄에서 말하는 모욕이란 사실을 적시하지 아니하고 사람의 사회적 평가를 저하시킬 만한 추상적 판단이나 경멸적 감정을 표현하는 것을 의미한다. 따라서 어떠한 표현이 상대방의 인격적 가치에 대한 사회적 평가를 저하시킬 만한 것이 아니라면 설령 그 표현이 다소 무례한 방법으로 표시되었다 하더라도 이를 두고 모욕죄의 구성요건에 해당한다고 볼 수 없다.

② 언어적 수단이 아닌 비언어적·시각적 수단만을 사용하여 표현을 한 경우라면, 그것이 사람의 사회적 평가를 저하시킬 만한 추상적 판단이나 경멸적 감정을 전달하는 것이라 하더라도 모욕죄가 성립할 수 없다.

③ 어떠한 표현이 모욕죄의 모욕에 해당하는지는 상대방 개인의 주관적 감정이나 정서상 어떠한 표현을 듣고 기분이 나쁜지 등 명예감정을 침해할 만한 표현인지를 기준으로 판단할 것이 아니라 당사자들의 관계, 해당 표현에 이르게 된 경위, 표현방법, 당시 상황 등 객관적인 제반 사정에 비추어 상대방의 외부적 명예를 침해할 만한 표현인지를 기준으로 엄격하게 판단하여야 한다.

④ 공연성은 명예훼손죄와 모욕죄의 구성요건으로서, 명예훼손이나 모욕에 해당하는 표현을 특정 소수에게 한 경우 공연성이 부정되는 유력한 사정이 될 수 있으므로, 전파될 가능성에 관해서는 검사의 엄격한 증명이 필요하다

05. 다음 설명 중 가장 옳지 않은 것은?

① 장물인 정을 모르고 장물을 보관하였다가 그 후에 장물인 정을 알게 된 경우 그 정을 알고서도 이를 계속하여 보관하는 행위는 장물죄를 구성하는 것이나 이 경우에도 점유할 권한이 있는 때에는 이를 계속하여 보관하더라도 장물보관죄가 성립하지 않는 것이라고 할 것이다. 따라서 채권의 담보로서 수표들을 교부받았다가 장물인 정을 알게 되었음에도 이를 계속하여 보관한 행위는 장물보관죄에 해당하지 않는다.

② 장물알선죄에서 '알선'이란 장물을 취득·양도·운반·보관하려는 당사자 사이에 서서 이를 중개하거나 편의를 도모하는 것을 의미한다. 따라서 장물인 정을 알면서, 장물을 취득·양도·운반·보관하려는 당사자 사이에 서서 서로를 연결하여 장물의 취득·양도·운반·보관행위를 중개하거나 편의를 도모하였다면, 그 알선에 의하여 당사자 사이에 실제로 장물의 취득·양도·운반·보관에 관한 계약이 성립하지 아니하였거나 장물의 점가 현실적으로 이전되지 아니한 경우라도 장물알선죄가 성립한다.

③ 절도 범인으로부터 장물보관 의뢰를 받은 자가 그 정을 알면서 이를 인도받아 보관하고 있다가 임의 처분하였다 하여도 장물보관죄가 성립하는 때에는 이미 그 소유자의 소유물추구권을 침해하였으므로 그 후의 횡령행위는 불가벌적 사후행위에 불과하여 별도로 횡령죄가 성립하지 않는다.

④ 장물이라 함은 재산범죄로 인하여 취득한 물건 그 자체를 말하고, 그 장물의 처분대가는 장물성을 상실하는 것이다. 따라서 본범이 사기 범행으로 교부받은 자기앞수표를 그의 명의의 예금계좌에 예치하였다가 현금으로 인출한 경우, 그 현금은 이미 장물성을 상실한 것이어서 그 현금을 보관 또는 취득하였다고 하더라도 장물죄가 성립할 수 없다.

06. 다음 설명 중 가장 옳지 않은 것은?

① 공무원이 직무와 관련하여 뇌물수수를 약속하고 퇴직 후 이를 수수하는 경우에는, 뇌물약속과 뇌물수수가 시간적으로 근접하여 연속되어 있다고 하더라도, 뇌물약속죄 및 사후수뢰죄가 성립할 수 있음은 별론으로 하고, 뇌물수수죄는 성립하지 않는다.

② 제3자뇌물수수죄는 공무원 또는 중재인이 직무에 관하여 부정한 청탁을 받고 제3자에게 뇌물을 공여하게 하는 행위를 구성요건으로 하고 있고, 그중 부정한 청탁은 명시적인 의사표시뿐만 아니라 묵시적인 의사표시로도 가능하며 청탁의 대상인 직무행위의 내용도 구체적일 필요가 없다.

③ 형법 제129조 제1항 뇌물수수죄는 공무원이 직무에 관하여 뇌물을 수수한 때에 적용되는 것으로서, 공무원이 직접 뇌물을 받지 아니하고 증뢰자로 하여금 다른 사람에게 뇌물을 공여하도록 한 경우라도 다른 사람이 공무원의 사자 또는 대리인으로서 뇌물을 받은 경우 등과 같이 사회통념상 다른 사람이 뇌물을 받은 것을 공무원이 직접 받은 것과 같이 평가할 수 있는 관계가 있는 경우에는 형법 제129조 제1항 뇌물수수죄가 성립한다.

④ 제3자뇌물수수죄에서 제3자란 행위자와 공범관계에 있지 않은 사람을 말한다. 그러므로 공무원 또는 중재인이 부정한 청탁을 받고 제3자에게 뇌물을 제공하게 하고 제3자가 그러한 공무원 또는 중재인의 범죄행위를 알면서 방조한 경우, 별도의 처벌규정이 없는 이상 제3자에게 제3자뇌물수수 방조죄는 성립할 수 없다.

07. 위법성조각사유에 관한 다음 설명 중 가장 옳은 것은?

① 통상의 일반적인 안수기도의 방식과 정도를 벗어나 환자의 신체에 비정상적이거나 과도한 유형력을 행사하고 신체의 자유를 과도하게 제압하여 그 결과 환자의 신체에 상해까지 입힌 경우라면, 그러한 유형력의 행사가 비록 안수기도의 명목과 방법으로 이루어졌다 해도 일반적으로 사회상규상 용인되는 정당행위라고 볼 수 없으나, 이를 치료행위로 보아 피해자측이 승낙하였다면 이는 정당행위에 해당한다.

② 신문기자인 피고인이 甲에게 2회에 걸쳐 증여세 포탈에 대한 취재를 요구하면서 이에 응하지 않으면 자신이 취재한 내용대로 보도하겠다고 말하여 협박한 경우

비록 피고인이 폭언을 하거나 보도하지 않는 데 대한 대가를 요구하지 않았다 하더라도 위 행위는 협박죄에서 말하는 해악의 고지에 해당하여 사회상규에 위반한 행위라고 보는 것이 타당하다.
③ 회사의 이익을 빼돌린다는 소문을 확인할 목적으로, 피해자가 사용하면서 비밀번호를 설정하여 비밀장치를 한 전자기록인 개인용 컴퓨터의 하드디스크를 검색한 행위는 형법 제20조의 '정당행위'에 해당된다.
④ 피고인들이 확성장치 사용, 연설회 개최, 불법행렬, 서명날인운동, 선거운동기간 전 집회 개최 등의 방법으로 특정 후 보자에 대한 낙선운동을 함으로써 공직선거 및 선거부정 방지법에 의한 선거운동제한 규정을 위반한 피고인들의 같은 법 위반의 각 행위는 시민불복종운동으로서 헌법상의 기본권 행사 범위 내에 속하는 정당행위이거나 형법상 사회상규에 위반되지 아니하는 정당행위 또는 긴급피난의 요건을 갖춘 행위로 보아야 한다.

08. 다음 설명 중 가장 옳지 않은 것은?

① 협박죄는 사람의 의사결정의 자유를 보호법익으로 하는 위험범이라 봄이 상당하고, 협박죄의 미수범 처벌조항은 해악의 고지가 현실적으로 상대방에게 도달하지 아니한 경우나, 도달은 하였으나 상대방이 이를 지각하지 못하였거나 고지된 해악의 의미를 인식하지 못한 경우 등에 적용될 뿐이다.
② 협박죄는 일반적으로 사람으로 하여금 공포심을 일으킬 수 있는 정도의 해악의 고지가 상대방에게 도달하여 상대방이 그 의미를 인식하고 나아가 현실적으로 공포심을 일으켰을 때에 비로소 기수에 이르는 것으로 보아야 한다.
③ 정보보안과 소속 경찰관이 자신의 지위를 내세우면서 타인의 민사분쟁에 개입하여 빨리 채무를 변제하지 않으면 상부에 보고하여 문제를 삼겠다고 말한 사안에서, 상대방이 채무를 변제하고 피해 변상을 하는지 여부에 따라 직무집행 여부를 결정하겠다는 취지이더라도 정당한 직무집행이라거나 목적 달성을 위한 상당한 수단으로 인정할 수 없어 정당행위에 해당하지 않는다.
④ 재산상 이익의 취득으로 인한 공갈죄가 성립하려면 폭행 또는 협박과 같은 공갈행위로 인하여 피공갈자가 재산상 이익을 공여하는 처분행위가 있어야 하고, 그러한 처분행위는 반드시 작위에 한하지 아니하고 부작위로도 족하여서, 피공갈자가 외

포심을 일으켜 묵인하고 있는 동안에 공갈자가 직접재산상의 이익을 탈취한 경우에도 공갈죄가 성립할 수 있다

09. 명예훼손죄에 관한 다음 설명 중 가장 옳지 않은 것은?

① 작업장의 책임자인 피고인이 甲으로부터 작업장에서 발생한 성추행 사건에 대해 보고받은 사실이 있음에도, 직원 5명이 있는 회의 자리에서 상급자로부터 경과보고를 요구받으면서 과태료 처분에 관한 책임을 추궁받자 이에 대답하는 과정에서 '甲은 성추행 사건에 대해 애초에 보고한 사실이 없다. 그런데도 이를 수사기관 등에 신고하지 않았다고 과태료 처분을 받는 것은 억울하다.'는 취지로 발언한 경우 피고인에게 명예훼손의 고의를 인정하기 어렵다.

② 동장인 피고인이 동 주민자치위원에게 전화를 걸어 '어제 열린 당산제(마을제사) 행사에 남편과 이혼한 甲도 참석을 하여, 이에 대해 행사에 참여한 사람들 사이에 안 좋게 평가 하는 말이 많았다.'는 취지로 말하고, 동 주민들과 함께한 저녁식사 모임에서 '甲은 이혼했다는 사람이 왜 당산제에 왔는지 모르겠다.'는 취지로 말한 경우, 피고인의 위 발언은 甲의 사회적 가치나 평가를 침해하는 구체적인 사실의 적시에 해당한다.

③ 회사에서 징계 업무를 담당하는 직원인 피고인이 피해자에 대한 징계절차 회부 사실이 기재된 문서를 근무현장 방재실, 기계실, 관리사무실의 각 게시판에 게시한 경우, 위 행위는 회사 내부의 원활하고 능률적인 운영의 도모라는 공공의 이익에 관한 것으로 볼 수 없다.

④ 피고인이 피해자 집 뒷길에서 피고인의 남편 및 피해자의 친척이 듣는 가운데 피해자에게 '저것이 징역 살다온 전과자다.' 등으로 큰 소리로 말한 경우 공연성이 인정된다.

10. 다음 설명 중 가장 옳지 않은 것은?

① 허위로 신고한 사실이 무고행위 당시 형사처분의 대상이 될 수 있었던 경우에는 국가의 형사사법권의 적정한 행사를 그르치게 할 위험과 부당하게 처벌받지 않을

개인의 법적 안정성이 침해될 위험이 이미 발생하였으므로 무고죄는 기수에 이르고, 이후 그러한 사실이 형사범죄가 되지 않는 것으로 판례가 변경되었더라도 특별한 사정이 없는 한 이미 성립한 무고죄에는 영향을 미치지 않는다.
② 자기 자신을 무고하기로 제3자와 공모하고 이에 따라 무고행위에 가담한 경우 이는 무고죄의 공동정범으로 처벌할 수 있다.
③ 무고죄에서 형사처분을 받게 할 목적은 허위신고를 하면서 다른 사람이 그로 인하여 형사처분을 받게 될 것이라는 인식이 있으면 충분하고 그 결과의 발생을 희망할 필요까지는 없으므로, 신고자가 허위 내용임을 알면서도 신고한 이상 그 목적이 필요한 조사를 해 달라는 데에 있다는 등의 이유로 무고의 범의가 없다고 할 수 없다.
④ 무고죄에 있어서 허위사실의 신고라 함은 신고사실이 객관적 사실에 반한다는 것을 확정적이거나 미필적으로 인식하고 신고하는 것을 말하는 것이므로 객관적 사실과 일치하지 않는 것이라도 신고자가 진실이라고 확신하고 신고하였을 때에는 무고죄가 성립하지 않는다고 할 것이나, 여기에서 진실이라고 확신한다 함은 신고자가 알고 있는 객관적인 사실관계에 의하더라도 신고사실이 허위라거나 또는 허위일 가능성이 있다는 인식을 하지 못하는 경우를 말하는 것이지, 신고자가 알고 있는 객관적 사실관계에 의하여 신고사실이 허위라거나 허위일 가능성이 있다는 인식을 하면서도 이를 무시한 채 무조건 자신의 주장이 옳다고 생각하는 경우까지 포함되는 것은 아니다.

11. 업무방해죄에 관한 다음 설명 중 가장 옳지 않은 것은?
① 업무방해죄의 성립에 있어서는 업무방해의 결과가 실제로 발생함을 요하지 않고 업무방해의 결과를 초래할 위험이 발생하면 족하다. 상대방으로부터 신청을 받아 상대방이 일정한 자격요건 등을 갖춘 경우에 한하여 그에 대한 수용 여부를 결정하는 업무에 있어서 업무담당자가 사실을 충분히 확인하지 않은 채 신청인이 제출한 허위의 신청사유나 허위의 소명자료를 가볍게 믿고 이를 수용하였다고 하더라도 신청인의 위계가 업무방해의 위험성을 발생시킨 것이므로 위계에 의한 업무방해죄가 성립한다.
② 업무방해죄에 있어서의 '위력'이란 사람의 자유의사를 제압·혼란케 할 만한 일체의

세력을 말하고, 유형적이든 무형적이든 묻지 아니하며, 폭행·협박은 물론 사회적, 경제적, 정치적 지위와 권세에 의한 압박 등을 포함한다고 할 것이고, 위력에 의해 현실적으로 피해자의 자유의사가 제압되는 것을 요하는 것은 아니다.
③ 업무방해죄의 수단인 위력은 사람의 자유의사를 제압·혼란하게 할 만한 일체의 억압적 방법을 말하고 이는 제3자를 통하여 간접적으로 행사하는 것도 포함될 수 있다. 그러나 어떤 행위의 결과 상대방의 업무에 지장이 초래되었다 하더라도 행위자가 가지는 정당한 권한을 행사한 것으로 볼 수 있는 경우에는, 그 행위의 내용이나 수단 등이 사회통념상 허용될 수 없는 등 특별한 사정이 없는 한 업무방해죄를 구성하는 위력을 행사한 것이라고 할 수 없다. 따라서 제3자로 하여금 상대방에게 어떤 조치를 취하게 하는 등으로 상대방의 업무에 곤란을 야기하거나 그러한 위험이 초래되게 하였더라도, 행위자가 그 제3자의 의사결정에 관여할 수 있는 권한을 가지고 있거나 그에 대하여 업무상의 지시를 할 수 있는 지위에 있는 경우에는 특별한 사정이 없는 한 업무방해죄를 구성하지 아니한다.
④ 업무방해죄에서 행위의 객체는 타인의 업무이고, 여기서 말하는 '타인'에는 범인 이외의 자연인·법인 또는 법인격 없는 단체가 모두 포함된다.

12. 공정증서원본부실기재죄에 관한 다음 설명 중 가장 옳은 것은?

① 양도인이 허위의 채권에 관하여 그 정을 모르는 양수인과 실제로 채권양도의 법률행위를 하면서 공증인에게 위 법률 행위에 관한 공정증서를 작성하게 하였다면 공정증서원본부실기재죄가 성립한다.
② 법원에 허위 내용의 조정신청서를 제출하여 판사로 하여금 조정조서에 불실의 사실을 기재하게 하였다면, 공정증서원본부실기재죄가 성립한다.
③ 주식회사의 신주발행에 법률상 무효사유가 존재함에도 신주발행이 판결로써 무효로 확정되기 이전에 그 신주발행사실을 담당 공무원에게 신고하여 공정증서인 법인등기부에 기재하게 하였다면 공정증서원본부실기재죄가 성립한다.
④ 발행인과 수취인이 통모하여 진정한 어음채무 부담이나 어음 채권 취득 의사 없이 단지 발행인의 채권자에게서 채권 추심이나 강제집행을 받는 것을 회피하기 위하여 형식적으로만 약속어음의 발행을 가장한 후 공증인에게 마치 진정한 어음발행 행위가 있는 것처럼 허위로 신고하여 어음공정증서원본을 작성·비치하게 한 경우

공정증서원본부실기재죄가 성립한다.

13. 강제집행면탈죄에 관한 다음 설명 중 가장 옳은 것은?

① 형법 제327조의 강제집행면탈죄는 채권자의 정당한 권리행사 보호 외에 강제집행의 기능보호도 법익으로 하는 것이나, 현행 형법상 강제집행면탈죄가 개인적 법익에 관한 재산범의 일종으로 규정되어 있는 점과 채권자를 해하는 것을 구성요건으로 규정하고 있는 점 등에 비추어 보면 주된 법익은 채권자의 권리보호에 있다고 해석하는 것이 타당하므로, 강제집행의 기본이 되는 채권자의 권리, 즉 채권의 존재는 강제집행면탈죄의 성립요건으로서 채권의 존재가 인정되지 않을 때에는 강제집행면탈죄는 성립하지 않는다.

② 형법 제327조에 규정된 강제집행면탈죄에 있어서의 재산의 '은닉'이라 함은 강제집행을 실시하는 자에 대하여 재산의 발견을 불능 또는 곤란케 하는 것을 말하는 것으로서, 재산의 소재를 불명케 하는 경우를 의미하고, 재산의 소유관계를 불명하게 하는 경우는 이에 포함되지 않는다.

③ 형법 제327조의 강제집행면탈죄는 채권자를 해하는 결과가 야기되거나 행위자가 이득을 취하여야 성립하는 것이고, 채권자를 해할 위험의 발생만으로는 성립하지 않는다.

④ 형법 제327조는 "강제집행을 면할 목적으로 재산을 은닉, 손괴, 허위양도 또는 허위의 채무를 부담하여 채권자를 해한자"를 처벌함으로써 강제집행이 임박한 채권자의 권리를 보호하기 위한 것이므로, 채무자의 재산이라면 채권자가 민사집행법상 강제집행 또는 보전처분의 대상으로 삼을 수 있는 것인지를 불문하고 강제집행면탈죄의 객체가 될 수 있다. 따라서 계약명의신탁의 방식으로 명의수탁자가 당사자가 되어 소유자와 부동산에 관한 매매계약을 체결하고 그 명의로 소유권이전등기를 마친 경우, 명의신탁자가 그 매매계약에 의하여 당해 부동산의 소유권을 취득하지 못하게 된다고 하더라도, 그 부동산은 실질적으로 명의신탁자의 재산이므로 명의신탁자에 대한 강제집행이나 보전처분의 대상이 될 수 있어 강제집행면탈죄의 객체가 될 수 있다.

14. 증거위조죄에 관한 다음 설명 중 가장 옳지 않은 것은?

① 사실의 증명을 위해 작성된 문서가 그 사실에 관한 내용이나 작성명의 등에 아무런 허위가 없다고 하더라도 사실증명에 관한 문서가 형사사건 또는 징계사건에서 허위의 주장에 관한 증거로 제출되어 그 주장을 뒷받침하게 된 경우라면 형법 제15조 제1항의 증거위조죄가 성립한다.

② 형법 제15조 제1항의 증거위조죄에서 말하는 '증거'란 타인의 형사사건 또는 징계사건에 관하여 수사기관이나 법원 또는 징계기관이 국가의 형벌권 또는 징계권의 유무를 확인하는 데 관계있다고 인정되는 일체의 자료를 뜻한다. 따라서 범죄 또는 징계사유의 성립 여부에 관한 것뿐만 아니라 형 또는 징계의 경중에 관계있는 정상을 인정하는 데 도움이 될 자료까지도 본조가 규정한 증거에 포함된다.

③ 형법 제15조 제1항은 타인의 형사사건 또는 징계사건에 관한 증거를 인멸, 은닉, 위조 또는 변조하거나 위조 또는 변조한 증거를 사용한 자를 처벌하고 있고, 여기서의 '위조'란 문서에 관한 죄의 위조 개념과는 달리 새로운 증거의 창조를 의미한다.

④ 형법 제15조 제1항에서 타인의 형사사건에 관한 증거를 위조한다 함은 증거 자체를 위조함을 말하는 것이고, 참고인이 수사기관에서 허위의 진술을 하는 것은 이에 포함되지 아니한다.

15. 형법의 적용범위에 관한 다음 설명 중 가장 옳은 것은?

① 범죄의 성립과 처벌은 행위시의 법률에 의한다고 할 때의 '행위시'라 함은 '범죄행위의 실행의 착수시'를 의미한다.

② 의료법은 '의료인이 아니면 누구든지 의료행위를 할 수 없다.'라고 규정하고 그 위반자를 처벌하도록 규정하고 있으므로, 보건복지부장관의 의사, 치과의사, 한의사, 조산사, 간호사에 관한 면허를 받지 아니한 내국인이 대한민국 영역 외에서 의료행위를 하는 경우에도 당연히 의료법위반죄로 처벌된다.

③ 캐나다 시민권자가 캐나다에서 위조사문서를 행사하였다고 하더라도 형법 제234조의 위조사문서행사죄는 형법 제5조제1호 내지 제7호에 열거된 죄에 해당하지 않고, 위조사문서행사를 형법 제6조의 대한민국 또는 대한민국 국민의 법익을 직접적으로 침해하는 행위라고 볼 수도 없으므로 대한민국 법원에 재판권이 없다.

④ 외국에서 무죄판결을 받기 전까지 미결구금되어 있었던 경우, 형법 제7조를 유추적용하여 그 미결구금일수의 전부 또는 일부를 선고하는 형에 산입하여야 한다.

16. 다음 설명 중 가장 옳은 것은?
① 자수가 성립하였다고 하더라도 그 후에 범인이 이를 번복하여 수사기관이나 법정에서 범행을 부인하면 자수의 효력이 소멸하여 형법 제52조 제1항의 자수감경을 할 수 없다.
② 수사기관에의 신고가 자발적인 이상 그 신고의 내용이 자기의 범행을 명백히 부인하는 등의 내용으로 자기의 범행으로서 범죄성립요건을 갖추지 아니한 사실이라고 하더라도 자수는 성립한다.
③ 형법 제35조 소정의 누범이 되려면 금고 이상의 형을 받아 그 집행을 종료하거나 면제를 받은 후 3년 내에 다시 금고 이상에 해당하는 죄를 범하여야 하는데, 이 경우 다시 금고 이상에 해당하는 죄를 범하였는지 여부는 그 범죄가 기수에 이르렀는지 여부를 기준으로 결정하여야 하므로, 3년의 기간 내에 기수에 이르러야 누범가중이 가능하다.
④ 집행유예가 실효되는 등의 사유로 인하여 두 개 이상의 금고형 내지 징역형을 선고받아 각 형을 연이어 집행 받음에 있어 하나의 형의 집행을 마치고 또 다른 형의 집행을 받던 중 먼저 집행된 형의 집행종료일로부터 3년 내에 금고 이상에 해당하는 죄를 저지른 경우에, 집행 중인 형에 대한 관계에 있어서는 누범에 해당하지 않지만 앞서 집행을 마친 형에 대한 관계에 있어서는 누범에 해당한다.

17. 집행유예에 관한 다음 설명 중 가장 옳지 않은 것은?
① 500만 원의 벌금형을 선고할 경우 그 집행을 유예할 수 있다.
② 집행유예 기간 중에 범한 죄에 대하여 공소가 제기된 후 그 재판 도중에 집행유예 기간이 경과한 경우 집행유예 기간 중에 범한 죄에 대하여 다시 집행유예를 선고할 수 있다.

③ 형의 집행을 유예하는 경우에는 보호관찰을 받을 것을 명할 수 있는데, 행위자의 사회복귀와 범죄예방을 위한 보안처분이라는 취지에 비추어, 보호관찰 기간은 법원의 판결에 따라 집행을 유예한 기간을 넘을 수 있다.
④ 집행유예의 선고를 받은 다음 집행유예의 선고가 실효되거나 취소되지 않고 유예기간이 지난 때에는 형의 선고는 효력을 잃으므로, 그 후 형법 제64조 제2항에서 정한 사유로 집행유예의 선고를 취소할 수 없다.

18. 다음 설명 중 가장 옳은 것은?

① 압수되어 있는 물건만을 몰수할 수 있는 것은 아니나, 압수되어 있는 물건을 몰수하기 위하여는 그 압수가 적법한 절차에 의하여 이루어졌을 것이 요구된다.
② 피고인이 필로폰을 수수하여 그 중 일부를 직접 투약한 경우, 필로폰 수수죄와 필로폰 투약죄가 별도로 성립하므로 피고인이 수수한 필로폰의 가액에 피고인이 투약한 필로폰의 가액을 더하여 추징하여야 한다.
③ 수뢰자가 뇌물로 받은 돈을 입금시켜 두었다가 뇌물공여자에게 같은 금액의 돈을 반환한 경우라면, 수뢰자가 뇌물을 그대로 보관하여 두었다가 뇌물공여자에게 반환한 것과 달리 볼 이유가 없으므로, 뇌물공여자로부터 그 가액을 추징하여야 한다.
④ 우리 법제상 공소제기 없이 별도로 몰수·추징만을 선고할 수 있는 제도가 마련되어 있지 아니하므로, 몰수·추징을 선고하려면 몰수·추징의 요건이 공소가 제기된 공소사실과 관련되어 있어야 하고, 공소가 제기되지 아니한 별개의 범죄사실을 법원이 인정하여 그에 관하여 몰수·추징을 선고하는 것은 불고불리의 원칙에 위배되어 허용되지 않는다.

19. 배임죄에 관한 다음 설명 중 가장 옳은 것은?

① 배임죄는 피해자에 대한 재산상 손해 발생 위험만으로 기수에 이르는 구체적 위험범이므로, 배임미수죄는 성립할 수 없다.
② 자동차 양도담보설정계약을 체결한 채무자가 채권자에게 소유권이전등록의무를

이행하지 않은 채 제3자에게 담보목적 자동차를 처분하였다고 하더라도 배임죄가 성립하지 않는다.
③ 피고인이 알 수 없는 경위로 甲의 특정 거래소 가상지갑에 들어 있던 비트코인을 자신의 계정으로 이체받은 후 이를 자신의 다른 계정으로 이체하였다면 배임죄가 성립한다.
④ 금융기관의 직원은 예금주의 예금반환채권을 관리하는 사무처리자 지위에 있으므로 금융기관 직원이 임의로 예금주의 예금계좌에서 예금을 무단으로 인출하면 업무상배임죄가 성립한다.

20. 미수범에 관한 다음 설명 중 가장 옳지 않은 것은?
① 실행의 수단 또는 대상의 착오로 인하여 결과의 발생이 불가능하더라도 위험성이 있는 경우에는 처벌한다. 단, 그 경우 형을 감경 또는 면제하여야 한다.
② 살해의 의사로 피해자를 칼로 수회 찔렀으나, 피해자의 가슴 부위에서 많은 피가 흘러나오는 것을 보고 겁을 먹고 그만 둔 경우, 중지미수에 해당하지 않는다.
③ 소송비용을 편취할 의사로 소송비용의 지급을 구하는 손해배상청구의 소를 제기한 경우, 위험성이 인정되지 않아 사기죄의 불능범에 해당한다.
④ 2인이 범행을 공모하여 실행에 착수한 후 그 중 한 사람이 자의로 중지한 경우, 다른 공범의 범행을 중지하게 하지 아니한 이상 범의를 철회, 포기한 자에 대하여도 중지미수가 인정되지 않는다.

21. 다음 중 가장 옳지 않은 것은?
① 신탁자에게 아무런 부담이 지워지지 않은 채 재산이 수탁자에게 명의신탁된 경우에는 특별한 사정이 없는 한 재산의 처분 기타 권한행사에 관해서 수탁자가 자신의 명의사용을 포괄적으로 신탁자에게 허용하였다고 보아야 하므로, 신탁자가 수탁자 명의로 신탁재산의 처분에 필요한 서류를 작성할 때에 수탁자로부터 개별적인 승낙을 받지 않았더라도 사문서위조·동행사죄가 성립하지 않는다.

② 주식회사의 지배인이 진실에 반하는 허위의 내용이거나 권한을 남용하여 자기 또는 제3자의 이익을 도모할 목적으로 직접 주식회사 명의 문서를 작성하는 행위는 원칙적으로 문서위조 또는 자격모용사문서작성에 해당한다.
③ 작성권자의 직인 등을 보관하는 담당자는 일반적으로 작성권자의 결재가 있는 때에 한하여 보관 중인 직인 등을 날인할 수 있을 뿐이므로, 이러한 경우 공무원인 피고인이 작성권자의 결재를 받지 않고 직인 등을 보관하는 담당자를 기망하여 작성권자의 직인을 날인하도록 하여 공문서를 완성한 때에는 공문서위조죄가 성립한다.
④ 휴대전화 신규 가입신청서를 위조한 후 이를 스캔한 이미지 파일을 제3자에게 이메일로 전송하여 컴퓨터 화면상으로 보게 한 경우 위조사문서행사죄가 성립한다.

22. 죄수 관계에 관한 다음 설명 중 가장 옳지 않은 것은?
① 타인의 사무를 처리하는 자가 그 사무처리상 임무에 위배하여 본인을 기망하고 착오에 빠진 본인으로부터 재물을 교부 받은 경우 사기죄와 함께 배임죄도 성립하고, 양 죄는 상상적 경합범 관계이다.
② 피고인이 여관에서 종업원을 칼로 찔러 상해를 가하고 객실로 끌고 들어가는 등 폭행·협박을 하고 있던 중, 마침 다른 방에서 나오던 여관의 주인도 같은 방에 밀어 넣은 후, 주인으로부터 금품을 강취하고, 1층 안내실에서 종업원 소유의 현금을 꺼내 갔다면, 여관 종업원과 주인에 대한 각 강도행위가 각별로 강도죄를 구성하되 상상적 경합범 관계에 있다.
③ 피고인이 피해자의 택시운행을 방해하는 과정에서 피해자에 대한 폭행행위가 있었다면, 이는 업무방해죄의 행위 태양인 '위력으로써 업무를 방해하는 행위'의 일부를 구성하는 것으로서 업무방해죄에 흡수되므로 업무방해죄 1죄만이 성립할 뿐 별도로 폭행죄가 성립하지는 않는다.
④ 피고인이 1개의 행위로 피해자 甲으로부터 렌탈(임대차)하여 보관하던 컴퓨터 본체, 모니터 등을 횡령하면서 피해자 乙로부터 리스(임대차)하여 보관하던 컴퓨터 본체, 모니터, 그래픽카드, 마우스 등을 횡령하였다면 위탁관계별로 수개의 횡령죄가 성립하고, 그 사이에는 상상적 경합의 관계가 있다.

23. 공범에 관한 다음 설명 중 가장 옳은 것은?

① 2인 이상의 서로 대향된 행위의 존재를 필요로 하는 대향범에 대하여 공범에 관한 형법 총칙 규정이 적용될 수 없는데, 이러한 법리는 해당 처벌규정의 구성요건 자체에서 2인 이상의 서로 대향적 행위의 존재를 필요로 하는 필요적 공범인 대향범에 적용됨은 물론, 구성요건상으로는 단독으로 실행할 수 있는 형식으로 되어 있더라도 그 구성요건이 대향범의 형태로 실행되는 경우에도 적용된다고 보아야 한다.

② 형사소송법 제253조 제2항(공범의 1인에 대한 시효정지는 다른 공범자에 대하여 효력이 미친다)에서 말하는 '공범'에는 뇌물공여죄와 뇌물수수죄 사이와 같은 대향범 관계도 포함된다.

③ 2인 이상이 서로의 의사연락 아래 과실행위를 하여 범죄가 되는 결과를 발생하게 하였더라도 과실범의 공동정범은 성립하지 않는다.

④ 피고인이 포괄일죄의 관계에 있는 범행의 일부를 실행한 후 공범관계에서 이탈하였으나 다른 공범자에 의하여 나머지 범행이 이루어진 경우, 피고인은 관여하지 않은 부분에 대하여도 죄책을 부담한다.

24. 절도와 사기의 구별에 관한 다음 설명 중 가장 옳지 않은 것은?

① 형법상 절취란 타인이 점유하고 있는 자기 이외의 자의 소유물을 점유자의 의사에 반하여 점유를 배제하고 자기 또는 제3자의 점유로 옮기는 것이므로, 기망의 방법으로 타인으로 하여금 처분행위를 하도록 하여 재물 또는 재산상 이익을 취득한 경우에는 절도죄가 아니라 사기죄가 성립한다.

② 사기죄에서 처분행위는 착오에 빠진 피해자의 행위를 이용하여 재산을 취득하는 것을 본질적 특성으로 하는 사기죄와 피해자의 행위에 의하지 아니하고 행위자가 탈취의 방법으로 재물을 취득하는 절도죄를 구분하는 역할을 한다.

③ 피기망자의 의사에 기초한 어떤 행위를 통해 행위자 등이 재물 또는 재산상의 이익을 취득하였다고 평가할 수 있는 경우라면, 사기죄에서 말하는 처분행위가 인정된다.

④ 사기죄가 성립되려면 피기망자가 착오에 빠져 어떠한 재산상의 처분행위를 하도록 유발하여 재산적 이득을 얻을 것을 요하나, 피기망자와 재산상의 피해자가 같은 사람이 아닌 경우에는 피기망자가 피해자를 위하여 그 재산을 처분할 수 있는 권능

을 갖거나 그 지위에 있을 것을 요하지는 않는다.

25. 다음 설명 중 가장 옳지 않은 것은?

① 재물손괴죄는 타인의 재물, 문서 또는 전자기록 등 특수매체기록을 손괴 또는 은닉 기타 방법으로 그 효용을 해한 경우에 성립한다(형법 제36조). 여기에서 손괴 또는 은닉 기타 방법으로 그 효용을 해하는 경우에는 물질적인 파괴행위로 물건 등을 본래의 목적에 사용할 수 없는 상태로 만드는 경우뿐만 아니라 일시적으로 물건 등의 구체적 역할을 할 수 없는 상태로 만들어 효용을 떨어뜨리는 경우도 포함된다. 따라서 자동문을 자동으로 작동하지 않고 수동으로만 개폐가 가능하게 하여 자동잠금장치로서 역할을 할 수 없도록 한 경우에도 재물손괴죄가 성립한다.

② 재물손괴죄(형법 제36조)는 다른 사람의 재물을 손괴 또는 은닉하거나 그 밖의 방법으로 그 효용을 해한 경우에 성립하는 범죄로, 행위자에게 다른 사람의 재물을 자기 소유물처럼 그 경제적 용법에 따라 이용·처분할 의사(불법영득의사)가 없다는 점에서 절도, 강도, 사기, 공갈, 횡령 등 영득죄와 구별된다. 다른 사람의 소유물을 본래의 용법에 따라 무단으로 사용·수익하는 행위는 소유자를 배제한 채 물건의 이용가치를 영득하는 것이고, 그 때문에 소유자가 물건의 효용을 누리지 못하게 되었더라도 효용 자체가 침해된 것이 아니므로 재물손괴죄에 해당하지 않는다.

③ 형법 제323조의 권리행사방해죄는 타인의 점유 또는 권리의 목적이 된 자기의 물건을 취거, 은닉 또는 손괴하여 타인의 권리행사를 방해함으로써 성립하므로 그 취거, 은닉 또는 손괴한 물건이 자기의 물건이 아니라면 권리행사방해죄가 성립할 수 없다.

④ 권리행사방해죄에서의 보호대상인 '타인의 점유'는 반드시 점유할 권원에 기한 점유만을 의미하는 것은 아니고, 일단 적법한 권원에 기하여 점유를 개시하였으나 사후에 점유권원을 상실한 경우의 점유, 점유권원의 존부가 외관상 명백하지 아니하여 법정절차를 통하여 권원의 존부가 밝혀질 때까지의 점유, 권원에 기하여 점유를 개시한 것은 아니나 동시이행항변권 등으로 대항할 수 있는 점유 등과 같이 법정절차를 통한 분쟁해결 시까지 잠정적으로 보호할 가치 있는 점유는 모두 포함된다고 볼 것이고, 따라서 절도범인의 점유와 같이 점유할 권리 없는 자의 점유임이 외관상 명백한 경우도 이에 포함된다고 보아야 한다.

기출문제 (2024년 6월 22일 시행)

01. 문서에 관한 죄에 관한 다음 설명 중 가장 옳지 않은 것은? (다툼이 있는 경우 판례에 의하고, 전원합의체 판결의 경우 다수의견에 의함. 이하 같음)

① 문서위조죄는 문서의 진정에 대한 공공의 신용을 보호법익으로 하는 것이므로 행사할 목적으로 작성된 사문서가 일반인으로 하여금 당해 명의인의 권한 내에서 작성된 문서라고 믿게 할 수 있는 정도의 형식과 외관을 갖추고 있으면 사문서위조죄가 성립하지만, 위와 같은 요건을 구비하였더라도 명의인이 문서의 작성일자 전에 이미 사망하였다면 그러한 문서는 공공의 신용을 해할 위험성이 없으므로 사문서위조죄가 성립하지 않는다.

② 허위공문서작성죄에서 허위라 함은 표시된 내용과 진실이 부합하지 아니하여 그 문서에 대한 공공의 신용을 위태롭게 하는 경우를 말하는 것이고, 허위공문서작성죄는 허위공문서를 작성함에 있어 그 내용이 허위라는 사실을 인식하면 성립한다.

③ 사문서의 위·변조죄는 작성권한 없는 자가 타인 명의를 모용하여 문서를 작성하는 것을 말하므로 사문서를 작성·수정할 때 명의자의 명시적이거나 묵시적인 승낙이 있었다면 사문서의 위·변조죄에 해당하지 않고, 한편 행위 당시 명의자의 현실적인 승낙은 없었지만 행위 당시의 모든 객관적 사정을 종합하여 명의자가 행위 당시 그 사실을 알았다면 당연히 승낙했을 것이라고 추정되는 경우 역시 사문서의 위·변조죄가 성립하지 않는다고 할 것이나, 명의자의 명시적인 승낙이나 동의가 없다는 것을 알고 있으면서도 명의자가 문서작성 사실을 알았다면 승낙하였을 것이라고 기대하거나 예측한 것만으로는 그 승낙이 추정된다고 단정할 수 없다.

④ 허위공문서작성죄에 있어서 직무에 관한 문서라 함은 공무원이 직무권한 내에서 작성하는 문서를 말하고, 그 문서는 대외적인 것이거나 내부적인 것을 구별하지 아니하며, 그 직무권한이 반드시 법률상 근거가 있음을 필요로 하는 것이 아니고

명령, 내규 또는 관례에 의한 직무집행의 권한으로 작성하는 경우라도 포함된다.

02. 공갈죄에 관한 다음 설명 중 가장 옳지 않는 것은?

① 피고인이 가출자의 소재를 알고 있음을 기화로 가출자의 가족에 대하여 가출자의 소재를 알려주는 조건으로 보험가입을 요구한 경우 공갈죄에서의 협박에 해당한다.
② 공무원이 직무집행의 의사 없이 또는 직무처리와 대가적 관계없이 타인을 공갈하여 재물을 교부하게 한 경우에는 공갈죄만이 성립하고, 이러한 경우 재물의 교부자가 공무원의 해악의 고지로 인하여 외포의 결과 금품을 제공한 것이라면 그는 공갈죄의 피해자가 될 것이고 뇌물공여죄는 성립될 수 없다.
③ 주간신문의 발행인 겸 편집자인 피고인이 여러 차례 시정(市政)에 관한 비판기사 및 사설을 보도한 후 시 관계자에게 구두, 공문으로, 또는 신문 지면을 통하여 당시 시로부터 받고 있는 광고의뢰 및 직보배정 수준을 다른 지역신문들의 수준과 같이 높여 줄 것을 요청한 경우 공갈죄의 수단으로서 그 상대방을 협박하였다고 볼 수 없어 공갈죄가 성립하지 않는다.
④ 타인을 공갈하여 재물 또는 재산상의 이익을 취득함에 있어 그 수단으로서 대가가 지급되었을 경우라도 이를 공제하지 아니한 그 전부가 갈취이득액이다.

03. 컴퓨터등 사용사기죄에 관한 다음 설명 중 가장 옳지 않은 것은?

① 손자가 할아버지 소유 농업협동조합 예금통장을 절취하여 이를 현금자동지급기에 넣고 조작하는 방법으로 예금 잔고를 자신의 거래 은행 계좌로 이체한 경우, 친족 사이의 범행으로서 친족상도례 규정이 적용된다.
② 형법 제347조의2 컴퓨터등 사용사기죄의 '정보처리'는 사기죄에서 피해자의 처분행위에 상응하므로 입력된 허위의 정보 등에 의하여 계산이나 데이터의 처리가 이루어짐으로써 직접적으로 재산처분의 결과를 초래하여야 하고, 행위자나 제3자의 '재산상 이익 취득'은 사람의 처분행위가 개재됨이 없이 컴퓨터 등에 의한 정보처리 과정에서 이루어져야 한다.
③ 형법 제347조의2 컴퓨터등 사용사기죄의 '부정한 명령의 입력'은 당해 사무처리시

스템에 예정되어 있는 사무처리의 목적에 비추어 지시해서는 안 될 명령을 입력하는 것을 의미한다. 따라서 설령 '허위의 정보'를 입력한 경우가 아니라고 하더라도, 당해 사무처리시스템의 프로그램을 구성하는 개개의 명령을 부정하게 변개·삭제하는 행위는 물론 프로그램 자체에서 발생하는 오류를 적극적으로 이용하여 그 사무처리의 목적에 비추어 정당하지 아니한 사무처리를 하게 하는 행위도 특별한 사정이 없는 한 위 '부정한 명령의 입력'에 해당한다고 보아야 한다.

④ 금융기관 직원이 전산단말기를 이용하여 다른 공범들이 지정한 특정계좌에 돈이 입금된 것처럼 허위의 정보를 입력하는 방법으로 위 계좌로 입금되도록 한 경우, 이러한 입금절차를 완료함으로써 장차 그 계좌에서 이를 인출하여 갈 수 있는 재산상 이익을 취득하였으므로 형법 제347조의2에서 정하는 컴퓨터등 사용사기죄는 기수에 이르렀고, 그 후 그러한 입금이 취소되어 현실적으로 인출되지 못하였다고 하더라도 이미 성립한 컴퓨터등 사용사기죄에 어떤 영향이 있다고 할 수는 없다.

04. 다음 설명 중 가장 옳지 않은 것은?

① 금고 이상의 형을 선고받아 그 집행이 종료되거나 면제된 후 3년 내에 금고 이상에 해당하는 죄를 지은 사람은 누범으로 처벌한다. 누범의 형은 그 죄에 대하여 정한 형의 장기의 2배까지 가중한다.

② 가석방기간 중에 금고 이상에 해당하는 범행을 저질렀다면 형법 제35조에서 말하는 형집행종료 후에 죄를 범한 경우에 해당하므로 누범에 해당한다.

③ 상습범 중 일부 행위가 누범기간 내에 이루어진 이상 나머지 행위가 누범기간 경과 후에 행하여졌더라도 그 행위 전부가 누범관계에 있다.

④ 특정범죄 가중처벌 등에 관한 법률 제5조의4 제5항은 "형법 제329조부터 제331조까지, 제333조부터 제336조까지 및 제340조·제362조의 죄 또는 그 미수죄로 세 번 이상 징역형을 받은 사람이 다시 이들 죄를 범하여 누범으로 처벌하는 경우에는 다음 각 호의 구분에 따라 가중처벌한다."라고 규정하면서, 같은 항 제1호는 '형법 제329조부터 제331조까지의 죄(미수범을 포함한다)를 범한 경우에는 2년 이상 20년 이하의 징역에 처한다'고 규정하고 있다. 위 처벌 규정은 형법 제35조(누범) 규정과는 별개이므로, 처벌 규정에 정한 형에 다시 형법 제35조의 누범가중한 형기범위 내에서 처단형을 정하여야 한다.

05. 도박죄에 관한 다음 설명 중 가장 옳지 않은 것은?

① 형법 제3조는 "본법은 대한민국 영역 외에서 죄를 범한 내국인에게 적용한다."라고 하여 형법의 적용 범위에 관한 속인주의를 규정하고 있고, 또한 국가 정책적 견지에서 도박죄의 보호법익보다 좀 더 높은 국가이익을 위하여 예외적으로 내국인의 출입을 허용하는 폐광지역 개발 지원에 관한 특별법 등에 따라 카지노에 출입하는 것은 법령에 의한 행위로 위법성이 조각된다고 할 것이나, 도박죄를 처벌하지 않는 외국 카지노에서의 도박이라는 사정만으로 그 위법성이 조각된다고 할 수 없다.

② 도박은 '재물을 걸고 우연에 의하여 재물의 득실을 결정하는 것'을 의미하는바, 여기서 '우연'이란 주관적으로 '당사자에 있어서 확실히 예견 또는 자유로이 지배할 수 없는 사실에 관하여 승패를 결정하는 것'을 말하고, 객관적으로도 불확실할 것을 요구한다. 따라서 당사자의 능력이 승패의 결과에 영향을 미친다면 우연성이 결여되어 도박죄가 성립하지 아니한다.

③ 공갈죄와 도박죄는 그 구성요건과 보호법익을 달리하고 있고, 공갈죄의 성립에 일반적·전형적으로 도박행위를 수반하는 것은 아니며, 도박행위가 공갈죄에 비하여 별도로 고려되지 않을 만큼 경미한 것이라고 할 수도 없으므로, 도박행위가 공갈죄의 수단이 되었다 하여 그 도박행위가 공갈죄에 흡수되어 별도의 범죄를 구성하지 않는다고 할 수 없다.

④ 도박이라 함은 2인 이상의 자가 상호간에 재물을 도(賭)하여 우연한 승패에 의하여 그 재물의 득실을 결정하는 것이므로, 이른바 사기도박에 있어서와 같이 도박당사자의 일방이 사기의 수단으로써 승패의 수를 지배하는 경우에는 도박에 있어서의 우연성이 결여되어 사기죄만 성립하고 도박죄는 성립하지 아니한다.

06. 직무유기죄에 관한 다음 설명 중 가장 옳지 않은 것은?

① 공무원이 태만이나 착각 등으로 인하여 직무를 성실히 수행하지 않은 경우 또는 직무를 소홀하게 수행하였기 때문에 성실한 직무수행을 못한 데 지나지 않는 경우에는 직무유기죄가 성립하지 않는다.

② 경찰공무원이 지명수배 중인 범인을 발견하고도 직무상 의무에 따른 적절한 조치를 취하지 아니하고 오히려 범인을 도피하게 하는 행위를 하였다면, 그 직무위배의

위법상태는 범인도피행위 속에 포함되어 있다고 보아야 할 것이므로, 이와 같은 경우에는 작위범인 범인도피죄만이 성립하고 부작위범인 직무유기죄는 따로 성립하지 아니한다.
③ 교육기관·교육행정기관·지방자치단체 또는 교육연구기관의 장이 징계의결을 집행하지 못할 법률상·사실상의 장애가 없는데도 징계의결서를 통보받은 날로부터 법정 시한이 지나도록 집행을 유보하는 모든 경우에 직무유기죄가 성립한다.
④ 경찰관이 압수물을 범죄 혐의의 입증에 사용하도록 하는 등의 적절한 조치를 취하지 아니하고 피압수자에게 돌려주었다면, 직무위배의 위법상태가 증거인멸행위 속에 포함되어 있는 것으로 보아야 할 것이므로, 이와 같은 경우에는 작위범인 증거인멸죄만이 성립하고 부작위범인 직무유기죄는 따로 성립하지 아니한다.

07. 다음 설명 중 가장 옳지 않은 것은?

① 피고인이 접근매체를 양도할 의사로 금융기관에 법인 명의 계좌를 개설하면서 예금거래신청서 등에 금융거래의 목적이나 접근매체의 양도의사 유무 등에 관한 사실을 허위로 기재하였으나, 계좌개설 심사업무를 담당하는 금융기관의 업무담당자가 이를 그대로 믿고 그 내용의 진실 여부를 확인할 수 있는 증빙자료의 요구 등 추가적인 확인조치 없이 계좌를 개설해 준 것은 금융기관 업무담당자의 불충분한 심사에 기인한 것이므로, 위계에 의한 업무방해죄를 구성하지 않는다.
② 피고인이 피고인 명의로 개설된 예금계좌의 접근매체를 보이스피싱 조직원에게 양도하고, 이에 기망 당한 사기피해자가 위 계좌로 송금한 사기피해금을 임의로 인출하였을 때 피고인이 보이스피싱 범행의 공범이 아니어서 사기 내지 사기방조죄가 성립하지 않는 경우라면, 피고인이 사기피해금 중 일부를 임의로 인출한 행위도 사기피해자에 대한 횡령죄가 될 수 없다.
③ 보이스피싱 범죄의 범인이 피해자를 기망하여 피해자의 자금을 사기이용계좌로 송금·이체받으면 사기죄는 기수에 이르고, 범인이 사기이용계좌에서 현금을 인출하였다고 하더라도 사기 피해자에 대하여 별도의 횡령죄를 구성하지 않는다.
④ 보이스피싱 범행 공모자 중 일부가 구성요건 행위 중 일부를 직접 분담하여 실행하지 않은 경우라 할지라도, 전체 범죄에서 그가 차지하는 지위, 역할이나 범죄 경과에 대한 지배 내지 장악력 등을 종합해 볼 때 범죄에 대한 본질적 기여를 통한 기능

적 행위지배가 존재한다고 인정된다면 공동정범으로서의 죄책을 진다.

08. 강제추행죄에 관한 다음 설명 중 가장 옳지 않은 것은?

① 피고인이 처음 보는 피해자의 뒤로 몰래 접근하여 성기를 드러내고 피해자를 향한 자세에서 피해자의 등 쪽에 소변을 본 행위는 객관적으로 일반인에게 성적 수치심이나 혐오감을 일으키게 하고 선량한 성적 도덕관념에 반하는 행위로서 피해자의 성적 자기결정권을 침해하는 추행행위에 해당한다고 볼 여지가 있고, 행위 당시 피해자가 이를 인식하지 못하였더라도 마찬가지이다.
② 추행행위에 해당하기 위해서는 객관적으로 일반인에게 성적 수치심이나 혐오감을 일으키게 할 만한 행위로서 선량한 성적 도덕관념에 반하는 행위를 행위자가 대상자를 상대로 실행하는 것으로 충분하고, 그 행위로 말미암아 대상자가 성적 수치심이나 혐오감을 반드시 실제로 느껴야 하는 것은 아니다.
③ 폭행이 추행보다 시간적으로 앞서 그 수단으로 행해진 경우 상대방의 항거를 곤란하게 할 정도에 이르지 않더라도 상대방의 신체에 대한 불법한 유형력을 행사한 이상 강제추행죄에서의 폭행에 해당한다.
④ 피고인이 자신의 지인과 분쟁이 있던 48세의 여성 피해자를 따라가서 말을 걸었으나 피해자가 이를 무시하고 사람 및 차량의 왕래가 빈번한 도로에 주차해둔 자신의 차량으로 걸어가자, 이에 피해자에게 "내가 오늘 니 잡아 죽인다."라고 욕설을 하면서 자신의 바지를 내려 성기를 꺼내 보여준 경우 강제추행죄가 성립한다.

09. 위법성조각사유에 관한 다음 설명 중 가장 옳은 것은?

① 싸움을 하는 경우 가해행위는 방어행위인 동시에 공격행위의 성격을 가진다. 따라서 싸움을 하는 경우에는 어느 경우에도 정당방위가 인정될 수 없다.
② 사회상규에 의한 정당행위를 인정하려면, 첫째 그 행위의 동기나 목적의 정당성, 둘째 행위의 수단이나 방법의 상당성, 셋째 보호이익과 침해이익과의 법익균형성, 넷째 긴급성, 다섯째로 그 행위 외에 다른 수단이나 방법이 없다는 보충성 등의 요건을 갖추어야 한다. 그 중 행위의 긴급성과 보충성은 수단의 상당성을 판단할

때 고려요소의 하나로 참작하여야 하고 이를 넘어 독립적인 요건으로 요구할 것은 아니다. 그리고 그 내용은 '일체의 법률적인 적법한 수단이 존재하지 않을 것'을 의미한다.
③ 위난을 스스로 초래한 '자초위난'의 경우에는 원칙적으로 긴급피난이 허용되지 않는다.
④ 형법 제20조에서 업무로 인한 행위는 벌하지 아니한다고 규정하므로, 성직자가 범인의 은신처를 마련하거나 도피자금을 제공하는 등의 행위를 한 경우 범인은닉·도피죄로 처벌할 수 없다.

10. 배임죄에 관한 다음 설명 중 가장 옳지 않은 것은?
① 아파트 수분양권 매도인이 매매계약에 따라 매수인에게 수분양권을 이전할 의무를 부담하는 경우 위와 같은 의무를 이행하지 아니하고 수분양권 또는 이에 근거하여 향후 소유권을 취득하게 될 목적물을 미리 제3자에게 처분하더라도, 매도인은 매수인에 대한 관계에서 '타인의 사무를 처리를 하는 자'라고 할 수 없으므로 형법상 배임죄가 성립하지 않는다.
② 청산회사의 대표청산인이 청산회사에 채권을 신고한 사람이 아닌 다른 자에게 부동산에 관하여 소유권이전등기를 마쳐준 경우 배임죄가 성립한다.
③ 회사의 경영자가 적대적 M&A로부터 경영권을 방어할 목적으로 종업원의 자사주 매입에 회사자금을 지원한 경우 배임죄가 성립한다.
④ 새마을금고 임·직원이 동일인 대출한도를 초과하여 대출함으로써 새마을금고법을 위반하였다고 하더라도, 대출한도 제한규정 위반으로 처벌함은 별론으로 하고, 그 사실만으로는 업무상배임죄가 성립하지 않는다.

11. 다음 중 중지미수가 인정된 사례는?
① 피고인이 피해자를 살해하려고 그의 목 부위와 왼쪽 가슴 부위를 칼로 수 회 찔렀으나 피해자의 가슴 부위에서 많은 피가 흘러나오는 것을 발견하고 겁을 먹고 그만

둔 사안
② 피고인이 피해자를 강간하려고 하다가 피해자의 다음 번에 만나 친해지면 응해 주겠다는 취지의 간곡한 부탁으로 인하여 그 목적을 이루지 못한 사안
③ 피고인이 장롱 안에 있는 옷가지에 불을 놓아 건물을 소훼하려 하였으나 불길이 치솟는 것을 보고 겁이 나서 물을 부어 불을 끈 사안
④ 강도가 강간하려고 하였으나 잠자던 피해자의 어린 딸이 잠에서 깨어 우는 바람에 도주하였고, 또 피해자가 시장에 간 남편이 곧 돌아온다고 하면서 임신중이라고 말하자 도주한 사안

12. 공무상비밀누설죄에 관한 다음 설명 중 가장 옳지 않은 것은?
① 형법 제127조의 '법령에 의한 직무상 비밀'이란 반드시 법령에 의하여 비밀로 규정되었거나 비밀로 분류 명시된 사항에 한하지 않고, 정치·군사·외교·경제·사회적 필요에 따라 비밀로 된 사항은 물론 정부나 공무소 또는 국민이 객관적·일반적인 입장에서 외부에 알려지지 않는 것에 상당한 이익이 있는 사항도 포함하나, 실질적으로 그것을 비밀로서 보호할 가치가 있다고 인정할 수 있는 것이어야 한다.
② 공무원이 직무상 알게 된 비밀을 그 직무와의 관련성 혹은 필요성에 기하여 해당 직무의 집행과 관련 있는 다른 공무원에게 직무집행의 일환으로 전달한 경우에는, 관련 각 공무원의 지위 및 관계, 직무집행의 목적과 경위, 비밀의 내용과 전달 경위 등 여러 사정에 비추어 비밀을 전달받은 공무원이 이를 그 직무집행과 무관하게 제3자에게 누설할 것으로 예상되는 등 국가기능에 위험이 발생하리라고 볼 만한 특별한 사정이 인정되지 않는 한, 위와 같은 행위가 비밀의 누설에 해당한다고 볼 수 없다.
③ 공무상비밀누설죄는 공무상 비밀 그 자체를 보호하는 것이 아니라 공무원의 비밀엄수의무의 침해에 의하여 위험하게 되는 이익, 즉 비밀누설에 의하여 위협받는 국가의 기능을 보호하기 위한 것이다.
④ 형법 제127조는 공무원 또는 공무원이었던 자가 법령에 의한 직무상 비밀을 누설하는 행위만을 처벌하고 있을 뿐 직무상 비밀을 누설받은 상대방을 처벌하는 규정이 없으나, 직무상 비밀을 누설받은 자에 대하여는 공범에 관한 형법총칙 규정이 적용된다.

13. 재물손괴죄에 관한 다음 설명 중 가장 옳지 않은 것은?
   ① 부지의 점유 권원이 없는 건물의 소유자였던 피고인이 토지소유자와의 철거 등 청구소송에서 패소하고 강제집행을 당한 후 무단으로 그 부지에 건물을 신축하더라도 토지의 효용을 해한 것으로 볼 수 없으므로 재물손괴죄가 성립하지 않는다.
   ② 포도주 원액이 부패하여 포도주 원료로서의 효용가치는 상실되었으나, 그 산도에 비추어 식초의 제조 등 다른 용도에 사용할 수 있는 경우에는 재물손괴죄의 객체가 될 수 있다.
   ③ 손괴죄의 객체인 문서란 거기에 표시된 내용이 적어도 법률상 또는 사회생활상 중요한 사항에 관한 것이어야 하므로, 이미 작성되어 있던 장부의 기재를 새로운 장부로 이기하는 과정에서 누계 등을 잘못 기재하다가 그 부분을 찢어버리고 계속하여 종전장부의 기재내용을 모두 이기하였다면 그 당시 새로운 경리장부는 아직 작성 중에 있어서 손괴죄의 객체가 되는 문서로서의 경리장부가 아니다.
   ④ 피고인들이 유색 페인트와 래커 스프레이를 이용하여 피해자 소유의 도로 바닥에 직접 문구를 기재하거나 도로 위에 놓인 현수막 천에 문구를 기재하여 페인트가 바닥으로 배어 나와 도로에 배게 하는 방법으로 도로 바닥에 여러 문구를 써놓은 행위는 도로의 효용을 해하는 것으로서 재물손괴죄가 성립한다.

14. 다음 설명 중 가장 옳은 것은?
   ① 경합범을 동시에 판결할 때 가장 무거운 죄에 정한 법정형이 사형, 무기징역, 무기금고인 경우에는 가장 무거운 죄에 대하여 정한 형에 그보다 가벼운 다른 유기징역형을 병과한다.
   ② 법정형이 징역 10년 이하인 A 범죄와, 징역 2년 이하인 B 범죄가 실체적 경합범의 관계에 있는 경우 형법 제38조 제1항 제2호에 따라 경합범 가중을 하면 처단형은 징역 12년 이하가 된다.
   ③ 국가공무원법 제33조의2는 '형법 제38조에도 불구하고 제33조 제6호의2 또는 제6호의3 각 목에 규정된 죄와 다른 죄의 경합범에 대하여 벌금형을 선고하는 경우에는 이를 분리 선고하여야 한다.'고 규정하고 있는데, 이는 국가공무원법 위반 1개의 범행과 형법상의 2개의 범행을 저지른 자에 대하여 위 각 3개의 범행을 모두 벌금형

으로 처벌하기로 하였다면, 3개의 분리된 벌금형으로 선고하여야 한다는 의미이다.
④ A 범행에 대하여는 징역형, B 범행에 대하여는 금고형을 선택한 후 형법 제38조에 따라 경합범가중을 하는 경우 징역과 금고는 다른 종류의 형이므로, 하나의 징역형으로 처벌할 수는 없다.

15. 죄수에 관한 다음 설명 중 가장 옳지 않은 것은?
① 여러 사람의 권리의 목적이 된 자기의 물건을 취거, 은닉 또는 손괴함으로써 그 여러 사람의 권리행사를 방해하였다면 권리자별로 각각 권리행사방해죄가 성립하고 각 죄는 서로 상상적 경합범의 관계에 있다.
② 사기의 수단으로 발행한 수표가 지급거절된 경우, 구성요건적 행위에 부분적 동일성이 있거나 목적, 수단 관계에 있다고 하더라도 행위의 태양과 보호법익이 다르므로 부정수표단속법위반죄와 사기죄는 실체적 경합범의 관계에 있다.
③ 사기도박에 있어 1개의 기망행위에 의하여 여러 피해자로부터 각각 재물을 편취한 경우에는 피해자별로 수개의 사기죄가 성립하고, 그 사이에는 상상적 경합의 관계에 있다.
④ 채권자들에 의한 복수의 강제집행이 예상되는 경우 재산을 은닉 또는 허위양도함으로써 채권자들을 해하였다면 채권자별로 각각 강제집행면탈죄가 성립하는 것이 아니라 포괄하여 1개의 강제집행면탈죄가 성립한다.

16. 추징에 관한 다음 설명 중 가장 옳지 않은 것은?
① 수뢰자가 자기앞수표를 뇌물로 받아 이를 소비한 후 자기앞수표 상당액을 증뢰자에게 반환하였다 하더라도 수뢰자로부터 그 가액을 추징하여야 한다.
② 수뢰자들이 각 뇌물로 받은 돈을 그 후 다른 사람에게 다시 뇌물로 공여하였더라도 수뢰자들로부터 그 수뢰액 전부를 각 추징하여야 한다.
③ 수인이 공동하여 공무원이 취급하는 사건 또는 사무에 관하여 청탁을 한다는 명목으로 받은 금품을 분배한 경우에는 각자로부터 실제로 분배받은 금품만을 개별적

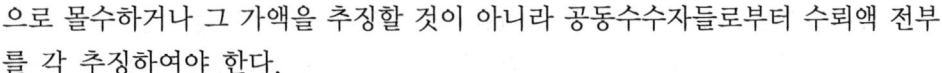

으로 몰수하거나 그 가액을 추징할 것이 아니라 공동수수자들로부터 수뢰액 전부를 각 추징하여야 한다.
④ 공무원이 뇌물을 받는 데에 필요한 경비를 지출한 경우 그 경비는 뇌물수수의 부수적 비용에 불과하여 뇌물의 가액과 추징액에서 공제할 항목에 해당하지 않는다.

17. 교사범 또는 방조범에 관한 다음 설명 중 가장 옳지 않은 것은?
① 방조자의 인식과 정범의 실행 간에 착오가 있고 양자의 구성요건을 달리한 경우에는 원칙적으로 방조자의 고의는 조각되는 것이나 그 구성요건이 중첩되는 부분이 있는 경우에는 그 중복되는 한도 내에서는 방조자의 죄책을 인정하여야 한다.
② 방조범이 성립하려면 방조행위가 정범의 범죄 실현과 밀접한 관련이 있고 정범으로 하여금 구체적 위험을 실현시키거나 범죄 결과를 발생시킬 기회를 높이는 등으로 정범의 범죄 실현에 현실적인 기여를 하였다고 평가할 수 있어야 하므로, 정범의 범죄 실현과 밀접한 관련이 없는 행위를 도와준 경우에는 방조범이 성립하지 않는다.
③ 교사행위에 의하여 피교사자가 범죄 실행을 결의하게 된 이상 피교사자에게 다른 원인이 있어 범죄를 실행한 경우에도 교사범의 성립에는 영향이 없다.
④ 피교사자는 반드시 특정한 타인이어야 할 필요는 없고, 불특정인에 대한 교사도 범죄의 교사행위가 될 수 있다.

18. 다음 설명 중 가장 옳은 것은?
① 공무원이 아닌 사람이 공무원과 공동가공의 의사와 이를 기초로 한 기능적 행위지배를 통하여 공무원의 직무에 관하여 뇌물을 수수하는 범죄를 실행한 경우 공무원이 아닌 사람이 뇌물을 수수하였다면 뇌물수수죄의 공동정범이 성립하지 않고, 제3자뇌물수수죄가 성립할 뿐이다.
② 업무상의 임무라는 신분관계가 없는 자가 그러한 신분관계 있는 자와 공모하여 업무상배임죄를 저질렀다면, 신분관계 없는 공범에 대하여도 업무상배임죄에서 정한 형으로 처단한다.

③ 의사는 무면허의료행위로 인한 의료법위반으로 처벌받지 않으므로, 설령 의사가 의사 자격이 없는 간호사에게 단독으로 진료행위를 하게 하더라도 무면허의료행위의 교사범이 성립하지 않는다.
④ 피고인이 A를 모해할 목적으로 B에게 위증을 교사한 이상, 정범인 B에게 모해의 목적이 없었다고 하더라도, 형법 제33조 단서의 규정에 의하여 피고인을 모해위증교사죄로 처단할 수 있다.

19. 불가벌적 사후행위에 관한 다음 설명 중 가장 옳지 않은 것은?
① 피고인이 열차승차권을 절취한 후 역직원에게 자기의 소유인 것처럼 속여 현금과 교환한 경우 이를 절도행위의 불가벌적 사후행위로 볼 수 없으므로 별도로 사기죄가 성립한다.
② 절도범인으로부터 장물보관 의뢰를 받은 피고인이 이를 인도받아 보관하고 있다가 임의로 처분한 경우 이는 불가벌적 사후행위에 해당하여 별도로 횡령죄가 성립하지 않는다.
③ 행사의 목적으로 타인의 인장을 위조하고 그 위조한 인장을 사용하여 권리의무 또는 사실증명에 관한 타인의 사문서를 위조한 경우에는 인장위조죄는 사문서위조죄에 흡수되고 따로 인장위조죄가 성립하지 않는다.
④ 공동상속인 중 1인인 피고인이 상속재산인 임야를 보관하던 중 다른 상속인들로부터 임야를 처분하여 상속지분대로 분배를 하거나 상속지분 비율대로 소유권이전등기를 경료해달라는 요구를 받고도 그 반환을 거부한 후 그 임야에 관하여 제3자 앞으로 근저당권설정등기를 경료해준 경우 제3자에게 근저당권설정등기를 경료해준 행위는 불가벌적 사후행위로서 별도의 횡령죄를 구성하지 않는다.

20. 다음 설명 중 가장 옳지 않은 것은?
① 외부인이 공동거주자의 일부가 부재중에 주거 내에 현재하는 거주자의 현실적인 승낙을 받아 통상적인 출입방법에 따라 공동주거에 들어간 경우라면 그것이 부재중

인 다른 거주자의 추정적 의사에 반하는 경우에도 주거침입죄가 성립하지 않는다.
② 피고인들이 공모하여, 음식점에서 다른 사람이 부적절한 요구를 하는 장면 등을 확보할 목적으로 녹음·녹화장치를 설치하거나 장치의 작동 여부 확인 및 이를 제거하기 위하여 각 음식점의 방실에 들어간 경우 피고인들이 음식점 영업주로부터 승낙을 받아 통상적인 출입방법에 따라 각 음식점의 방실에 들어갔다면 주거침입죄가 성립하지 않는다.
③ 형법 제330조에 규정된 야간주거침입절도죄 및 형법 제331조 제1항에 규정된 특수절도(야간손괴침입절도)죄를 제외한 절도 범행에서, 일반적으로 주거침입은 절도죄의 구성요건이 아니더라도 절도범인이 범행수단으로 주거침입을 한 경우 추가적인 법익침해가 있다고 보기는 어려우므로 주거침입행위는 절도죄에 흡수되고, 별개로 주거침입죄를 구성하지 않는다.
④ 특정범죄 가중처벌 등에 관한 법률 제5조의4 제6항에 규정된 상습절도 등 죄를 범한 범인이 그 범행의 수단으로 주거침입을 한 경우에 주거침입행위는 상습절도 등 죄에 흡수되어 위 조문에 규정된 상습절도 등 죄의 1죄만이 성립하고 별개로 주거침입죄를 구성하지 않는다.

21. 다음 설명 중 가장 옳지 않은 것은?

① 형법 제136조가 정하는 공무집행방해죄는 공무원의 직무집행이 적법한 경우에 한하여 성립하는 것으로, 이러한 적법성이 결여된 직무행위를 하는 공무원에게 대항하여 폭행이나 협박을 가하였다고 하더라도 공무집행방해죄가 성립하지 않는다.
② 동일한 공무를 집행하는 여럿의 공무원에 대하여 폭행·협박 행위를 한 경우에는 공무를 집행하는 공무원의 수에 따라 여럿의 공무집행방해죄가 성립하고, 위와 같은 폭행·협박 행위가 동일한 장소에서 동일한 기회에 이루어진 것으로서 사회관념상 1개의 행위로 평가되는 경우에는 여럿의 공무집행방해죄는 상상적 경합의 관계에 있다.
③ 공무집행방해죄는 직무를 집행하는 공무원에 대하여 폭행 또는 협박한 경우에 성립하는 범죄로서 위 폭행은 사람에 대한 유형력의 행사로 족하고 반드시 그 신체에 대한 것임을 요하지 아니하며, 또한 추상적 위험범으로서 구체적으로 직무집행의 방해라는 결과발생을 요하지 않는다.

④ 죄형법정주의 원칙상 공무집행방해죄에 있어서 '직무를 집행하는'이라 함은 공무원이 직무수행을 현실적으로 행하고 있는 때만을 가리키고, 직무수행을 위하여 근무 중인 상태에 있는 때를 포괄하는 것은 아니다. 따라서 불법주차 단속을 요구하는 민원인이 구청에서 야간 당직 근무 중인 청원경찰을 폭행하였다고 하더라도, 불법주차 단속업무는 야간 당직 근무자들의 업무가 아니므로 공무집행방해죄의 '직무집행'에 해당하지 않아 공무집행방해죄가 성립하지 않는다.

22. 방화죄에 관한 다음 설명 중 가장 옳지 않은 것은?

① 사람을 살해할 목적으로 현주건조물에 방화하여 사망에 이르게 한 경우에는 현주건조물방화치사죄와 살인죄의 상상적 경합이 성립한다.
② 피고인이 방화의 의사로 뿌린 휘발유가 인화성이 강한 상태로 주택 주변과 피해자의 몸에 적지 않게 살포되어 있는 사정을 알면서도 라이터를 켜 불꽃을 일으킴으로써 피해자의 몸에 불이 붙은 경우, 비록 외부적 사정에 의하여 불이 방화 목적물인 주택 자체에 옮겨 붙지는 아니하였다 하더라도 현존건조물방화죄의 실행의 착수가 인정된다.
③ 형법상 방화죄의 객체인 건조물은 토지에 정착되고 벽 또는 기둥과 지붕 또는 천장으로 구성되어 사람이 내부에 기거하거나 출입할 수 있는 공작물을 말하고, 반드시 사람의 주거용이어야 하는 것은 아니라도 사람이 사실상 기거·취침에 사용할 수 있는 정도는 되어야 한다.
④ 현주건조물에의 방화죄는 공중의 생명, 신체, 재산 등에 대한 위험을 예방하기 위하여 공공의 안정을 그 제1차적인 보호법익으로 하고 제2차적으로는 개인의 재산권을 보호하는 것이라고 할 것이나, 여기서 공공에 대한 위험은 구체적으로 그 결과가 발생됨을 요하지 아니하는 것이고 이미 현주건조물에의 점화가 독립연소의 정도에 이르면 동 죄는 기수에 이르러 완료된다.

23. 명예훼손죄에 관한 다음 설명 중 가장 옳은 것은?
   ① 형법 제310조는 사실 적시에 의한 명예훼손의 행위가 진실한 사실로서 오로지 공공의 이익에 관한 때에는 처벌하지 아니한다고 규정하고 있는데, 주요한 동기 내지 목적이 공공의 이익을 위한 것이라도 부수적으로 다른 사익적 목적이나 동기가 내포되어 있다면 형법 제310조가 적용되지 않는다.
   ② 형법 제310조의 공공의 이익에 관한 때에는 처벌하지 아니한다는 규정은 사람을 비방할 목적이 있어야 하는 형법 제309조 제1항 소정의 행위에 대하여는 적용되지 않는다.
   ③ 사람의 성명을 명시한 바 없는 허위사실의 적시행위가 그 표현의 내용을 주위사정과 종합판단 하여 그것이 어느 특정인을 지목하는 것인가를 알아차릴 수 있는 경우라도 특정인의 성명을 명시하지 않았다면 명예훼손죄를 구성하지 않는다.
   ④ 타인을 비방할 목적으로 허위사실인 기사의 재료를 신문기자에게 제공한 경우에 기사를 신문지상에 게재하느냐의 여부는 신문 편집인의 권한에 속하므로 기사재료의 제공행위는 형법 제309조 제2항의 출판물에 의한 명예훼손죄의 죄에 해당하지 않는다.

24. 다음 설명 중 가장 옳지 않은 것은?
   ① 유기징역형에 대한 법률상 감경을 하면서 형법 제55조 제1항 제3호에서 정한 것과 같이 장기와 단기를 모두 2분의 1로 감경하는 것이 아닌 장기 또는 단기 중 어느 하나만을 2분의 1로 감경하는 방식이나 2분의 1보다 넓은 범위의 감경을 하는 방식은 위 규정에 의한 법률상 감경이 임의적인 경우에는 허용될 수 있다.
   ② 심신장애로 인하여 사물을 변별할 능력이나 의사를 결정할 능력이 미약하다고 하더라도, 이미 범행을 예견하고도 자의로 위와 같은 심신장애를 야기한 경우라면 형법 제10조 제3항에 의하여 심신장애로 인한 감경 등을 할 수 없다.
   ③ 형법 제56조는 형을 가중·감경할 사유가 경합된 경우 가중·감경의 순서를 정하고 있고, 이에 따르면 법률상 감경을 먼저하고 마지막으로 작량감경을 하게 되어 있으므로, 법률상 감경사유가 있을 때에는 작량감경보다 우선하여야 한다.
   ④ 처단형은 선고형의 최종적인 기준이 되므로 그 범위는 법률에 따라서 엄격하게

정하여야 하고, 별도의 명시적인 규정이 없는 이상 형법 제56조에서 열거하고 있는 가중·감경할 사유에 해당하지 않는 다른 성질의 감경사유를 인정할 수는 없다.

25. 뇌물죄에 관한 다음 설명 중 가장 옳지 않은 것은?

① 뇌물죄에서 뇌물의 내용인 이익은 금전, 물품 기타의 재산적 이익뿐만 아니라 사람의 수요 욕망을 충족시키기에 족한 일체의 유형·무형의 이익을 포함하므로, 장기간 처분하지 못하던 재산을 처분함으로써 생기는 무형의 이익 역시 뇌물의 내용인 이익에 해당된다.
② 공무원이 아닌 사람과 공무원이 공모하여 금품을 수수한 경우에도 각 수수자가 수수한 금품별로 직무 관련성 유무를 달리 볼 수 있다면, 각 금품마다 직무와의 관련성을 따져 뇌물성을 인정하는 것이 책임주의 원칙에 부합한다.
③ 수뢰자가 뇌물을 그대로 보관하다가 증뢰자에게 반환한 경우, 몰수·추징은 수뢰자로부터 하여야 한다.
④ 뇌물죄는 직무집행의 공정과 이에 대한 사회의 신뢰에 기초하여 직무행위의 불가매수성을 보호법익으로 하고 있고, 직무에 관한 청탁이나 부정한 행위를 필요로 하지 않으므로 뇌물성을 인정하는 데 특별히 의무위반 행위나 청탁의 유무 등을 고려할 필요가 없고, 금품수수 시기와 직무집행 행위의 전후를 가릴 필요도 없다.

- 형법 정답 및 해설 -

2013. 3. 9. 시행
2014. 3. 8. 시행
2015. 3. 7. 시행
2016. 3. 5. 시행
2017. 2. 25. 시행
2018. 3. 3. 시행
2019. 2. 23. 시행
2020. 2. 22. 시행
2021. 2. 27. 시행
2022. 6. 25. 시행
2023. 6. 24. 시행
2024. 6. 22. 시행

정답 및 해설(2013년 3월 9일 시행)

정답

01. ④ 02. ③ 03. ③ 04. ② 05. ① 06. ③ 07. ② 08. ① 09. ③ 10. ②
11. ② 12. ② 13. ④ 14. ③ 15. ④ 16. ④ 17. ④ 18. ① 19. ④ 20. ③
21. ① 22. ④ 23. ③ 24. ④ 25. ③

01. ① 대판 2000. 2. 22, 99도5227
② 대판 2012. 11. 29, 2011도7361
③ 대판 2001. 11. 27, 2000도3463
④ 명의신탁자와 명의수탁자가 이른바 계약명의신탁약정을 맺고 명의수탁자가 당사자가 되어 그러한 명의신탁약정이 있다는 사실을 알고 있는 소유자로부터 부동산을 매수하는 계약을 체결한 후 그 매매계약에 따라 명의수탁자 앞으로 당해 부동산의 소유권이전등기가 행하여졌다면 '부동산 실권리자명의 등기에 관한 법률' 제4조제2항 본문에 의하여 명의수탁자 명의의 소유권이전등기는 무효이고 당해 부동산의 소유권은 매도인이 그대로 보유하게 된다. 나아가 그 경우 명의신탁자는 부동산매매계약의 당사자가 되지 아니하고 또 명의신탁약정은 위 법률 제4조제1항에 의하며 무효이므로, 그는 다른 특별한 사정이 없는 한 부동산 자체를 매도인으로부터 이전받아 취득할 수 있는 권리 기타 법적 가능성을 가지지 못한다. 따라서 이때 명의수탁자가 명의신탁자에 대한 관계에서 횡령죄에서의 '타인의 재물을 보관하는 자'의 지위에 있다고 볼 수 없다(대판 2012. 12. 13, 2010도10515).

02. ① 대판 1998. 5. 21, 98도321

② 대판 2010. 9. 9, 2010도6924
③ 형법 제30조의 공동정범은 공동 가공의 의사와 그 공동의사에 기한 기능적 행위 지배를 통한 범죄 실행이라는 주관적·객관적 요건을 충족함으로써 성립하는바, 공모자 중 구성요건 행위 일부를 직접 분담하여 실행하지 않은 자라도 경우에 따라 이른바 공모공동정범으로서의 죄책을 질 수도 있는 것이기는 하나, 이를 위해서는 전체 범죄에 있어서 그가 차지하는 지위, 역할이나 범죄 경과에 대한 지배 내지 장악력 등을 종합해 볼 때, 단순한 공모자에 그치는 것이 아니라 범죄에 대한 본질적 기여를 통한 기능적 행위지배가 존재하는 것으로 인정되는 경우여야 한다(대판 2009. 8. 20, 2008도11138).
④ 형법 32조1항 소정 타인의 범죄란 정범이 범죄의 실현에 착수한 경우를 말하는 것이므로 종범이 처벌되기 위하여는 정범의 실행의 착수가 있는 경우에만 가능하고 형법 전체의 정신에 비추어 정범이 실행의 착수에 이르지 아니한 예비의 단계에 그친 경우에는 이에 가공하는 행위가 예비의 공동정범이 되는 경우를 제외하고는 종범의 성립을 부정하고 있다고 보는 것이 타당하다(대판 1976. 5. 25, 75도1549). 따라서 예비죄의 공동정범은 인정하나 예비죄의 방조범은 인정하고 있지 않다.

03. ① 대판 2011. 5. 26, 2011도3682
② 대판 1993. 8. 24, 92도1329
③ 갑과 을이 공동으로 인적이 드문 심야에 혼자 귀가중인 丙 女에게 뒤에서 느닷없이 달려들어 양팔을 붙잡고 어두운 골목길로 끌고 들어가 담벽에 쓰러뜨린 후 갑이 음부를 만지며 반항하는 丙 女의 옆구리를 무릎으로 차고 억지로 키스를 함으로 丙 女가 정조와 신체를 지키려는 일념에서 엉겁결에 갑의 혀를 깨물어 설절단상을 입혔다면 丙 女의 범행은 자기의 신체에 대한 현재의 부당한 침해에서 벗어나려고 한 행위로서 그 행위에 이르게 된 경위와 그 목적 및 수단, 행위자의 의사 등 제반사정에 비추어 위법성이 결여된 행위라고 볼 수 있으므로 이와 같은 취지에서 피고인에게 무죄를 선고한 원심판단은 수긍이 가고 거기에 소론과 같은 정당방위에 관한 법리오해의 위법이 있음을 찾아볼 수 없으므로 논지는 이유 없다(대판 1989. 8. 8, 89도358).
④ 대판 2001. 5. 15, 2001도1089

04. ① 대판 1995. 5. 12, 95도425
② 강간을 당한 피해자가 집에 돌아가 음독자살하기에 이르른 원인이 강간을 당함

으로 인하여 생긴 수치심과 장래에 대한 절망감 등에 있었다 하더라도 그 자살행위가 바로 강간행위로 인하여 생긴 당연의 결과라고 볼 수는 없으므로 강간행위와 피해자의 자살행위 사이에 인과관계를 인정할 수는 없다(대판 1982. 11. 23, 82도1446).
③ 대판 1994. 3. 22, 93도3612
④ 자동차의 소유자는 비록 제3자가 무단히 그 자동차를 운전하다가 사고를 내었다고 하더라도 그 운행에 있어 소유자의 운행지배와 운행이익이 완전히 상실되었다고 볼 특별한 사정이 없는 경우에는 그 사고에 대하여 자동차손해배상보장법 제3조 소정의 운행자로서의 책임을 부담한다(대판 1999. 4. 23, 98다61395).

05. ① 행정청의 허가가 있어야 함에도 불구하고 허가를 받지 아니하여 처벌대상의 행위를 한 경우라도 허가를 담당하는 공무원이 허가를 요하지 않는 것으로 잘못 알려주어 이를 믿었기 때문에 허가를 받지 아니한 것이라면 허가를 받지 않더라도 죄가 되지 않는 것으로 착오를 일으킨 데 대하여 정당한 이유가 있는 경우에 해당하여 처벌할 수 없다(대판 1992. 5. 22, 91도2525).
② 대판 1995. 11. 10, 95도2088
③ 대판 1995. 8. 25, 95도1351
④ 대판 1995. 7. 28, 95도1081

06. ① 노상에 세워 놓은 자동차 안에 있는 물건을 훔칠 생각으로 자동차의 유리창을 통하여 그 내부를 손전등으로 비추어 본 것에 불과하다면 비록 유리창을 따기 위해 면장갑을 끼고 있었고 칼을 소지하고 있었다 하더라도 절도의 예비행위로 볼 수는 있겠으나 타인의 재물에 대한 지배를 침해하는데 밀접한 행위를 한 것이라고는 볼 수 없어 절취행위의 착수에 이른 것이었다고 볼 수 없다(대판 1985. 4. 23, 85도464).
② 피고인이 방화의 의사로 뿌린 휘발유가 인화성이 강한 상태로 주택주변과 피해자의 몸에 적지 않게 살포되어 있는 사정을 알면서도 라이터를 켜 불꽃을 일으킴으로써 피해자의 몸에 불이 붙은 경우, 비록 외부적 사정에 의하여 불이 방화 목적물인 주택 자체에 옮겨 붙지는 아니하였다 하더라도 현존건조물방화죄의 실행의 착수가 있었다고 봄이 상당하다(대판 2002. 3. 26, 2001도6641).
③ 피담보채권인 공사대금 채권을 실제와 달리 허위로 크게 부풀려 유치권에 의

한 경매를 신청할 경우 정당한 채권액에 의하여 경매를 신청한 경우보다 더 많은 배당금을 받을 수도 있으므로, 이는 법원을 기망하여 배당이라는 법원의 처분행위에 의하여 재산상 이익을 취득하려는 행위로서, 불능범에 해당한다고 볼 수 없고, 소송사기죄의 실행의 착수에 해당한다(대판 2012. 11. 15, 2012도9603).

④ 피고인이 제1차 매수인으로부터 계약금 및 중도금 명목의 금원을 교부받은 후 제2차 매수인에게 부동산을 매도하기로 하고 계약금만은 지급받은 뒤 더 이상의 계약 이행에 나아가지 않았다면 배임죄의 실행의 착수가 있었다고 볼 수 없다(대판 2003. 3. 25, 2002도7134).

07. ① 타인이 타인의 형사사건에 관한 증거를 그 이익을 위하여 인멸하는 행위를 하면 본법 제155조제1항의 증거인멸죄가 성립되므로 자기의 형사사건에 관한 증거를 인멸하기 위하여 타인을 교사하여 죄를 범하게 한 자에 대하여도 교사범의 죄책을 부담케 함이 상당할 것이다(대판 1965. 12. 10, 65도826).

② 형법 제155조제2항 소정의 증인도피죄는 타인의 형사사건 또는 징계사건에 관한 증인을 은닉·도피하게 한 경우에 성립하는 것으로서, 피고인 자신이 직접 형사처분이나 징계처분을 받게 될 것을 두려워한 나머지 자기의 이익을 위하여 증인이 될 사람을 도피하게 하였다면, 그 행위가 동시에 다른 공범자의 형사사건이나 징계사건에 관한 증인을 도피하게 한 결과가 된다고 하더라도 이를 증인도피죄로 처벌할 수 없다(대판 2003. 3. 14, 2002도6134).

③ 형법 제156조의 무고죄는 국가의 형사사법권 또는 징계권의 적정한 행사를 주된 보호법익으로 하는 죄이나, 스스로 본인을 무고하는 자기무고는 무고죄의 구성요건에 해당하지 아니하여 무고죄를 구성하지 않는다. 그러나 피무고자의 교사·방조 하에 제3자가 피무고자에 대한 허위의 사실을 신고한 경우에는 제3자의 행위는 무고죄의 구성요건에 해당하여 무고죄를 구성하므로 제3자를 교사·방조한 피무고자도 교사·방조범으로서의 죄책을 부담한다(대판 2008. 10. 23, 2008도4852).

④ 피고인이 자기의 형사사건에 관하여 허위의 진술을 하는 행위는 피고인의 형사소송에 있어서의 방어권을 인정하는 취지에서 처벌의 대상이 되지 않으나, 법률에 의하여 선서한 증인이 타인의 형사사건에 관하여 위증을 하면 형법 제152조제1항의 위증죄가 성립되므로 자기의 형사사건에 관하여 타인을 교사하여 위증죄를 범하게 하는 것은 이러한 방어권을 남용하는 것이라고 할 것이어서 교사범의 죄책을 부담케 함이 상당하다(대판 2004. 1. 27, 2003도

5114).

08. ① 절도범인이 체포를 면탈할 목적으로 경찰관에게 폭행 협박을 가한 때에는 준강도죄와 공무집행방해죄를 구성하고 양죄는 상상적 경합관계에 있으나, 강도범인이 체포를 면탈할 목적으로 경찰관에게 폭행을 가한 때에는 강도죄와 공무집행방해죄는 실체적 경합관계에 있고 상상적 경합관계에 있는 것이 아니다(대판 1992. 7. 28, 92도917).
② 대판 2004. 11. 18, 2004도5074
③ 대판 1992. 9. 8, 92도1650
④ 대판 1973. 11. 13, 73도1553

09. ① 대판 2011. 4. 14, 2011도300
② 대판 1999. 9. 21, 99도2443
③ 직무유기죄는 그 직무를 수행하여야 하는 작위의무의 존재와 그에 대한 위반을 전제로 하고 있는바, 그 작위의무를 수행하지 아니함으로써 구성요건에 해당하는 사실이 있었고 그 후에도 계속하여 그 작위의무를 수행하지 아니하는 위법한 부작위상태가 계속되는 한 가벌적 위법상태는 계속 존재하고 있다고 할 것이며 형법 제122조 후단은 이를 전체적으로 보아 1죄로 처벌하는 취지로 해석되므로 이를 즉시범이라고 할 수 없다(대판 1997. 8.2 9, 97도675).
④ 대판 2012. 12. 27, 2012도10822

10. ① 형법 제36조
② 가석방 기간 중 고의로 지은 죄로 금고 이상의 형을 선고받아 그 판결이 확정된 경우에 가석방 처분은 효력을 잃는다(동법 제74조).
③ 동법 제80조
④ 대판 1988.11.9, 86도2654

11. ① 문서위조죄는 문서의 진정에 대한 공공의 신용을 보호법익으로 하는 것이므로 행사할 목적으로 작성된 사문서가 일반인으로 하여금 당해 명의인의 권한 내에서 작성된 문서라고 믿게 할 수 있는 정도의 형식과 외관을 갖추고 있으면 사문서위조죄가 성립(대판 2011. 9. 29, 2011도6223)하고 명의인을 기망하여 문서를 작성케 하는 경우는 서명, 날인이 정당히 성립된 경우에도 기망자는 명의인을 이용하여 서명 날인자의 의사에 반하는 문서를 작성케 하는

것이므로 사문서위조죄가 성립한다(대판 2000. 6. 13, 2000도778).
② 문서의 작성권한을 갖는 공무원이 그 문서의 기재 사항을 인식하고 그 문서를 작성할 의사로써 이에 서명 날인하였다면, 설령 그 서명날인이 타인의 기망으로 착오에 빠진 결과 그 문서의 기재사항이 진실에 반함을 알지 못한 데 기인한다고 하여도, 그 문서의 성립은 진정하며 여기에 하등 작성명의를 모용한 사실이 있다고 할 수는 없으므로 공무원 아닌 자가 관공서에 허위 내용의 증명원을 제출하여 그 내용이 허위인 점을 모르는 담당공무원으로부터 그 증명원 내용과 같은 증명서를 발급받은 경우 공문서위조죄의 간접정범으로 의율할 수는 없다(대판 2001. 3. 9, 2000도938).
③ 대판 1986. 8. 19, 85도2728
④ 대판 2000. 6. 27, 2000도1858

12. ① 대판 2005. 8. 19, 2004도6859
② 갑이 권한 없이 인터넷뱅킹으로 타인의 예금계좌에서 자신의 예금계좌로 돈을 이체한 후 그 중 일부를 인출하여 그 점을 아는 을에게 교부한 경우, 갑이 컴퓨터등사용사기죄에 의하여 취득한 예금채권은 재물이 아니라 재산상이익이므로, 그가 자신의 예금계좌에서 돈을 인출하였더라도 장물을 금융기관에 예치하였다가 인출한 것으로 볼 수 없다는 이유로 乙의 장물취득죄의 성립을 부정하였다(대판 2004. 4. 16, 2004도353).
③ 대판 2007. 3. 15, 2006도2704
④ 대판 1997. 1. 21, 96도2715

13. ㉠ 특수주거침입죄 : 단체 또는 다중의 위력을 보이거나 위험한 물건을 휴대하여 사람의 주거, 관리하는 건조물, 선박이나 항공기 또는 점유하는 방실에 침입한 죄를 범한 때에는 5년 이하의 징역에 처한다(형법 제320조).
㉡ 특수공무방해죄 : 단체 또는 다중의 위력을 보이거나 위험한 물건을 휴대하여 제136조의 공무집행방해죄를 범한 때에는 각조에 정한 형의 2분의 1까지 가중한다(동법 제144조).
㉢ 특수손괴죄 : 단체 또는 다중의 위력을 보이거나 위험한 물건을 휴대하여 타인의 재물, 문서 또는 전자기록 등 특수매체기록을 손괴 또는 은닉 기타 방법으로 기 효용을 해한 죄를 범한 때에는 5년 이하의 징역 또는 1천만원 이하의 벌금에 처한다(동법 제369조).
㉣ 특수체포죄 : 단체 또는 다중의 위력을 보이거나 위험한 물건을 휴대하여 자기

또는 배우자의 직계존속에 대하여 체포하여 가혹한 행위를 가한 죄를 범한 때에는 그 죄에 정한 형의 2분의 1까지 가중한다(동법 제278조).

이 외에 특수폭행죄, 특수협박죄, 특수감금죄가 있다. 따라서 ㉠, ㉡, ㉢, ㉣ 모두 가중처벌 된다.

14. ① 대판 1997. 10. 24, 97도2042

②, ④ 형법 제357조제1항의 배임수재죄는 타인의 사무를 처리하는 자가 그 임무에 관하여 부정한 청탁을 받고 재물 등을 취득함으로써 성립하는 것이고 어떠한 임무 위배행위나 본인에게 손해를 가한 것을 요건으로 하는 것이 아닌데 대하여 동법 제256조, 제355조제2항의 배임죄는 타인의 사무를 처리하는 자가 그 임무에 위배하는 행위가 있어야 하고 그 행위로서 본인에게 손해를 가함으로써 성립하는 것이나 부정한 청탁을 받거나 금품을 수수한 것을 그 요건으로 하지 않고 있으므로 이들 양 죄는 행위의 태양을 전연 달리하고 있어 일반법과 특별법관계가 아닌 별개의 독립된 범죄라고 보아야 하고 또 업무상 배임죄의 법정형은 10년 이하의 징역(단순배임죄의 법정형도 5년 이하의 징역)인데 비하여 배임수재죄의 그것은 업무상 배임죄의 법정형 보다 경한 5년 이하의 징역이므로 업무상 배임죄가 배임수재죄에 흡수되는 관계에 있다거나 결과적 가중범의 관계에 있다고는 할 수 없으므로 위 양죄를 형법 제37조 전단의 경합범으로 의율 처단하였음은 정당하다(대판 1984. 11. 27, 84도1906).

③ 형법 제357조제1항의 배임수재죄로 처벌하기 위하여는 타인의 사무를 처리하는 자가 부정한 청탁을 받아들이고 이에 대한 대가로서 재물 또는 재산상의 이익을 받은 데에 대한 범위가 있어야 할 것이고, 또 배임수재죄에서 말하는 '재산상의 이익의 취득'이라 함은 현실적인 취득만을 의미하므로 단순한 요구 또는 약속만을 한 경우에는 이에 포함되지 아니한다(대판 1999. 1. 29, 98도4182).

15. ① 대판 2008. 2. 14, 2007도10100

② 대판 2001. 8. 24, 2001도2832

③ 대판 2007. 1. 11, 2006도7120

④ 유가증권변조죄에서 '변조'는 진정하게 성립된 유가증권의 내용에 권한 없는 자가 유가증권의 동일성을 해하지 않는 한도에서 변경을 가하는 것을 의미하고, 이와 같이 권한 없는 자에 의해 변조된 부분은 진정하게 성립된 부분이라

할 수 없다. 따라서 유가증권의 내용 중 권한 없는 자에 의하여 이미 변조된 부분을 다시 권한 없이 변경하였다고 하더라도 유가증권변조죄는 성립하지 않는다(대판 2012. 9. 27, 2010도15206).

16. ① 대판 2008. 3. 27, 2008도89
② 대판 2005. 7. 22, 2005도3034
③ 대판 2008. 2. 28, 2007도9354
④ 법원의 입찰사건에 관한 제반 업무를 주된 업무로 하는 공무원이 자신이 맡고 있는 입찰사건의 입찰보증금이 계속적으로 횡령되고 있는 사실을 알았다면, 담당 공무원으로서는 이를 제지하고 즉시 상관에게 보고하는 등의 방법으로 그러한 사무원의 횡령행위를 방지해야 할 법적인 작위의무를 지는 것이 당연하고, 비록 그의 묵인 행위가 배당불능이라는 최악의 사태를 막기 위한 동기에서 비롯된 것이라고 하더라도 자신의 작위의무를 이행함으로써 결과 발생을 쉽게 방지할 수 있는 공무원이 그 사무원의 새로운 횡령범행을 방조 용인한 것을 작위에 의한 법익 침해와 동등한 형법적 가치가 있는 것이 아니라고 볼 수는 없으므로, 그 담당 공무원은 업무상횡령의 종범이 성립한다(대판 1996. 9. 6, 95도2551).

17. ① 대판 1996. 5. 8, 96도221
② 대판 2010. 8. 26, 2010도7251
③ 대판 1991. 5. 28, 91도352
④ 형법 제49조 단서는 행위자에게 유죄의 재판을 하지 아니할 때에도 몰수의 요건이 있는 때에는 몰수만을 선고할 수 있다고 규정하고 있으므로 몰수뿐만 아니라 몰수에 갈음하는 추징도 위 규정에 근거하여 선고할 수 있다. 그러나 우리 법제상 공소제기 없이 별도로 몰수나 추징만을 선고할 수 있는 제도가 마련되어 있지 아니하므로, 위 규정에 근거하여 몰수나 추징을 선고하려면 몰수나 추징의 요건이 공소가 제기된 공소사실과 관련되어야 한다. 공소사실이 인정되지 않는 경우에 이와 별개의 공소가 제기되지 아니한 범죄사실을 법원이 인정하여 그에 관하여 몰수나 추징을 선고하는 것은 불고불리의 원칙에 위배되어 불가능하다. 이러한 법리는 형법 제48조의 몰수·추징 규정에 대한 특별규정인 범죄수익은닉의 규제 및 처벌 등에 관한 법률 제8조 내지 제10조의 규정에 의한 몰수 또는 추징의 경우에도 마찬가지로 적용된다(대판 2008. 11. 13, 2006도4885).

18. ① 피고인에게 적법행위를 기대할 가능성이 있는지 여부를 판단하기 위하여는 행위 당시의 구체적인 상황하에 행위자 대신에 사회적 평균인을 두고 이 평균인의 관점에서 그 기대가능성 유무를 판단하여야 한다. 또한, 자기에게 형사상 불리한 진술을 강요당하지 아니할 권리가 결코 적극적으로 허위의 진술을 할 권리를 보장하는 취지는 아니며, 이미 유죄의 확정판결을 받은 경우에는 일사부재리의 원칙에 의해 다시 처벌되지 아니하므로 증언을 거부할 수 없는바, 이는 사실대로의 진술 즉 자신의 범행을 시인하는 진술을 기대할 수 있기 때문이다. 이러한 점 등에 비추어 보면, 이미 유죄의 확정판결을 받은 피고인은 공범의 형사사건에서 그 범행에 대한 증언을 거부할 수 없을 뿐만 아니라 나아가 사실대로 증언하여야 하고, 설사 피고인이 자신의 형사사건에서 시종일관 그 범행을 부인하였다 하더라도 이러한 사정은 위증죄에 관한 양형참작사유로 볼 수 있음은 별론으로 하고 이를 이유로 피고인에게 사실대로 진술할 것을 기대할 가능성이 없다고 볼 수는 없다(대판 2008. 10. 23, 2005도10101).
    ② 대판 1966. 3. 22, 65도1164
    ③ 대판 2005. 7. 15, 2004도2965
    ④ 대판 2007. 5. 11, 2007도1373

19. ① 대판 2012. 2. 23, 2011도7282
    ② 대판 2006. 2. 24, 2005도4737
    ③ 대판 1999. 1. 29, 98도3584
    ④ 공무원이 직접 뇌물을 받지 아니하고 증뢰자로 하여금 공무원 자신의 채권자에게 뇌물을 공여하도록 한 경우, 그 다른 사람이 공무원의 사자 또는 대리인으로서 뇌물을 받은 경우나 그 밖에 예컨대, 평소 공무원이 그 다른 사람의 생활비 등을 부담하고 있었다거나 혹은 그 다른 사람에 대하여 채무를 부담하고 있었다는 등의 사정이 있어서 그 다른 사람이 뇌물을 받음으로써 공무원은 그만큼 지출을 면하게 되는 경우 등 사회통념상 그 다른 사람이 뇌물을 받은 것을 공무원이 직접 받은 것과 같이 평가할 수 있는 관계가 있는 경우에는 형법 제130조의 제3자 뇌물제공죄가 아니라, 형법 제129조 제1항의 뇌물수수죄가 성립한다(대판 2004. 3. 26, 2003도8077).

20. ① 대판 2011. 12. 8, 2010도4129
    ② 대판 1987. 5. 12, 87도694

③ 같은 심급에서 변론기일을 달리하여 수차 증인으로 나가 수 개의 허위진술을 하더라도 최초 한 선서의 효력을 유지시킨 후 증언한 이상 1개의 위증죄를 구성함에 그친다(대판 2005. 3. 25. 선고 2005도60). 이러한 법리에 비추어 원심이 이 사건 제3차 변론기일에서의 증언이 무죄로 확정되었다는 이유로 이 사건 제1차 변론기일 및 제3차 변론기일에서의 증언을 허위진술이라는 이 사건 공소사실에 대하여 면소의 판결을 선고한 것은 정당하고, 거기에 상고이유로 주장하는 바와 같은 법리오해의 위법이 없다(대판 2007. 3. 15, 2006도9463).

④ 대판 1989. 8. 8, 89도664

21. ① 자신의 충동을 억제하지 못하여 범죄를 저지르게 되는 현상은 정상인에게서도 얼마든지 찾아볼 수 있는 일로서, 특단의 사정이 없는 한 위와 같은 성격적 결함을 가진 자에 대하여 자신의 충동을 억제하고 법을 준수하도록 요구하는 것이 기대할 수 없는 행위를 요구하는 것이라고는 할 수 없으므로, 원칙적으로 충동조절장애와 같은 성격적 결함은 형의 감면사유인 심신장애에 해당하지 아니한다고 봄이 상당하지만, 그 이상으로 사물을 변별할 수 있는 능력에 장애를 가져오는 원래의 의미의 정신병이 도벽의 원인이라거나 혹은 도벽의 원인이 충동조절장애와 같은 성격적 결함이라 할지라도 그것이 매우 심각하여 원래의 의미의 정신병을 가진 사람과 동등하다고 평가할 수 있는 경우에는 그로 인한 절도 범행은 심신장애로 인한 범행으로 보아야 한다(대판 2002. 5. 24, 2002도1541).

② 대판 1983.10.11, 83도1897
③ 대판 1985.5.28, 85도361
④ 형법 제11조

22. ① 대판 1977. 9. 28, 76도4133
② 대판 2011. 12. 8, 2010도9500
③ 대판 1985. 2. 26, 84도2987
④ 종범은 정범의 실행행위 중에 이를 방조하는 경우는 물론이고 실행의 착수 전에 장래의 실행행위를 예상하고 이를 용이하게 하는 행위를 하여 방조한 경우에도 정범이 그 실행행위에 나아갔다면 성립한다(대판 1997. 4. 17, 96도3377).

23. ① 대판 2007. 2. 22, 2005도9229
    ② 대판 2006. 10. 26, 2004도486
    ③ 성수대교와 같은 교량이 그 수명을 유지하기 위하여는 건설업자의 완벽한 시공, 감독공무원들의 철저한 제작 시공상의 감독 및 유지·관리를 담당하고 있는 공무원들의 철저한 유지·관리라는 조건이 합치되어야 하는 것이므로 위 각 단계에서의 과실 그것만으로 붕괴원인이 되지 못한다고 하더라도, 그것이 합쳐지면 교량이 붕괴될 수 있다는 점은 쉽게 예상할 수 있고, 따라서 위 각 단계에 관여한 자는 전혀 과실이 없다거나 과실이 있다고 하여도 교량붕괴의 원인이 되지 않았다는 등의 특별한 사정이 있는 경우를 제외하고는 붕괴에 대한 공동책임을 면할 수 없다(대판 1997. 11. 28, 97도1740).
    ④ 대판 1979. 8. 21, 79도1249

24. ㉠ 형법상 업무방해죄의 보호대상이 되는 '업무'란 직업 또는 계속적으로 종사하는 사무나 사업으로서 타인의 위법한 침해로부터 형법상 보호할 가치가 있는 것이어야 하므로, 어떤 사무나 활동 자체가 위법의 정도가 중하여 사회생활상 도저히 용인될 수 없는 정도로 반사회성을 띠는 경우에는 업무방해죄 보호대상이 되는 '업무'에 해당한다고 볼 수 없다(대판 2011. 10. 13, 2011도7081).
    ㉡ 업무방해죄와 공무집행방해죄는 그 보호법익과 보호대상이 상이할 뿐만 아니라 업무방해죄의 행위유형에 비하여 공무집행방해죄의 행위유형은 보다 제한되어 있는 점 등에 비추어 보면, 형법이 업무방해죄와는 별도로 공무집행방해죄를 규정하고 있는 것은 사적 업무와 공무를 구별하여 공무에 관해서는 공무원에 대한 폭행, 협박 또는 위계의 방법으로 그 집행을 방해하는 경우에 한하여 처벌하겠다는 취지라고 보아야 할 것이고, 따라서 공무원이 직무상 수행하는 공무를 방해하는 행위에 대해서는 업무방해죄로 의율할 수는 없다고 해석함이 상당하다(대판 2010. 2. 25, 2008도9049).
    ㉢ 형법상 업무방해죄의 보호대상이 되는 '업무'라 함은 직업 기타 사회생활상의 지위에 기하여 계속적으로 종사하는 사무 또는 사업을 말하는 것인데, 주주로서 주주총회에서 의결권 등을 행사하는 것은 주식의 보유자로서 그 자격에서 권리를 행사하는 것에 불과할 뿐 그것이 '직업 기타 사회생활상의 지위에 기하여 계속적으로 종사하는 사무 또는 사업'에 해당한다고 할 수 없다(대판 2004. 10. 28, 2004도1256).

㉣ 종중 정기총회를 주재하는 종중 회장의 의사진행업무 자체는 1회성을 갖는 것이라고 하더라도 그것이 종중 회장으로서의 사회적인 지위에서 계속적으로 행하여 온 종중 업무수행의 일환으로 행하여진 것이라면, 그와 같은 의사진행업무도 형법 제314조 소정의 업무방해죄에 의하여 보호되는 업무에 해당된다(대판 1995. 10. 12, 95도1589).

25. ㉠ 시장관리규정에 따른 단전조치가 업무방해죄의 조각사유로서의 정당행위에 해당한다(대판 1994. 4. 15, 93도2899).
㉡ 피고인의 차를 손괴하고 도망하려는 피해자를 도망하지 못하게 멱살을 잡고 흔들어 피해자에게 전치 14일의 흉부찰과상을 가한 경우, 정당행위에 해당한다(대판 1999. 1. 26, 98도3029).
㉢ 외국에서 침구사자격을 취득하였으나 국내에서 침술행위를 할 수 있는 면허나 자격을 취득하지 못한 자가 단순한 수지침 정도의 수준을 넘어 체침을 시술한 경우, 사회상규에 위배되지 아니하는 무면허의료행위로 인정될 수 없다(대판 2002. 12. 26, 2002도5077).
㉣ 쟁의행위에 대한 찬반투표 실시를 위하여 전체 조합원이 참석할 수 있도록 근무시간 중에 노동조합 임시총회를 개최하고 3시간에 걸친 투표 후 1시간의 여흥시간을 가졌더라도 그 임시총회 개최행위가 전체적으로 노동조합의 정당한 행위에 해당한다(대판 1994. 2. 22, 93도613).

정답 및 해설 (2014년 3월 8일 시행)

정답

01. ③ 02. ③ 03. ① 04. ③ 05. ④ 06. ② 07. ② 08. ④ 09. ③ 10. ②
11. ② 12. ② 13. ① 14. ① 15. ① 16. ② 17. ③ 18. ② 19. ③ 20. ③
21. ② 22. ③ 23. ③ 24. ④ 25. ②

01. ① 대판 2002. 7. 26, 2001도6721
② 대판 2013. 11. 28, 2013도10011
③ 형법 제130조의 제3자뇌물제공죄는 공무원이 직무에 관하여 부정한 청탁을 받고 제3자에게 뇌물을 제공하게 하면 성립하는 죄로서, 이때 '부정한 청탁'이란 의뢰한 직무집행 자체가 위법·부당한 경우뿐 아니라 의뢰한 직무집행 자체는 위법하거나 부당하지 않더라도 당해 직무집행을 어떤 대가관계와 연결시켜 이에 관한 대가의 교부를 내용으로 하는 청탁이면 되고 반드시 명시적 의사표시에 의해서뿐 아니라 묵시적 의사표시에 의해서도 가능하지만, 묵시적 의사표시에 의한 부정한 청탁이 있다고 하기 위하여는 청탁의 대상이 되는 직무집행의 내용과 제3자에게 제공되는 금품이 그 직무집행에 대한 대가라는 점에 대하여 당사자 사이에 공통의 인식이나 양해가 있어야 한다. 따라서 그러한 인식이나 양해 없이 막연히 선처하여 줄 것이라는 기대나 직무집행과는 무관한 다른 동기에 의하여 제3자에게 금품을 공여한 경우에는 묵시적 의사표시에 의한 부정한 청탁이 있다고 볼 수 없다(대판 2011. 4. 14, 2010도12313).
④ 대판 2011. 11. 24, 2011도9585

02. ① 협의상 이혼의 의사표시가 기망에 의하여 이루어진 것일지라도 그것이 취소되

기까지는 유효하게 존재하는 것이므로, 협의상 이혼의사의 합치에 따라 이혼신고를 하여 호적에 그 협의상 이혼사실이 기재되었다면, 이는 공정증서원본불실기재죄에 정한 불실의 사실에 해당하지 않는다(대판 1997. 1. 24, 95도448).

② 가장매매에 인한 소유권이전등기를 경료하여도 그 당사자간에는 소유권이전등기를 경료시킬 의사는 있었던 것이므로 공정증서원본불실기재 및 동 행사죄는 성립하지 아니한다(대판 1972. 3. 28, 71도2417).

③ 대판 2012. 4. 26, 2009도5786

④ 근저당권은 근저당물의 소유자가 아니면 설정할 수 없으므로 타인의 부동산을 자기 또는 제3자의 소유라고 허위의 사실을 신고하여 소유권이전등기를 경료한 후 나아가 그 부동산이 자기 또는 당해 제3자의 소유인 것처럼 가장하여 그 부동산에 관하여 자기 또는 당해 제3자 명의로 채권자와의 사이에 근저당권설정등기를 경료한 경우에는 공정증서원본불실기재 및 동행사죄가 성립한다(대판 1997. 7. 25, 97도605).

03. ① 형법 규정상 체계, 협박의 행위 개념 등에 비추어 볼 때, 협박죄는 자연인만을 그 대상으로 예정하고 있을 뿐 법인은 협박죄의 객체가 될 수 없다(대판 2010. 7. 15, 2010도1017).

② 협박의 경우 행위자가 직접 해악을 가하겠다고 고지하는 것은 물론, 제3자로 하여금 해악을 가하도록 하겠다는 방식으로도 해악의 고지는 얼마든지 가능하다(대판 2006. 12. 8, 2006도6155).

③ 대판 2012. 8. 17, 2011도10451

④ 대판 2007. 6. 1, 2006도1125

04. ① 절도 범인으로부터 장물보관 의뢰를 받은 자가 그 정을 알면서 이를 인도받아 보관하고 있다가 임의 처분하였다 하여도 장물보관죄가 성립하는 때에는 이미 그 소유자의 소유물 추구권을 침해하였으므로 그 후의 횡령행위는 불가벌적 사후행위에 불과하여 별도로 횡령죄가 성립하지 않는다(대판 2004. 4. 9, 2003도8219).

② 예금인출동의행위는 이미 배임행위로써 이루어진 질권설정행위의 불가벌적 사후행위에 해당하는데도, 이와 달리 배임죄와 별도로 횡령죄까지 성립한다고 본 원심판결에 법리오해의 위법이 있다(대판 2012. 11. 29, 2012도10980).

③ 부동산에 피해자 명의의 근저당권을 설정하여 줄 의사가 없음에도 피해자를 속이고 근저당권설정을 약정하여 금원을 편취한 경우라 할지라도, 이러한 약정은 사기 등을 이유로 취소되지 않는 한 여전히 유효하여 피해자 명의의 근저당권설정등기를 하여 줄 임무가 발생하는 것이고, 그럼에도 불구하고 임무에 위배하여 그 부동산에 관하여 제3자 명의로 근저당권설정등기를 마친 경우, 이러한 배임행위는 금원을 편취한 사기죄와는 전혀 다른 새로운 보호법익을 침해하는 행위로서 사기 범행의 불가벌적 사후행위가 되는 것이 아니라 별죄를 구성한다(대판 2008. 3. 27, 2007도9328).
④ 그 임야에 관하여 다시 제3자 앞으로 근저당권설정등기를 경료해 준 행위는 불가벌적 사후행위로서 별도의 횡령죄를 구성하지 않는다(대판 2010. 2. 25, 2010도93).

05. ①, ② 대판 1983. 2. 8, 82도2486
③ 대판 2006. 5. 25, 2004도1313
④ 퀵서비스 운영자인 피고인이 허위사실을 유포하여 손님들로 하여금 불친절하고 배달을 지연시킨 사업체가 경쟁관계에 있는 피해자 운영의 퀵서비스인 것처럼 인식하게 한 사안에서, 위 행위가 신용훼손죄에 해당하지 않는다(대판 2011. 5. 13, 2009도5549).

06. ① 이미 판결이 확정된 죄에 대하여 금고 이상의 형이 선고되었다면 나머지 죄가 위 판결이 확정된 죄와 동시에 판결되었다고 하더라도 선고유예가 선고되었을 수 없을 것이다(대판 2010. 7. 8, 2010도931).
② 대판 2012. 9. 27, 2012도9295,
③ 형법 제37조의 후단 경합범에 대하여 심판하는 법원은 판결이 확정된 죄와 후단 경합범의 죄를 동시에 판결할 경우와 형평을 고려하여 후단 경합범의 처단형의 범위 내에서 후단 경합범의 선고형을 정할 수 있는 것이고, 그 죄와 판결이 확정된 죄에 대한 선고형의 총합이 두 죄에 대하여 형법 제38조를 적용하여 산출한 처단형의 범위 내에 속하도록 후단 경합범에 대한 형을 정하여야 하는 제한을 받는 것은 아니며, 후단 경합범에 대한 형을 감경 또는 면제할 것인지는 원칙적으로 그 죄에 대하여 심판하는 법원이 재량에 따라 판단할 수 있다(대판 2008. 9. 11, 2006도8376).
④ 무기징역에 처하는 판결이 확정된 죄와 형법 제37조의 후단 경합범의 관계에 있는 죄에 대하여 공소가 제기된 경우, 법원은 두 죄를 동시에 판결할 경우와

형평을 고려하여 후단 경합범에 대한 처단형의 범위 내에서 후단 경합범에 대한 선고형을 정할 수 있고, 형법 제38조 제1항 제1호가 형법 제37조의 전단 경합범 중 가장 중한 죄에 정한 처단형이 무기징역인 때에는 흡수주의를 취하였다고 하여 뒤에 공소제기된 후단 경합범에 대한 형을 필요적으로 면제하여야 하는 것은 아니다(대판 2008. 9. 11, 2006도8376).

07. ① 폭행 또는 협박으로 부녀를 강간한 경우에는 강간죄만 성립하고, 그것과 별도로 강간의 수단으로 사용된 폭행·협박이 형법상의 폭행죄나 협박죄 또는 폭력행위 등 처벌에 관한 법률 위반의 죄를 구성한다고는 볼 수 없으며, 강간죄와 이들 각 죄는 이른바 법조경합의 관계일 뿐이다(대판 2002. 5. 16, 2002도51).
② 대판 2013. 9. 12, 2013도5893
③ 형법 제297조가 정한 강간죄의 객체인 부녀에는 법률상 처가 포함되고, 혼인관계가 파탄된 경우뿐만 아니라 혼인관계가 실질적으로 유지되고 있는 경우에도 남편이 반항을 불가능하게 하거나 현저히 곤란하게 할 정도의 폭행이나 협박을 가하여 아내를 간음한 경우에는 강간죄가 성립한다고 보아야 한다(대판 2013. 5. 16, 2012도14788, 2012전도252).
④ 강간범이 강간행위 후에 강도의 범의를 일으켜 그 부녀의 재물을 강취하는 경우에는 강도강간죄가 아니라 강간죄와 강도죄의 경합범이 성립될 수 있을 뿐이지만, 강간행위의 종료 전 즉 그 실행행위의 계속 중에 강도의 행위를 할 경우에는 이때에 바로 강도의 신분을 취득하는 것이므로 이후에 그 자리에서 강간행위를 계속하는 때에는 강도가 부녀를 강간한 때에 해당하여 형법 제339조에 정한 강도강간죄를 구성한다(대판 2010. 12. 9, 2010도9630).

08. ① 형법 제295조의2
② 국외에 이송할 목적으로 사람을 약취 또는 유인하거나 약취 또는 유인된 사람을 국외에 이송한 사람도 2년 이상 15년 이하의 징역에 처한다(동법 제288조 제2항, 3항).
③ 형법의 개정(2013.4.5)으로 2013년 6.19,부터는 결혼할 목적으로 사람을 약취한 자는 친고죄에 해당하지 않아 피약취자의 고소가 없더라도 1년 이상 10년 이하의 징역에 처한다(동법 제288조제1항).
④ 베트남 국적 여성인 피고인이 남편 甲의 의사에 반하여 생후 약 13개월 된 자녀 乙을 주거지에서 데리고 나와 약취하고 베트남에 함께 입국함으로써 乙을 국외에 이송하였다고 하여 국외이송약취 및 피약취자국외이송으로 기소된

사안에서, 제반 사정을 종합할 때 피고인의 행위를 약취행위로 볼 수 없다(대판 2013. 6. 20, 2010도14328).

09. ①, ④ 대판 2012. 7. 12, 2012도1132
② 대판 2012. 4. 26, 2010도6334
③ 피고인이 자신의 모(母) 甲 명의로 구입·등록하여 甲에게 명의신탁한 자동차를 乙에게 담보로 제공한 후 乙 몰래 가져가 절취하였다는 내용으로 기소된 사안에서, 乙에 대한 관계에서 자동차의 소유자는 甲이고 피고인은 소유자가 아니므로 乙이 점유하고 있는 자동차를 임의로 가져간 이상 절도죄가 성립한다(대판 2012. 4. 26, 2010도11771).

10. (a) 일본으로 밀항하고자 공소외인에게 도항비로 일화 100만엔을 주기로 약속한 바 있었으나 그 후 이 밀항을 포기하였다면 이는 밀항의 음모에 지나지 않는 것으로 밀항의 예비정도에는 이르지 아니한 것이다(대판 1986. 6. 24, 86도437).
(b) 예비행위의 방조행위는 방조범으로서 처단할 수 없다(대판 1979. 11. 27, 79도2201).
(c) 대판 1999. 4. 9, 99도424
(d) 살인죄를 범할 목적 및 살인의 준비에 관한 고의뿐만 아니라 살인죄의 실현을 위한 준비행위를 하였음을 인정할 수 있다는 이유로 살인예비죄의 성립을 인정하였다(대판 2009. 10. 29, 2009도7150).
(e) 2인 이상이 범죄에 공동가공하는 공범관계에 있어서 공모는, 법률상 어떤 정형을 요구하는 것이 아니고 2인 이상이 공모하여 범죄에 공동가공하여 범죄를 실현하려는 의사의 결합만 있으면 되는 것으로서, 비록 전체의 모의과정이 없었다고 하더라도 수인 사이에 순차적으로 또는 암묵적으로 상통하여 그 의사의 결합이 이루어지면 공모관계가 성립한다(대판 1999. 5. 25, 99도949).
(f) 중지범은 범죄의 실행에 착수한 후 자의로 그 행위를 중지한 때를 말하는 것이고 실행의 착수가 있기 전인 예비음모의 행위를 처벌하는 경우에 있어서 중지범의 관념은 이를 인정할 수 없다(대판 1999. 4. 9, 99도424).

11. ① 대판 2003. 7. 25, 2003도180
② 증인의 증언은 그 전부를 일체로 관찰·판단하는 것이므로 선서한 증인이 일단

기억에 반하는 허위의 진술을 하였더라도 그 신문이 끝나기 전에 그 진술을 철회·시정한 경우 위증이 되지 아니한다(대판 2010. 9. 30, 2010도7525).
③ 위증죄는 법률에 의하여 선서한 증인이 허위의 공술을 한 때에 성립하는 것으로서, 그 공술의 내용이 당해 사건의 요증사실에 관한 것인지의 여부나 판결에 영향을 미친 것인지의 여부는 위증죄의 성립과 아무런 관계가 없다(대판 1990. 2. 23, 89도1212).
④ 위증죄에 있어서의 허위의 공술이란 증인이 자기의 기억에 반하는 사실을 진술하는 것을 말하는 것으로서 그 내용이 객관적 사실과 부합한다고 하여도 위증죄의 성립에 장애가 되지 않는다(대판 1989. 1. 17, 88도580).

12. ① 대판 1994. 12. 22, 94도2528
② 甲이 乙의 돈을 절취한 다음 다른 금전과 섞거나 교환하지 않고 쇼핑백 등에 넣어 자신의 집에 숨겨두었는데, 피고인이 乙의 지시로 丙과 함께 甲에게 겁을 주어 위 돈을 교부받아 갈취하였다고 하여 폭력행위 등 처벌에 관한 법률 위반(공동공갈)으로 기소된 사안에서, 위 금전을 타인인 甲의 재물이라고 할 수 없어 공갈죄가 성립된다고 볼 수 없다(대판 2012. 8. 30, 2012도6157).
③ 대판 2005. 9. 29, 2005도4738
④ 대판 2013. 4. 11, 2010도13774

13. ① 대판 1990. 5. 25, 90도607
② 노상에 세워 놓은 자동차 안에 있는 물건을 훔칠 생각으로 자동차의 유리창을 통하여 그 내부를 손전등으로 비추어 본 것에 불과하다면 비록 유리창을 따기 위해 면장갑을 끼고 있었고 칼을 소지하고 있었다 하더라도 절도의 예비행위로 볼 수는 있겠으나 타인의 재물에 대한 지배를 침해하는데 밀접한 행위를 한 것이라고는 볼 수 없어 절취행위의 착수에 이른 것이었다고 볼 수 없다(대판 1985. 4. 23, 85도464).
③ 피고인이 방화의 의사로 뿌린 휘발유가 인화성이 강한 상태로 주택주변과 피해자의 몸에 적지 않게 살포되어 있는 사정을 알면서도 라이터를 켜 불꽃을 일으킴으로써 피해자의 몸에 불이 붙은 경우, 비록 외부적 사정에 의하여 불이 방화 목적물인 주택 자체에 옮겨 붙지는 아니하였다 하더라도 현존건조물방화죄의 실행의 착수가 있었다고 봄이 상당하다(대판 2002. 3. 26, 2001도6641).
④ 소송사기는 법원을 기망하여 자기에게 유리한 판결을 얻고 이에 터잡아 상대

방으로부터 재물의 교부를 받거나 재산상 이익을 취득하는 것을 말하는 것으로서 소송에서 주장하는 권리가 존재하지 않는 사실을 알고 있으면서도 법원을 기망한다는 인식을 가지고 소를 제기하면 이로써 실행의 착수가 있고 소장의 유효한 송달을 요하지 아니한다고 할 것인바, 이러한 법리는 제소자가 상대방의 주소를 허위로 기재함으로써 그 허위주소로 소송서류가 송달되어 그로 인하여 상대방 아닌 다른 사람이 그 서류를 받아 소송이 진행된 경우에도 마찬가지로 적용된다(대판 2006. 11. 10, 2006도5811).

14. ① 외교상기밀누설죄는 형법 제5조에 명시되어 있지 않은 국교에 관한 죄에 규정되어 있어 우리 형법이 적용되지 않는다.
② 형법 제103조
③ 동법 제106조
④ 동법 제221조

내란의 죄, 외환의 죄, 국기에 관한 죄, 통화에 관한 죄, 유가증권, 우표와 인지에 관한 죄, 문서에 관한 죄 중 제225조 내지 제230조, 인장에 관한 죄 중 제238조의 법은 대한민국 영역 외에서 죄를 범한 외국인에게 적용한다(형법 제5조).

15. ① 대판 2011. 7. 28, 2009도11104
② 경찰청 민원실에서 말똥을 책상 및 민원실 바닥에 뿌리고 소리를 지르는 등 난동을 부린 행위가 '위력'으로 경찰관의 민원접수 업무를 방해한 것이라는 이유로 업무방해에 해당한다고 본 원심판결에 법리오해의 위법이 있다(대판 2010. 2. 25, 2008도9049).
③ 공무원의 직무 수행에 대한 비판이나 시정 등을 요구하는 집회·시위 과정에서 일시적으로 상당한 소음이 발생하였다는 사정만으로는 이를 공무집행방해죄에서의 음향으로 인한 폭행이 있었다고 할 수는 없다(대판 2009. 10. 29, 2007도3584).
④ 불법주차 차량에 불법주차 스티커를 붙였다가 이를 다시 떼어 낸 직후에 있는 주차단속 공무원을 폭행한 경우, 폭행 당시 주차단속 공무원은 일련의 직무수행을 위하여 근무 중인 상태에 있었다고 보아야 한다는 이유로 공무집행방해죄의 성립한다(대판 1999. 9. 21, 99도383).

16. ① 대판 2000. 3. 28, 2000도228

② 독립된 상해행위나 폭행행위가 경합하여 사망의 결과가 일어나고 그 사망의 원인된 행위가 판명되지 않은 경우에는 공동정범의 예에 의하여 처벌할 것이다(대판 2000. 7. 28, 2000도2466).
③ 대판 1996. 5. 10, 96도529
④ 대판 2000. 5. 12. 2000도745

17. ① 대판 1980. 11. 11, 80도131
② 대판 2010. 7. 29, 2010도5795
③ 친족 간의 범행에 관한 규정이 적용되기 위한 친족관계는 원칙적으로 범행 당시에 존재하여야 하는 것이지만, 부가 혼인 외의 출생자를 인지하는 경우에 있어서는 민법 제860조에 의하여 그 자의 출생시에 소급하여 인지의 효력이 생기는 것이며, 이와 같은 인지의 소급효는 친족상도례에 관한 규정의 적용에도 미친다고 보아야 할 것이므로, 인지가 범행 후에 이루어진 경우라고 하더라도 그 소급효에 따라 형성되는 친족관계를 기초로 하여 친족상도례의 규정이 적용된다(대판 1997. 1. 24, 96도1731).
④ 대판 1976. 4. 13, 75도781

18. ① 대판 2003. 5. 16, 2003도373
② 소송사기에 있어 피기망자인 법원의 재판은 피해자의 처분행위에 갈음하는 내용과 효력이 있는 것이어야 하므로, 피고인이 타인과 공모하여 그 공모자를 상대로 제소하여 의제자백의 판결을 받아 이에 기하여 부동산의 소유권이전등기를 하였다고 하더라도 이는 소송 상대방의 의사에 부합하는 것으로서 착오에 의한 재산적 처분행위가 있다고 할 수 없어 동인으로부터 부동산을 편취한 것이라고 볼 수 없고, 또 그 부동산의 진정한 소유자가 따로 있다고 하더라도 피고인이 의제자백판결에 기하여 그 진정한 소유자로부터 소유권을 이전받은 것이 아니므로 그 소유자로부터 부동산을 편취한 것이라고 볼 여지도 없다(대판 1997. 12. 23, 97도2430).
③ 대판 2007. 9. 6, 2006도3591
④ 대판 2012. 11. 15, 2012도9603

19. (a) 대판 2007. 6. 29, 2005도3832
(b) 제왕절개 수술의 경우 '의학적으로 제왕절개 수술이 가능하였고 규범적으로 수술이 필요하였던 시기(時期)'는 판단하는 사람 및 상황에 따라 다를 수

있어, 분만개시 시점 즉, 사람의 시기(始期)도 불명확하게 되므로 이 시점을 분만의 시기(始期)로 볼 수는 없다(대판 2007. 6. 29, 2005도3832).
(c) 태아를 사망에 이르게 하는 행위가 임산부 신체의 일부를 훼손하는 것이라거나 태아의 사망으로 인하여 그 태아를 양육, 출산하는 임산부의 생리적 기능이 침해되어 임산부에 대한 상해가 된다고 볼 수는 없다(대판 2007. 6. 29, 2005도3832).
(d) 산부인과 의사인 피고인이 약물에 의한 유도분만의 방법으로 낙태시술을 하였으나 태아가 살아서 미숙아 상태로 출생하자 그 미숙아에게 염화칼륨을 주입하여 사망하게 한 사안에서, 염화칼륨 주입행위를 낙태를 완성하기 위한 행위에 불과한 것으로 볼 수 없고, 살아서 출생한 미숙아가 정상적으로 생존할 확률이 적다고 하더라도 그 상태에 대한 확인이나 최소한의 의료행위도 없이 적극적으로 염화칼륨을 주입하여 미숙아를 사망에 이르게 하였다면 피고인에게는 미숙아를 살해하려는 범의가 인정된다(대판 2005. 4. 15, 2003도2780).
(e) 대판 1984. 1. 24, 83도2813

20. 대법원 양형위원회의 시행 중인 양형 기준 : 살인범죄, 뇌물범죄, 성범죄, 강도범죄, 횡령·배임범죄, 위증범죄, 무고범죄, 약취·유인·인신매매범죄, 사기범죄, 절도범죄, 공·사문서범죄, 공무집행방해범죄, 식품·보건범죄, 마약범죄, 증권·금융범죄, 지식재산권범죄, 폭력범죄, 교통범죄, 선거범죄, 조세범죄, 공갈범죄, 방화범죄, 배임수증재범죄, 변호사법위반범죄, 성매매범죄, 체포·감금·유기·학대범죄이다.
③ 배임수재죄는 제정되어 있지 않다.

21. (a) 간접교사도 타인을 교사하여 죄를 범한자에 해당한다고 보아야 하므로 교사범과 같이 처벌하여야 한다는 견해의 대립이 있으나 대법원은 간접교사를 교사범으로 처벌하고 있다
(b) 대판 1991. 5. 14, 91도542,
(c) 정범에게 범죄의 습벽이 있어 그 습벽과 함께 교사행위가 원인이 되어 정범이 범죄를 실행한 경우에도 교사범의 성립에 영향이 없다(대판 1991. 5. 14, 91도542).
(d) 대판 2007. 5. 31, 2007도1903
(e) 형법 제31조 제1항은 협의의 공범의 일종인 교사범이 그 성립과 처벌에 있어

서 정범에 종속한다는 일반적인 원칙을 선언한 것에 불과하고, 신분관계로 인하여 형의 경중이 있는 경우에 신분이 있는 자가 신분이 없는 자를 교사하여 죄를 범하게 한 때에는 형법 제33조 단서가 형법 제31조 제1항에 우선하여 적용됨으로써 신분이 있는 교사범이 신분이 없는 정범보다 중하게 처벌된다(대판 1994. 12. 23, 93도1002).

22. ① 대판 2006. 4. 13, 2005도9396
② 대판 1976. 7. 13, 75도1205
③ 母가 갑자기 기절을 하여 이를 치료하기 위하여 군무를 이탈하였다하더라도 이는 본조 범행의 동기에 불과하므로 이를 법률상 긴급피난에 해당한고 할 수 없다(대판 1969. 6. 10, 69도690).
④ 대판 1990. 8. 14, 90도870

23. ① 대판 1986. 7. 8, 86도861
② 대판 1983. 4. 26, 83도416
③ 간첩이란 적국을 위하여 국가기밀 사항을 탐지 수집하는 행위를 지칭하는 것이므로 무전기를 매몰하는 행위를 간첩행위로 볼 수 없다 하겠으니 이를 망보아 준 행위는 간첩방조죄를 구성하지 않는다(대판 1983. 4. 26, 83도416).
④ 대판 1982. 11. 23, 82도2201

24. ① 대판 2008. 3. 27, 2007도7874
② 대판 2007. 7. 27, 2007도768
③ 대판 1999. 1. 12, 98모151
④ 집행유예의 선고를 받은 자가 유예기간 중 고의로 범한 죄로 금고 이상의 실형을 선고받아 그 판결이 확정된 때에는 집행유예의 선고는 효력을 잃는다(형법 제63조).

25. ① 징역 또는 금고는 무기 또는 유기로 하고 유기는 1개월 이상 30년 이하로 한다. 단, 유기징역 또는 유기금고에 대하여 형을 가중하는 때에는 50년까지로 한다(형법 제42조).
② 구류형의 경우 집행유예나 선고유예를 할 수 없어 이론상 3년 징역형을 선고받은 사람은 집행을 유예받을 수 있지만, 20일 구류형을 선고받은 사람은 유예가 불가능하다.

③ 자격정지는 1년 이상 15년 이하로 한다(동법 제44조).
④ 과료는 2천원 이상 5만원 미만으로 하는 금전적 형벌을 가하는 재산형이다.

정답 및 해설(2015년 3월 7일 시행)

정답

01. ③ 02. ② 03. ④ 04. ④ 05. ④ 06. ① 07. ④ 08. ③ 09. ④ 10. ④
11. ③ 12. ④ 13. ① 14. ② 15. ② 16. ② 17. ② 18. ④ 19. ① 20. ③
21. ④ 22. ① 23. ② 24. ① 25. ③

01. ① 대판 2009. 12. 24, 2009도9667
② 대판 2005. 9. 28, 2005도3065
③ 태풍 피해복구보조금 지원절차가 행정당국에 의한 실사를 거쳐 피해자로 확인된 경우에 한하여 보조금 지원신청을 할 수 있도록 되어 있는 경우, 피해신고는 국가가 보조금의 지원 여부 및 정도를 결정함에 있어 그 직권조사를 개시하기 위한 참고자료에 불과하다는 이유로 허위의 피해신고만으로는 위 보조금 편취범행의 실행에 착수한 것이라고 볼 수 없다(대판 1999. 3. 12, 98도3443).
④ 대판 2006. 11. 10, 2006도5811

02. ① 대판 1997. 6. 13, 97도957
② 피고인이 장롱 안에 있는 옷가지에 불을 놓아 건물을 소훼하려 하였으나 불길이 치솟는 것을 보고 겁이 나서 물을 부어 불을 끈 것이라면, 위와 같은 경우 치솟는 불길에 놀라거나 자신의 신체안전에 대한 위해 또는 범행 발각시의 처벌 등에 두려움을 느끼는 것은 일반 사회통념상 범죄를 완수함에 장애가 되는 사정에 해당한다고 보아야 할 것이므로, 이를 자의에 의한 중지미수라고는 볼 수 없다(대판 1997. 6. 13, 97도957).

③ 대판 1993. 10. 12, 93도1851
④ 대판 1999. 4. 13, 99도640

03. ① 대판 1987. 1. 20, 86도2395
② 대판 2000. 7. 4, 99도4341
③ 대판 2003. 1. 10, 2000도5716
④ 골프경기를 하던 중 골프공을 쳐서 아무도 예상하지 못한 자신의 등 뒤편으로 보내어 등 뒤에 있던 경기보조원(캐디)에게 상해를 입힌 경우에는 주의의무를 현저히 위반하여 사회적 상당성의 범위를 벗어난 행위로서 과실치상죄가 성립한다(대판 2008. 10. 23, 2008도6940).

04. 모두 옳은 설명에 해당한다.
㉮ 대판 1995. 1. 12, 94도2781
㉯ 대판 2007. 12. 28, 2007도5204
㉰ 대판 1970. 9. 17, 70도1473
㉱ 대판 2004. 8. 20, 2003도4732

05. ① 대판 2007. 9. 6, 2006도3591
② 대판 2011. 9. 8, 2011도7262
③ 대판 2002. 1. 11, 2000도1881
④ 허위내용의 서류를 작성하여 이를 증거로 제출하거나 위증을 시키는 등의 적극적인 방법으로 법원을 기망하여 착오에 빠지게 한 결과 승소확정판결을 받음으로써 자기의 재산상의 의무이행을 면하게 된 경우에는 그 재산가액 상당에 대하여 사기죄가 성립한다(대판 2004. 3. 12, 2003도333).

06. ① 부동산에 대한 공갈죄는 그 부동산에 관하여 소유권이전등기를 경료받거나 또는 인도를 받은 때에 기수로 되는 것이고, 소유권이전등기에 필요한 서류를 교부 받은 때에 기수로 되어 그 범행이 완료되는 것은 아니다(1992. 9. 14, 92도1506).
② 대판 2012. 8. 30, 2012도6157
③ 대판 1989. 2. 28, 87도690
④ 대판 1994. 5. 27, 94도617

07. ① 대판 2008. 10. 9, 2008도7034
② 대판 2011. 11. 24, 2011도9585
③ 대판 2014. 5. 16, 2014도1547
④ 몰수는 범죄에 의한 이득을 박탈하는 데 그 취지가 있고, 추징도 이러한 몰수의 취지를 관철하기 위한 것인 점 등에 비추어 볼 때, 몰수할 수 없는 때에 추징하여야 할 가액은 범인이 그 물건을 보유하고 있다가 몰수의 선고를 받았더라면 잃었을 이득상당액을 의미하므로, 다른 특별한 사정이 없는 한 그 가액산정은 재판선고 시의 가격을 기준으로 하여야 한다(대판 2008. 10. 9, 2008도6944).

08. ① 대판 1995. 5. 12, 95도425
② 대판 1984. 2. 28, 83도3321
③ 피고인이 좌회전 금지구역에서 좌회전한 것은 잘못이나 이러한 경우에도 피고인으로서는 50여 미터 후방에서 따라오던 후행차량이 중앙선을 넘어 피고인 운전차량의 좌측으로 돌진하는 등 극히 비정상적인 방법으로 진행할 것까지를 예상하여 사고발생 방지조치를 취하여야 할 업무상 주의의무가 있다고 할 수는 없고, 따라서 좌회전 금지구역에서 좌회전한 행위와 사고발생 사이에 상당인과관계가 인정되지 아니한다(대판 1996. 5. 28, 95도1200).
④ 대판 2007. 10. 26, 2005도8822

09. ① 대판 1997. 3. 20, 96도1167
② 대판 2008. 7. 24, 2008어4
③ 대판 2012.3.22., 2011도15057, 2011전도249
④ 대법원 양형위원회의 양형기준은 법관이 합리적인 양형을 정하는 데 참고할 수 있는 구체적이고 객관적인 기준으로서 마련된 것이다. 위 양형기준은 법적 구속력을 가지지 아니하고 단지 위와 같은 취지로 마련되어 그 내용의 타당성에 의하여 일반적인 설득력을 가지는 것으로 예정되어 있으므로 법관의 양형에 있어서 그 존중이 요구되는 것일 뿐이다. 그렇다면 법관이 형을 양정함에 있어서 참고할 수 있는 자료에 달리 제한이 있는 것도 아닌 터에 원심이 위 양형기준이 발효하기 전에 법원에 공소가 제기된 이 사건 범죄에 관하여 형을 양정함에 있어서 위 양형기준을 참고자료로 삼았다고 하여, 거기에 상고이유로 주장하는 바와 같이 피고인에게 불리한 법률을 소급하여 적용한 위법이

있다고 할 수 없다(대판 2009. 12. 10, 2009도11448).

10. 모두 옳은 예문에 해당한다.
㉮ 대판 2012. 7. 26, 2011도8805
㉯ 대판 2013. 1. 16, 2011도7164, 2011전도124
㉰ 대판 2003. 10. 24, 2003도5322
㉱ 대판 2006. 1. 13, 2005도6791

11. ① 대판 2014. 1. 16, 2013도11649
② 대판 2013. 6. 13, 2013도4737
③ 타인의 사무를 처리하는 자가 동일인으로부터 그 직무에 관하여 부정한 청탁을 받고 여러 차례에 걸쳐 금품을 수수한 경우, 그것이 단일하고도 계속된 범의 아래 일정기간 반복하여 이루어진 것이고 그 피해법익도 동일한 때에는 이를 포괄일죄로 보아야 한다. 다만, 여러 사람으로부터 각각 부정한 청탁을 받고 그들로부터 각각 금품을 수수한 경우에는 비록 그 청탁이 동종의 것이라고 하더라도 단일하고 계속된 범의 아래 이루어진 범행으로 보기 어려워 그 전체를 포괄일죄로 볼 수 없다(대판 2008. 12. 11, 2008도6987).
④ 대판 2009. 7. 23., 2007도541

12. ① 대판 2002. 10. 25, 2002도4089
② 형법 제31조제2항
③ 대판 2005. 4. 29, 2003도6056
④ 종범은 정범이 실행행위에 착수하여 범행을 하는 과정에서 이를 방조한 경우뿐 아니라, 정범의 실행의 착수 이전에 장래의 실행행위를 미필적으로나마 예상하고 이를 용이하게 하기 위하여 방조한 경우에도 그 후 정범이 실행행위에 나아갔다면 성립할 수 있다(대판 2013. 11. 14, 2013도7494).

13. ① 대판 2010. 12. 9, 2010도6256
② 절도 범인으로부터 장물보관 의뢰를 받은 자가 그 정을 알면서 이를 인도받아 보관하고 있다가 임의 처분하였다 하여도 장물보관죄가 성립하는 때에는 이미 그 소유자의 소유물 추구권을 침해하였으므로 그 후의 횡령행위는 불가벌적 사후행위에 불과하여 별도로 횡령죄가 성립하지 않는다(대판 2004. 4. 9, 2003도8219).

③ 본범자와 공동하여 장물을 운반한 경우에 본범자는 장물죄에 해당하지 않으나 그 외의 자의 행위는 장물운반죄를 구성하므로, 피고인이 본범이 절취한 차량이라는 정을 알면서도 본범 등으로부터 그들이 위 차량을 이용하여 강도를 하려 함에 있어 차량을 운전해 달라는 부탁을 받고 위 차량을 운전해 준 경우, 피고인은 강도예비와 아울러 장물운반의 고의를 가지고 위와 같은 행위를 하였다고 봄이 상당하다(대판 1999. 3. 26, 98도3030).
④ 직계혈족, 배우자, 동거친족, 동거가족 또는 그 배우자간의 장물취득, 알선의 죄는 그 형을 면제한다(형법 제365조제2항).

14. ① 부동산에 관한 횡령죄에 있어서 타인의 재물을 보관하는 자의 지위는 동산의 경우와는 달리 부동산에 대한 점유의 여부가 아니라 부동산을 제3자에게 유효하게 처분할 수 있는 권능의 유무에 따라 결정하여야 하므로, 부동산을 공동으로 상속한 자들 중 1인이 부동산을 혼자 점유하던 중 다른 공동상속인의 상속지분을 임의로 처분하여도 그에게는 그 처분권능이 없어 횡령죄가 성립하지 아니한다(대판 2000. 4. 11, 2000도565).
② 대판 2011. 11. 24, 2010도5014
③ 동업자 사이에 손익분배의 정산이 되지 아니하였다면 동업자의 한 사람이 임의로 동업자들의 합유에 속하는 동업재산을 처분할 권한이 없는 것이므로, 동업자의 한 사람이 동업재산을 보관 중 임의로 횡령하였다면 지분비율에 관계없이 임의로 횡령한 금액 전부에 대하여 횡령죄의 죄책을 부담한다(대판 2000. 11. 10, 2000도3013).
④ 계약명의신탁 방식으로 명의수탁자가 당사자가 되어 명의신탁약정이 있다는 사실을 알고 있는 소유자로부터 부동산을 매수하는 계약을 체결한 후 명의수탁자 앞으로 소유권이전등기가 행하여진 경우, 명의수탁자가 명의신탁자에 대한 관계에서 횡령죄의 '타인의 재물을 보관하는 자'의 지위에 있다고 볼 수도 없다(대판 2012. 12. 13, 2010도10515).

15. ① 대판 1990. 9. 11, 90도1021
② 절취한 타인의 신용카드를 이용하여 현금지급기에서 계좌이체를 한 행위는 컴퓨터등사용사기죄에서 컴퓨터 등 정보처리장치에 권한 없이 정보를 입력하여 정보처리를 하게 한 행위에 해당함은 별론으로 하고 이를 절취행위라고 볼 수는 없고, 한편 위 계좌이체 후 현금지급기에서 현금을 인출한 행위는 자신의 신용카드나 현금카드를 이용한 것이어서 이러한 현금인출이 현금지급

기 관리자의 의사에 반한다고 볼 수 없어 절취행위에 해당하지 않으므로 절도죄를 구성하지 않는다(대판 2008. 6. 12, 2008도2440).
③ 대판 2007. 1. 11, 2006도4498
④ 대판 1994. 8. 12, 94도1487

16. ① 야간에 타인의 집의 창문을 열고 집 안으로 얼굴을 들이미는 등의 행위를 하였다면 피고인이 자신의 신체의 일부가 집 안으로 들어간다는 인식하에 하였더라도 주거침입죄의 범의는 인정되고, 또한 비록 신체의 일부만이 집 안으로 들어갔다고 하더라도 사실상 주거의 평온을 해하였다면 주거침입죄는 기수에 이르렀다(대판 1995. 9. 15, 94도2561).
② 주거침입죄에 있어서 주거란 단순히 가옥 자체만을 말하는 것이 아니라 그 정원 등 위요지를 포함한다. 따라서 다가구용 단독주택이나 다세대주택·연립주택·아파트 등 공동주택 안에서 공용으로 사용하는 엘리베이터, 계단과 복도는 주거로 사용하는 각 가구 또는 세대의 전용 부분에 필수적으로 부속하는 부분으로서 그 거주자들에 의하여 일상생활에서 감시·관리가 예정되어 있고 사실상의 주거의 평온을 보호할 필요성이 있는 부분이므로, 다가구용 단독주택이나 다세대주택·연립주택·아파트 등 공동주택의 내부에 있는 엘리베이터, 공용 계단과 복도는 특별한 사정이 없는 한 주거침입죄의 객체인 '사람의 주거'에 해당한다(대판 2009. 9. 10, 2009도4335).
③ 타인의 주거에 거주자의 의사에 반하여 들어가는 경우에는 주거침입죄가 성립하며, 이 때 거주자의 의사라 함은 명시적인 경우뿐만 아니라 묵시적인 경우도 포함되고 주변사정에 따라서는 거주자의 반대의사가 추정될 수도 있다(대판 2003. 5. 30, 2003도1256).
④ 출입문이 열려 있으면 안으로 들어가겠다는 의사 아래 출입문을 당겨보는 행위는 바로 주거의 사실상의 평온을 침해할 객관적인 위험성을 포함하는 행위를 한 것으로 볼 수 있어 그것으로 주거침입의 실행에 착수한 것으로 보아야 한다(대판 2006. 9. 14, 2006도2824).

17. ① 대판 2013. 11. 28, 2013도5117
② 신규직원 채용권한을 가지고 있는 지방공사 사장이 시험업무 담당자들에게 지시하여 상호 공모 내지 양해하에 시험성적조작 등의 부정한 행위를 한 경우, 법인인 공사에게 신규직원 채용업무와 관련하여 오인·착각 또는 부지를 일으키게 한 것이 아니므로, '위계'에 의한 업무방해죄에 해당하지 않는다(대

판 2007. 12. 27, 2005도6404).
③ 의료인이나 의료법인이 아닌 자가 의료기관을 개설하여 운영하는 행위는 그 위법의 정도가 중하여 사회생활상 도저히 용인될 수 없는 정도로 반사회성을 띠고 있으므로 업무방해죄의 보호대상이 되는 '업무'에 해당하지 않는다(대판 2001. 11. 30, 2001도2015).
④ 대판 2002. 8. 23, 2001도5592

18. ① 대판 2002. 9. 6, 2002도2812
② 대판 1984. 4. 10, 84도353
③ 대판 1985. 10. 8, 85도1851
④ 특수주거침입죄는 흉기 기타 위험한 물건을 휴대하여 타인의 주거나 건조물 등에 침입함으로써 성립하는 범죄이므로, 수인이 흉기를 휴대하여 타인의 건조물에 침입하기로 공모한 후 그중 일부는 밖에서 망을 보고 나머지 일부만이 건조물 안으로 들어갔을 경우에 있어서 특수주거침입죄의 구성요건이 충족되었다고 볼 수 있는지의 여부는 직접 건조물에 들어간 범인을 기준으로 하여 그 범인이 흉기를 휴대하였다고 볼 수 있느냐의 여부에 따라 결정되어야 할 것이다. 그런데 원심이 인용한 제1심판결의 증거를 기록에 대조하여 검토하여 보면, 당시 흉기가 보관되어 있던 차량은 피고인 등이 침입한 위 건물로부터 약 30 내지 50미터 떨어진 거리에 있었고, 차량 안에 남아 있던 다른 피고인들은 만약의 사태에 대비하면서 차량 안에 남아서 유심히 주위의 동태를 살피다가 피고인 등이 도망치는 모습을 발견하고서는 그대로 차를 운전하여 도주한 사실을 인정할 수 있는바, 그렇다면 위 건물 안으로 들어간 피고인 등 범인들을 기준으로 할 경우에 그들이 위 건조물에 들어갈 때 30 내지 50여미터 떨어진 거리에 세워진 차 안에 있던 흉기를 휴대하고 있었다고는 볼 수 없을 것이다. 그렇다면 판시 특수주거침입의 공소사실에 대하여 유죄로 인정한 원심판결은 특수주거침입죄에 대한 법리를 오해한 위법이 있다고 하지 않을 수 없다(대판 1994. 10. 11, 94도1991).

19. ① 사형, 무기 또는 장기 4년 이상의 징역에 해당하는 범죄(범죄단체 등의 조직)를 목적으로 하는 단체 또는 집단을 조직하거나 이에 가입 또는 그 구성원으로 활동한 사람은 그 목적한 죄에 정한 형으로 처벌한다(형법 제114조).
② 대판 1981. 11. 24, 81도2608
③ 대판 2002. 3. 26, 2001도6641

④ 대판 2007. 3. 16, 2006도9164

20. ① 대판 2014. 1. 29, 2013도13937
② 뇌물죄에서 말하는 '직무'에는 법령에 정하여진 직무뿐만 아니라 그와 관련 있는 직무, 과거에 담당하였거나 장래에 담당할 직무 외에 사무분장에 따라 현실적으로 담당하지 않는 직무라도 법령상 일반적인 직무권한에 속하는 직무 등 공무원이 그 직위에 따라 공무로 담당할 일체의 직무로서 직무와 밀접한 관계가 있는 행위 또는 관례상이나 사실상 소관하는 직무행위도 포함한다(대판 2000. 1. 28, 99도4022).
③ 법령에 기한 임명권자에 의하여 임용되어 공무에 종사하여 온 사람이 나중에 그가 임용결격자이었음이 밝혀져 당초의 임용행위가 무효라고 하더라도, 그가 임용행위라는 외관을 갖추어 실제로 공무를 수행한 이상 공무 수행의 공정과 그에 대한 사회의 신뢰 및 직무행위의 불가매수성은 여전히 보호되어야 한다. 따라서 이러한 사람은 형법 제129조에서 규정한 공무원으로 봄이 타당하고, 그가 그 직무에 관하여 뇌물을 수수한 때에는 수뢰죄로 처벌할 수 있다(대판 2014. 3. 27, 2013도11357).
④ 대판 2009. 7. 23, 2009도3924

21. ① 대판 2002. 4. 12, 2000도3485
② 대판 2008. 10. 9, 2008도3640
③ 대판 2010. 10. 28, 2008도9590
④ 직무를 집행하는 공무원에 대하여 위험한 물건을 휴대하여 고의로 상해를 가한 경우에는 특수공무집행방해치상죄만 성립할 뿐, 이와는 별도로 폭력행위 등 처벌에 관한 법률 위반(집단·흉기 등 상해)죄를 구성하지 않는다(대판 2008.1 1. 27, 2008도7311).

22. ㉮ 형법 제228조에서 말하는 공정증서란 권리의무에 관한 공정증서만을 가리키는 것이고 사실증명에 관한 것은 이에 포함되지 아니하므로 권리의무에 변동을 주는 효력이 없는 토지대장은 위에서 말하는 공정증서에 해당하지 아니한다(대판 1988. 5. 24, 87도2696).
㉯ 공정증서원본불실기재죄는 공무원에 대하여 허위신고를 하여 공정증서원본에 진실에 반하는 사실을 기재하게 함으로써 성립하는 것이므로, 유상증자 등기의 신청시 발행주식 총수 및 자본의 총액이 증가한 사실이 허위임을 알면서

증자등기를 신청하여 상업등기부원본에 그 기재를 하게 한 경우, 등기신청서류로 제출된 주금납입금보관증명서가 위조된 것임을 몰랐다고 하더라도 공정증서원본불실기재죄가 성립한다(대판 2006. 10. 26, 2006도5147).
㉰ 형법 제228조에서 말하는 공정증서란 권리의무에 관한 공정증서를 가리키는 것이라 할 것이므로 공증인이 인증한 사서증서는 위 법조에서 말하는 공정증서원본이 될 수 없다(대판 1984. 10. 23, 84도1217).
㉱ 사업자등록증은 단순한 사업사실의 등록을 증명하는 증서에 불과하고 그에 의하여 사업을 할 수 있는 자격이나 요건을 갖추었음을 인정하는 것은 아니라고 할 것이어서 형법 제228조제1항에 정한 '등록증'에 해당하지 않는다(대판 2005. 7. 15, 2003도6934).

23. ① 대판 2006. 5. 25, 2005도2049
② 기자를 통해 사실을 적시하는 경우에는 기사화되어 보도되어야만 적시된 사실이 외부에 공표된다고 보아야 할 것이므로 기자가 취재를 한 상태에서 아직 기사화하여 보도하지 아니한 경우에는 전파가능성이 없다고 할 것이어서 공연성이 없다고 봄이 상당하다(대판 2000. 5. 16, 99도5622).
③ 대판 2000. 10. 10, 99도5407
④ 대판 2011. 8. 18, 2011도6904

24. ① 피고인이 사립대학교 교수인 피해자들로 하여금 징계처분을 받게 할 목적으로 국민권익위원회에서 운영하는 범정부 국민포털인 국민신문고에 민원을 제기한 사안에서, 피해자들은 사립학교 교원이므로 피고인의 행위가 무고죄에 해당하지 않는다(대판 2014. 7. 24, 2014도6377).
② 대판 1995. 12. 5, 95도1908
③ 대판 2008. 10. 23, 2008도4852
④ 대판 1996. 2. 9, 95도2652

25. ㉯, ㉰, ㉱가 옳은 예문에 해당한다.
㉮ 형의 집행을 유예하는 경우에는 보호관찰을 받을 것을 명하거나 사회봉사 또는 수강을 명할 수 있다(형법 제62조의2제1항).
㉯ 동법 제62조의2제3항
㉰ 동법 제64조제2항
㉱ 형의 선고를 유예하는 경우에 재범방지를 위하여 지도 및 원호가 필요한 때에는 보호관찰을 받을 것을 명할 수 있다(동법 제59조의2제1항).

정답 및 해설 (2016년 3월 5일 시행)

정답

01. ④ 02. ③ 03. ③ 04. ③ 05. ④ 06. ① 07. ③ 08. ① 09. ④ 10. ①
11. ① 12. ① 13. ② 14. ③ 15. ② 16. ② 17. ① 18. ③ 19. ③ 20. ②
21. ① 22. ② 23. ④ 24. ④ 25. ④

01. ① 대판 2004. 12. 24, 2004도5494
② 대판 2010. 9. 9, 2010도6924
③ 대판 2011. 1. 13, 2010도9927
④ 포괄일죄의 일부에 공동정범으로 가담한 자는 비록 그가 그때에 이미 이루어진 종전의 범행을 알았다 하여도 그 가담 이후의 범행에 대해서만 공동정범으로서 책임을 진다(대판 2007. 11. 15, 2007도6336).

02. ② 대판 2002. 2. 8, 2001도6669
③ 타인의 재물을 공유하는 자가 공유자의 승낙을 받지 않고 공유대지를 담보에 제공하고 가등기를 경료한 경우 횡령행위는 기수에 이르고 그 후 가등기를 말소했다고 하여 중지미수에 해당하는 것이 아니며 가등기말소 후에 다시 새로운 영득의사의 실현행위가 있을 때에는 그 두개의 횡령행위는 경합범 관계에 있다(대판 1978. 11. 28, 78도2175).
④ 대판 1986. 1. 21, 85도2339

03. ① 불법체류를 이유로 강제출국 당한 중국 동포인 피고인이 중국에서 이름과 생년월일을 변경한 호구부(戶口簿)를 발급받아 중국 주재 대한민국 총영사관에

제출하여 변경된 명의로 입국사증을 받은 다음, 다시 입국하여 그 명의로 외국인등록증을 발급받고 귀화허가신청서까지 제출한 사안에서, 피고인이 자신과 동일성을 확인할 수 없도록 변경된 호구부를 중국의 담당관청에서 발급받아 위 대한민국 총영사관에 제출하였으므로, 영사관 담당직원 등이 호구부의 기재를 통하여 피고인의 인적사항 외에 강제출국 전력을 확인하지 못하였더라도, 사증 및 외국인등록증의 발급요건 존부에 대하여 충분한 심사를 한 것으로 보아야 하고, 이러한 경우 행정청의 불충분한 심사가 아니라 출원인의 적극적인 위계에 의해 사증 및 외국인등록증이 발급되었던 것이므로 위계에 의한 공무집행방해죄가 성립한다(대판 2011. 4. 28, 2010도14696).

② 음주운전을 하다가 교통사고를 야기한 후 그 형사처벌을 면하기 위하여 타인의 혈액을 자신의 혈액인 것처럼 교통사고 조사 경찰관에게 제출하여 감정하도록 한 행위는, 단순히 피의자가 수사기관에 대하여 허위사실을 진술하거나 자신에게 불리한 증거를 은닉하는 데 그친 것이 아니라 수사기관의 착오를 이용하여 적극적으로 피의사실에 관한 증거를 조작한 것으로서 위계에 의한 공무집행방해죄가 성립한다(대판 2003. 7. 25, 2003도1609).

③ 법원은 당사자의 허위 주장 및 증거 제출에도 불구하고 진실을 밝혀야 하는 것이 그 직무이므로, 가처분신청 시 당사자가 허위의 주장을 하거나 허위의 증거를 제출하였다 하더라도 그것만으로 법원의 구체적이고 현실적인 어떤 직무집행이 방해되었다고 볼 수 없으므로 이로써 바로 위계에 의한 공무집행방해죄가 성립한다고 볼 수 없다((대판 2012. 4. 26, 2011도17125).

④ 구 병역법(2004. 3. 11. 법률 제7186호로 개정되기 전의 것)상의 지정업체에서 산업기능요원으로 근무할 의사가 없음에도 해당 지정업체의 장과 공모하여 허위내용의 편입신청서를 제출하여 관할관청으로부터 산업기능요원 편입을 승인받고, 나아가 관할관청의 실태조사를 회피하기 위하여 허위서류를 작성·제출하는 등의 방법으로 파견근무를 신청하여 관할관청으로부터 파견근무를 승인받았다면, 이러한 파견근무의 승인 등은 관할관청의 불충분한 심사가 원인이 된 것이 아니라 출원인의 위계행위가 원인이 된 것이어서 위계에 의한 공무집행방해죄가 성립한다(대판 2009. 3. 12, 2008도1321).

04. ① 횡령죄의 주체는 타인의 재물을 보관하는 자이어야 하고, 여기서 보관이라 함은 위탁관계에 의하여 재물을 점유하는 것을 의미하므로, 결국 횡령죄가 성립하기 위하여는 그 재물의 보관자가 재물의 소유자(또는 기타의 본권자)와 사

이에 법률상 또는 사실상의 위탁신임관계가 존재하여야 하고, 또한 부동산의 경우 보관자의 지위는 점유를 기준으로 할 것이 아니라 그 부동산을 제3자에게 유효하게 처분할 수 있는 권능의 유무를 기준으로 결정하여야 한다(대판 2007. 5. 31, 2007도1082).

② 타인 명의의 등기서류를 위조하여 등기공무원에게 제출함으로써 피고인 명의로 소유권이전등기를 마쳤다고 하여도 피해자의 처분행위가 없을 뿐 아니라 등기공무원에게는 위 부동산의 처분권한이 있다고 볼 수 없어 사기죄가 성립하지 않는다(대판 1981. 7. 28, 81도529).

③ 부동산에 대한 공갈죄는 그 부동산에 관하여 소유권 이전등기를 경료받거나 또는 인도를 받은 때에 기수로 되는 것이고, 소유권이전등기에 필요한 서류를 교부 받은 때에 기수로 되어 그 범행이 완료되는 것은 아니다(대판 1992. 9. 14, 92도1506).

④ 사기죄는 타인을 기망하여 착오에 빠뜨리고 그로 인한 처분행위로 재물의 교부를 받거나 재산상의 이익을 취득한 때에 성립하는 것이므로, 피고인이 피해자에게 부동산매도용인감증명 및 등기의무자본인확인서면의 진실한 용도를 속이고 그 서류들을 교부받아 피고인 등 명의로 위 부동산에 관한 소유권이전등기를 경료하였다 하여도 피해자의 위 부동산에 관한 처분행위가 있었다고 할 수 없을 것이고 따라서 사기죄를 구성하지 않는다(대판 2001. 7. 13, 2001도1289).

05. ① 형법 제59조 제1항은 형의 선고유예에 관하여 "1년 이하의 징역이나 금고, 자격정지 또는 벌금의 형을 선고할 경우에 제51조의 사항을 참작하여 개전의 정상이 현저한 때에는 그 선고를 유예할 수 있다. 단 자격정지 이상의 형을 받은 전과가 있는 자에 대하여는 예외로 한다."고 규정하고 있다. 여기서 그 단서에서 정한 "자격정지 이상의 형을 받은 전과"라 함은 자격정지 이상의 형을 선고받은 범죄경력 자체를 의미하는 것이고, 그 형의 효력이 상실된 여부는 묻지 않는 것으로 해석함이 상당하다. 한편 형의 집행유예를 선고받은 사람이 형법 제65조에 의하여 그 선고가 실효 또는 취소됨이 없이 정해진 유예기간을 무사히 경과하여 형의 선고가 효력을 잃게 되었더라도, 이는 형의 선고의 법적 효과가 없어질 뿐이고 형의 선고가 있었다는 기왕의 사실 자체까지 없어지는 것은 아니다(대판 2012. 6. 28, 2011도10570).

② 형법 제62조제1항

③ 우리 형법이 집행유예기간의 시기(始期)에 관하여 명문의 규정을 두고 있지는 않지만 형사소송법 제459조가 "재판은 이 법률에 특별한 규정이 없으면 확정한 후에 집행한다."고 규정한 취지나 집행유예 제도의 본질 등에 비추어 보면 집행유예를 함에 있어 그 집행유예기간의 시기는 집행유예를 선고한 판결 확정일로 하여야 하고 법원이 판결 확정일 이후의 시점을 임의로 선택할 수는 없다(대판 2002. 2. 26, 2000도4637).

④ 형법 제37조 후단의 경합범 관계에 있는 죄에 대하여 형법 제39조 제1항에 의하여 따로 형을 선고하여야 하기 때문에 하나의 판결로 두 개의 자유형을 선고하는 경우 그 두 개의 자유형은 각각 별개의 형이므로 형법 제62조 제1항에 정한 집행유예의 요건에 해당하면 그 각 자유형에 대하여 각각 집행유예를 선고할 수 있는 것이고, 또 그 두 개의 자유형 중 하나의 자유형에 대하여 실형을 선고하면서 다른 자유형에 대하여 집행유예를 선고하는 것도 우리 형법상 이러한 조치를 금하는 명문의 규정이 없는 이상 허용되는 것으로 보아야 한다(대판 2002. 2. 26, 2000도4637).

06. ① 증인의 증언은 그 전부를 일체로 관찰·판단하는 것이므로 선서한 증인이 일단 기억에 반하는 허위의 진술을 하였더라도 그 신문이 끝나기 전에 그 진술을 철회·시정한 경우 위증이 되지 아니한다고 할 것이나, 증인이 1회 또는 수회의 기일에 걸쳐 이루어진 1개의 증인신문절차에서 허위의 진술을 하고 그 진술이 철회·시정된 바 없이 그대로 증인신문절차가 종료된 경우 그로써 위증죄는 기수에 달하고, 그 후 별도의 증인 신청 및 채택 절차를 거쳐 그 증인이 다시 신문을 받는 과정에서 종전 신문절차에서의 진술을 철회·시정한다 하더라도 그러한 사정은 형법 제153조가 정한 형의 감면사유에 해당할 수 있을 뿐, 이미 종결된 종전 증인신문절차에서 행한 위증죄의 성립에 어떤 영향을 주는 것은 아니다(대판 2010. 9. 30, 2010도7525).

② 민사소송의 당사자는 증인능력이 없으므로 증인으로 선서하고 증언하였다고 하더라도 위증죄의 주체가 될 수 없고, 이러한 법리는 민사소송에서의 당사자인 법인의 대표자의 경우에도 마찬가지로 적용된다(대판 2012. 12. 13, 2010도14360).

③ 피고인이 자기의 형사사건에 관하여 허위의 진술을 하는 행위는 피고인의 형사소송에 있어서의 방어권을 인정하는 취지에서 처벌의 대상이 되지 않으나, 법률에 의하여 선서한 증인이 타인의 형사사건에 관하여 위증을 하면 형법

제152조 제1항의 위증죄가 성립되므로 자기의 형사사건에 관하여 타인을 교사하여 위증죄를 범하게 하는 것은 이러한 방어권을 남용하는 것이라고 할 것이어서 교사범의 죄책을 부담케 함이 상당하다(대판 2004. 1. 27, 2003도5114).
④ 대판 2007.3.15, 2006도9463

07. ① 주취운전자 적발보고서 및 주취운전자 정황진술보고서의 각 운전자란에 타인의 서명을 한 다음 이를 경찰관에게 제출한 것은 사문서위조 및 동행사죄에 해당하므로, 같은 취지에서 이 사건 공소사실에 대하여 유죄를 선고한 제1심 판결을 유지한 원심의 조치는 정당한 것으로 수긍이 가고, 거기에 사문서위조 및 동행사죄에 대한 법리오해의 위법이 없다(대판 2004. 12. 23, 2004도6483).
② 제3자로부터 신분확인을 위하여 신분증명서의 제시를 요구받고 다른 사람의 운전면허증을 제시한 행위는 그 사용목적에 따른 행사로서 공문서부정행사죄에 해당한다고 보는 것이 옳다(대판 2001. 4. 19, 2000도1985).
③ 대판 2000. 9. 5, 2000도2855
④ 피고인이 기왕에 습득한 타인의 주민등록증을 피고인 가족의 것이라고 제시하면서 그 주민등록증상의 명의 또는 가명으로 이동전화 가입신청을 한 경우, 타인의 주민등록증을 본래의 사용용도인 신분확인용으로 사용한 것이라고 볼 수 없어 공문서부정행사죄가 성립하지 않는다(대판 2003. 2. 26, 2002도4935).

08. ① 형법 제185조의 일반교통방해죄는 일반 공중의 교통안전을 그 보호법익으로 하는 범죄로서 육로 등을 손괴 또는 불통케 하거나 기타의 방법으로 교통을 방해하여 통행을 불가능하게 하거나 현저하게 곤란하게 하는 일체의 행위를 처벌하는 것을 그 목적으로 한다. 공항 여객터미널 버스정류장 앞 도로 중 공항리무진 버스 외의 다른 차의 주차가 금지된 구역에서 밴 차량을 40분간 불법주차하고 호객행위를 한 것이, 다른 차량들의 통행을 불가능하거나 현저히 곤란하게 한 것으로 볼 수 없어 형법 제185조의 일반교통방해죄를 구성하지 않는다(대판 2009. 7. 9, 2009도4266).
② 대판 2002. 4. 26, 2001도6903
③ 대판 2008. 11. 13, 2006도755
④ 대판 2014. 7. 24, 2014도6206

09. ① 단일범의로서 절취한 시간과 장소가 접착되어 있고 같은 관리인의 관리하에 있는 방 안에서 소유자를 달리하는 두 사람의 물건을 절취한 경우에는 1개의 절도죄가 성립한다(대판 1970. 7. 21, 70도1133).
② 대판 1970. 7. 21, 70도1133
③ 일정기간에 걸쳐 단일 및 계속적 의사로서 행하여진 고령토채취행위를 포괄일죄로 본 것은 정당하다(대판 1971. 2. 23, 70도2612).
④ 상습적인 절도범행의 수단으로 주간(낮)에 주거침입을 한 경우에 주간 주거침입행위의 위법성에 대한 평가가 형법 제332조, 제329조의 구성요건적 평가에 포함되어 있다고 볼 수 없다. 그러므로 형법 제332조에 규정된 상습절도죄를 범한 범인이 범행의 수단으로 주간에 주거침입을 한 경우 주간 주거침입행위는 상습절도죄와 별개로 주거침입죄를 구성한다. 또 형법 제332조에 규정된 상습절도죄를 범한 범인이 그 범행 외에 상습적인 절도의 목적으로 주간에 주거침입을 하였다가 절도에 이르지 아니하고 주거침입에 그친 경우에도 주간 주거침입행위는 상습절도죄와 별개로 주거침입죄를 구성한다(대판 2015. 10. 15, 2015도8169).

10. ① 형법 제52조 제1항에서 말하는 '자수'란 범인이 스스로 수사책임이 있는 관서에 자기의 범행을 자발적으로 신고하고 그 처분을 구하는 의사표시이므로, 수사기관의 직무상의 질문 또는 조사에 응하여 범죄사실을 진술하는 것은 자백일 뿐 자수로는 되지 아니하고, 나아가 자수는 범인이 수사기관에 의사표시를 함으로써 성립하는 것이므로 내심적 의사만으로는 부족하고 외부로 표시되어야 이를 인정할 수 있는 것이다(대판 2011. 12. 22, 2011도12041).
② 대판 1995. 7. 25, 96도391
③ 형법 제56조는 형을 가중 감경할 사유가 경합된 경우 가중 감경의 순서를 정하고 있고, 이에 따르면 법률상 감경을 먼저하고 마지막으로 작량감경을 하게 되어 있으므로, 법률상 감경사유가 있을 때에는 작량감경보다 우선하여 하여야 할 것이고, 작량감경은 이와 같은 법률상 감경을 다하고도 그 처단형보다 낮은 형을 선고하고자 할 때에 하는 것이 옳다(대판 1991. 6. 11, 91도985).
④ 대판 2004. 10. 14, 2003도3133

11. ① 대판 2014. 3. 13, 2012도2468
② 타인에게 형사처분을 받게 할 목적으로 '허위의 사실'을 신고한 행위가 무고

죄를 구성하기 위하여는 신고된 사실 자체가 형사처분의 원인이 될 수 있어야 할 것이어서, 가령 허위의 사실을 신고하였다 하더라도 그 사실 자체가 형사범죄로 구성되지 아니한다면 무고죄는 성립하지 아니한다(대판 2007. 4. 13, 2006도558).

③ 피고인 자신이 상대방의 범행에 공범으로 가담하였음에도 자신의 가담사실을 숨기고 상대방만을 고소한 경우, 피고인의 고소내용이 상대방의 범행 부분에 관한 한 진실에 부합하므로 이를 허위의 사실로 볼 수 없고, 상대방의 범행에 피고인이 공범으로 가담한 사실을 숨겼다고 하여도 그것이 상대방에 대한 관계에서 독립하여 형사처분 등의 대상이 되지 아니할뿐더러 전체적으로 보아 상대방의 범죄사실의 성립 여부에 직접 영향을 줄 정도에 이르지 아니하는 내용에 관계되는 것이므로 무고죄가 성립하지 않는다(대판 2008. 8. 21, 2008도3754).

④ 무고죄에서의 허위사실 적시의 정도는 수사관서 또는 감독관서에 대하여 수사권 또는 징계권의 발동을 촉구하는 정도의 것이면 충분하고 반드시 범죄구성요건 사실이나 징계요건 사실을 구체적으로 명시하여야 하는 것은 아니다(대판 2014. 12. 24, 2012도4531).

12. ① 보호관찰은 형벌이 아니라 보안처분의 성격을 갖는 것으로서, 과거의 불법에 대한 책임에 기초하고 있는 제재가 아니라 장래의 위험성으로부터 행위자를 보호하고 사회를 방위하기 위한 합목적적인 조치이므로, 그에 관하여 반드시 행위 이전에 규정되어 있어야 하는 것은 아니며, 재판시의 규정에 의하여 보호관찰을 받을 것을 명할 수 있다고 보아야 할 것이고, 이와 같은 해석이 형벌불소급의 원칙 내지 죄형법정주의에 위배되는 것이라고 볼 수 없다(대판 1997. 6. 13, 97도793).

② 행위 당시의 판례에 의하면 처벌대상이 되지 아니하는 것으로 해석되었던 행위를 판례의 변경에 따라 확인된 내용의 형법 조항에 근거하여 처벌한다고 하여 그것이 헌법상 평등의 원칙과 형벌불소급의 원칙에 반한다고 할 수는 없다((대판 1999. 9. 17, 97도3349).

③ 가정폭력범죄의 처벌 등에 관한 특례법이 정한 보호처분 중의 하나인 사회봉사명령은 가정폭력범죄를 범한 자에 대하여 환경의 조정과 성행의 교정을 목적으로 하는 것으로서 형벌 그 자체가 아니라 보안처분의 성격을 가지는 것이 사실이다. 그러나 한편으로 이는 가정폭력범죄행위에 대하여 형사처벌 대신 부과되는 것으로서, 가정폭력범죄를 범한 자에게 의무적 노동을 부과하고 여

가시간을 박탈하여 실질적으로는 신체적 자유를 제한하게 되므로, 이에 대하여는 원칙적으로 형벌불소급의 원칙에 따라 행위시법을 적용함이 상당하다(대결 2008. 7. 24, 자, 2008어4).
④ 대법원 양형위원회가 설정한 '양형기준'이 발효하기 전에 공소가 제기된 범죄에 대하여 위 '양형기준'을 참고하여 형을 양정한 사안에서, 피고인에게 불리한 법률을 소급하여 적용한 위법이 있다고 할 수 없다(대판 2009. 12. 10, 2009도11448).

13. ① 대판 1996. 5. 28, 96도979
② 남편을 상대로 한 제소행위에 대하여 응소하는 행위가 처의 일상가사대리권에 속한다고 할 수 없음은 물론이고, 행방불명된 남편에 대하여 불리한 민사판결이 선고되었다 하더라도 그러한 사정만으로써는 적법한 다른 방법을 강구하지 아니하고 남편 명의의 항소장을 임의로 작성하여 법원에 제출한 행위가 사회통념상 용인되는 극히 정상적인 생활형태의 하나로서 위법성이 없다 할 수 없다(대판 1994. 11. 8, 94도1657).
③ 대판 1995. 2. 28, 94도2746
④ 대판 2001. 9. 7, 2001도2917

14. ① 대판 2008. 11. 27, 2008도6728
② 대판 2003. 5. 13, 2002도7420
③ 목사가 예배중 특정인을 가리켜 "이단 중에 이단이다"라고 설교한 부분이 명예훼손죄에서 말하는 '사실의 적시'에 해당하지 않는다(대판 2008. 10. 9, 2007도1220).
④ 대판 2009. 9. 24, 2009도6687

15. ① 대판 1963. 11. 8, 83도711
② 약 4개월 사이에 10회에 걸쳐 동일인으로부터 뇌물을 받은 경우에는 포괄일죄가 성립한다(대판 1979. 8. 14, 79도1393).
③ 대판 1982. 10. 26, 81도1409
④ 대판 1997. 9. 5, 97도1572.

16. ① 형법 제327조의 강제집행면탈죄는 채권자의 권리보호를 그 주된 보호법익으로 하고 있는 것이므로 강제집행의 기본이 되는 채권자의 권리 즉 채권의 존재

는 강제집행면탈죄의 성립요건이라 할 것이며 따라서 그 채권의 존재가 인정되지 않을 때에는 강제집행면탈죄는 성립하지 않는다(대판 2011. 9. 8, 2011도5165).
② 채무자가 제3자 명의로 되어 있던 사업자등록을 또 다른 제3자 명의로 변경하였다는 사정만으로는 그 변경이 채권자의 입장에서 볼 때 사업장 내 유체동산에 관한 소유관계를 종전보다 더 불명하게 하여 채권자에게 손해를 입게 할 위험성을 야기한다고 단정할 수 없다(대판 2014. 6. 12, 2012도2732).
③ 대판 2011. 12. 8, 2010도4129
④ 대판 2012. 6. 28, 2012도3999

17. ① 기망행위에 의하여 조세를 포탈하거나 조세의 환급·공제를 받은 경우에는 조세범처벌법 제9조에서 이러한 행위를 처벌하는 규정을 별도로 두고 있을 뿐만 아니라, 조세를 강제적으로 징수하는 국가 또는 지방자치단체의 직접적인 권력작용을 사기죄의 보호법익인 재산권과 동일하게 평가할 수 없는 것이므로 조세범처벌법 위반죄가 성립함은 별론으로 하고, 형법상 사기죄는 성립하지 않는다(대판 2008. 11. 27, 2008도7303).
② 대판 2015. 7. 9, 2014도11843
③ 대판 2015. 7. 23, 2015도6905
④ 대판 2007. 1. 25, 2004도45

18. ① 피고인이 자신 명의의 계좌에 착오로 송금된 돈을 다른 계좌로 이체하는 등 임의로 사용한 경우, 횡령죄가 성립한다(대판 2005. 10. 28, 2005도5975).
② 환전하여 달라는 부탁과 함께 교부받은 돈을 그 목적과 용도에 사용하지 않고 마음대로 피고인의 위탁자에 대한 채권에 상계충당함은, 상계정산하기로 하였다는 특별한 약정이 없는 한, 당초 위탁한 취지에 반하는 것으로서 횡령죄를 구성한다(대판 1997. 9. 26, 97도1520).
③ 회사에 대하여 개인적인 채권을 가지고 있는 대표이사가 회사를 위하여 보관하고 있는 회사 소유의 금전으로 자신의 채권 변제에 충당하는 행위는 회사와 이사의 이해가 충돌하는 자기거래행위에 해당하지 않는 것이므로, 대표이사가 이사회의 승인 등의 절차 없이 그와 같이 자신의 회사에 대한 채권을 변제하였더라도, 이는 대표이사의 권한 내에서 한 회사 채무의 이행행위로서 유효하고, 따라서 불법영득의 의사가 인정되지 아니하여 횡령죄의 죄책을 물을 수 없다(대판 2002. 7. 26, 2001도5459).

④ 피해자 甲 종중으로부터 토지를 명의신탁받아 보관 중이던 피고인 乙이 개인 채무 변제에 사용할 돈을 차용하기 위해 위 토지에 근저당권을 설정하였는데, 그 후 피고인 乙, 丙이 공모하여 위 토지를 丁에게 매도한 사안에서, 피고인들의 토지 매도행위가 별도의 횡령죄를 구성한다(대판 2013. 2. 21, 2010도10500).

19. ①, ② 대판 2013. 11. 14, 2011도11174
③ 형법 제357조 제1항의 배임수재죄와 같은 조 제2항의 배임증재죄는 통상 필요적 공범의 관계에 있기는 하나, 이것은 반드시 수재자와 증재자가 같이 처벌받아야 하는 것을 의미하는 것은 아니고, 증재자에게는 정당한 업무에 속하는 청탁이라도 수재자에게는 부정한 청탁이 될 수도 있다(대판 2011. 10. 27, 2010도7624).
④ 대판 2014. 1. 23, 2013도11735

20. ① 피고인이 甲의 영업점 내에 있는 甲 소유의 휴대전화를 허락 없이 가지고 나와 이를 이용하여 통화를 하고 문자메시지를 주고받은 다음 약 1~2시간 후 甲에게 아무런 말을 하지 않고 위 영업점 정문 옆 화분에 놓아두고 감으로써 이를 절취하였다는 내용으로 기소된 사안에서, 피고인이 甲의 휴대전화를 자신의 소유물과 같이 경제적 용법에 따라 이용하다가 본래의 장소와 다른 곳에 유기한 것이므로 피고인에게 불법영득의사가 있었다고 할 것인데도, 이와 달리 보아 무죄를 선고한 원심판결에 절도죄의 불법영득의사에 관한 법리오해의 위법이 있다(대판 2012. 7. 12, 2012도1132).
② 은행이 발급한 직불카드를 사용하여 타인의 예금계좌에서 자기의 예금계좌로 돈을 이체시켰다 하더라도 직불카드 자체가 가지는 경제적 가치가 계좌이체된 금액만큼 소모되었다고 할 수는 없으므로, 이를 일시 사용하고 곧 반환한 경우에는 그 직불카드에 대한 불법영득의 의사는 없다고 보아야 한다(대판 2006. 3. 9, 2005도7819).
③ 피해자가 결혼예식장에서 신부측 축의금 접수인인 것처럼 행세하는 피고인에게 축의금을 내어 놓자 이를 교부받아 가로챈 사안에서, 피해자의 교부행위의 취지는 신부측에 전달하는 것일 뿐 피고인에게 그 처분권을 주는 것이 아니므로, 이를 피고인에게 교부한 것이라고 볼 수 없고 단지 신부측 접수대에 교부하는 취지에 불과하므로 피고인이 그 돈을 가져간 것은 신부측 접수처의 점유를 침탈하여 범한 절취행위라고 보는 것이 정당하다(대판 1996. 10. 15, 96

도2227).

④ 피고인이 컴퓨터에 저장된 정보를 출력하여 생성한 문서는 피해 회사의 업무를 위하여 생성되어 피해 회사에 의하여 보관되고 있던 문서가 아니라, 피고인이 가지고 갈 목적으로 피해 회사의 업무와 관계없이 새로이 생성시킨 문서라 할 것이므로, 이는 피해 회사 소유의 문서라고 볼 수는 없다 할 것이어서, 이를 가지고 간 행위를 들어 피해 회사 소유의 문서를 절취한 것으로 볼 수는 없다(대판 2002. 7. 12, 2002도745).

21. ① 몰수는 반드시 압수되어 있는 물건에 대하여만 하는 것이 아니므로 몰수대상물건이 압수되어 있는가 하는 점 및 적법한 절차에 의하여 압수되었는가 하는 점은 몰수의 요건이 아닌바, 압수물에 대한 압수 자체가 위법하게 되었다 하더라도 그것이 그에 대한 몰수의 효력에 영향을 미칠 수는 없다(대판 2014. 9. 4, 2014도3263).
② 대판 2006. 9. 14, 2006도4075
③ 대판 2006. 11. 23, 2006도5586
④ 대판 2008. 11. 13, 2006도4885

22. ① 대판 2014. 4. 10, 2013도229
② 직무유기죄는 그 직무를 수행하여야 하는 작위의무의 존재와 그에 대한 위반을 전제로 하고 있는바, 그 작위의무를 수행하지 아니함으로써 구성요건에 해당하는 사실이 있었고 그 후에도 계속하여 그 작위의무를 수행하지 아니하는 위법한 부작위상태가 계속되는 한 가벌적 위법상태는 계속 존재하고 있다고 할 것이며 형법 제122조 후단은 이를 전체적으로 보아 1죄로 처벌하는 취지로 해석되므로 이를 즉시범이라고 할 수 없다(대판 1997. 8. 29, 97도675).
③ 대판 1997. 4. 22, 95도748
④ 대판 1999. 12. 24, 99도2240

23. ① 대판 2000. 11. 24, 2000도4078
② 대판 2008. 12. 24, 2007도11137
③ 대판 2012. 8. 30, 2012도6027
④ 범인이 자신을 위하여 타인으로 하여금 허위의 자백을 하게 하여 범인도피죄를 범하게 하는 행위는 방어권의 남용으로 범인도피교사죄에 해당하는바, 이 경우 그 타인이 형법 제151조 제2항에 의하여 처벌을 받지 아니하는 친족,

호주 또는 동거 가족에 해당한다 하여 달리 볼 것은 아니다(대판 2006. 12. 7, 2005도3707).

24. ① 판결이 확정되지 아니한 수개의 죄 또는 금고 이상의 형에 처한 판결이 확정된 죄와 그 판결확정 전에 범한 죄를 경합범으로 한다(형법 제37조).
② 경합범 중 판결을 받지 아니한 죄가 있는 때에는 그 죄와 판결이 확정된 죄를 동시에 판결할 경우와 형평을 고려하여 그 죄에 대하여 형을 선고한다. 이 경우 그 형을 감경 또는 면제할 수 있다(동법 제39조제1항).
③ 1개의 행위가 수개의 죄에 해당하는 경우(상상적 경합)에는 가장 중한 죄에 정한 형으로 처벌한다(동법 제40조). 경합범을 동시에 판결할 때(실체적 경합범의 처벌례)에는 각 죄에 정한 형이 사형 또는 무기징역이나 무기금고 이외의 동종의 형인 때에는 가장 중한 죄에 정한 장기 또는 다액에 그 2분의 1까지 가중하되, 각 죄에 정한 형의 장기 또는 다액을 합산한 형기 또는 액수를 초과할 수 없다. 단 과료와 과료, 몰수와 몰수는 병과할 수 있다(동법 제38조제1항 제2호).
④ 형법 제37조 후단 및 제39조 제1항의 문언, 입법 취지 등에 비추어 보면, 아직 판결을 받지 아니한 죄가 이미 판결이 확정된 죄와 동시에 판결할 수 없었던 경우에는 형법 제37조 후단의 경합범 관계가 성립할 수 없고 형법 제39조 제1항에 따라 동시에 판결할 경우와 형평을 고려하여 형을 선고하거나 그 형을 감경 또는 면제할 수도 없다고 해석함이 타당하다(대판 2014. 3. 27, 2014도469).

25. ① 형법 제188조에 규정된 교통방해에 의한 치사상죄는 결과적 가중범이므로, 위 죄가 성립하려면 교통방해 행위와 사상(死傷)의 결과 사이에 상당인과관계가 있어야 하고 행위 시에 결과의 발생을 예견할 수 있어야 한다. 그리고 교통방해 행위가 피해자의 사상이라는 결과를 발생하게 한 유일하거나 직접적인 원인이 된 경우만이 아니라, 그 행위와 결과 사이에 피해자나 제3자의 과실 등 다른 사실이 개재된 때에도 그와 같은 사실이 통상 예견될 수 있는 것이라면 상당인과관계를 인정할 수 있다(대판 2014. 7. 24, 2014도6206)
② 기본범죄를 통하여 고의로 중한 결과를 발생하게 한 경우에 가중 처벌하는 부진정결과적가중범에서, 고의로 중한 결과를 발생하게 한 행위가 별도의 구성요건에 해당하고 그 고의범에 대하여 결과적가중범에 정한 형보다 더 무겁게 처벌하는 규정이 있는 경우에는 그 고의범과 결과적가중범이 상상적 경합

관계에 있지만, 위와 같이 고의범에 대하여 더 무겁게 처벌하는 규정이 없는 경우에는 결과적가중범이 고의범에 대하여 특별관계에 있으므로 결과적가중범만 성립하고 이와 법조경합의 관계에 있는 고의범에 대하여는 별도로 죄를 구성하지 않는다(대판 2008. 11. 27, 2008도7311).
③ 결과적 가중범인 상해치사죄의 공동정범은 폭행 기타의 신체침해 행위를 공동으로 할 의사가 있으면 성립되고 결과를 공동으로 할 의사는 필요 없으며, 여러 사람이 상해의 범의로 범행 중 한 사람이 중한 상해를 가하여 피해자가 사망에 이르게 된 경우 나머지 사람들은 사망의 결과를 예견할 수 없는 때가 아닌 한 상해치사의 죄책을 면할 수 없다(대판 2000. 5. 12, 2000도745).
④ 부진정결과적 가중범에서, 고의로 중한 결과를 발생하게 한 행위가 별도의 구성요건에 해당하고 그 고의범에 대하여 결과적가중범에 정한 형보다 더 무겁게 처벌하는 규정이 있는 경우에는 그 고의범과 결과적가중범이 상상적 경합관계에 있지만, 위와 같이 고의범에 대하여 더 무겁게 처벌하는 규정이 없는 경우에는 결과적가중범이 고의범에 대하여 특별관계에 있으므로 결과적가중범만 성립하고 이와 법조경합의 관계에 있는 고의범에 대하여는 별도로 죄를 구성하지 않는다(대판 2008. 11. 27, 2008도7311).

정답 및 해설 (2017년 2월 25일 시행)

정답

01. ④ 02. ④ 03. ② 04. ① 05. ③ 06. ① 07. ④ 08. ③ 09. ② 10. ④
11. ② 12. ① 13. ③ 14. ③ 15. ③ 16. ③ 17. ② 18. ② 19. ① 20. ②
21. ④ 22. ① 23. ④ 24. ③ 25. ④

01. ① 대판 1986. 12. 23, 86도2256
② 대판 2011. 1. 13, 2010도9330
③ 대판 2003. 10. 24, 2003도4417
④ 타인의 사망을 보험사고로 하는 생명보험계약을 체결함에 있어 제3자가 피보험자인 것처럼 가장하여 체결하는 등으로 그 유효요건이 갖추어지지 못한 경우에도, 보험계약 체결 당시에 이미 보험사고가 발생하였음에도 이를 숨겼다거나 보험사고의 구체적 발생 가능성을 예견할 만한 사정을 인식하고 있었던 경우 또는 고의로 보험사고를 일으키려는 의도를 가지고 보험계약을 체결한 경우와 같이 보험사고의 우연성과 같은 보험의 본질을 해칠 정도라고 볼 수 있는 특별한 사정이 없는 한, 그와 같이 하자 있는 보험계약을 체결한 행위만으로는 미필적으로라도 보험금을 편취하려는 의사에 의한 기망행위의 실행에 착수한 것으로 볼 것은 아니다(대판 2013. 11. 14, 2013도7494).

02. ① 대판 2006. 3. 24, 2005도3717
② 대판 1995. 7. 11, 94도1814
③ 대판 2005. 6. 10, 2005도835
④ 형법 제16조에 자기의 행위가 법령에 의하여 죄가 되지 아니하는 것으로 오인

한 행위는 그 오인에 정당한 이유가 있는 때에 한하여 벌하지 아니한다고 규정하고 있는 것은 단순한 법률의 부지의 경우를 말하는 것이 아니고, 일반적으로 범죄가 되는 경우이지만 자기의 특수한 경우에는 법령에 의하여 허용된 행위로서 죄가 되지 아니한다고 그릇 인식하고 그와 같은 그릇 인식함에 정당한 이유가 있는 경우에는 벌하지 아니한다는 취지이므로, 부동산중개업자가 부동산중개업협회의 자문을 통하여 인원수의 제한 없이 중개보조원을 채용하는 것이 허용되는 것으로 믿고서 제한인원을 초과하여 중개보조원을 채용함으로써 부동산중개업법 위반행위에 이르게 되었다고 하더라도 그러한 사정만으로 자신의 행위가 법령에 저촉되지 않는 것으로 오인함에 정당한 이유가 있는 경우에 해당한다거나 범의가 없었다고 볼 수는 없다(대판 2000. 8. 18, 2000도2943).

03. ② 피고인이 甲의 영업점 내에 있는 甲 소유의 휴대전화를 허락 없이 가지고 나와 이를 이용하여 통화를 하고 문자메시지를 주고받은 다음 약 1~2시간 후 甲에게 아무런 말을 하지 않고 위 영업점 정문 옆 화분에 놓아두고 감으로써 이를 절취하였다는 내용으로 기소된 사안에서, 피고인이 甲의 휴대전화를 자신의 소유물과 같이 경제적 용법에 따라 이용하다가 본래의 장소와 다른 곳에 유기한 것이므로 피고인에게 불법영득의사가 있었다(대판 2012. 7. 12, 2012도1132).

① 피고인이 살해된 피해자의 주머니에서 꺼낸 지갑을 살해도구로 이용한 골프채와 옷 등 다른 증거품들과 함께 자신의 차량에 싣고 가다가 쓰레기 소각장에서 태워버린 경우, 살인 범행의 증거를 인멸하기 위한 행위로서 불법영득의 의사가 있었다고 보기 어렵다(대판 2000. 10. 13, 2000도3655).

③ 내연관계에 있던 여자가 계속 회피하며 만나 주지 않자 내연관계를 회복시켜 볼 목적으로 그녀의 물건을 가져 와 보관한 후 이를 찾으러 오면 그 때 그 물건을 반환하면서 타일러 다시 내연관계를 지속시킬 생각으로 물건을 가져 왔고 그녀의 가족에게 그 사실을 그녀에게 연락하라고 말하였으며 그 후 이를 보관하고 있으면서 이용 내지 소비하지 아니한 경우 불법영득의 의사가 있다고 할 수 없다(대판 1992. 5. 12, 92도280).

④ 피해자의 승낙 없이 혼인신고서를 작성하기 위하여 피해자의 도장을 몰래 꺼내어 사용한 후 곧바로 제자리에 갖다 놓은 경우, 도장에 대한 불법영득의 의사가 있었다고 볼 수 없다(대판 2000. 3. 28, 2000도493).

04. ① 정리해고나 사업조직의 통폐합 등 기업의 구조조정의 실시 여부는 경영주체에 의한 고도의 경영상 결단에 속하는 사항으로서 이는 원칙적으로 단체교섭의 대상이 될 수 없고, 그것이 긴박한 경영상의 필요나 합리적인 이유 없이 불순한 의도로 추진되는 등의 특별한 사정이 없는 한, 노동조합이 실질적으로 그 실시 자체를 반대하기 위하여 쟁의행위에 나아간다면, 비록 그 실시로 인하여 근로자들의 지위나 근로조건의 변경이 필연적으로 수반된다 하더라도 그 쟁의행위는 목적의 정당성을 인정할 수 없다(대판 2003. 12. 11, 2001도3429).
② 대판 2009. 12. 24, 2007도6243
③ 대판 2011. 7. 14, 2011도639
④ 대판 2000. 4. 25, 98도2389

05. ① 대판 2006. 9. 14, 2006도4075
② 대판 2008. 2. 14, 2007도10034
③ 징역 또는 금고는 무기 또는 유기로 하고 유기는 1개월 이상 30년 이하로 한다. 단, 유기징역 또는 유기금고에 대하여 형을 가중하는 때에는 50년까지로 한다(형법 제42조). 자격의 전부 또는 일부에 대한 정지는 1년 이상 15년 이하로 한다(동법 제44조제1항). 유기징역 또는 유기금고에 자격정지를 병과한 때에는 징역 또는 금고의 집행을 종료하거나 면제된 날로부터 정지기간을 기산한다(동법 제44조제2항).
④ 복권은 사면의 경우와 같이 형의 언도의 효력을 상실시키는 것이 아니고, 다만 형의 언도의 효력으로 인하여 상실 또는 정지된 자격을 회복시킴에 지나지 아니하는 것이므로 복권이 있었다고 하더라도 그 전과사실은 누범가중사유에 해당한다(대판 1981. 4. 14, 81도543).

06. ① 피고인이 단일한 범의로 동일한 장소에서 동일한 방법으로 시간적으로 접착된 상황에서 처와 자식들을 살해하였다고 하더라도 휴대하고 있던 권총에 실탄 6발을 장전하여 처와 자식들의 머리에 각기 1발씩 순차로 발사하여 살해하였다면, 피해자들의 수에 따라 수개의 살인죄를 구성한다(대판 1991. 8. 27, 91도1637).
② 대판 1987. 1. 20, 86도2360
③ 대판 1983. 4. 26, 83도323
④ 대판 2015. 4. 23, 2014도16980

07. ① 대판 2006. 3. 23, 2005도4455
② 대판 2005. 11. 10, 2005도6604
③ 대판 1994. 9. 27, 94도1439
④ 강제집행면탈죄에 있어서의 허위양도라 함은 진실한 양도가 아님에도 불구하고 표면상 진실한 양도인 것처럼 가장하여 재산의 명의를 변경하는 것을 말하므로 진실한 양도라면 그것이 강제집행을 면탈할 목적으로 된 것으로서 채권자를 해할 우려가 있는 행위라고 할지라도 강제집행면탈죄의 구성요건인 허위양도에 해당하지 않는다(대판 1983. 9. 27, 83도1869).

08. ① 대판 2008. 2. 14, 2007도8155
② 대판 2000. 2. 11, 99도4579
③ 피고인이 경찰관을 상대로 진정한 사건이 혐의인정되지 않아 내사종결 처리되었음에도 불구하고 공연히 "사건을 조사한 경찰관이 내일부로 검찰청에서 구속영장이 떨어진다."고 말한 것은 현재의 사실을 기초로 하거나 이에 대한 주장을 포함하여 장래의 일을 적시한 것으로 볼 수 있어 명예훼손죄에 있어서의 사실의 적시에 해당한다(대판 2003. 5. 13, 2002도7420).
④ 대판 1983. 10. 11, 83도2222

09. ① 형법 제59조
② 형법 제59조의2가 형의 선고를 유예하는 경우에 재범방지를 위하여 지도 및 원호가 필요한 때에는 보호관찰을 받을 것을 명할 수 있다고 규정하고 형법 제61조가 선고유예의 실효 사유로 새로운 유죄판결의 확정이나 전과의 발각 또는 보호관찰 준수사항 위반을 규정하고 있는 점 등에 비추어 보면, 선고유예의 요건 중 '개전의 정상이 현저한 때'라고 함은, 반성의 정도를 포함하여 널리 형법 제51조가 규정하는 양형의 조건을 종합적으로 참작하여야 한다(대판 2003. 2. 20, 2001도6138, 전합).
③ 대판 1988.1.19, 86도2654
④ 동법 제60조

10. ①, ② 대판 2013. 4. 11, 2010도13774
③ 대판 1996. 9. 20, 95도1728
④ 피고인이 피해자에 대하여 채권이 있다고 하더라도 그 권리행사를 빙자하여 사회통념상 용인되기 어려운 정도를 넘는 협박을 수단으로 상대방을 외포케

하여 재물의 교부 또는 재산상의 이익을 받았다면 공갈죄가 되는 것이다(대판 2000. 2. 25, 99도4305).

11. ① 대판 1987. 6. 9, 87도1029
② 임야에서 자생하게 될 송이를 채취할 수 있는 권리를 피고인에게 양도한 공소외 1이 피고인의 송이채취를 방해하지 않아야 할 의무는 민사상의 채무에 지나지 아니하여 이를 타인의 사무로 볼 수 없고, 따라서 비록 공소외 1이 위 송이채취권을 이중으로 양도하였다고 하더라도 횡령죄나 배임죄 기타 형사범죄를 구성하지는 않는다고 할 것이므로, 형사범죄가 되지 아니하는 내용의 허위사실을 피고인이 신고하였다 하여도 피고인에 대한 무고죄는 성립할 수 없다고 할 것이다(대판 2007. 4. 13, 2006도558).
③ 대판 2014. 12. 24, 2012도4531
④ 대판 2005. 9. 30, 2005도2712

12. ① 시간적 차이가 있는 독립된 상해행위나 폭행행위가 경합하여 사망의 결과가 일어나고 그 사망의 원인된 행위가 판명되지 않은 경우에는 공동정범의 예에 의하여 처벌할 것이므로(대법원 1985. 5. 14. 선고 84도2118 판결 참조), 2시간 남짓한 시간적 간격을 두고 피고인이 두번째의 가해행위인 이 사건 범행을 한 후, 피해자가 사망하였고 그 사망의 원인을 알 수 없다고 보아 피고인을 폭행치사죄의 동시범으로 처벌한 원심판단은 옳고 거기에 동시범의 법리나 상당인과 관계에 관한 법리를 오해한 위법도 없다(대판 2000. 7. 28, 2000도2466).
② 약사법위반죄의 방조범에 대한 공소사실 중 정범의 범죄사실이 전혀 특정되지 않아 방조범에 대한 공소사실 역시 특정되었다고 할 수 없고, 정범의 판매목적의 의약품 취득범행과 대향범관계에 있는 정범에 대한 의약품 판매행위에 대하여는 형법총칙상 공범이나 방조범 규정의 적용이 있을 수 없어 정범의 범행에 대한 방조범으로 처벌할 수 없다(대판 2001. 12. 28, 2001도5158).
③ 변호사 사무실 직원인 피고인 甲이 법원공무원인 피고인 乙에게 부탁하여, 수사 중인 사건의 체포영장 발부자 53명의 명단을 누설받은 사안에서, 피고인 乙이 직무상 비밀을 누설한 행위와 피고인 甲이 이를 누설받은 행위는 대향범관계에 있으므로 공범에 관한 형법총칙 규정이 적용될 수 없는데도, 피고인 甲의 행위가 공무상비밀누설교사죄에 해당한다고 본 원심판단에 법리오해의 위법이 있다(대판 2011. 4. 28, 2009도3642).

④ 수개의 위 변호사법위반죄 상호간과 하나의 알선행위로 이루어진 수개의 뇌물공여죄 상호간을 각각 형법 제40조의 상상적 경합범으로 위 변호사법위반죄와 뇌물공여죄를 형법 제37조 전단의 경합범으로 의율·처단한 것은 이러한 법리에 따른 것으로 정당하다(대판 2002. 3. 15, 2001도970).

13. ① 대판 2015. 10. 15, 2015도6232
② 대판 2001. 9. 18, 2000도5438
③ 형법 제129조의 구성요건인 뇌물의 '약속'은 양 당사자의 뇌물수수의 합의를 말하고, 여기에서 '합의'란 그 방법에 아무런 제한이 없고 명시적일 필요도 없지만, 장래 공무원의 직무와 관련하여 뇌물을 주고 받겠다는 양 당사자의 의사표시가 확정적으로 합치하여야 한다(대판 2012. 11. 15, 2012도9417).
④ 대판 2014. 1. 29, 2013도13937

14. ① '전기통신의 감청'은 위 '감청'의 개념 규정에 비추어 현재 이루어지고 있는 전기통신의 내용을 지득·채록하는 경우와 통신의 송·수신을 직접적으로 방해하는 경우를 의미하는 것이지 전자우편이 송신되어 수신인이 이를 확인하는 등으로 이미 수신이 완료된 전기통신에 관하여 남아 있는 기록이나 내용을 열어보는 등의 행위는 포함하지 않는다(대판 2012. 11. 29, 2010도9007).
② 형법 제65조는 "집행유예의 선고를 받은 후 그 선고의 실효 또는 취소됨이 없이 유예기간을 경과한 때에는 형의 선고는 효력을 잃는다."라고 규정하고 있다. 여기서 '형의 선고가 효력을 잃는다'는 의미는 형의 실효와 마찬가지로 형의 선고에 의한 법적 효과가 장래를 향하여 소멸한다는 취지이다(대판 2016. 6. 23, 2016도5032).
③ 대판 2016. 4. 28, 2012도14516
④ 정비사업조합의 임원이 정비구역 안에 있는 토지 또는 건축물의 소유권 또는 지상권을 상실함으로써 조합 임원의 지위를 상실한 경우나 임기가 만료된 정비사업조합의 임원이 관련 규정에 따라 후임자가 선임될 때까지 계속하여 직무를 수행하다가 후임자가 선임되어 직무수행권을 상실한 경우, 그 조합 임원이 그 후에도 조합의 법인 등기부에 임원으로 등기되어 있는 상태에서 계속하여 실질적으로 조합 임원으로서의 직무를 수행하여 왔다면 직무수행의 공정과 그에 대한 사회의 신뢰 및 직무행위의 불가매수성은 여전히 보호되어야 한다. 따라서 그 조합 임원은 임원의 지위 상실이나 직무수행권의 상실에도 불구하고 도시정비법 제84조에 따라 형법 제129조 내지 제132조의 적용에

서 공무원으로 보아야 한다(대판 2016. 1. 14, 2015도15798).

15. ①, ② 대판 2016. 1. 28, 2015도17297
③ 등기신청은 단순한 '신고'가 아니라 신청에 따른 등기관의 심사 및 처분을 예정하고 있으므로, 등기신청인이 제출한 허위의 소명자료 등에 대하여 등기관이 나름대로 충분히 심사를 하였음에도 이를 발견하지 못하여 등기가 마쳐지게 되었다면 위계에 의한 공무집행방해죄가 성립할 수 있다. 등기관이 등기신청에 대하여 부동산등기법상 등기신청에 필요한 서면이 제출되었는지 및 제출된 서면이 형식적으로 진정한 것인지를 심사할 권한은 갖고 있으나 등기신청이 실체법상의 권리관계와 일치하는지를 심사할 실질적인 심사권한은 없다고 하여 달리 보아야 하는 것은 아니다(대판 2016. 1. 28, 2015도17297).
④ 대판 2011. 4. 28, 2010도14696

16. ① 형법 제2조
② 동법 제3조
③ 대한민국영역 외에서 다음의 죄를 범한 외국인에게 적용한다(동법 제5조). 1. 내란의 죄, 2. 외환의 죄, 3. 국기에 관한 죄, 4. 통화에 관한 죄, 5. 유가증권, 우표와 인지에 관한 죄, 6. 문서에 관한 죄 중 제225조 내지 제230조, 7. 인장에 관한 죄 중 제238조
④ 형법 제6조 본문에 의하여 외국인이 대한민국 영역 외에서 대한민국 국민에 대하여 범죄를 저지른 경우 우리 형법이 적용된다(대판 2011. 8. 25, 2011도6507).

17. ② 피고인들이 건물신축 공사현장에 무단으로 들어간 뒤 타워크레인에 올라가 이를 점거한 사안에서, 타워크레인은 건설기계의 일종으로서 작업을 위하여 토지에 고정되었을 뿐이고 운전실은 기계를 운전하기 위한 작업공간 그 자체이지 건조물침입죄의 객체인 건조물에 해당하지 아니한다(대판 2005. 10. 7, 2005도5351).
① 주거침입죄에 있어서 침입행위의 객체인 건조물은 주위벽 또는 기둥과 지붕 또는 천정으로 구성된 구조물로서 사람이 기거하거나 출입할 수 있는 장소를 말하고, 또한 단순히 건조물 그 자체만을 말하는 것이 아니고 위요지를 포함한다(대판 2005. 10. 7, 2005도5351).
③, ④ 주거침입죄에 있어서 주거란 단순히 가옥 자체만을 말하는 것이 아니라

정원 등 위요지를 포함한다. 따라서 다가구용 단독주택이나 다세대주택·연립주택·아파트 등 공동주택 안에서 공용으로 사용하는 엘리베이터, 계단과 복도는 주거로 사용하는 각 가구 또는 세대의 전용 부분에 필수적으로 부속하는 부분으로서 그 거주자들에 의하여 일상생활에서 감시·관리가 예정되어 있고 사실상의 주거의 평온을 보호할 필요성이 있는 부분이므로, 다가구용 단독주택이나 다세대주택·연립주택·아파트 등 공동주택의 내부에 있는 엘리베이터, 공용 계단과 복도는 특별한 사정이 없는 한 주거침입죄의 객체인 '사람의 주거'에 해당한다(대판 2009. 9. 10, 2009도4335).

18. ① 형법 제9조 및 제11조
② 음주운전과 관련한 도로교통법 위반죄의 범죄수사를 위하여 미성년자인 피의자의 혈액채취가 필요한 경우에도 피의자에게 의사능력이 있다면 피의자 본인만이 혈액채취에 관한 유효한 동의를 할 수 있고, 피의자에게 의사능력이 없는 경우에도 명문의 규정이 없는 이상 법정대리인이 피의자를 대리하여 동의할 수는 없다(대판 2014. 11. 13, 2013도1228).
③ 대판 2007. 2. 8, 2006도7900
④ 대판 1995. 2. 24, 94도3163

19. ① 자동차에 미리 부착해 놓은 지피에스(GPS)로 위치를 추적하여 자동차를 절취하였다고 하여 사기 및 특수절도로 기소된 사안에서, 피고인이 甲 등에게 자동차를 인도하고 소유권이전등록에 필요한 일체의 서류를 교부함으로써 甲 등이 언제든지 자동차의 소유권이전등록을 마칠 수 있게 된 이상, 피고인이 자동차를 양도한 후 다시 절취할 의사를 가지고 있었더라도 자동차의 소유권을 이전하여 줄 의사가 없었다고 볼 수 없고, 피고인이 자동차를 매도할 당시 곧바로 다시 절취할 의사를 가지고 있으면서도 이를 숨긴 것을 기망이라고 할 수 없어, 결국 피고인이 자동차를 매도할 당시 기망행위가 없었으므로, 피고인에게 사기죄를 인정한 원심판결에 법리오해의 잘못이 있다(대판 2016. 3. 24, 2015도17452).
② 비의료인이 개설한 의료기관이 마치 의료법에 의하여 적법하게 개설된 요양기관인 것처럼 국민건강보험공단에 요양급여비용의 지급을 청구하는 것은 국민건강보험공단으로 하여금 요양급여비용 지급에 관한 의사결정에 착오를 일으키게 하는 것으로서 사기죄의 기망행위에 해당한다(대판 2015. 7. 9, 2014도11843).

③ 보험자가 보험금액이 목적물의 가액을 현저하게 초과한다는 것을 알았더라면 같은 조건으로 보험계약을 체결하지 않았을 뿐만 아니라 협정보험가액에 따른 보험금을 그대로 지급하지 아니하였을 관계가 인정된다면, 보험계약자가 초과보험 사실을 알지 못하는 보험자에게 목적물의 가액을 묵비한 채 보험금을 청구한 행위는 사기죄의 실행행위로서의 기망행위에 해당한다(대판 2015. 7. 23, 2015도6905).

④ 회사에 대한 고의 부도 준비 사실 등을 숨긴 채 甲 회사 명의로 대한주택보증 주식회사와 임대보증금 보증약정을 체결하여 재산상 이익을 취득하였다고 하여 구 특정경제범죄 가중처벌 등에 관한 법률 위반(사기)으로 기소된 사안에서, 사기죄가 성립하지 않는다고 본 원심판결에 사기죄의 기수 시기 등에 관한 법리오해의 위법이 있다(대판 2013. 11. 28, 2011도7229).

20. ① 대판 2016. 7. 14, 2016도2081
② 문서위조 및 동행사죄의 보호법익은 문서에 대한 공공의 신용이므로 '문서가 원본인지 여부'가 중요한 거래에서 문서의 사본을 진정한 원본인 것처럼 행사할 목적으로 다른 조작을 가함이 없이 문서의 원본을 그대로 컬러복사기로 복사한 후 복사한 문서의 사본을 원본인 것처럼 행사한 행위는 사문서위조죄 및 동행사죄에 해당한다(대판 2016. 7. 14, 2016도2081).
③ 대판 1977. 7. 12, 77도1736
④ 대판 2015. 11. 27, 2014도13083

21. ① 법원의 직무집행정지 가처분결정에 의하여 그 직무집행이 정지된 자가 법원의 결정에 반하여 직무를 수행함으로써 업무를 계속 행하는 경우, 그 업무는 업무방해죄의 보호대상이 되는 업무에 해당하지 않는다(대판 2002. 8. 23, 2001도5592).
② 형법상 업무방해죄의 보호대상이 되는 '업무'란 직업 또는 계속적으로 종사하는 사무나 사업으로서 타인의 위법한 침해로부터 형법상 보호할 가치가 있는 것이어야 하므로, 어떤 사무나 활동 자체가 위법의 정도가 중하여 사회생활상 도저히 용인될 수 없는 정도로 반사회성을 띠는 경우에는 업무방해죄 보호대상이 되는 '업무'에 해당한다고 볼 수 없다(대판 2011. 10. 13, 2011도7081).
③ 의료인이나 의료법인이 아닌 자가 의료기관을 개설하여 운영하는 행위는 그 위법의 정도가 중하여 사회생활상 도저히 용인될 수 없는 정도로 반사회성을

띠고 있으므로 업무방해죄의 보호대상이 되는 '업무'에 해당하지 않는다(대판 2001. 11. 30, 2001도2015).

④ 형법상 업무방해죄의 보호대상이 되는 '업무'라 함은 직업 또는 계속적으로 종사하는 사무나 사업을 말하는 것으로서 타인의 위법한 행위에 의한 침해로부터 보호할 가치가 있는 것이면 되고, 그 업무의 기초가 된 계약 또는 행정행위 등이 반드시 적법하여야 하는 것은 아니라고 할 것이다. 공유수면관리법 제4조에 의하면 공유수면을 점용하려는 자는 관리청으로부터 점용허가를 받도록 규정되어 있고, 이 사건에 있어서 위 회사는 관리청으로부터 위 선착장에 대한 공유수면점용허가를 받지 아니하기는 하였으나, 한편 위 법 제8조, 동 시행령 제5조에 의하면 위 점용허가를 받은 자는 관리청의 허가를 받아 허가받은 권리를 이전할 수 있도록 규정하고 있고, 기록에 의하면 위 회사는 관리청인 고흥군으로부터 따로 선착장에 대한 점용허가를 받음이 없이 고흥군의 지시에 따라 선착장점용허가권자인 마을주민 대표들과 임대차계약을 체결하고 위 선착장을 이용하여 왔던 사실을 알 수 있음에 비추어, 위 회사의 폐석운반 업무를 업무방해죄에 의하여 보호하여야 할 대상이 되지 못하는 업무라고 단정하기는 어렵다고 할 것이다(대판 1996. 11. 12, 96도2214).

22. ① 법원을 기망하여 승소판결을 받고 그 확정판결에 의하여 소유권이전등기를 경료한 경우에는 사기죄와 별도로 공정증서원본 불실기재죄가 성립하고 양죄는 실체적 경합범 관계에 있다(대판 1983 .4. 26, 83도188).

② 형법 제355조 제1항의 횡령죄는 불법영득의 의사없이 목적물의 점유를 시작한 경우라야 하고 타인을 공갈하여 재물을 교부케 한 경우에는 공갈죄를 구성하는 외에 그것을 소비하고 타에 처분하였다 하더라도 횡령죄를 구성하지는 않는다(대판 1986. 2. 11, 85도2513).

③ 금융기관발행의 자기앞수표는 그 액면금을 즉시 지급받을 수 있어 현금에 대신하는 기능을 하고 있으므로 절취한 자기앞수표를 현금 대신으로 교부한 행위는 절도행위에 대한 가벌적 평가에 당연히 포함되는 것으로 봄이 상당하다 할 것이므로 절취한 자기앞수표를 음식대금으로 교부하고 거스름돈을 환불받은 행위는 절도의 불가벌적 사후처분행위로서 사기죄가 되지 아니한다(대판 1987. 1. 20, 86도1728).

④ 절도범인으로부터 장물보관의뢰를 받은 자가 그 정을 알면서 이를 인도받아 보관하고 있다가 임의처분하였다 하여도 장물보관죄가 성립되는 때에는 이미

그 소유자의 소유물추구권을 침해하였으므로 그 후의 횡령행위는 불가벌적 사후행위에 불과하여 별도로 횡령죄가 성립하지 않는다(대판 1976. 11. 23, 76도3067).

23. ①, ②, ③ 대판 2015. 11. 12, 2015도6809, 전합
④ 이른바 부진정 부작위범의 경우에는 보호법익의 주체가 법익에 대한 침해위협에 대처할 보호능력이 없고, 부작위행위자에게 침해위협으로부터 법익을 보호해 주어야 할 법적 작위의무가 있을 뿐 아니라, 부작위행위자가 그러한 보호적 지위에서 법익침해를 일으키는 사태를 지배하고 있어 작위의무의 이행으로 결과발생을 쉽게 방지할 수 있어야 부작위로 인한 법익침해가 작위에 의한 법익침해와 동등한 형법적 가치가 있는 것으로서 범죄의 실행행위로 평가될 수 있다. 다만 여기서의 작위의무는 법령, 법률행위, 선행행위로 인한 경우는 물론, 신의성실의 원칙이나 사회상규 혹은 조리상 작위의무가 기대되는 경우에도 인정된다(대판 2015. 11. 12, 2015도6809, 전합).

24. ①, ②, ④ 대판 2015. 1. 22, 2014도10978, 전합
③ 선동행위는 선동자에 의하여 일방적으로 행해지고, 그 이후 선동에 따른 범죄의 결의 여부 및 그 내용은 선동자의 지배영역을 벗어나 피선동자에 의하여 결정될 수 있으며, 내란선동을 처벌하는 근거가 선동행위 자체의 위험성과 불법성에 있다는 점 등을 전제하면, 내란선동에 있어 시기와 장소, 대상과 방식, 역할분담 등 내란 실행행위의 주요 내용이 선동 단계에서 구체적으로 제시되어야 하는 것은 아니고, 또 선동에 따라 피선동자가 내란의 실행행위로 나아갈 개연성이 있다고 인정되어야만 내란선동의 위험성이 있는 것으로 볼 수도 없다(대판 2015. 1. 22, 2014도10978, 전합).

25. ① 매도인에게서 바로 명의수탁자 명의로 소유권이전등기를 마친 이른바 중간생략등기형 명의신탁을 한 경우, 명의신탁자는 신탁부동산의 소유권을 가지지 아니하고, 명의신탁자와 명의수탁자 사이에 위탁신임관계를 인정할 수도 없다. 따라서 명의수탁자가 명의신탁자의 재물을 보관하는 자라고 할 수 없으므로, 명의수탁자가 신탁받은 부동산을 임의로 처분하여도 명의신탁자에 대한 관계에서 횡령죄가 성립하지 아니한다(대판 2016. 5. 19, 2014도6992, 전합).
② 횡령죄에서 불법영득의 의사는 타인의 재물을 보관하는 자가 위탁의 취지에

반하여 자기 또는 제3자의 이익을 위하여 권한 없이 재물을 자기의 소유인 것처럼 사실상 또는 법률상 처분하는 의사를 의미하므로, 보관자가 자기 또는 제3자의 이익을 위한 것이 아니라 소유자의 이익을 위하여 이를 처분한 경우에는 특별한 사정이 없는 한 불법영득의 의사를 인정할 수 없다(대판 2017. 2. 15, 2013도14777).
③ 횡령죄는 타인의 재물을 보관하는 사람이 재물을 횡령하거나 반환을 거부한 때에 성립한다(형법 제355조 제1항). 횡령죄에서 재물의 보관은 재물에 대한 사실상 또는 법률상 지배력이 있는 상태를 의미하며, 횡령행위는 불법영득의사를 실현하는 일체의 행위를 말한다. 따라서 소유권의 취득에 등록이 필요한 타인 소유의 차량을 인도받아 보관하고 있는 사람이 이를 사실상 처분하면 횡령죄가 성립하며, 보관 위임자나 보관자가 차량의 등록명의자일 필요는 없다(대판 2015. 6. 25, 2015도1944, 전합).
④ 대판 2013. 2. 15, 2011도13606

정답 및 해설 (2018년 3월 3일 시행)

정답

01. ③ 02. ② 03. ④ 04. ② 05. ④ 06. ③ 07. ② 08. ① 09. ④ 10. ②
11. ② 12. ② 13. ③ 14. ④ 15. ① 16. ③ 17. ③ 18. ① 19. ① 20. ③
21. ② 22. ① 23. ④ 24. ④ 25. ②

01. ① 형법이 업무방해죄와는 별도로 공무집행방해죄를 규정하고 있는 것은 사적 업무와 공무를 구별하여 공무에 관해서는 공무원에 대한 폭행, 협박 또는 위계의 방법으로 그 집행을 방해하는 경우에 한하여 처벌하겠다는 취지라고 보아야 할 것이고, 따라서 공무원이 직무상 수행하는 공무를 방해하는 행위에 대해서는 업무방해죄로 의율할 수는 없다고 해석함이 상당하다(대판 2009. 11. 19, 2009도4166, 전합).

② 대판 2014. 8. 20, 2011도468

③ 법원의 직무집행정지 가처분결정에 의하여 그 직무집행이 정지된 자가 법원의 결정에 반하여 직무를 수행함으로써 업무를 계속 행하는 경우 그 업무는 국법질서와 재판의 존엄성을 무시하는 것으로서 사실상 평온하게 이루어지는 사회적 활동의 기반이 되는 것이라 할 수 없고, 비록 그 업무가 반사회성을 띠는 경우라고까지는 할 수 없다고 하더라도 법적 보호라는 측면에서는 그와 동등한 평가를 받을 수밖에 없으므로, 그 업무자체는 법의 보호를 받을 가치를 상실하였다고 하지 않을 수 없어 업무방해죄에서 말하는 업무에 해당하지 않는다(대판 2002. 8. 23, 2001도5592).

④ 법률이 정한 집행기관에 강제집행을 신청하지 않고 채권자가 임의로 강제집행을 하기로 하는 계약은 사회질서에 반하는 것으로 민법 103조에 의해 무효이

므로 임대인이 임차인 점포의 간판을 철거하고 출입문을 봉쇄하였다면 업무방해죄가 성립한다(대판 2005. 3. 10. 2004도341).

02. ① 공무원에게 뇌물로 전달하여 달라고 금원을 교부받은 것은 불법원인으로 인하여 지급 받은 것으로서 이를 뇌물로 전달하지 않고 타에 소비하였다고 해서 타인의 물을 보관 중 횡령하였다고 볼 수는 없다(대판 1988. 9. 20, 86도628).
② 소유권의 취득에 등록이 필요한 차량에 대한 횡령죄에서 타인의 재물을 보관하는 사람의 지위는 일반 동산의 경우와 달리 차량에 대한 점유 여부가 아니라 등록에 의하여 차량을 제3자에게 법률상 유효하게 처분할 수 있는 권능 유무에 따라 결정하여야 한다(대판 2015. 6. 25, 2015도1944, 전합).
③ 대판 1995. 1. 20, 94도2760
④ 대판 1982. 11. 23, 82도1887

03. ① 담보권자가 변제기 경과 후에 담보권을 실행하기 위하여 담보목적물을 처분하는 행위는 담보계약에 따라 담보권자에게 주어진 권능이어서 자기의 사무처리에 속하는 것이지 타인인 채무자의 사무처리에 속하는 것이라고 할 수 없으므로, 담보권자가 담보권을 실행하기 위하여 담보목적물을 처분함에 있어 시가에 따른 적절한 처분을 하여야 할 의무는 담보계약상의 민사채무일 뿐 그와 같은 형법상의 의무가 있는 것은 아니므로 그에 위반한 경우 배임죄가 성립된다고 할 수 없다.(대판 1997. 12. 23, 97도2430).
② 거래상대방의 대향적 행위의 존재를 필요로 하는 유형의 배임죄에서 거래상대방은 기본적으로 배임행위의 실행행위자와 별개의 이해관계를 가지고 반대편에서 독자적으로 거래에 임한다는 점을 고려하면, 업무상배임죄의 실행으로 이익을 얻게 되는 수익자는 배임죄의 공범이라고 볼 수 없는 것이 원칙이다(대판 2016. 10. 13., 선고, 2014도17211).
③ 대판 2017. 6. 29, 2017도3808
④ 주식회사의 대표이사가 대표권을 남용하는 등 그 임무에 위배하여 약속어음 발행을 한 행위가 배임죄에 해당하는지도 원칙적으로 위에서 살펴본 의무부담행위와 마찬가지로 보아야 한다. 다만 약속어음 발행의 경우 어음법상 발행인은 종전의 소지인에 대한 인적 관계로 인한 항변으로써 소지인에게 대항하지 못하므로 어음법 제17조, 제77조), 어음발행이 무효라 하더라도 그 어음이 실제로 제3자에게 유통되었다면 회사로서는 어음채무를 부담할 위험이 구체

적·현실적으로 발생하였다고 보아야 하고, 따라서 그 어음채무가 실제로 이행되기 전이라도 배임죄의 기수범이 된다. 그러나 약속어음 발행이 무효일 뿐만 아니라 그 어음이 유통되지도 않았다면 회사는 어음발행의 상대방에게 어음채무를 부담하지 않기 때문에 특별한 사정이 없는 한 회사에 현실적으로 손해가 발생하였다거나 실해 발생의 위험이 발생하였다고도 볼 수 없으므로, 이때에는 배임죄의 기수범이 아니라 배임미수죄로 처벌하여야 한다(대판 2017. 7. 20, 2014도1104, 전합).

04. ① 유치권에 의한 경매를 신청한 유치권자는 일반채권자와 마찬가지로 피담보채권액에 기초하여 배당을 받게 되는 결과 피담보채권인 공사대금 채권을 실제와 달리 허위로 크게 부풀려 유치권에 의한 경매를 신청할 경우 정당한 채권액에 의하여 경매를 신청한 경우보다 더 많은 배당금을 받을 수도 있으므로, 이는 법원을 기망하여 배당이라는 법원의 처분행위에 의하여 재산상 이익을 취득하려는 행위로서, 불능범에 해당한다고 볼 수 없고, 소송사기죄의 실행의 착수에 해당한다(대판 2012. 11. 15, 2012도9603).

② 피고인 또는 그와 공모한 자가 자신이 토지의 소유자라고 허위의 주장을 하면서 소유권보존등기 명의자를 상대로 보존등기의 말소를 구하는 소송을 제기한 경우 그 소송에서 위 토지가 피고인 또는 그와 공모한 자의 소유임을 인정하여 보존등기 말소를 명하는 내용의 승소확정판결을 받는다면, 이에 터 잡아 언제든지 단독으로 상대방의 소유권보존등기를 말소시킨 후 위 판결을 부동산등기법 제130조 제2호 소정의 소유권을 증명하는 판결로 하여 자기 앞으로의 소유권보존등기를 신청하여 그 등기를 마칠 수 있게 되므로, 이는 법원을 기망하여 유리한 판결을 얻음으로써 '대상 토지의 소유권에 대한 방해를 제거하고 그 소유명의를 얻을 수 있는 지위'라는 재산상 이익을 취득한 것이고, 그 경우 기수시기는 위 판결이 확정된 때이다(대판 2006. 4. 7, 2005도9858, 전합).

③ 소유권이전등기청구권에 대한 압류는 당해 부동산에 대한 경매의 실시를 위한 사전 단계로서의 의미를 가지나, 전체로서의 강제집행절차를 위한 일련의 시작행위라고 할 수 있으므로, 허위 채권에 기한 공정증서를 집행권원으로 하여 채무자의 소유권이전등기청구권에 대하여 압류신청을 한 시점에 소송사기의 실행에 착수하였다고 볼 것이다(대판 2015. 2. 12, 2014도10086).

④ 가압류는 강제집행의 보전방법에 불과한 것이어서 허위의 채권을 피보전권리

로 삼아 가압류를 하였다고 하더라도 그 채권에 관하여 현실적으로 청구의 의사표시를 한 것이라고는 볼 수 없으므로, 본안소송을 제기하지 아니한 채 가압류를 한 것만으로는 사기죄의 실행에 착수하였다고 할 수 없다(대판 1988. 9. 13, 88도55).

05. ① 선고유예를 할 수 있는 형은 형을 병과하는 경우를 제외하고서는 주형과 부과형을 포함한다(대판 1970. 6. 30, 70도883).
② 대판 2008. 11. 13, 2006도4885
③ 대판 1992. 7. 28, 92도700
④ 몰수는 선고유예의 대상으로 규정되어 있지 아니하고 다만 몰수 또는 이에 갈음하는 추징은 부가형적 성질을 띠고 있어 그 주형에 대하여 선고를 유예하는 경우에는 그 부가할 몰수 추징에 대하여도 선고를 유예할 수 있으나, 그 주형에 대하여 선고를 유예하지 아니하면서 이에 부가할 몰수 추징에 대하여서만 선고를 유예할 수는 없다(대판 1988. 6. 21, 88도551).

06. ① 아직 판결을 받지 아니한 수개의 죄가 판결 확정을 전후하여 저질러진 경우 판결 확정 전에 범한 죄를 이미 판결이 확정된 죄와 동시에 판결할 수 없었던 경우라고 하여 마치 확정된 판결이 존재하지 않는 것처럼 그 수개의 죄 사이에 형법 제37조 전단의 경합범 관계가 인정되어 형법 제38조가 적용된다고 볼 수도 없으므로, 판결 확정을 전후한 각각의 범죄에 대하여 별도로 형을 정하여 선고할 수밖에 없다(대판 2014. 3. 27, 2014도469).
② 형법 제37조 후단 및 제39조 제1항의 문언, 입법취지 등에 비추어 보면, 아직 판결을 받지 아니한 죄가 이미 판결이 확정된 죄와 동시에 판결할 수 없었던 경우에는 형법 제39조 제1항에 따라 동시에 판결할 경우와 형평을 고려하여 형을 선고한다(대판 2012. 9. 27, 2012도9295).
③ 1개의 행위가 수개의 죄에 해당하는 상상적 경합인 경우에는 가장 중한 죄에 정한 형으로 처벌한다(법 제40조)고 규정하고 있으나 상상적 경합관계에 있는 위반죄에 대하여 징역형과 벌금형을 병과할 수 있도록 규정한 특별법에 의하여 벌금형을 병과할 수 있다(대판 2008. 12. 24, 2008도9169).
④ 실체법상 포괄일죄의 관계에 있는 일련의 범행 중간에 동종의 죄에 관한 확정판결이 있는 경우에는 확정판결로 전후 범죄사실이 나뉘어져 원래 하나의 범죄로 포괄될 수 있었던 일련의 범행은 확정판결의 전후로 분리된다. 사실심판

결 선고 시 이후의 범죄는 확정판결의 기판력이 미치지 않으므로 설령 확정판결 전의 범죄와 포괄일죄의 관계에 있다고 하더라도 별개의 독립적인 범죄가 된다(대판 2017. 5. 17, 2017도3373).

07. ① 자신의 형사사건에 관한 증거은닉 행위는 형사소송에 있어서 피고인의 방어권을 인정하는 취지와 상충하여 처벌의 대상이 되지 아니하므로 자신의 형사사건에 관한 증거은닉을 위하여 타인에게 도움을 요청하는 행위 역시 원칙적으로 처벌되지 아니하나, 다만 그것이 방어권의 남용이라고 볼 수 있을 때는 증거은닉교사죄로 처벌할 수 있다(대판 2016. 7. 29, 2016도5596).
② 대판 2013. 9. 12, 2012도2744
③ 교사범의 교사가 정범이 죄를 범한 유일한 조건일 필요는 없으므로, 교사행위에 의하여 정범이 실행을 결의하게 된 이상 비록 정범에게 범죄의 습벽이 있어 그 습벽과 함께 교사행위가 원인이 되어 정범이 범죄를 실행한 경우에도 교사범의 성립에 영향이 없다(대판 1991. 5. 14, 91도542).
④ 변호사 사무실 직원인 피고인 甲이 법원공무원인 피고인 乙에게 부탁하여, 수사 중인 사건의 체포영장 발부자 53명의 명단을 누설받은 사안에서, 피고인 乙이 직무상 비밀을 누설한 행위와 피고인 甲이 이를 누설받은 행위는 대향범 관계에 있으므로 공범에 관한 형법총칙 규정이 적용될 수 없는데도, 피고인 甲의 행위가 공무상비밀누설교사죄에 해당한다고 본 원심판단에 법리오해의 위법이 있다(대판 2011. 4. 28, 2009도3642).

08. ① 건축 담당 공무원이 건축허가신청서를 접수·처리함에 있어 건축법상의 요건을 갖추지 못하고 설계된 사실을 알면서도 기안서인 건축허가통보서를 작성하여 건축허가서의 작성명의인인 군수의 결재를 받아 건축허가서를 작성한 경우, 군수가 위 건축허가통보서에 결재하여 위 건축허가신청을 허가하였다면 위 건축허가서에 표현된 허가의 의사표시 내용 자체에 어떠한 허위가 있다고 볼 수는 없다 할 것이어서, 이러한 건축허가에 그 요건을 구비하지 못한 잘못이 있고 이에 담당 공무원의 위법행위가 개입되었다 하더라도 그 위법행위에 대한 책임을 추궁하는 것은 별론으로 하고 위 건축허가서를 작성한 행위를 허위공문서작성죄로 처벌할 수는 없다(대판 2000. 6. 27, 2000도1858).
② 피고인이 건축물조사 및 가옥대장 정리업무를 담당하는 지방행정서기를 교사하여 무허가 건물을 허가받은 건축물인 것처럼 가옥대장 등에 등재케하여 허위공문서 등을 작성케 한 사실이 인정된다면, 허위공문서작성죄의 교사범으

로 처단한 것은 정당하다(대판 1983. 12. 13, 83도145).
③ 공무원인 피고인이 그 직무에 관하여 이 건 문제로 된 사문서 사본에 "원본대조필 토목기사 피고인"이라 기재하고 도장을 날인하였다면 그 기재 자체가 공문서로 되고, 이 경우 피고인이 실제로 원본과 대조함이 없이 "원본대조필"이라고 기재한 이상 그것만으로 곧 허위공문서작성죄가 성립한다(대판 1981. 9. 22, 80도3180).
④ 인감증명서가 본인 또는 대리인중 누구의 신청에 의하여 발행된 문서이냐 하는 점 역시 그 증명력을 담보함에 필요한 사항이라 할 것이므로 원판시와 같이 대리인의 신청에 의한 것을 본인의 신청에 의한 것으로 허위기재되었다면 그 인감증명서의 공공의 신용을 해할 위험이 있기 때문이다. 원심이 같은 견해에서 한 의율조치는 정당하고 거기에 허위공문서작성죄의 법리를 오해한 위법이 있다고 할 수 없다(대판 1985. 6. 25, 85도758).

09. ① 대판 2018. 8. 1, 2015도20396
② 대판 2012. 8. 30, 2012도6027
③ 대판 2012. 8. 30, 2010도13694
④ 피의사건이 비교적 경미한 경우 피의자와 일정한 관계에 있는 신원보증인이 수사기관에 대하여 피의자의 신분, 직업, 주거 등을 보증하고 향후 수사기관이나 법원의 출석요구에 사실상 협조하겠다는 의사를 표시하는 것으로서 피의자나 신원보증인에게 심리적인 부담을 줌으로써 수사기관이나 재판정에의 출석 또는 형 집행 등 형사사법절차상의 편의를 도모하는 것에 불과하여 보증인에게 법적으로 진실한 서류를 작성·제출할 의무가 부과된 것은 아니므로, 신원보증서를 작성하여 수사기관에 제출하는 보증인이 피의자의 인적 사항을 허위로 기재하였다고 하더라도, 그로써 적극적으로 수사기관을 기망한 결과 피의자를 석방하게 하였다는 등 특별한 사정이 없는 한, 그 행위만으로 범인도피죄가 성립되지 않는다(대판 2003. 2. 14, 2002도5374)

10. ① 대판 2016. 6. 23, 2016도3540
② 뇌물의 내용인 이익이라 함은 금전, 물품 기타의 재산적 이익뿐만 아니라 사람의 수요 욕망을 충족시키기에 족한 일체의 유형·무형의 이익을 포함한다. 뇌물약속죄에 있어서 뇌물의 목적물인 이익은 약속 당시에 현존할 필요는 없고 약속 당시에 예기할 수 있는 것이라도 무방하며, 교환계약을 체결하게 된 사실을 알 수 있는바, 사실관계가 이와 같다면 설사 이 사건 안성 토지의 시가

가 이 사건 강화 토지의 시가보다 비싸다고 하더라도 피고인으로서는 오랫동안 처분을 하지 못하고 있던 부동산을 처분하는 한편, 매수를 희망하였던 전원주택지로 앞으로 개발이 되면 가격이 많이 상승할 토지를 매수하게 되는 무형의 이익을 얻었다고 봄이 상당하다고 할 것이므로, 만약 피고인이 직무에 관하여 위와 같은 이익을 얻었다면 피고인에 대하여 뇌물약속죄가 성립한다고 보아야 할 것이다(대판 2001. 9. 18, 2000도5438).
③ 대판 2015. 10. 29, 2015도12838
④ 형법 제357조 제1항의 배임수재죄와 같은 조 제2항의 배임증재죄는 통상 필요적 공범의 관계에 있기는 하나 이것은 반드시 수재자와 증재자가 같이 처벌받아야 하는 것을 의미하는 것은 아니다(대판 1991. 1. 15, 90도2257).

11. ① 형법 제35조제1항
② 금고이상의 형을 받고 그 형의 집행유예기간 중에 금고 이상에 해당하는 죄를 범하였다 하더라도 이는 누범가중의 요건을 충족시킨 것이라 할 수 없다(대판 1983. 8. 23, 83도1600).
③ 대판 2012. 3. 29, 2011도14135
④ 상습범과 누범은 서로 다른 개념으로서 누범에 해당한다고 하여 반드시 상습범이 되는 것이 아니며, 반대로 상습범에 해당한다고 하여 반드시 누범이 되는 것도 아니다. 또한, 행위자책임에 형벌가중의 본질이 있는 상습범과 행위책임에 형벌가중의 본질이 있는 누범을 단지 평면적으로 비교하여 그 경중을 가릴 수는 없고, 사안에 따라서는 폭력행위 등 처벌에 관한 법률 제3조 제4항에 정한 누범의 책임이 상습범의 경우보다 오히려 더 무거운 경우도 얼마든지 있을 수 있다(대판 2007. 8. 23, 2007도4913).

12. ① 대판 2016. 12. 27, 2014도15290
② 모욕죄는 특정한 사람 또는 인격을 보유하는 단체에 대하여 사회적 평가를 저하시킬 만한 경멸적 감정을 표현함으로써 성립하므로 그 피해자는 특정되어야 한다(대판 2014. 3. 27, 2011도15631).
③ 대판 2005. 4. 29, 2003도2137
④ 대판 2003. 5. 13, 2002도7420

13. ① 대판 2004. 4. 9, 2003도8219
② 대판 2004. 4. 16, 2004도353

③ 甲이 회사 자금으로 乙에게 주식매각 대금조로 금원을 지급한 경우, 그 금원은 단순히 횡령행위에 제공된 물건이 아니라 횡령행위에 의하여 영득된 장물에 해당한다고 할 것이고, 나아가 설령 甲이 乙에게 금원을 교부한 행위 자체가 횡령행위라고 하더라도 이러한 경우 甲의 업무상횡령죄가 기수에 달하는 것과 동시에 그 금원은 장물이 된다(대판 2004. 12. 9, 2004도5904).

④ 대판 2009. 4. 23, 2009도1203

14. ① 부정한 이익을 얻거나 기업에 손해를 가할 목적으로 그 기업에 유용한 영업비밀이 담겨 있는 타인의 재물을 절취한 후 그 영업비밀을 사용하는 경우, 영업비밀의 부정사용행위는 새로운 법익의 침해로 보아야 하므로 위와 같은 부정사용행위가 절도범행의 불가벌적 사후행위가 되는 것은 아니다(대판 2008. 9. 11, 2008도5364).

② 피고인이 '자신의 집에 메스암페타민을 숨겨두어 소지한 행위'와 그 후 '투약하고 남은 것을 화장실 천장에 숨겨두어 소지한 행위'를 별개의 독립한 범죄로 보고 마약류관리에 관한 법률 위반(향정)의 공소사실을 유죄로 인정한 원심판단은 정당하다(대판 2011. 2. 10, 2010도16742).

③ 피고인들이 피해자들의 택시 운행업무를 방해하기 위하여 이루어진 폭행행위가 피해자들에 대한 업무방해죄의 수단이 되었다 하더라도 그와 같은 폭행행위가 업무방해죄의 성립에 일반적·전형적으로 수반되는 것이 아닐 뿐 아니라 그 폭행행위가 업무방해죄에 비하여 별도로 고려되지 않을 만큼 경미한 것이라고 할 수도 없으므로, 피고인들의 폭행행위가 업무방해죄에 흡수되어 별도의 범죄를 구성하지 않는다고 할 수는 없다(대판 2012. 10. 11, 2012도1895).

④ 공동상속인 중 1인이 상속재산인 임야를 보관 중 다른 상속인들로부터 매도후 분배 또는 소유권이전등기를 요구받고도 그 반환을 거부한 경우 이때 이미 횡령죄가 성립하고, 그 후 그 임야에 관하여 다시 제3자 앞으로 근저당권설정등기를 경료해 준 행위는 불가벌적 사후행위로서 별도의 횡령죄를 구성하지 않는다(대판 2010. 2. 25, 2010도93).

15. ① 타인의 명의를 모용하여 신용카드를 발급받은 경우, 비록 카드회사가 피고인으로부터 기망을 당한 나머지 피고인에게 피모용자 명의로 발급된 신용카드를 교부하고, 사실상 피고인이 지정한 비밀번호를 입력하여 현금자동지급기에 의한 현금대출(현금서비스)을 받을 수 있도록 하였다 할지라도, 카드회사

의 내심의 의사는 물론 표시된 의사도 어디까지나 카드명의인인 피모용자에게 이를 허용하는 데 있을 뿐 피고인에게 이를 허용한 것은 아니라는 점에서, 피고인이 타인의 명의를 모용하여 발급받은 신용카드를 사용하여 현금자동지급기에서 현금대출을 받는 행위는 카드회사에 의하여 미리 포괄적으로 허용된 행위가 아니라, 현금자동지급기의 관리자의 의사에 반하여 그의 지배를 배제한 채 그 현금을 자기의 지배하에 옮겨 놓는 행위로서 절도죄에 해당하고 ARS 전화서비스나 인터넷 등을 통하여 신용대출을 받는 방법으로 재산상 이익을 취득하는 행위 역시 미리 포괄적으로 허용된 행위가 아닌 이상, 컴퓨터 등 정보처리장치에 권한 없이 정보를 입력하여 정보처리를 하게 함으로써 재산상 이익을 취득하는 행위로서 컴퓨터 등 사용사기죄에 해당한다(대판 2006. 7. 27, 2006도3126).

② 은행이 발급한 직불카드를 사용하여 타인의 예금계좌에서 자기의 예금계좌로 돈을 이체시켰다 하더라도 직불카드 자체가 가지는 경제적 가치가 계좌이체된 금액만큼 소모되었다고 할 수는 없으므로, 이를 일시 사용하고 곧 반환한 경우에는 그 직불카드에 대한 불법영득의 의사는 없다고 보아야 한다(대판 2006. 3. 9, 2005도7819).

③ 자신 명의의 신용카드를 정상적으로 발급받아 사용해 오다가 상당한 기간이 경과한 후 대금결제 의사나 능력이 없음에도 위 신용카드를 이용하여 카드론 대출 또는 현금서비스를 받거나 가맹점에서 물품을 구입하고 그 대금을 결제하지 못한 경우, 사기죄가 성립하지 않는다(대판 2003. 8. 29, 2003노1492).

④ 컴퓨터 등 정보처리장치에 권한 없이 정보를 입력하여 정보처리를 하게 함으로써 재산상의 이익을 취득' 하는 행위로서 컴퓨터 등 사용사기죄에 해당된다(대판 2006. 3. 24, 2005도3516).

16. ① 대판 1980. 11. 11, 80도131
② 대판 2015. 12. 10, 2014도11533
③ 친족간의 범행에 관한 규정이 적용되기 위한 친족관계는 원칙적으로 범행 당시에 존재하여야 하는 것이지만, 부가 혼인 외의 출생자를 인지하는 경우에 있어서는 민법 제860조에 의하여 그 자의 출생시에 소급하여 인지의 효력이 생기는 것이며, 이와 같은 인지의 소급효는 친족상도례에 관한 규정의 적용에도 미친다고 보아야 할 것이므로, 인지가 범행 후에 이루어진 경우라고 하더라

도 그 소급효에 따라 형성되는 친족관계를 기초로 하여 친족상도례의 규정이 적용된다(대판 1997. 1. 24, 96도1731).

④ 대판 2010. 7. 29, 2010도5795

17. ① 압류금지채권의 목적물이 채무자의 예금계좌에 입금된 경우에는 그 예금채권에 대하여 더 이상 압류금지의 효력이 미치지 아니하므로 그 예금은 압류금지채권에 해당하지 않지만, 압류금지채권의 목적물이 채무자의 예금계좌에 입금되기 전까지는 여전히 강제집행 또는 보전처분의 대상이 될 수 없으므로, 압류금지채권의 목적물을 수령하는 데 사용하던 기존 예금계좌가 채권자에 의해 압류된 채무자가 압류되지 않은 다른 예금계좌를 통하여 그 목적물을 수령하더라도 강제집행이 임박한 채권자의 권리를 침해할 위험이 있는 행위라고 볼 수 없어 강제집행면탈죄가 성립하지 않는다(대판 2017. 8. 18, 2017도6229).

② 형법 제327조의 강제집행면탈죄는 강제집행을 당할 구체적인 위험이 있는 상태에서 재산을 은닉, 손괴, 허위양도 또는 허위의 채무를 부담하여 채권자를 해할 때 성립된다 할 것이고, 여기서 집행을 당할 구체적인 위험이 있는 상태란 채권자가 이행청구의 소 또는 그 보전을 위한 가압류, 가처분신청을 제기하거나 제기할 태세를 보인 경우를 말한다(대판 1999. 2. 9, 96도3141). 그러므로 이미 경매개시결정이 내려진 후 이를 원래 있던 곳에서 가지고 나가 숨겨 두면, 강제집행면탈죄가 성립하지 않는다.

③ 대판 2004. 4. 9, 2003도8219

④ 강제집행면탈죄에 있어서 재산에는 동산·부동산뿐만 아니라 재산적 가치가 있어 민사소송법에 의한 강제집행 또는 보전처분이 가능한 특허 내지 실용신안 등을 받을 수 있는 권리도 포함된다(대판 2001. 11. 27, 2001도4759).

18. ① 하나의 사건에 관하여 한 번 선서한 증인이 같은 기일에 여러 가지 사실에 관하여 기억에 반하는 허위의 진술을 한 경우 이는 하나의 범죄의사에 의하여 계속하여 허위의 진술을 한 것으로서 포괄하여 1개의 위증죄를 구성하는 것이고 각 진술마다 수 개의 위증죄를 구성하는 것이 아니므로, 당해 위증 사건의 허위진술 일자와 같은 날짜에 한 다른 허위진술로 인한 위증 사건에 관한 판결이 확정되었다면, 비록 종전 사건 공소사실에서 허위의 진술이라고 한 부분과 당해 사건 공소사실에서 허위의 진술이라고 한 부분이 다르다 하여도 종전 사

건의 확정판결의 기판력은 당해 사건에도 미치게 되어 당해 위증죄 부분은 면소되어야 한다. 나아가 행정소송사건의 같은 심급에서 변론기일을 달리하여 수차 증인으로 나가 수 개의 허위진술을 하더라도 최초 한 선서의 효력을 유지시킨 후 증언한 이상 1개의 위증죄를 구성함에 그친다(대판 2007. 3. 15, 2006도9463).
② 대판 2007. 7. 6, 2007도4404
③ 대판 2002. 7. 12, 2002도2029
④ 대판 1999. 1. 29, 98도3584

19. ① 경찰관이 압수물을 범죄 혐의의 입증에 사용하도록 하는 등의 적절한 조치를 취하지 아니하고 피압수자에게 돌려주어 증거인멸죄를 범한 경우에 작위범인 증거인멸죄만이 성립하고 부작위범인 직무유기(거부)죄는 따로 성립하지 아니한다(대판 2006.10.19, 2005도3909, 전합).
② 대판 2008. 2. 14, 2005도4202
③ 대판 2014. 4. 10, 2013도229
④ 대판 1993. 12. 24, 92도3334

20. ① 전기통신금융사기(이른바 보이스피싱 범죄)의 범인이 피해자를 기망하여 피해자의 돈을 사기이용계좌로 송금·이체받았다면 이로써 편취행위는 기수에 이른다. 따라서 범인이 피해자의 돈을 보유하게 되었더라도 이로 인하여 피해자와 사이에 어떠한 위탁 또는 신임관계가 존재한다고 할 수 없는 이상 피해자의 돈을 보관하는 지위에 있다고 볼 수 없으며, 나아가 그 후에 범인이 사기이용계좌에서 현금을 인출하였더라도 이는 이미 성립한 사기범행의 실행행위에 지나지 아니하여 새로운 법익을 침해한다고 보기도 어려우므로, 위와 같은 인출행위는 사기의 피해자에 대하여 따로 횡령죄를 구성하지 아니한다(대판 2017. 5. 31, 2017도3045).
② 사기죄에서 처분행위는 행위자의 기망행위에 의한 피기망자의 착오와 행위자 등의 재물 또는 재산상 이익의 취득이라는 최종적 결과를 중간에서 매개·연결하는 한편, 착오에 빠진 피해자의 행위를 이용하여 재산을 취득하는 것을 본질적 특성으로 하는 사기죄와 피해자의 행위에 의하지 아니하고 행위자가 탈취의 방법으로 재물을 취득하는 절도죄를 구분하는 역할을 한다. 처분행위가 갖는 이러한 역할과 기능을 고려하면, 피기망자의 의사에 기초한 어떤 행위를 통해 행위자 등이 재물 또는 재산상의 이익을 취득하였다고 평가할 수

있는 경우라면 사기죄에서 말하는 처분행위가 인정된다(대판 2017. 2. 16, 2016도13362, 전합).

③ 아파트 소유권자인 피고인이 가등기권리자 甲에게 아파트에 관한 소유권이전청구권가등기를 말소해 주면 대출은행을 변경한 후 곧바로 다시 가등기를 설정해 주겠다고 속여 가등기를 말소하게 하여 재산상 이익을 편취하고, 가등기를 회복해 줄 임무에 위배하여 아파트에 제3자 명의로 근저당권 및 전세권설정등기를 마침으로써 甲에게 손해를 가하였다고 하여 사기 및 배임으로 기소된 사안에서, 사기죄를 인정하는 이상 비양립적 관계에 있는 배임죄는 별도로 성립하지 않는다(대판 2017. 2. 15, 2016도15226).

④ 송금의뢰인이 다른 사람의 예금계좌에 자금을 송금·이체한 경우 특별한 사정이 없는 한 송금의뢰인과 계좌명의인 사이에 그 원인이 되는 법률관계가 존재하는지 여부에 관계없이 계좌명의인(수취인)과 수취은행 사이에는 그 자금에 대하여 예금계약이 성립하고, 계좌명의인은 수취은행에 대하여 그 금액 상당의 예금채권을 취득한다. 이때 송금의뢰인과 계좌명의인 사이에 송금·이체의 원인이 된 법률관계가 존재하지 않음에도 송금·이체에 의하여 계좌명의인이 그 금액 상당의 예금채권을 취득한 경우 계좌명의인은 송금의뢰인에게 그 금액 상당의 돈을 반환하여야 한다. 이와 같이 계좌명의인이 송금·이체의 원인이 되는 법률관계가 존재하지 않음에도 계좌이체에 의하여 취득한 예금채권 상당의 돈은 송금의뢰인에게 반환하여야 할 성격의 것이므로, 계좌명의인은 그와 같이 송금·이체된 돈에 대하여 송금의뢰인을 위하여 보관하는 지위에 있다고 보아야 한다. 따라서 계좌명의인이 그와 같이 송금·이체된 돈을 그대로 보관하지 않고 영득할 의사로 인출하면 횡령죄가 성립한다(대판 2018. 7. 19, 2017도17494, 전합).

21. ① 범죄의 성립과 처벌은 행위시의 법률에 의한다고 할 때의 "행위시"라 함은 범죄행위의 종료 시를 의미한다(대판 1994. 5. 10, 94도563).
② 포괄일죄인 위 법률 위반 범행이 계속된 경우 그 범죄실행 종료시의 법이라고 할 수 있는 신법을 적용하여 포괄일죄로 처단하여야 하고, 또한 "이 법 시행 전의 행위에 대한 벌칙의 적용에 있어서는 종전의 규정에 따른다."는 방문판매 등에 관한 법률 부칙 제3조가 적용될 수도 없다(대판 2009. 9. 10, 2009도5075).
③ 대판 2012. 9. 13, 2012도7760

④ 대판 2011. 6. 23, 2008도7562, 전합

22. ① 사문서의 위·변조죄는 작성권한 없는 자가 타인 명의를 모용하여 문서를 작성하는 것을 말하므로 사문서를 작성·수정할 때 명의자의 명시적이거나 묵시적인 승낙이 있었다면 사문서의 위·변조죄에 해당하지 않고, 한편 행위 당시 명의자의 현실적인 승낙은 없었지만 행위 당시의 모든 객관적 사정을 종합하여 명의자가 행위 당시 그 사실을 알았다면 당연히 승낙했을 것이라고 추정되는 경우 역시 사문서의 위·변조죄가 성립하지 않는다고 할 것이나, 명의자의 명시적인 승낙이나 동의가 없다는 것을 알고 있으면서도 명의자가 문서작성 사실을 알았다면 승낙하였을 것이라고 기대하거나 예측한 것만으로는 그 승낙이 추정된다고 단정할 수 없다(대판 2011. 9. 29, 2010도14587).
② 대판 1984. 10. 10. 84도1566
③ 대판 2016. 7. 14, 2016도2081
④ 대판 2001. 3. 9, 2000도938

23. ① 형법이 업무방해죄와는 별도로 공무집행방해죄를 규정하고 있는 것은 사적 업무와 공무를 구별하여 공무에 관해서는 공무원에 대한 폭행, 협박 또는 위계의 방법으로 그 집행을 방해하는 경우에 한하여 처벌하겠다는 취지라고 보아야 할 것이다(대판 2010. 2. 25, 2008도9049).
② 대판 2003. 7. 25, 2003도1609
③ 대판 1996. 10. 11, 96도312
④ 과속단속카메라에 촬영되더라도 불빛을 반사시켜 차량 번호판이 식별되지 않도록 하는 기능이 있는 제품('파워매직세이퍼')을 차량 번호판에 뿌린 상태로 차량을 운행한 행위만으로는, 교통단속 경찰공무원이 충실히 직무를 수행하더라도 통상적인 업무처리과정 하에서 사실상 적발이 어려운 위계를 사용하여 그 업무집행을 하지 못하게 한 것으로 보기 어렵다(대판 2010. 4. 15, 2007도8024).

24. ④ 형법 제335조에서 절도가 재물의 탈환을 항거하거나 체포를 면탈하거나 죄적을 인멸할 목적으로 폭행 또는 협박을 가한 때에 준강도로서 강도죄의 예에 따라 처벌하는 취지는, 강도죄와 준강도죄의 구성요건인 재물탈취와 폭행·협박 사이에 시간적 순서상 전후의 차이가 있을 뿐 실질적으로 위법성이 같다고 보기 때문이다. 그러므로 피해자에 대한 폭행·협박을 수단으로 하여 재물

을 탈취하고자 하였으나 그 목적을 이루지 못한 자가 강도미수죄로 처벌되는 것과 마찬가지로, 절도미수범인이 폭행·협박을 가한 경우에도 강도미수에 준하여 처벌하는 것이 합리적이라 할 것이다. 위와 같은 준강도죄의 입법 취지, 강도죄와의 균형 등을 종합적으로 고려해 보면, 준강도죄의 기수 여부는 절도행위의 기수 여부를 기준으로 하여 판단하여야 한다고 봄이 상당하다(대판 2004. 11. 18, 2004도5074, 전합).
① 주거침입죄의 범의는 반드시 신체의 전부가 타인의 주거 안으로 들어간다는 인식이 있어야만 하는 것이 아니라 신체의 일부라도 타인의 주거 안으로 들어간다는 인식이 있으면 족하다(대판 1995. 9. 15, 94도2561).
② 대판 1992. 9. 8, 92도1650, 92감도80
③ 대판 1990. 5. 25, 90도607

25. ① 위증, 모해위증 죄를 범한 자가 그 공술한 사건의 재판 또는 징계처분이 확정되기 전에 자백 또는 자수한 때에는 그 형을 감경 또는 면제한다(형법 제153조).
② 미성년자의 약취, 유인(제287조), 추행 등 목적 약취, 유인 등(제288조), 인신매매(제289조), 약취, 유인, 매매, 이송 등 상해·치상(제290조). 약취, 유인, 매매, 이송된 사람의 수수·은닉 등(제292조)의 죄를 범한 사람이 약취, 유인, 매매 또는 이송된 사람을 안전한 장소로 풀어준 때에는 그 형을 감경할 수 있다(동법 제295조의2).
③ 현주건조물 등에의 방화(제164조제1항)에 대한 목적한 죄의 실행에 이르기 전에 자수한 때에는 형을 감경 또는 면제한다(동법 제175조).
④ 장물의 취득, 알선 죄를 범한 자와 본범 간에 친족 간의 범행과 고소의 신분관계가 있는 때에는 그 형을 감경 또는 면제한다(동법 제365조).

정답 및 해설 (2019년 2월 23일 시행)

정답

01. ① 02. ③ 03. ③ 04. ④ 05. ④ 06. ④ 07. ① 08. ② 09. ③ 10. ①
11. ② 12. ④ 13. ① 14. ④ 15. ③ 16. ④ 17. ② 18. ④ 19. ① 20. ④
21. ① 22. ② 23. ④ 24. ③ 25. ③

01. ① 피고인이 경찰관을 상대로 진정한 사건이 혐의 인정되지 않아 내사종결 처리되었음에도 불구하고 공연히 "사건을 조사한 경찰관이 내일부로 검찰청에서 구속영장이 떨어진다."고 말한 것은 현재의 사실을 기초로 하거나 이에 대한 주장을 포함하여 장래의 일을 적시한 것으로 볼 수 있어 명예훼손죄에 있어서의 사실의 적시에 해당한다(대판 2003. 5. 13, 2002도7420).
② 대판 1993. 3. 23, 92도455
③ 대판 1985. 5. 28, 85도588
④ 대판 2008. 11. 27, 2007도5312

02. ① 공무원을 상해에 이르게 한 때에는 3년 이상의 유기징역에 처한다. 사망에 이르게 한 때에는 무기 또는 5년 이상의 징역에 처하는(형법 제144조제2항) 특수공무집행방해 치사상죄에 해당된다.
② 공무집행방해죄에서 '직무를 집행하는'이란 공무원이 직무수행에 직접 필요한 행위를 현실적으로 행하고 있는 때만을 가리키는 것이 아니라 공무원이 직무수행을 위하여 근무 중인 상태에 있는 때를 포괄하고, 직무의 성질에 따라서는 직무수행의 과정을 개별적으로 분리하여 부분적으로 각각의 개시와 종료를 논하는 것이 부적절하고 여러 종류의 행위를 포괄하여 일련의 직무수

행으로 파악함이 상당한 경우가 있다(대판 2018. 3. 29, 2017도21537).
③ 동일한 공무를 집행하는 여럿의 공무원에 대하여 폭행·협박 행위를 한 경우에는 공무를 집행하는 공무원의 수에 따라 여럿의 공무집행방해죄가 성립한다(대판 2009. 6. 25, 2009도3505).
④ 같은 폭행·협박 행위가 동일한 장소에서 동일한 기회에 이루어진 것으로서 사회관념상 1개의 행위로 평가되는 경우에는 여럿의 공무집행방해죄는 상상적 경합의 관계에 있다(대판 2009. 6. 25, 2009도3505).

03. ① 대판 1971. 3. 9, 71도181
② 대판 2017. 5. 30, 2015도15398
③ 형법 제157조, 제153조는 무고죄를 범한 자가 그 신고한 사건의 재판 또는 징계처분이 확정되기 전에 자백 또는 자수한 때에는 그 형을 감경 또는 면제한다(대판 2018. 8. 1, 2018도7293).
④ 대판 2008. 8. 21, 2008도3754

04. ① 대판 2013. 11. 14, 2013도7494
② 대판 2011. 1. 13, 2010도9927
③ 대판 1999. 4. 9, 99도424
④ 부작위범 사이의 공동정범은 다수의 부작위범에게 공통된 의무가 부여되어 있고 그 의무를 공통으로 이행할 수 있을 때에만 성립한다(대판 2008. 3. 27, 2008도89).

05. ① 종교적 목적을 위한 언론·출판의 자유를 행사하는 과정에서 타 종교의 신앙의 대상을 우스꽝스럽게 묘사하거나 다소 모욕적이고 불쾌하게 느껴지는 표현을 사용하였더라도 그것이 그 종교를 신봉하는 신도들에 대한 증오의 감정을 드러내는 것이거나 그 자체로 폭행·협박 등을 유발할 우려가 있는 정도가 아닌 이상 허용된다고 보아야 한다(대판 2014. 9. 4, 2012도13718).
② 국민의 기본권을 보호 내지 실현해야 할 책임과 의무를 지고 있는 공권력의 행사자인 국가나 지방자치단체는 기본권의 수범자일 뿐 기본권의 주체가 아니고, 정책결정이나 업무수행과 관련된 사항은 항상 국민의 광범위한 감시와 비판의 대상이 되어야 하며 이러한 감시와 비판은 그에 대한 표현의 자유가 충분히 보장될 때에 비로소 정상적으로 수행될 수 있으므로, 국가나 지방자치단체는 국민에 대한 관계에서 형벌의 수단을 통해 보호되는 외부적 명예의

주체가 될 수는 없고, 따라서 명예훼손죄나 모욕죄의 피해자가 될 수 없다(대판 2016. 12. 27, 2014도15290).

③ 모욕죄는 특정한 사람 또는 인격을 보유하는 단체에 대하여 사회적 평가를 저하시킬 만한 경멸적 감정을 표현함으로써 성립하므로 그 피해자는 특정되어야 한다. 그리고 이른바 집단표시에 의한 모욕은, 모욕의 내용이 집단에 속한 특정인에 대한 것이라고는 해석되기 힘들고, 집단표시에 의한 비난이 개별 구성원에 이르러서는 비난의 정도가 희석되어 구성원 개개인의 사회적 평가에 영향을 미칠 정도에 이르지 아니한 경우에는 구성원 개개인에 대한 모욕이 성립되지 않는다고 봄이 원칙이다(대판 2014. 3. 27, 2011도15631).

④ 대판 2018. 11. 29, 2017도2661

06. ① 대판 2011. 11. 10, 2011도9919
② 대판 2010. 5. 27, 2010도3399
③ 대판 2011. 10. 27, 2010도7624
④ 형법 제330조의 규정형식과 그 구성요건의 문언에 비추어 보면, 형법은 야간에 이루어지는 주거침입행위의 위험성에 주목하여 그러한 행위를 수반한 절도를 야간주거침입절도죄로 중하게 처벌하고 있는 것으로 보아야 하고, 따라서 주거침입이 주간에 이루어진 경우에는 야간주거침입절도죄가 성립하지 않는다고 해석하는 것이 타당하다(대판 2011. 4. 14, 2011도300,2011감도5).

07. ① 증인의 증언은 그 전부를 일체로 관찰·판단하는 것이므로 선서한 증인이 일단 기억에 반하는 허위의 진술을 하였더라도 그 신문이 끝나기 전에 그 진술을 철회·시정한 경우 위증이 되지 아니한다고 할 것이나, 증인이 1회 또는 수회의 기일에 걸쳐 이루어진 1개의 증인신문절차에서 허위의 진술을 하고 그 진술이 철회·시정된 바 없이 그대로 증인신문절차가 종료된 경우 그로써 위증죄는 기수에 달하고, 그 후 별도의 증인 신청 및 채택 절차를 거쳐 그 증인이 다시 신문을 받는 과정에서 종전 신문절차에서의 진술을 철회·시정한다 하더라도 그러한 사정은 형법 제153조가 정한 형의 감면사유에 해당할 수 있을 뿐, 이미 종결된 종전 증인신문절차에서 행한 위증죄의 성립에 어떤 영향을 주는 것은 아니다(대판 2010. 9. 30, 2010도7525).
② 대판 2003. 7. 25, 2003도180
③ 대판 1990. 5. 8, 90도448

④ 대판 2018. 8. 1, 2018도7293

08. ① 대판 2018. 2. 8, 2016도17733
② 피고인이 피해자 甲(여, 48세)에게 욕설을 하면서 자신의 바지를 벗어 성기를 보여주는 방법으로 강제추행하였다는 내용으로 기소된 사안에서, 제반 사정을 고려할 때 단순히 피고인이 바지를 벗어 자신의 성기를 보여준 것만으로는 폭행 또는 협박으로 '추행'을 하였다고 볼 수 없는데도, 이와 달리 보아 유죄를 인정한 원심판결에 강제추행죄의 추행에 관한 법리오해의 위법이 있다(대판 2012. 7. 26, 2011도8805).
③ 대판 2002. 4. 26, 2001도2417
④ 대판 2013. 9. 26, 2013도5856

09. ① 대판 2007. 7. 12, 2007도3005
② 대판 2015. 3. 26, 2014도14909
③ 형법 제327조의 강제집행면탈죄는 채권자의 권리보호를 그 주된 보호법익으로 하고 있는 것이므로 강제집행의 기본이 되는 채권자의 권리 즉 채권의 존재는 강제집행면탈죄의 성립요건이라 할 것이며 따라서 그 채권의 존재가 인정되지 않을 때에는 강제집행면탈죄는 성립하지 않는다(대판 1988. 4. 12, 88도48).
④ 대판 2008. 5. 29, 2008도2476

10. ① 뇌물죄에서 말하는 직무에는 공무원이 법령상 관장하는 직무 그 자체뿐만 아니라 직무와 밀접한 관계가 있는 행위 또는 관례상이나 사실상 관여하는 직무행위도 포함되나, 구체적인 행위가 공무원의 직무에 속하는지는 그것이 공무의 일환으로 행하여졌는가 하는 형식적인 측면과 함께 공무원이 수행하여야 할 직무와의 관계에서 합리적으로 필요하다고 인정되는 것인가 하는 실질적인 측면을 아울러 고려하여 결정하여야 한다(대판 2011. 5. 26, 2009도2453).
② 대판 1992. 2. 28, 91도3364
③ 대판 2006. 4. 14, 2005도7050
④ 대판 2017. 3. 22, 2016도21536

11. ① 대판 1987. 7. 21, 87도564

② 주식회사의 적법한 대표이사라 하더라도 그 권한을 포괄적으로 위임하여 다른 사람으로 하여금 대표이사의 업무를 처리하게 하는 것은 허용되지 않는다. 따라서 대표이사로부터 포괄적으로 권한 행사를 위임받은 사람이 주식회사 명의로 문서를 작성하는 행위는 원칙적으로 권한 없는 사람의 문서 작성행위로서 자격모용사문서작성 또는 위조에 해당한다(대판 2008. 11. 27, 2006도2016).
③ 대판 2004. 4. 9, 2003도7762
④ 대판 1990. 10. 30, 90도1912

12. ①, ② 대판 2009. 11. 19, 2009도4166, 전합
③ 대판 2013. 11. 28, 2013도5117
④ 업무방해죄는 위계 또는 위력으로써 사람의 업무를 방해한 경우에 성립하며(형법 제314조 제1항), '위력'이란 사람의 자유의사를 제압·혼란케 할 만한 일체의 세력을 말한다. 쟁의행위로서 파업(노동조합 및 노동관계조정법 제2조 제6호)도, 단순히 근로계약에 따른 노무의 제공을 거부하는 부작위에 그치지 아니하고 이를 넘어서 사용자에게 압력을 가하여 근로자의 주장을 관철하고자 집단적으로 노무제공을 중단하는 실력행사이므로, 업무방해죄에서 말하는 위력에 해당하는 요소를 포함하고 있다(대판 2011.3.17, 2007도482, 전합).

13. ① 수뢰자가 자기앞수표를 뇌물로 받아 이를 소비한 후 자기앞수표 상당액을 증뢰자에게 반환하였다 하더라도 뇌물 그 자체를 반환한 것은 아니므로 이를 몰수할 수 없고 수뢰자로부터 그 가액을 추징하여야 할 것이다(대판 1999. 1. 29, 98도3584).
② 대판 2002. 9. 4, 2000도515
③ 대판 2017. 10. 23, 2017도5905
④ 대판 2017. 4. 7, 2016도18104

14. ① 대판 1987. 12. 22, 87도2168
② 대판 1983. 7. 12, 82도191
③ 대판 2017. 9. 26, 2017도8449
④ 피해자 법인이나 단체의 업무를 처리하는 실무자인 일반 직원이나 구성원 등이 기망행위임을 알고 있었더라도, 피해자 법인이나 단체의 대표자 또는 실질적으로 의사결정을 하는 최종결재권자 등이 기망행위임을 알지 못한 채 착오

에 빠져 처분행위에 이른 경우라면, 피해자 법인에 대한 사기죄의 성립에 영향이 없다(대판 2017. 9. 26, 2017도8449).

15. ① 대판 1999. 12. 28, 98도138
② 대판 2010. 2. 11, 2009도12958
③ 가해자의 행위가 피해자의 부당한 공격을 방위하기 위한 것이라기보다는 서로 공격할 의사로 싸우다가 먼저 공격을 받고 이에 대항하여 가해하게 된 것이라고 봄이 상당한 경우, 그 가해행위는 방어행위인 동시에 공격행위의 성격을 가지므로 정당방위 또는 과잉방위행위라고 볼 수 없다(대판 2000. 3. 28, 2000도228).
④ 대판 1982. 2. 23, 81도2958

16. ① 형법상 강간죄와 강제추행죄는 고소가 있어야 공소를 제기할 수 있는 친고죄에서 비친고죄로 개정 되었고 '성폭력범죄의 처벌 등에 관한 특례법'의 적용을 받는 모든 성폭력 범죄들은 비친고죄에 해당한다.
② 존속폭행죄와 단순폭행죄는 반의사불벌죄에 해당한다.
③ 사자명예훼손죄와 모욕죄는 모두 친고죄에 해당한다.
④ 형법 제328조제2항

17. ① 대판 1998. 2. 24, 97도3282
② 사람을 살해한 자가 그 사체를 다른 장소로 옮겨 유기하였을 때에는 별도로 사체유기죄가 성립하고, 이와 같은 사체유기를 불가벌적 사후행위로 볼 수는 없다(대판 1997. 7. 25, 97도1142).
③ 대판 1993. 11. 23, 93도213
④ 대판 2004. 4. 9, 2003도8219

18. ① 다른 공범의 범행을 중지하게 하지 아니한 이상 자기만의 범의를 철회, 포기하여도 중지미수로는 인정될 수 없는 것인바 기록에 의하면, 피고인은 원심 공동피고인과 합동하여 피해자를 텐트 안으로 끌고 간 후 원심 공동피고인, 피고인의 순으로 성관계를 하기로 하고 피고인은 위 텐트 밖으로 나와 주변에서 망을 보고 원심 공동피고인은 피해자의 옷을 모두 벗기고 피해자의 반항을 억압한 후 피해자를 1회 간음하여 강간하고, 이어 피고인이 위 텐트 안으로 들어가 피해자를 강간하려 하였으나 피해자가 반항을 하며 강간을 하지 말아

달라고 사정을 하여 강간을 하지 않았다는 것이므로, 앞서 본 법리에 비추어 보면 위 구본선이 피고인과의 공모하에 강간행위에 나아간 이상 비록 피고인이 강간행위에 나아가지 않았다 하더라도 중지미수에 해당하지는 않는다고 할 것이다(대판 2005. 2. 25, 2004도8259).

② 범죄의 실행행위에 착수하고 그 범죄가 완수되기 전에 자기의 자유로운 의사에 따라 범죄의 실행행위를 중지한 경우에 그 중지가 일반 사회통념상 범죄를 완수함에 장애가 되는 사정에 의한 것이 아니라면 이는 중지미수에 해당한다고 할 것이지만, 피고인이 피해자를 살해하려고 그의 목 부위와 왼쪽 가슴 부위를 칼로 수 회 찔렀으나 피해자의 가슴 부위에서 많은 피가 흘러나오는 것을 발견하고 겁을 먹고 그만 두는 바람에 미수에 그친 것이라면, 위와 같은 경우 많은 피가 흘러나오는 것에 놀라거나 두려움을 느끼는 것은 일반 사회통념상 범죄를 완수함에 장애가 되는 사정에 해당한다고 보아야 할 것이므로, 이를 자의에 의한 중지미수라고 볼 수 없다(대판 1999. 4. 13, 99도640).

③ 피고인이 장롱 안에 있는 옷가지에 불을 놓아 건물을 소훼하려 하였으나 불길이 치솟는 것을 보고 겁이 나서 물을 부어 불을 끈 것이라면, 위와 같은 경우 치솟는 불길에 놀라거나 자신의 신체안전에 대한 위해 또는 범행 발각시의 처벌 등에 두려움을 느끼는 것은 일반 사회통념상 범죄를 완수함에 장애가 되는 사정에 해당한다고 보아야 할 것이므로, 이를 자의에 의한 중지미수라고는 볼 수 없다(대판 1997. 6. 13, 97도957).

④ 대판 1993. 10. 12, 93도1851

19. ① 형법 제10조에 규정된 심신장애는 생물학적 요소로서 정신병 또는 비정상적 정신 상태와 같은 정신적 장애가 있는 외에 심리학적 요소로서 이와 같은 정신적 장애로 말미암아 사물에 대한 변별능력과 그에 따른 행위통제능력이 결여되거나 감소되었음을 요하므로, 정신적 장애가 있는 자라고 하여도 범행 당시 정상적인 사물변별능력이나 행위통제능력이 있었다면 심신장애로 볼 수 없다. 심신장애의 유무는 법원이 형벌제도의 목적 등에 비추어 판단하여야 할 법률문제로서 그 판단에 전문감정인의 정신감정결과가 중요한 참고자료가 되기는 하나, 법원이 반드시 그 의견에 구속되는 것은 아니고, 그러한 감정결과뿐만 아니라 범행의 경위, 수단, 범행 전후의 피고인의 행동 등 기록에 나타난 여러 자료 등을 종합하여 독자적으로 심신장애의 유무를 판단하여야 한다(대판 2018. 9. 13, 2018도7658).

② 대판 1992. 7. 28, 92도999
③ 대판 2006. 10. 13, 2006도5360
④ 대판 1987. 3. 24, 86도2673

20. ① 대판 2009. 9. 10, 2009도4335
② 대판 1997. 3. 28, 95도2674
③ 대판 2003. 10. 24, 2003도4417
④ 형법 제330조에 규정된 야간주거침입절도죄 및 형법 제331조 제1항에 규정된 특수절도(야간손괴침입절도)죄를 제외하고 일반적으로 주거침입은 절도죄의 구성요건이 아니므로 절도범인이 범행수단으로 주거침입을 한 경우에 주거침입행위는 절도죄에 흡수되지 아니하고 별개로 주거침입죄를 구성하여 절도죄와는 실체적 경합의 관계에 서는 것이 원칙이다(대판 2015. 10. 15, 2015도8169).

21. ① 우리 형법은 태아를 임산부 신체의 일부로 보거나, 낙태행위가 임산부의 태아 양육, 출산 기능의 침해라는 측면에서 낙태죄와는 별개로 임산부에 대한 상해죄를 구성하는 것으로 보지는 않는다고 해석되고, 따라서 태아를 사망에 이르게 하는 행위가 임산부 신체의 일부를 훼손하는 것이라거나 태아의 사망으로 인하여 그 태아를 양육, 출산하는 임산부의 생리적 기능이 침해되어 임산부에 대한 상해가 된다고 볼 수는 없다(대판 2009. 7. 9, 2009도1025).
② 대판 1992. 2. 11, 91도2951
③ 대판 2010. 4. 29, 2010도2328
④ 대판 1987. 1. 20, 86도2395

22. ① 대판 2005.9.29, 2005도4738
② 주점의 종업원에게 신체에 위해를 가할 듯한 태도를 보여 이에 겁을 먹은 위 종업원으로부터 주류를 제공받은 경우에 있어 위 종업원은 주류에 대한 사실상의 처분권자이므로 공갈죄의 피해자에 해당된다고 보아 공갈죄가 성립한다(대판 2005. 9. 29, 2005도4738).
③, ④ 대판 2007. 10. 11, 2007도6406

23. ① 어떠한 행위가 정당방위로 인정되려면 그 행위가 자기 또는 타인의 법익에 대한 현재의 부당한 침해를 방어하기 위한 것으로서 상당성이 있어야 하므로,

위법하지 않은 정당한 침해에 대한 정당방위는 인정되지 않는다. 이때 방위행위가 사회적으로 상당한 것인지는 침해행위에 의해 침해되는 법익의 종류와 정도, 침해의 방법, 침해행위의 완급, 방위행위에 의해 침해될 법익의 종류와 정도 등 일체의 구체적 사정들을 참작하여 판단하여야 한다. 또한 자기의 법익뿐 아니라 타인의 법익에 대한 현재의 부당한 침해를 방위하기 위한 행위도 상당한 이유가 있으면 형법 제21조의 정당방위에 해당하여 위법성이 조각된다(대판 2017. 3. 15, 2013도2168).
② 사물을 변별할 능력이 없거나 의사를 결정할 능력이 없는 자의 행위는 벌하지 아니한다(형법 제10조제1항). 심신장애로 인하여 1항의 능력이 미약한 자의 행위는 형을 감경할 수 있다(동법 동조제2항).
③ 경합범 중 판결을 받지 아니한 죄가 있는 때에는 그 죄에 대하여 형을 선고하게 함으로써 판결이 확정되기 전과 후에 각 범죄를 저질렀을 때 두 개의 형을 선고하게 하는 형법 제39조 제1항이 헌법 제12조(신체의 자유) 제2항 등에 위반한다고 할 수 없다(대결 1990. 12. 10, 90초108).
④ 대판 2019. 3. 28, 2018도16002, 전합

24. ① 대판 2017. 3. 22, 2016도17465
② 대판 1999. 4. 27, 99도883
③ 공무원이 그 임무에 위배되는 행위로써 제3자로 하여금 재산상의 이익을 취득하게 하여 국가에 손해를 가한 경우에 업무상배임죄가 성립한다(대판 2013. 9. 27, 2013도6835). 그러므로 주체가 될 수 있다.
④ 대판 2004. 6. 24, 2004도520

25. ① 대판 2006. 11. 24, 2005다39594
② 대판 2003. 3. 25, 2002도7134
③ 채권 담보를 위한 대물변제예약 사안에서 채무자가 대물로 변제하기로 한 부동산을 제3자에게 처분하였다고 하더라도 형법상 배임죄가 성립하는 것은 아니다(대판 2014. 8. 21, 2014도3363, 전합).
④ 대판 1998. 2. 10, 97도2919

정답 및 해설(2020년 2월 22일 시행)

정답

01. ② 02. ② 03. ② 04. ③ 05. ③ 06. ④ 07. ④ 08. ④ 09. ③ 10. ①
11. ① 12. ① 13. ③ 14. ② 15. ④ 16. ④ 17. ① 18. ① 19. ① 20. ①
21. ③ 22. ④ 23. ② 24. ③ 25. ①

01. ① 대판 2018. 7. 19, 2017도17494, 전합
② 부동산에 관한 횡령죄에 있어서 타인의 재물을 보관하는 자의 지위는 동산의 경우와는 달리 부동산에 대한 점유의 여부가 아니라 부동산을 제3자에게 유효하게 처분할 수 있는 권능의 유무에 따라 결정하여야 하므로, 부동산의 공유자 중 1인이 다른 공유자의 지분을 임의로 처분하거나 임대하여도 그에게는 그 처분권능이 없어 횡령죄가 성립하지 아니한다(대판 2004. 5. 27. 2003도6988).
③ 대판 2008. 7. 24, 2008도3438
④ 대판 2018. 5. 17, 2017도4027, 전합

02. ① 대판 1959. 7. 31, 4292형상308
② 준강도죄에 관한 형법 제335조는 "절도가 재물의 탈환을 항거하거나 체포를 면탈하거나 죄적을 인멸할 목적으로 폭행 또는 협박을 가한 때에는 전2조의 예에 의한다."라고 규정하고 있을 뿐 준강도를 항상 강도와 같이 취급할 것을 명시하고 있는 것은 아니고, 절도범이 준강도를 할 목적을 가진다고 하더라도 이는 절도범으로서는 결코 원하지 않는 극단적인 상황인 절도 범행의 발각을 전제로 한 것이라는 점에서 본질적으로 극히 예외적이고 제한적이라는 한계

를 가질 수밖에 없으며, 형법은 흉기를 휴대한 절도를 특수절도라는 가중적 구성요건(형법 제331조 제2항)으로 처벌하면서도 그 예비행위에 대한 처벌조항은 마련하지 않고 있는데, 만약 준강도를 할 목적을 가진 경우까지 강도예비로 처벌할 수 있다고 본다면 흉기를 휴대한 특수절도를 준비하는 행위는 거의 모두가 강도예비로 처벌받을 수밖에 없게 되어 형법이 흉기를 휴대한 특수절도의 예비행위에 대한 처벌조항을 두지 않은 것과 배치되는 결과를 초래하게 된다는 점 및 정당한 이유 없이 흉기 기타 위험한 물건을 휴대하는 행위 자체를 처벌하는 조항을 폭력행위 등 처벌에 관한 법률 제7조에 따로 마련하고 있다는 점 등을 고려하면, 강도예비·음모죄가 성립하기 위해서는 예비·음모 행위자에게 미필적으로라도 '강도'를 할 목적이 있음이 인정되어야 하고 그에 이르지 않고 단순히 '준강도' 할 목적이 있음에 그치는 경우에는 강도예비·음모죄로 처벌할 수 없다고 봄이 상당하다(대판 2006. 9. 14, 2004도6432).

③ 대판 2009. 6. 11, 2009도1518

④ 대판 1979. 5. 22, 79도552

03. ① 대판 2009. 6. 25, 2009도3505

② 음주로 인한 특정범죄가중처벌 등에 관한 법률 위반(위험운전치사상)죄와 도로교통법 위반(음주운전)죄는 입법 취지와 보호법익 및 적용 영역을 달리하는 별개의 범죄로서 양 죄가 모두 성립하는 경우 두 죄는 실체적 경합관계에 있는 것으로 보아야 할 것이다(대판 2008. 11. 13, 2008도7143).

③ 대판 2004. 4. 9, 2003도7762

④ 대판 1987. 5. 26, 87도527

04. ① 대판 2007. 4. 19, 2005도7288, 전합

② 대판 1998. 12. 8, 98도3263

③ 타인으로부터 금전을 차용함에 있어서 그 차용한 금전의 용도나 변제할 자금의 마련방법에 관하여 사실대로 고지하였더라면 상대방이 응하지 않았을 경우에 그 용도나 변제자금의 마련방법에 관하여 진실에 반하는 사실을 고지하여 금전을 교부받은 경우에는 사기죄가 성립하고, 이 경우 차용금채무에 대한 담보를 제공하였다는 사정만으로는 결론을 달리 할 것은 아니다(대판 2005. 9. 15, 2003도5382).

④ 대판 1987. 9. 22, 87도1090

05. ① 대판 2012. 1. 12, 2011도12642
② 대판 2017. 12. 22, 2017도12346
③ 법령에 기한 임명권자에 의하여 임용되어 공무에 종사하여 온 사람이 나중에 그가 임용결격자이었음이 밝혀져 당초의 임용행위가 무효라고 하더라도, 그가 임용행위라는 외관을 갖추어 실제로 공무를 수행한 이상 공무 수행의 공정과 그에 대한 사회의 신뢰 및 직무행위의 불가매수성은 여전히 보호되어야 한다. 따라서 이러한 사람은 형법 제129조에서 규정한 공무원으로 봄이 타당하고, 그가 그 직무에 관하여 뇌물을 수수한 때에는 수뢰죄로 처벌할 수 있다(대판 2014. 3. 27, 2013도11357).
④ 대판 2001. 9. 18, 2000도5438

06. ① 대판 1992. 12. 22, 92도2540
② 대판 1999. 10. 12, 99도3377
③ 대판 2010. 2. 11, 2009도12958
④ 형사소송법 제148조의 증언거부권은 헌법 제12조 제2항에 정한 불이익 진술의 강요금지 원칙을 구체화한 자기부죄거부특권에 관한 것인데, 이미 유죄의 확정판결을 받은 경우에는 헌법 제13조 제1항에 정한 일사부재리의 원칙에 의해 다시 처벌받지 아니하므로 자신에 대한 유죄판결이 확정된 증인은 공범에 대한 사건에서 증언을 거부할 수 없고, 설령 증인이 자신에 대한 형사사건에서 시종일관 범행을 부인하였더라도 그러한 사정만으로 증인이 진실대로 진술할 것을 기대할 수 있는 가능성이 없는 경우에 해당한다고 할 수 없으므로 허위의 진술에 대하여 위증죄 성립을 부정할 수 없다(대판 2011. 11. 24, 2011도11994).

07. ① 대판 2017. 7. 20, 2014도1104, 전합
② 대판 1989. 4. 14, 88도906
③ 대판 1986. 7. 8, 85도554
④ 장물인 정을 모르고 장물을 보관하였다가 그 후에 장물인 정을 알게 된 경우 그 정을 알고서도 이를 계속하여 보관하는 행위는 장물죄를 구성하는 것이나 이 경우에도 점유할 권한이 있는 때에는 이를 계속하여 보관하더라도 장물보관죄가 성립하지 않는다(대판 1986. 1. 21, 85도2472).

08. ① 대판 2006. 5. 11, 2006도1663

② 대판 1986. 10. 28, 86도1517
③ 대판 1994. 12. 23, 93도1002
④ 의료인이 의료인이나 의료법인 아닌 자의 의료기관 개설행위에 공모하여 가공하면 의료법 제66조 제3호, 제30조 제2항 위반죄의 공동정범에 해당된다(대판 2001. 11. 30, 2001도2015). 또한 치과의사가 환자의 대량유치를 위해 치과기공사들에게 내원환자들에게 진료행위를 하도록 지시하여 동인들이 각 단독으로 전항과 같은 진료행위를 하였다면 무면허의료행위의 교사범에 해당한다(대판 1986. 7. 8, 86도74).

09. ① 대판 2005. 4. 15, 2002도3453
② 형법 제128조
③ 경찰서 방범과장이 부하직원으로부터 음반·비디오물 및 게임물에 관한 법률 위반 혐의로 오락실을 단속하여 증거물로 오락기의 변조 기판을 압수하여 사무실에 보관중임을 보고받아 알고 있었음에도 그 직무상의 의무에 따라 위 압수물을 수사계에 인계하고 검찰에 송치하여 범죄 혐의의 입증에 사용하도록 하는 등의 적절한 조치를 취하지 않고, 오히려 부하직원에게 위와 같이 압수한 변조 기판을 돌려주라고 지시하여 오락실 업주에게 이를 돌려준 경우, 작위범인 증거인멸죄만이 성립하고 부작위범인 직무유기(거부)죄는 따로 성립하지 아니한다(대판 2006. 10. 19, 2005도3909, 전합).
④ 대판 1985. 2. 8, 84도2625

10. ① 대판 1983. 6. 28, 83도1125
② 위증죄에 있어서의 허위의 진술이란 증인이 자기의 기억에 반하는 사실을 진술하는 것을 말하는 것으로서 그 내용이 객관적 사실과 부합한다고 하여도 위증죄의 성립에 장애가 되지 않는다(대판 1989. 1. 17, 88도580).
③ 증인의 증언은 그 전부를 일체로 관찰·판단하는 것이므로 선서한 증인이 일단 기억에 반하는 허위의 진술을 하였더라도 그 신문이 끝나기 전에 그 진술을 철회·시정한 경우 위증이 되지 아니한다고 할 것이나, 증인이 1회 또는 수회의 기일에 걸쳐 이루어진 1개의 증인신문절차에서 허위의 진술을 하고 그 진술이 철회·시정된 바 없이 그대로 증인신문절차가 종료된 경우 그로써 위증죄는 기수에 달하고, 그 후 별도의 증인 신청 및 채택 절차를 거쳐 그 증인이 다시 신문을 받는 과정에서 종전 신문절차에서의 진술을 철회·시정한다 하더라도 그러한 사정은 형법 제153조가 정한 형의 감면사유에 해당할 수 있을

뿐, 이미 종결된 종전 증인신문절차에서 행한 위증죄의 성립에 어떤 영향을 주는 것은 아니다(대판 2010. 9. 30, 2010도7525).

④ 피고인이 자기의 형사사건에 관하여 허위의 진술을 하는 행위는 피고인의 형사소송에 있어서의 방어권을 인정하는 취지에서 처벌의 대상이 되지 않으나, 법률에 의하여 선서한 증인이 타인의 형사사건에 관하여 위증을 하면 형법 제152조 제1항의 위증죄가 성립되므로 자기의 형사사건에 관하여 타인을 교사하여 위증죄를 범하게 하는 것은 이러한 방어권을 남용하는 것이라고 할 것이어서 교사범의 죄책을 부담케 함이 상당하다(대판 2004. 1. 27, 2003도5114).

11. ① 강제집행면탈죄는 이른바 위태범으로서 강제집행을 당할 구체적인 위험이 있는 상태에서 재산을 은닉, 손괴, 허위양도 또는 허위의 채무를 부담하면 바로 성립하는 것이고, 반드시 채권자를 해하는 결과가 야기되거나 이로 인하여 행위자가 어떤 이득을 취하여야 범죄가 성립하는 것은 아니며, 허위 양도한 부동산의 시가액보다 그 부동산에 의하여 담보된 채무액이 더 많다고 하여 그 허위 양도로 인하여 채권자를 해할 위험이 없다고 할 수 없다(대판 1999. 2. 12, 98도2474).

② 대판 2006. 1. 26, 2005도4764
③ 대판 1982. 6. 22, 82도677
④ 대판 1998. 2. 13, 97도2922

12. ① 진료부는 환자의 계속적인 진료에 참고로 공하여지는 진료상황부이므로 간호보조원의 무면허 진료행위가 있은 후에 이를 의사가 진료부에다 기재하는 행위는 정범의 실행행위종료 후의 단순한 사후행위에 불과하다고 볼 수 없고 무면허 의료행위의 방조에 해당한다(대판 1982. 4. 27, 82도122).

② 대판 2004. 10. 28, 2004도3994).
③ 대판 2017. 4. 7, 2017도378
④ 대판 1994. 12. 23, 93도1002

13. ① 물건의 소유자가 아닌 사람은 형법 제33조 본문에 따라 소유자의 권리행사방해 범행에 가담한 경우에 한하여 그의 공범이 될 수 있을 뿐이다(대판 2017 5. 30, 2017도4578).

② 권리행사방해죄에 있어서의 타인의 점유라 함은 권원으로 인한 점유 즉 정당

한 원인에 기하여 그 물건을 점유하는 권리있는 점유를 의미하는 것으로서 본권을 갖지 아니한 절도범인의 점유는 여기에 해당하지 아니하나, 반드시 본권에 의한 점유만에 한하지 아니하고 동시이행항변권 등에 기한 점유와 같은 적법한 점유도 여기에 해당한다고 할 것이고, 한편, 쌍무계약이 무효로 되어 각 당사자가 서로 취득한 것을 반환하여야 할 경우, 어느 일방의 당사자에게만 먼저 그 반환의무의 이행이 강제된다면 공평과 신의칙에 위배되는 결과가 되므로 각 당사자의 반환의무는 동시이행 관계에 있다고 보아 민법 제536조를 준용함이 옳다고 해석되고, 이러한 법리는 경매절차가 무효로 된 경우에도 마찬가지라고 할 것이므로, 무효인 경매절차에서 경매목적물을 경락받아 이를 점유하고 있는 낙찰자의 점유는 적법한 점유로서 그 점유자는 권리행사방해죄에 있어서의 타인의 물건을 점유하고 있는 자라고 할 것이다(대판 2003. 11. 28, 2003도4257).

③ 대판 2005. 9. 9, 2005도626

④ 권리행사방해죄의 구성요건 중 타인의 '권리'란 반드시 제한물권만을 의미하는 것이 아니라 물건에 대하여 점유를 수반하지 아니하는 채권도 이에 포함된다(대판 1991. 4. 26, 90도1958).

14. ① 대판 2009. 2. 12, 2008도8601

② 강간죄가 성립하려면 가해자의 폭행·협박은 피해자의 항거를 불가능하게 하거나 현저히 곤란하게 할 정도의 것이어야 한다. 폭행·협박이 피해자의 항거를 불가능하게 하거나 현저히 곤란하게 할 정도의 것이었는지 여부는 폭행·협박의 내용과 정도는 물론, 유형력을 행사하게 된 경위, 피해자와의 관계, 성교 당시와 그 후의 정황 등 모든 사정을 종합하여 판단하여야 한다. 또한 강간죄에서의 폭행·협박과 간음 사이에는 인과관계가 있어야 하나, 폭행·협박이 반드시 간음행위보다 선행되어야 하는 것은 아니다(대판 2017. 10. 12, 2016도16948, 2016전도156).

③ 대판 1990. 5. 25, 90도607

④ 대판 2007. 1. 25, 2006도5979

15. ① 형법이 명예훼손죄 또는 모욕죄를 처벌함으로써 보호하고자 하는 사람의 가치에 대한 평가인 외부적 명예는 개인적 법익으로서, 국민의 기본권을 보호 내지 실현해야 할 책임과 의무를 지고 있는 공권력의 행사자인 국가나 지방자치단체는 기본권의 수범자일 뿐 기본권의 주체가 아니고, 정책결정이나 업무수

행과 관련된 사항은 항상 국민의 광범위한 감시와 비판의 대상이 되어야 하며 이러한 감시와 비판은 그에 대한 표현의 자유가 충분히 보장될 때에 비로소 정상적으로 수행될 수 있으므로, 국가나 지방자치단체는 국민에 대한 관계에서 형벌의 수단을 통해 보호되는 외부적 명예의 주체가 될 수는 없고, 따라서 명예훼손죄나 모욕죄의 피해자가 될 수 없다(대판 2016. 12. 27, 2014도15290).

② 통상 기자가 아닌 보통 사람에게 사실을 적시할 경우에는 그 자체로서 적시된 사실이 외부에 공표되는 것이므로 그 때부터 곧 전파가능성을 따져 공연성 여부를 판단하여야 할 것이지만, 그와는 달리 기자를 통해 사실을 적시하는 경우에는 기사화되어 보도되어야만 적시된 사실이 외부에 공표된다고 보아야 할 것이므로 기자가 취재를 한 상태에서 아직 기사화하여 보도하지 아니한 경우에는 전파가능성이 없다고 할 것이어서 공연성이 없다고 봄이 상당하다(대판 2000. 5. 16, 99도5622).

③ 장래의 일을 적시하더라도 그것이 과거 또는 현재의 사실을 기초로 하거나 이에 대한 주장을 포함하는 경우에는 명예훼손죄가 성립한다(대판 2003. 5. 13, 2002도7420).

④ 대판 1999. 10. 22, 99도3213

16. ① 형법 제239조제1항의 사인(私印)위조죄는 "행사할 목적으로 타인의 인장, 서명, 기명 또는 기호를 위조 또는 부정사용한 자는 3년 이하의 징역에 처한다."라고 규정되어 있다.

② 허위공문서작성죄의 객체가 되는 문서는 문서상 작성명의인이 명시된 경우뿐 아니라 작성명의인이 명시되어 있지 않더라도 문서의 형식, 내용 등 문서 자체에 의하여 누가 작성하였는지를 추지할 수 있을 정도의 것이면 된다(대판 2019. 3. 14, 2018도18646).

③ 위조문서행사죄에 있어서의 행사는 위조된 문서를 진정한 것으로 사용함으로써 문서에 대한 공공의 신용을 해칠 우려가 있는 행위를 말하므로, 행사의 상대방에는 아무런 제한이 없고 위조된 문서의 작성 명의인이라고 하여 행사의 상대방이 될 수 없는 것은 아니다. 위조사문서의 행사는 상대방으로 하여금 위조된 문서를 인식할 수 있는 상태에 둠으로써 기수가 되고 상대방이 실제로 그 내용을 인식하여야 하는 것은 아니므로, 위조된 문서를 우송한 경우에는 그 문서가 상대방에게 도달한 때에 기수가 되고 상대방이 실제로 그 문서를 보아야 하는 것은 아니다

(대판 2005. 1. 28, 2004도4663).
④ 대판 2008. 10. 23, 2008도5200

17. ① 심신장애로 인하여 사물을 변별할 능력이 없거나 의사를 결정할 능력이 없는 자의 행위는 벌하지 아니한다(형법 제10조제1항). 심신장애로 인하여 전항의 능력이 미약한 자의 행위는 형을 감경할 수 있다(동법 동조제2항).
② 대판 1999 .8. 24, 99도1194
③ 절도행위자가 14세가 되지 않아 형사미성년자이므로 처벌 받지 않는다(동법 제9조).
④ 동법 제11조

18. ① 가정폭력범죄의 처벌 등에 관한 특례법이 정한 보호처분 중의 하나인 사회봉사명령은 가정폭력범죄를 범한 자에 대하여 환경의 조정과 성행의 교정을 목적으로 하는 것으로서 형벌 그 자체가 아니라 보안처분의 성격을 가지는 것이 사실이다. 그러나 한편으로 이는 가정폭력범죄행위에 대하여 형사처벌 대신 부과되는 것으로서, 가정폭력범죄를 범한 자에게 의무적 노동을 부과하고 여가시간을 박탈하여 실질적으로는 신체적 자유를 제한하게 되므로, 이에 대하여는 원칙적으로 형벌불소급의 원칙에 따라 행위시법을 적용함이 상당하다(대결 2008. 7. 24, 2008어4).
② 형사처벌의 근거가 되는 것은 법률이지 판례가 아니고, 형법 조항에 관한 판례의 변경은 그 법률조항의 내용을 확인하는 것에 지나지 아니하여 이로써 그 법률조항 자체가 변경된 것이라고 볼 수는 없으므로, 행위 당시의 판례에 의하면 처벌대상이 되지 아니하는 것으로 해석되었던 행위를 판례의 변경에 따라 확인된 내용의 형법 조항에 근거하여 처벌한다고 하여 그것이 헌법상 평등의 원칙과 형벌불소급의 원칙에 반한다고 할 수는 없다(대판 1999. 9. 17, 97도3349).
③ 대판 2018. 7. 24, 2018도3443
④ 대판 1995. 6. 16, 94도2413

19. ① 절취한 현금카드를 사용하여 현금자동인출기에서 현금을 인출하여 취득하는 행위는 현금자동인출기 관리자의 의사에 반하여 그의 지배를 배제하고 현금을 자기의 지배하에 옮겨 놓는 것으로 절도죄가 성립하고, 여기서 피해자는 현금카드의 명의자가 아니라 현금자동인출기 관리자이다. 따라서 배우자의

절도행위는 친족 간의 범죄가 아니어서 친족상도례가 적용될 수 없으므로, 배우자는 절도죄로 처벌받게 된다(대판 2013. 7. 25, 2013도4390).

② 대판 1976. 4. 13, 75도781
③ 대판 2011. 5. 13, 2011도1765
④ 대판 1997. 1. 24, 96도1731

20. ① 협박죄에서 협박이란 일반적으로 보아 사람으로 하여금 공포심을 일으킬 정도의 해악을 고지하는 것을 의미하며, 그 고지되는 해악의 내용, 즉 침해하겠다는 법익의 종류나 법익의 향유 주체 등에는 아무런 제한이 없다. 따라서 피해자 본인이나 그 친족뿐만 아니라 그 밖의 '제3자'에 대한 법익 침해를 내용으로 하는 해악을 고지하는 것이라고 하더라도 피해자 본인과 제3자가 밀접한 관계에 있어 그 해악의 내용이 피해자 본인에게 공포심을 일으킬 만한 정도의 것이라면 협박죄가 성립할 수 있다. 이 때 '제3자'에는 자연인뿐만 아니라 법인도 포함된다(대판 2010. 7. 15, 2010도1017).

② 대판 2007. 9. 28, 2007도606, 전합
③ 대판 1998. 3. 10, 98도70
④ 대판 2002. 2. 8, 2000도3245

21. ① 대판 1969. 6. 24, 69도692
② 대판 2006. 10. 27, 2004도6503
③ 타인의 부동산을 보관 중인 자가 불법영득의사를 가지고 그 부동산에 근저당권설정등기를 경료함으로써 일단 횡령행위가 기수에 이르렀다 하더라도 그 후 같은 부동산에 별개의 근저당권을 설정하여 새로운 법익침해의 위험을 추가함으로써 법익침해의 위험을 증가시키거나 해당 부동산을 매각함으로써 기존의 근저당권과 관계없이 법익침해의 결과를 발생시켰다면, 이는 당초의 근저당권 실행을 위한 임의경매에 의한 매각 등 그 근저당권으로 인해 당연히 예상될 수 있는 범위를 넘어 새로운 법익침해의 위험을 추가시키거나 법익침해의 결과를 발생시킨 것이므로 특별한 사정이 없는 한 불가벌적 사후행위로 볼 수 없고, 별도로 횡령죄를 구성한다(대판 2013. 2. 21, 2010도10500, 전합).
④ 대판 2008. 11. 27, 2008도7311

22. ① 대판 2007. 6. 29, 2005도3832

② 대판 2007. 6. 29, 2005도3832
③ 대판 2003. 2. 28, 2002도7335
④ 감금을 하기 위한 수단으로서 행사된 단순한 협박행위는 감금죄에 흡수되어 따로 협박죄를 구성하지 아니한다(대판 1982. 6. 22, 82도705).

23. ② 대판 1983. 4. 12, 82도2938
① 채무자가 채권자에 대하여 소정기일까지 지급할 의사와 능력이 없음에도 종전 채무의 변제기를 늦출 목적에서 어음을 발행 교부한 경우 사기죄가 성립한다(대판 1983. 11. 8, 83도1723).
③ 의료법 제33조 제2항을 위반하여 적법하게 개설되지 아니한 의료기관에서 환자를 진료하는 등의 요양급여를 실시하였다면 해당 의료기관은 국민건강보험법상 요양급여비용을 청구할 수 있는 요양기관에 해당되지 아니하므로 요양급여비용을 적법하게 지급받을 자격이 없다고 보아야 한다. 결국 의료인의 자격이 없는 일반인(비의료인)이 개설한 의료기관이 마치 의료법에 의하여 적법하게 개설된 요양기관인 것처럼 국민건강보험공단에 요양급여비용의 지급을 청구하는 것은 국민건강보험공단으로 하여금 요양급여비용 지급에 관한 의사결정에 착오를 일으키게 하는 것이 되어 사기죄의 기망행위에 해당하고, 이러한 기망행위에 의하여 국민건강보험공단으로부터 요양급여비용을 지급받을 경우에는 사기죄가 성립한다(대판 2018. 4. 10, 2017도17699).
④ 피고인이 甲 등에게 자동차를 인도하고 소유권이전등록에 필요한 일체의 서류를 교부함으로써 甲 등이 언제든지 자동차의 소유권이전등록을 마칠 수 있게 된 이상, 피고인이 자동차를 양도한 후 다시 절취할 의사를 가지고 있었더라도 자동차의 소유권을 이전하여 줄 의사가 없었다고 볼 수 없고, 피고인이 자동차를 매도할 당시 곧바로 다시 절취할 의사를 가지고 있으면서도 이를 숨긴 것을 기망이라고 할 수 없어, 결국 피고인이 자동차를 매도할 당시 기망행위가 없었으므로, 피고인에게 사기죄를 인정한 원심판결에 법리오해의 잘못이 있다(대판 2016. 3. 24, 2015도17452).

24. ① 태풍 피해복구보조금 지원절차가 행정당국에 의한 실사를 거쳐 피해자로 확인된 경우에 한하여 보조금 지원신청을 할 수 있도록 되어 있는 경우, 피해신고는 국가가 보조금의 지원 여부 및 정도를 결정함에 있어 그 직권조사를 개시하기 위한 참고자료에 불과하다는 이유로 허위의 피해신고만으로는 위 보조금 편취범행의 실행에 착수한 것이라고 볼 수 없다(대판 1999. 3. 12, 98도

3443)

② 노상에 세워 놓은 자동차안에 있는 물건을 훔칠 생각으로 자동차의 유리창을 통하여 그 내부를 손전등으로 비추어 본 것에 불과하다면 비록 유리창을 따기 위해 면장갑을 끼고 있었고 칼을 소지하고 있었다 하더라도 절도의 예비행위로 볼 수는 있겠으나 타인의 재물에 대한 지배를 침해하는데 밀접한 행위를 한 것이라고는 볼 수 없어 절취행위의 착수에 이른 것이었다고 볼 수 없다(대판 1985. 4. 23, 85도464).

③ 대판 1992. 7. 28, 92도917

④ 피고인이 피해자가 심신상실 또는 항거불능의 상태에 있다고 인식하고 그러한 상태를 이용하여 간음할 의사로 피해자를 간음하였으나 피해자가 실제로는 심신상실 또는 항거불능의 상태에 있지 않은 경우에는, 실행의 수단 또는 대상의 착오로 인하여 준강간죄에서 규정하고 있는 구성요건적 결과의 발생이 처음부터 불가능하였고 실제로 그러한 결과가 발생하였다고 할 수 없다. 피고인이 준강간의 실행에 착수하였으나 범죄가 기수에 이르지 못하였으므로 준강간죄의 미수범이 성립한다. 피고인이 행위 당시에 인식한 사정을 놓고 일반인이 객관적으로 판단하여 보았을 때 준강간의 결과가 발생할 위험성이 있었으므로 준강간죄의 불능미수가 성립한다(대판 2019. 3. 28, 2018도16002, 전합).

25. ① 대판 2002. 2. 26, 2000도4637

② 형의 종류에는 사형, 징역, 금고, 자격상실, 자격정지, 벌금, 구류, 과료, 몰수가 있다(형법 제41조). 형의 경중은 제41조 기재의 순서에 의한다. 다만, 무기금고와 유기징역은 무기금고를 무거운 것으로 하고 유기금고의 장기가 유기징역의 장기를 초과하는 때에는 유기금고를 무거운 것으로 한다(동법 제50조제1항).

③ 금고 이상의 형을 선고받아 그 집행을 종료되거나 면제된 후 3년 내에 금고 이상에 해당하는 죄를 지은 사람은 누범으로 처벌한다(동법 제35조제1항).

④ 몰수는 타형에 부가하여 과한다. 단, 행위자에게 유죄의 재판을 아니할 때에도 몰수의 요건이 있는 때에는 몰수만을 선고할 수 있다(동법 제49조).

정답 및 해설 (2021년 2월 27일 시행)

정답

01. ④ 02. ③ 03. ① 04. ④ 05. ④ 06. ① 07. ① 08. ④ 09. ① 10. ②
11. ② 12. ① 13. ② 14. ④ 15. ③ 16. ① 17. ④ 18. ② 19. ① 20. ②
21. ③ 22. ④ 23. ③ 24. ① 25. ③

---

01. ① 대판 2003. 9. 26, 2003도4606
② 대판 2018. 4. 24, 2017도10956
③ 대판 2017. 10. 26, 2015도16696
④ 피고인이 혼자 술을 마시던 중 甲 정당이 국회에서 예산안을 강행처리하였다는 것에 화가 나서 공중전화를 이용하여 경찰서에 여러 차례 전화를 걸어 전화를 받은 각 경찰관에게 경찰서 관할구역 내에 있는 甲 정당의 당사를 폭파하겠다는 말을 한 사안에서, 피고인은 甲 정당에 관한 해악을 고지한 것이므로 각 경찰관 개인에 관한 해악을 고지하였다고 할 수 없고, 다른 특별한 사정이 없는 한 일반적으로 甲 정당에 대한 해악의 고지가 각 경찰관 개인에게 공포심을 일으킬 만큼 서로 밀접한 관계에 있다고 보기 어려운데도, 이와 달리 피고인의 행위가 각 경찰관에 대한 협박죄를 구성한다고 본 원심판결에 협박죄에 관한 법리오해의 위법이 있다(대판 2012. 8. 17, 2011도10451).

02. ①, ②, ④ 대판 2020. 2. 13, 2019도5186
③ 공무원이 한 행위가 직권남용에 해당한다고 하여 그러한 이유만으로 상대방이 한 일이 '의무 없는 일'에 해당한다고 인정할 수는 없다. '의무 없는 일'에 해당하는지는 직권을 남용하였는지와 별도로 상대방이 그러한 일을 할 법령

상 의무가 있는지를 살펴 개별적으로 판단하여야 한다. 직권남용 행위의 상대방이 일반 사인인 경우 특별한 사정이 없는 한 직권에 대응하여 따라야 할 의무가 없으므로 그에게 어떠한 행위를 하게 하였다면 '의무 없는 일을 하게 한 때'에 해당할 수 있다(대판 2020. 2. 13, 2019도5186).

03. ① 절도죄의 성립에 필요한 불법영득의 의사란 타인의 물건을 그 권리자를 배제하고 자기의 소유물과 같이 그 경제적 용법에 따라 이용·처분하고자 하는 의사를 말하는 것으로서, 단순히 타인의 점유만을 침해하였다고 하여 그로써 곧 절도죄가 성립하는 것은 아니나, 재물의 소유권 또는 이에 준하는 본권을 침해하는 의사가 있으면 되고 반드시 영구적으로 보유할 의사가 필요한 것은 아니며, 그것이 물건 자체를 영득할 의사인지 물건의 가치만을 영득할 의사인지를 불문한다. 따라서 어떠한 물건을 점유자의 의사에 반하여 취거하는 행위가 결과적으로 소유자의 이익으로 된다는 사정 또는 소유자의 추정적 승낙이 있다고 볼 만한 사정이 있다고 하더라도, 다른 특별한 사정이 없는 한 그러한 사유만으로 불법영득의 의사가 없다고 할 수는 없다(대판 2014. 2. 21, 2013도14139).
② 대판 2012. 4. 26, 2010도11771
③ 대판 1984. 2. 28, 84도38
④ 대판 1995. 10. 12, 94도2076

04. ① 대판 2004. 5. 27, 2003도4531
② 대판 2019. 12. 27. 2015도10570
③ 대판 2017. 12. 22, 2017도12649
④ 의료인으로서 자격과 면허를 보유한 사람이 의료법에 따라 의료기관을 개설하여 건강보험의 가입자 또는 피부양자에게 국민건강보험법에서 정한 요양급여를 실시하고 국민건강보험공단으로부터 요양급여비용을 지급받았다면, 설령 그 의료기관이 다른 의료인의 명의로 개설·운영되어 의료법 제4조 제2항을 위반하였더라도 그 자체만으로는 국민건강보험법상 요양급여비용을 청구할 수 있는 요양기관에서 제외되지 아니하므로, 달리 요양급여비용을 적법하게 지급받을 수 있는 자격 내지 요건이 흠결되지 않는 한 국민건강보험공단을 피해자로 하는 사기죄를 구성한다고 할 수 없다(대판 2019. 5. 30, 2019도1839).

05. ① 대판 2006. 9. 14, 2004도6432
　　② 형법 제28조
　　③ 대판 2015. 1. 22, 2014도10978, 전합
　　④ 타인의 사망을 보험사고로 하는 생명보험계약을 체결함에 있어 제3자가 피보험자인 것처럼 가장하여 체결하는 등으로 그 유효요건이 갖추어지지 못한 경우에도, 보험계약 체결 당시에 이미 보험사고가 발생하였음에도 이를 숨겼다거나 보험사고의 구체적 발생 가능성을 예견할 만한 사정을 인식하고 있었던 경우 또는 고의로 보험사고를 일으키려는 의도를 가지고 보험계약을 체결한 경우와 같이 보험사고의 우연성과 같은 보험의 본질을 해칠 정도라고 볼 수 있는 특별한 사정이 없는 한, 그와 같이 하자 있는 보험계약을 체결한 행위만으로는 미필적으로라도 보험금을 편취하려는 의사에 의한 기망행위의 실행에 착수한 것으로 볼 것은 아니다(대판 2013. 11. 14, 2013도7494).

06. ① 대판 2013. 9. 12, 2012도2744
　　② 교사자가 피교사자에게 피해자를 "정신차릴 정도로 때려주라"고 교사하였다면 이는 상해에 대한 교사로 봄이 상당하다(대판 1997. 6. 24, 97도1075).
　　③ 막연히 "범죄를 하라"거나 "절도를 하라"고 하는 등의 행위만으로는 교사행위가 되기에 부족하다 하겠으나, 타인으로 하여금 일정한 범죄를 실행할 결의를 생기게 하는 행위를 하면 되는 것으로서 교사의 수단방법에 제한이 없다 할 것이므로, 교사범이 성립하기 위하여는 범행의 일시, 장소, 방법 등의 세부적인 사항까지를 특정하여 교사할 필요는 없는 것이다(대판 991. 5. 14, 91도542).
　　④ 대리응시자들의 시험장의 입장은 시험관리자의 승낙 또는 그 추정된 의사에 반한 불법침입이라 아니할 수 없고 이와 같은 침입을 교사한 이상 주거침입교사죄가 성립된다(대판 1967. 12. 19, 67도1281).

07. ㉮ 대판 2020. 10. 29, 2020도3972
　　㉯ 대판 2019. 12. 24. 2019도9773, 2005. 8. 19, 2005도3045
　　㉰ 대판 2011. 6. 10, 2010도17684
　　㉱ 대판 2010. 6. 24, 2009도9242
　　→ 모두 옳으므로 틀린 항은 없다.

08. ① 대판 2017. 10. 26, 2015도16696

② 대판 2013. 4. 11, 2010도13774

③ 대판 2005. 9. 30, 2005도5869

④ 공무원이 직무집행의 의사 없이 또는 직무처리와 대가적 관계없이 타인을 공갈하여 재물을 교부하게 한 경우에는 공갈죄만이 성립하고, 이러한 경우 재물의 교부자가 공무원의 해악의 고지로 인하여 외포의 결과 금품을 제공한 것이라면 그는 공갈죄의 피해자가 될 것이고 뇌물공여죄는 성립될 수 없다고 하여야 할 것이다(대판 1994. 12. 22, 94도2528).

09. ① 해외건설협회로부터 해외 건설공사기성실적증명서를 허위로 발급받아 이를 대한건설협회에 제출하여 국가종합전자조달 시스템에 입력되게 함으로써 거액의 관급공사의 낙찰자격을 획득한 후 실제로 여러 관급공사를 낙찰받거나 위 김01 등에게 낙찰받게 함으로써 위계로써 한국농어촌공사 충남지역본부 부여지사의 계약담당 직원과 대전광역시 하천관리사업소 등 계약공무원의 공사계약입찰 및 계약체결에 관한 정당한 직무집행을 방해한 사실을 인정할 수 있다는 이유로, 피고인들에 대한 이 부분 업무방해 및 위계공무집행방해의 공소사실을 모두 유죄로 인정한 것은 정당하다(대판 2013. 1. 16, 2012도12377).

② 피고인들이 노래방 업주인 D를 행정처분을 받게 할 목적으로 D 운영의 노래방에서 주류요구 및 접대부 알선을 요구한 후 경찰에 신고하였다고 하더라도 D가 이 사건 이전에도 자신의 노래방에서 주류 판매, 접대부 알선 등의 행위로 형사처벌을 받은 전력이 있는 점 등 기록에 나타난 사정에 비추어 보면, 이 사건 당시 피고인들의 행위로 인하여 D가 오인 착각을 일으켜 종전에 하지 않았던 주류 제공 및 접대부 알선을 비로소 하게 된 것으로 볼 수 없다. → 업무방해죄가 성립하지 않는다.

③ 피고인이 단순히 조합사무장에게 조합에 제출된 서면결의서의 접수를 거부하도록 지시하여 그 접수가 이루어지지 않도록 하였다는 것만으로 그 명의자인 조합원들에게 어떠한 오인·착각 또는 부지를 일으키게 하였다는 것인지 이해하기 어렵다. 나아가 그러한 접수거부의 지시 후 피고인이 그 서면결의서에 의한 결의권 행사를 총회결의에 제출하지 않은 행위에 해당 조합원들의 무슨 오인·착각에 빠지게 하여 이용하는 부분이 있었다고 할 수 없다. → 업무방해죄가 성립하지 않는다.

④ 피고인이 피해자가 조경수 운반을 위하여 사용하던 피고인 소유 토지 위의

현황도로에 축대를 쌓아 그 통행을 막은 사안에서, 그 도로폐쇄에도 불구하고 대체도로를 이용하여 종전과 같이 조경수 운반차량 등을 운행할 수 있어 피해자의 조경수 운반업무가 방해되는 결과발생의 염려가 없었다는 이유로 피고인의 업무방해죄가 성립하지 않는다(대판 2007. 4. 27. 2006도9028).

10. ① 형법 제296조의2
② 제324조의2(인질강요) 또는 제324조의3의(인질상해·치상) 죄를 범한 자 및 그 죄의 미수범이 인질을 안전한 장소로 풀어준 때에는 그 형을 감경할 수 있다(동법 제324조의6). → 임의적 감경
③ 대판 1998. 5. 15, 98도690
④ 제288조(추행 등 목적 약취, 유인 등)의 본죄의 객체는 자연인인 사람이다. 성년·미성년, 남녀, 의사능력 유무를 불문한다.

11. ① 대판 2020. 8. 27. 2019도11294, 전합
② 시스템의 설치·운영 주체로부터 각자의 직무 범위에서 개개의 단위정보의 입력 권한을 부여받은 사람이 그 권한을 남용하여 허위의 정보를 입력함으로써 시스템 설치·운영 주체의 의사에 반하는 전자기록을 생성하는 경우도 형법 제227조의2에서 말하는 전자기록의 '위작'에 포함된다(대판 2005. 6. 9. 2004도6132).
③ 대판 2017. 5. 17. 2016도13912
④ 대판 2019. 12. 12. 2018도2560

12. ① 형법 제114조에서 정한 '범죄를 목적으로 하는 집단'이란 특정 다수인이 사형, 무기 또는 장기 4년 이상의 범죄를 수행한다는 공동목적 아래 구성원들이 정해진 역할분담에 따라 행동함으로써 범죄를 반복적으로 실행할 수 있는 조직체계를 갖춘 계속적인 결합체를 의미한다. '범죄단체'에서 요구되는 '최소한의 통솔체계'를 갖출 필요는 없지만, 범죄의 계획과 실행을 용이하게 할 정도의 조직적 구조를 갖추어야 한다(대판 2020. 8. 20. 2019도16263).
② 다중이 집합하여 폭행, 협박 또는 손괴의 행위를 한 자는 1년 이상 10년 이하의 징역이나 금고 또는 1천500만원 이하의 벌금에 처한다(형법 제115조).
③ 폭행, 협박 또는 손괴의 행위를 할 목적으로 다중이 집합하여 그를 단속할 권한이 있는 공무원으로부터 3회 이상의 해산명령을 받고 해산하지 아니한 자를 다중불해산으로 처벌한다(동법 제116조). → 2회의 해산명령만을 받은

2021. 2. 27. 시행   281

경우에는 해산하지 아니하더라도 형법 제116조의 다중불해산죄로 처벌되지 않는다.
④ 동법 제118조(공무원자격의 사칭) → 미수범에 대한 처벌 규정은 없다.

13. ① 대판 1994. 10. 28. 93도1166
② 포괄적일죄는 그 중간에 별종의 범죄에 대한 확정판결이 끼어 있어도 그 때문에 포괄적 범죄가 둘로 나뉘는 것은 아니라 할 것이고, 또 이 경우에는 그 확정판결후의 범죄로서 다루어야 한다(대판 1986. 2. 25. 85도2767).
③ 대판 2015. 9. 10. 2015도7081
④ 대판 1983. 1. 18. 82도2572

14. ㉮ 대판 2011. 4. 28. 2010도15350
㉯ 대판 2006. 10. 13. 2004도6084
㉰ 장물인 귀금속의 매도를 부탁받은 피고인이 그 귀금속이 장물임을 알면서도 매매를 중개하고 매수인에게 이를 전달하려다가 매수인을 만나기도 전에 체포되었다 하더라도, 위 귀금속의 매매를 중개함으로써 장물알선죄가 성립한다(대판 2009. 4. 23. 2009도1203).
㉱ 대판 2003. 5. 13. 2003도1366

15. ①, ②, ④ 대판 2019. 7. 11. 2018도2614
③ 타인으로 하여금 형사처분을 받게 할 목적으로 공무소에 대하여 허위의 사실을 신고하였다고 하더라도, 그 사실이 친고죄로서 그에 대한 고소기간이 경과하여 공소를 제기할 수 없음이 그 신고내용 자체에 의하여 분명한 때에는 당해 국가기관의 직무를 그르치게 할 위험이 없으므로 이러한 경우에는 무고죄는 성립하지 아니한다(대판 1998. 4. 14. 98도150).

16. ① 형을 가중하거나 감경할 사유가 경합하는 경우에는 각칙 조문에 따른 가중 → 제34조제2항에 따른 가중 → 누범 가중 → 법률상 감경 →. 경합범 가중 → 정상참작감경 순서에 의한다(형법 제56조).
② 동법 제59조제2항
③ 동법 제72조제1항
④ 동법 제81조

17. ① 친족상도례는 친족 간의 재산범죄에 대하여 그 형을 면제하거나 친고죄로 정한 형법상의 특례이나 강도죄, 손괴죄는 친족 간에 발생하여도 예외로 하고 있다.
② 대판 2011. 4. 28. 2011도2170
③ 범죄는 성립되지만 행위 당시에 존재하는 특별한 신분관계로 형벌을 과할 수 없는 것으로 친족상도례와 같은 인적 처벌조각 사유가 있는 사람을 이용한 경우 乙은 교사범이 성립한다.
④ 형법 제151조 제2항 및 제155조 제4항은 친족, 호주 또는 동거의 가족이 본인을 위하여 범인도피죄, 증거인멸죄 등을 범한 때에는 처벌하지 아니한다고 규정하고 있는바, 사실혼관계에 있는 자는 민법 소정의 친족이라 할 수 없어 위 조항에서 말하는 친족에 해당하지 않는다(대판 2003. 12. 12. 2003도4533).

18. ① 대판 2017. 7. 20. 2014도1104, 전합
② 금전채무를 담보하기 위하여 채무자가 그 소유의 동산을 채권자에게 양도하되 점유개정에 의하여 채무자가 이를 계속 점유하기로 한 경우 특별한 사정이 없는 한 동산의 소유권은 신탁적으로 이전됨에 불과하여 채권자와 채무자 사이의 대내적 관계에서 채무자는 의연히 소유권을 보유하나 대외적인 관계에 있어서 채무자는 동산의 소유권을 이미 채권자에게 양도한 무권리자가 되는 것이어서 다시 다른 채권자와 사이에 양도담보 설정계약을 체결하고 점유개정의 방법으로 인도를 하더라도 선의취득이 인정되지 않는 한 나중에 설정계약을 체결한 채권자는 양도담보권을 취득할 수 없는데, 현실의 인도가 아닌 점유개정으로는 선의취득이 인정되지 아니하므로, 결국 뒤의 채권자는 양도담보권을 취득할 수 없고, 따라서 이와 같이 채무자가 그 소유의 동산에 대하여 점유개정의 방식으로 채권자들에게 이중의 양도담보 설정계약을 체결한 후 양도담보 설정자가 목적물을 임의로 제3자에게 처분하였다면 양도담보권자라 할 수 없는 뒤의 채권자에 대한 관계에서는, 설정자인 채무자가 타인의 사무를 처리하는 자에 해당한다고 할 수 없어 배임죄가 성립하지 않는다(대판 2004. 6. 25, 2004도1751). → 횡령죄도 성립하지 않는다.
③ 대판 2017. 6. 29. 2017도3808
④ 대판 2020. 10. 15, 2020도9688

19. ① 피고인 이외의 제3자의 소유에 속하는 물건의 경우, 몰수를 선고한 판결의

효력은 원칙적으로 몰수의 원인이 된 사실에 관하여 유죄의 판결을 받은 피고인에 대한 관계에서 그 물건을 소지하지 못하게 하는 데 그치고, 그 사건에서 재판을 받지 아니한 제3자의 소유권에 어떤 영향을 미치는 것은 아니다(대결 2017. 9. 29, 2017모236).
② 대판 2019. 4. 18. 2017도14609, 전합
③ 대판 2019. 2. 28. 2018도13382
④ 대판 2016. 12. 27. 2015도14375

20. ① 대판 2020. 3. 26. 2019도15994
② 행위자가 간음의 목적으로 피해자에게 오인, 착각, 부지를 일으키고 피해자의 그러한 심적 상태를 이용하여 간음의 목적을 달성하였다면 위계와 간음행위 사이의 인과관계를 인정할 수 있다고 보아 이와 다른 취지의 종전 판례(2001도5074 등)를 변경하고, 이 사건 공소사실을 무죄로 판단한 원심판결을 파기하였다(대판 2020. 8. 27. 2015도9436, 전합).
③ 대판 2019. 6. 13. 2019도3341
④ 대판 2017. 6. 29. 2017도3196

21. ① 대판 2020. 9. 3. 2015도1927
② 대판 2017. 7. 11. 2013도7896
③ 사문서의 위·변조죄는 작성권한 없는 자가 타인 명의를 모용하여 문서를 작성하는 것을 말하므로 사문서를 작성·수정할 때 명의자의 명시적이거나 묵시적인 승낙이 있었다면 사문서의 위·변조죄에 해당하지 않고, 한편 행위 당시 명의자의 현실적인 승낙은 없었지만 행위 당시의 모든 객관적 사정을 종합하여 명의자가 행위 당시 그 사실을 알았다면 당연히 승낙했을 것이라고 추정되는 경우 역시 사문서의 위·변조죄가 성립하지 않는다고 할 것이나, 명의자의 명시적인 승낙이나 동의가 없다는 것을 알고 있으면서도 명의자가 문서작성 사실을 알았다면 승낙하였을 것이라고 기대하거나 예측한 것만으로는 그 승낙이 추정된다고 단정할 수 없다(대판 2011. 9. 29, 2010도14587).
④ 대판 2011. 5. 26. 2011도3682

22. ㉮ 대판 1991. 10. 22. 91도2090
㉯ 대판 2007. 9. 20. 2007도5207
㉰ 대판 1982. 7. 13. 82도1057

㉣ 대판 2016. 11. 25. 2016도9219
→ 모두 옳다.

23. ① 대판 2018. 6. 15. 2018도4200
② 대판 2008. 2. 14, 2007도8155
③ 사자명예훼손죄, 모욕죄는 친고죄이고 형법 제307조 명예훼손죄는 반의사불벌죄이다. → 사실 적시에 의한 명예훼손죄, 허위사실 적시에 의한 명예훼손죄 모두 반의사불벌죄에 해당한다.
④ 대판 2002. 9. 24, 2002도3570

24. ① 대판 2002. 7. 22, 2002도1696
② 종범은 정범의 실행행위 중에 이를 방조하는 경우뿐만 아니라, 실행 착수 전에 장래의 실행행위를 예상하고 이를 용이하게 하는 행위를 하여 방조한 경우에도 성립한다(대판 2018. 9. 13, 2018도7658).
③ 방조범은 정범의 실행을 방조한다는 이른바 방조의 고의와 정범의 행위가 구성요건에 해당하는 행위인 점에 대한 정범의 고의가 있어야 한다(대판 2018. 9. 13, 2018도7658).
④ 타인의 범죄를 방조한 자는 종범으로 처벌한다(법 제32조) → 종범은 필요적 감경사유이다.

25. ① 형사미성년자인 14세 미만은 행위 시를 기준으로 하므로, 절도 범행 당시 11세였다면 처벌할 수 없다.
② 특단의 사정이 없는 한 성격적 결함을 가진 자에 대하여 자신의 충동을 억제하고 법을 준수하도록 요구하는 것이 기대할 수 없는 행위를 요구하는 것이라고는 할 수 없으므로, 원칙적으로 충동조절장애와 같은 성격적 결함은 형의 감면사유인 심신장애에 해당하지 아니한다고 봄이 상당하다(대판 1999. 4. 27. 99도693).
③ 대판 2018. 9. 13, 2018도7658
④ 형법 제12조 소정의 저항할 수 없는 폭력은, 심리적인 의미에 있어서 육체적으로 어떤 행위를 절대적으로 하지 아니할 수 없게 하는 경우와 윤리적 의미에 있어서 강압된 경우를 말한다(대판 1983. 12. 13. 83도2276).

정답 및 해설 (2022년 6월 25일 시행)

정답

01. ① 02. ④ 03. ④ 04. ④ 05. ② 06. ① 07. ④ 08. ② 09. ④ 10. ③
11. ③ 12. ④ 13. ③ 14. ④ 15. ④ 16. ② 17. ④ 18. ④ 19. ② 20. ②
21. ③ 22. ③ 23. ③ 24. ② 25. ④

01. ① 운수 주식회사가 화물자동차의 지입차주들이 차량위탁관리료와 함께 납입한 산업재해보상보험료를 보관하다가 납부기관인 부산지방노동청이나 근로복지공단 부산지부에 납부하지 아니한 채 위 회사의 부가가치세 및 채무변제의 용도로 사용하였다고 하더라도 업무상횡령죄에 해당하지 않는다. 또한 횡령죄가 성립하기 위하여서는 우선 타인의 재물을 보관하는 자의 지위에 있어야 한다(대판 1987. 2. 10, 86도1607).
② 대판 2021. 2. 18, 2016도18761, 전합
③ 대판 2014. 12. 24, 2011도11084
④ 대판 2018. 7. 19, 2017도17494, 전합

02. ① 형법 제59조에 의하더라도 몰수는 선고유예의 대상으로 규정되어 있지 아니하고 다만 몰수 또는 이에 갈음하는 추징은 부가형적 성질을 띠고 있어 그 주형에 대하여 선고를 유예하는 경우에는 그 부가할 몰수 추징에 대하여도 선고를 유예할 수 있으나, 그 주형에 대하여 선고를 유예하지 아니하면서 이에 부가할 몰수 추징에 대하여서만 선고를 유예할 수는 없다(대판 1988. 6. 21, 88도551).
② 형법 제59조제1항

③ 동법 제62조제1항
④ 형의 집행을 유예하는 경우에는 보호관찰을 받을 것을 명하거나 사회봉사 또는 수강을 명할 수 있다(법 제62조의2제1항).

03. ① 대판 2020. 11. 19, 2020도5813, 전합
② 대판 2020. 11. 19, 2020도5813, 전합
③ 대판 2021. 3. 25, 2017도17643
④ 명예훼손죄에서 '사실의 적시'란 가치판단이나 평가를 내용으로 하는 '의견 표현'에 대치되는 개념으로서 시간적으로나 공간적으로 구체적인 과거 또는 현재의 사실관계에 관한 보고나 진술을 뜻하고, 표현 내용을 증거로 증명할 수 있는 것을 말한다. 보고나 진술이 사실인지 의견인지를 구별할 때에는 언어의 통상적 의미와 용법, 증명가능성, 문제 된 표현이 사용된 문맥, 표현이 이루어진 사회적 상황 등 전체적 정황을 고려하여 판단하여야 한다. 객관적으로 피해자의 사회적 평가를 저하시키는 사실에 관한 발언이 보도, 소문이나 제3자의 말을 인용하는 방법으로 단정적인 표현이 아닌 전문 또는 추측의 형태로 표현되었더라도, 표현 전체의 취지로 보아 사실이 존재할 수 있다는 것을 암시하는 방식으로 이루어진 경우에는 사실을 적시한 것으로 보아야 한다(대판 2021. 3. 25, 2016도14995).

04. ① 금융회사 등의 임직원의 직무에 속하는 사항의 알선에 관하여 금품이나 그 밖의 이익을 수수한 때에는 위와 같은 금품 등을 수수하는 것으로써 특정경제범죄 가중처벌 등에 관한 법률 위반(알선수재)죄가 성립되고, 위와 같은 금품 등을 수수한 자가 실제로 알선할 생각이 없었다 하더라도 금품 등을 수수하는 것이 자기의 이득을 취하기 위한 것이라면 위 죄의 성립에는 영향이 없다. 따라서 피고인이 금융회사 등의 임직원의 직무에 속하는 사항에 관하여 알선할 의사와 능력이 없음에도 알선을 한다고 기망하고 이에 속은 피해자로부터 알선을 한다는 명목으로 금품 등을 수수하였다면, 이러한 피고인의 행위는 형법 제347조 제1항의 사기죄와 특정경제범죄 가중처벌 등에 관한 법률 제7조 위반죄에 각 해당하고 위 두 죄는 상상적 경합의 관계에 있다(대판 2012. 6. 28, 2012도3927).
② 접근매체 양도죄는 각각의 접근매체마다 1개의 죄가 성립하는 것이고, 다만 위와 같이 수개의 접근매체를 한꺼번에 양도한 행위는 하나의 행위로 수개의 전자금융거래법 위반죄를 범한 경우에 해당하여 각 죄는 상상적 경합관계에

있다고 해석함이 상당하다(대판 2010. 3. 25, 2009도1530).
③ 공무원이 취급하는 사건 또는 사무에 관하여 청탁 또는 알선을 한다는 명목으로 금품·향응 기타 이익을 받거나 받을 것을 약속하고 또 제3자에게 이를 공여하게 하거나 공여하게 할 것을 약속한 때에는 위와 같은 금품을 받거나 받을 것을 약속하는 것으로써 변호사법 제111조 위반죄가 성립되고, 위 금품을 교부받은 자가 실제로 청탁할 생각이 없었다 하더라도 금품을 받은 것이 자기의 이득을 취하기 위한 것이라면 동 죄의 성립에는 영향이 없으므로, 만약 피고인이 공무원이 취급하는 사건에 관하여 청탁 또는 알선을 할 의사와 능력이 없음에도 청탁 또는 알선을 한다고 기망하고 이에 속은 피해자로부터 이른바 청탁자금 명목으로 금품을 받았다면 이러한 피고인의 행위는 형법 제347조 제1항의 사기죄와 변호사법 제111조 위반죄에 각 해당하고 위 두 죄는 상상적 경합의 관계에 있다(대판 2007. 5. 10, 2007도2372).
④ 방문판매 등에 관한 법률 제28조 제1항은 "다단계판매업을 하고자 하는 자는 시·도지사에게 등록하여야 한다."고 규정하고 있고, 같은 법률 제45조 제2항 제1호는 "누구든지 다단계판매조직 또는 이와 유사하게 순차적·단계적으로 가입한 가입자로 구성된 다단계조직을 이용하여 상품 또는 용역의 거래 없이 금전거래만을 하거나 상품 또는 용역의 거래를 가장하여 사실상 금전거래만을 하는 행위를 하여서는 아니된다."고 규정하고 있어서 그 각 행위들 자체를 사기행위라고 볼 수는 없고, 그러한 무등록영업행위나 금전거래를 통한 형법 제347조 제1항의 사기죄와 방문판매 등에 관한 법률 제28조 제1항 및 같은 법률 제45조 제2항 제1호의 각 위반죄는 법률상 1개의 행위로 평가되는 경우에 해당하지 않으며, 또 각 그 구성요건을 달리하는 별개의 범죄로서, 서로 보호법익을 달리하고 있어 양 죄를 각 상상적 경합관계로 볼 것이 아니라 실체적 경합관계로 봄이 상당하다(대판 2001. 3. 27, 2000도5318).

05. ① 대판 2020. 10. 22, 2020도6258, 전합
② 채무자가 금전채무를 담보하기 위한 저당권설정계약에 따라 채권자에게 그 소유의 부동산에 관하여 저당권을 설정할 의무를 부담하게 되었다고 하더라도, 이를 들어 채무자가 통상의 계약에서 이루어지는 이익대립관계를 넘어서 채권자와의 신임관계에 기초하여 채권자의 사무를 맡아 처리하는 것으로 볼 수 없다. 채무자가 저당권설정계약에 따라 채권자에 대하여 부담하는 저당권을 설정할 의무는 계약에 따라 부담하게 된 채무자 자신의 의무이다. 채무자

가 위와 같은 의무를 이행하는 것은 채무자 자신의 사무에 해당할 뿐이므로, 채무자를 채권자에 대한 관계에서 '타인의 사무를 처리하는 자'라고 할 수 없다(대판 2020. 6. 18, 2019도14340, 전합)
③ 대판 2020. 2. 20, 2019도9756, 전합
④ 대판 2020. 6. 4, 2015도6057

06. ① 무고죄는 국가의 형사사법권 또는 징계권의 적정한 행사를 주된 보호법익으로 하고 다만, 개인의 부당하게 처벌 또는 징계받지 아니할 이익을 부수적으로 보호하는 죄이므로, 설사 무고에 있어서 피무고자의 승낙이 있었다고 하더라도 무고죄의 성립에는 영향을 미치지 못한다 할 것이다(대판 2005. 9. 30, 2005도2712).
② 대판 2011. 9. 8, 2011도3489
③ 대판 1998. 2. 24, 96도599
④ 대판 2006. 5. 25, 2005도4642

07. ①, ② 대판 2020. 12. 24, 2019도8443
③ 대판 2019. 12. 12, 2018도2560
④ 공문서변조죄는 권한 없는 자가 공무소 또는 공무원이 이미 작성한 문서내용에 대하여 동일성을 해하지 않을 정도로 변경을 가하여 새로운 증명력을 작출케 함으로써 공공적 신용을 해할 위험성이 있을 때 성립한다. 이때 일반인으로 하여금 공무원 또는 공무소의 권한 내에서 작성된 문서라고 믿을 수 있는 형식과 외관을 구비한 문서를 작성하면 공문서변조죄가 성립하는 것이고, 피고인이 인터넷을 통하여 열람·출력한 등기사항전부증명서 하단의 열람 일시 부분을 수정 테이프로 지우고 복사해 두었다가 이를 타인에게 교부하여 대피고인이 등기사항전부증명서의 열람 일시를 삭제하여 복사한 행위는 등기사항전부증명서가 나타내는 권리·사실관계와 다른 새로운 증명력을 가진 문서를 만든 것에 해당한다(대판 2021. 2. 25, 2018도19043).

08. ① 형법 제22조제1항
② 자구행위가 그 정도를 초과한 경우에는 정황에 따라 그 형을 감경하거나 면제할 수 있다(동법 제23조제2항).
③ 동법 제23조제1항
④ 대판 2009. 4. 23, 2008도11921

09. ① , ② 대판 2021. 9. 9, 2019도16421
③ 대판 2013. 6. 20, 2010도14328, 전합
④ 이혼소송 중인 부부로서 자녀인 피해아동 乙(만 5세)은 프랑스에서 甲과 함께 생활하였는데, 피고인이 乙을 면접교섭하기 위하여 그를 보호·양육하던 甲으로부터 乙을 인계받아 국내로 데려온 후 면접교섭 기간이 종료하였음에도 乙을 데려다주지 아니한 채 甲과 연락을 두절한 후 법원의 유아인도명령 등에도 불응한 사안에서, 피고인은 乙을 향후 계속하여 보호·양육함으로써 기존의 자유로운 생활 및 보호관계로부터 이탈시켜 자신의 사실상 지배하에 두기 위한 목적으로 乙의 반환을 거부한 것으로 보이는 점, 乙은 당시 만 5세에 불과한 유아였고 乙이 돌아가야 하는 곳은 외국인 프랑스였으므로, 피고인이 작위의무를 이행하여 乙을 데려다주지 않으면 乙 스스로는 자유로운 생활 및 보호관계로부터의 이탈이라는 위협에 대처할 수 있는 능력이 없는 상태였던 점, 피고인은 장기간 프랑스 법원의 양육자 지정 결정뿐 아니라 국내 법원의 양육자 지정 및 유아인도 심판, 그 이행명령, 면접교섭 사전처분 등 각종 결정을 지속적으로 위반한 점 등의 여러 사정을 종합하면, 피고인의 행위는 불법적인 사실상의 힘을 수단으로 乙을 그 의사와 복리에 반하여 자유로운 생활 및 보호관계로부터 이탈시켜 자기의 사실상 지배하에 옮긴 적극적 행위와 형법적으로 같은 정도의 행위로 평가할 수 있으므로 형법 제287조 미성년자약취죄의 약취행위에 해당한다(대판 2021. 9. 9, 2019도16421).

10. ① 대판 2021. 12. 30, 2021도9680
② 대판 2018. 12. 27, 2017도15226
③ 형법 제20조에 정하여진 '사회상규에 위배되지 아니하는 행위'란 법질서 전체의 정신이나 그 배후에 놓여 있는 사회윤리 내지 사회통념에 비추어 용인될 수 있는 행위를 말하므로, 어떤 행위가 그 행위의 동기나 목적의 정당성, 행위의 수단이나 방법의 상당성, 보호이익과 침해이익의 법익 균형성, 긴급성, 그 행위 이외의 다른 수단이나 방법이 없다는 보충성 등의 요건을 갖춘 경우에는 정당행위에 해당한다 할 것이다. 한편 어떠한 행위가 범죄구성요건에 해당하지만 정당행위라는 이유로 위법성이 조각된다는 것은 그 행위가 적극적으로 용인, 권장된다는 의미가 아니라 단지 특정한 상황 하에서 그 행위가 범죄행위로서 처벌대상이 될 정도의 위법성을 갖추지 못하였다는 것을 의미한다(대판 2021. 12. 30, 2021도9680).

④ 대판 2021. 8. 19, 2020도14576

11. ① 대판 2021. 5. 7, 2019도13764
② 대판 2018. 7. 24, 2017도18807
③ 피고인이 피해 차량의 앞뒤에 쉽게 제거하기 어려운 철근콘크리트 구조물 등을 바짝 붙여 놓은 행위는 피해 차량에 대한 유형력의 행사로 보기에 충분하다. 비록 피고인의 행위로 피해 차량 자체에 물리적 훼손이나 기능적 효용의 멸실 내지 감소가 발생하지 않았다고 하더라도, 피해자가 피고인이 놓아 둔 위 구조물로 인하여 피해 차량을 운행할 수 없게 됨으로써 일시적으로 본래의 사용목적에 이용할 수 없게 된 이상, 차량 본래의 효용을 해한 경우에 해당한다고 봄이 타당하다(대판 2021. 5. 7, 2019도13764).
④ 대판 2016. 11. 25, 2016도9219

12. ① 대판 2005. 6. 9, 2004도7218
② 대판 2005. 9. 30, 2005도4688
③ 대판 2006. 4. 13, 2005도9396
④ 아파트 입주자대표회의의 임원 또는 아파트관리회사의 직원들인 피고인들이 기존 관리회사의 직원들로부터 계속 업무집행을 제지받던 중 저수조 청소를 위하여 출입문에 설치된 자물쇠를 손괴하고 중앙공급실에 침입한 행위는 정당행위에 해당하나, 관리비 고지서를 빼앗거나 사무실의 집기 등을 들어낸 행위는 정당행위에 해당하지 않는다(대판 2006. 4. 13, 2003도3902).

13. ① 대판 2013. 9. 12, 2012도2744
② 대판 1997. 6. 24, 97도1075
③ 교사범이란 타인(정범)으로 하여금 범죄를 결의하게 하여 그 죄를 범하게 한 때에 성립하는 것이고 피교사자는 교사범의 교사에 의하여 범죄실행을 결의하여야 하는 것이므로, 피교사자가 이미 범죄의 결의를 가지고 있을 때에는 교사범이 성립할 여지가 없고, 또 막연히 "범죄를 하라"거나 "절도를 하라"고 하는 등의 행위만으로는 부족하다 하겠으나, 그렇다고 하더라도 타인으로 하여금 일정한 범죄를 실행할 결의를 생기게 하는 행위를 하면 되는 것으로서 교사의 수단방법에 제한이 없다 할 것이며, 교사범의 교사가 정범이 그 죄를 범한 유일한 조건일 필요도 없다(대판 1991. 5. 14, 91도542).
④ 대판 2008. 10. 23, 2008도4852

14. ① 대판 2005. 11. 10, 2005도6604
② 대판 2008. 9. 11, 2006도8721
③ 형법 제328조제1항
④ 강제집행을 면탈하려는 목적으로 재산을 은닉, 손괴, 허위양도하거나 허위의 채무를 부담하여 채권자를 해할 위험이 있으면 성립하는 것이고, 반드시 채권자를 해하는 결과가 야기되거나 행위자가 어떤 이득을 취하여야 범죄가 성립하는 것은 아니며, 현실적으로 강제집행을 받을 우려가 있는 상태에서 강제집행을 면탈할 목적으로 허위의 채무를 부담하는 등의 행위를 하는 경우에는 달리 특별한 사정이 없는 한 채권자를 해할 위험이 있다고 보아야 할 것이다(대판 1996. 1. 26, 95도2526).

15. ① 대판 2012. 11. 15, 2012도9603
② 대판 2002. 6. 28, 2001도1610
③ 대판 2006. 11. 10, 2006도5811
④ 피고인이 타인과 공모하여 그 공모자를 상대로 제소하여 의제자백의 판결을 받아 이에 기하여 부동산의 소유권이전등기를 하였다고 하더라도 이는 소송 상대방의 의사에 부합하는 것으로서 착오에 의한 재산적 처분행위가 있다고 할 수 없어 동인으로부터 부동산을 편취한 것이라고 볼 수 없고, 또 그 부동산의 진정한 소유자가 따로 있다고 하더라도 피고인이 의제자백 판결에 기하여 그 진정한 소유자로부터 소유권을 이전받은 것이 아니므로 그 소유자로부터 부동산을 편취한 것이라고 볼 여지도 없다(대판 1997. 12. 23, 97도2430).

16. ① 대판 1995. 1. 20, 94도2842
② 결과적가중범의 공동정범은 기본행위를 공동으로 할 의사가 있으면 성립하고 결과를 공동으로 할 의사는 필요 없는바, 특수공무집행방해치상죄는 단체 또는 다중의 위력을 보이거나 위험한 물건을 휴대하고 직무를 집행하는 공무원에 대하여 폭행·협박을 하여 공무원을 사상에 이르게 한 경우에 성립하는 결과적가중범으로서 행위자가 그 결과를 의도할 필요는 없고 그 결과의 발생을 예견할 수 있으면 족하다(대판 2002. 4. 12, 2000도3485).
③, ④ 대판 2008. 11. 27, 2008도7311

17. ① 대판 1995. 1. 24, 94도1949
② 대판 1996. 10. 11, 96도312

③ 대판 2009. 2. 26, 2008도11862
④ 공무집행방해죄는 공무원의 직무집행이 적법한 경우에 한하여 성립하는 것이고, 여기서 적법한 공무집행이라 함은 그 행위가 공무원의 추상적 권한에 속할 뿐 아니라 구체적 직무집행에 관한 법률상 요건과 방식을 갖춘 경우를 가리키는 것이므로, 경찰관이 적법절차를 준수하지 아니한 채 실력으로 현행범인을 연행하려고 하였다면 적법한 공무집행이라고 할 수 없고, 현행범인이 그 경찰관에 대하여 이를 거부하는 방법으로써 폭행을 하였다고 하여 공무집행방해죄가 성립하는 것은 아니다(대판 2000. 7. 4, 99도4341).

18. ① 형법 제123조 직권남용죄의 미수범에 대한 처벌규정이 없으므로 처벌하지 않는다.
② 대판 2006. 2. 9, 2003도4599
③ 대판 2004. 5. 27, 2002도6251
④ 직권남용죄에서 말하는 '사람으로 하여금 의무 없는 일을 하게 한 때' 란 공무원이 직권을 남용하여 다른 사람으로 하여금 법령상 의무 없는 일을 하게 한 때를 의미한다. 따라서 공무원이 자신의 직무권한에 속하는 사항에 관하여 실무 담당자로 하여금 그 직무집행을 보조하는 사실행위를 하도록 하더라도 이는 공무원 자신의 직무집행으로 귀결될 뿐이므로 원칙적으로 의무 없는 일을 하게 한 때에 해당한다고 할 수 없다(대판 2021. 3. 11, 2020도12583).

19. ①, ③, ④ 대판 2021. 1. 21, 2018도5475, 전합
② 형법은 형의 가중·감경할 사유가 경합된 때에 그 적용 순서에 관하여, 각칙 조문에 따른 가중, 제34조제2항에 따른 가중, 누범 가중, 법률상 감경, 경합범 가중, 정상 참작 감경 순으로 규정하고 있고(제56조), 이러한 순서에 따른 형의 가중·감경 과정을 거쳐 처단형이 산출된다. 임의적 감경은 법률상 감경의 일종으로서 해당 감경사유의 존재가 인정되면 그에 따른 감경을 실시할 것인지 여부는 심신미약, 미수, 자수 등 해당 감경사유가 행위불법이나 결과불법의 측면에서 범행에서 차지하는 비중이나 범행에 미친 영향 등을 고려하여 독자적으로 결정함이 타당하다. 다만 해당 임의적 감경사유가 당해 범행의 행위불법이나 결과불법에서 차지하는 비중이나 범행에 미친 영향이 어느 정도인지를 판단하기 위해서는 다른 양형조건들에 대한 고려가 불가피할 것이다. 아울러 법관이 처단형을 결정하는 과정에서 피고인에 대한 양형조건들을 참작하여 최종 선고형을 머릿속에 그리면서 임의적 감경 여부를 결정하는 것

이 법리적·논리적으로 잘못이라 할 수도 없다(대판 2021. 1. 21, 2018도5475, 전합).

20. ① 대판 2002. 11. 26, 2002도3539
② 공무원이 뇌물로 투기적 사업에 참여할 기회를 제공받은 경우, 뇌물수수죄의 기수 시기는 투기적 사업에 참여하는 행위가 종료된 때로 보아야 하며, 그 행위가 종료된 후 경제사정의 변동 등으로 인하여 당초의 예상과는 달리 그 사업 참여로 인한 아무런 이득을 얻지 못한 경우라도 뇌물수수죄의 성립에는 아무런 영향이 없다(대판 2002. 5. 10, 2000도2251).
③ 대판 2021. 2. 4, 2020도12103
④ 대판 2014. 3. 27, 2013도11357

21. ① 피해자로 하여금 사기도박에 참여하도록 유인하기 위하여 고액의 수표를 제시해 보인 경우, 형법 제48조 소정의 몰수가 임의적 몰수에 불과하여 법관의 자유재량에 맡겨져 있고, 위 수표가 직접적으로 도박자금으로 사용되지 아니하였다 할지라도, 위 수표가 피해자로 하여금 사기도박에 참여하도록 만들기 위한 수단으로 사용된 이상, 이를 몰수할 수 있다(대판 2002. 9. 24, 2002도3589).
② 체포될 당시에 미처 송금하지 못하고 소지하고 있던 자기앞수표나 현금은 장차 실행하려고 한 외국환거래법 위반의 범행에 제공하려는 물건일 뿐, 그 이전에 범해진 외국환거래법 위반의 '범죄행위에 제공하려고 한 물건'으로는 볼 수 없으므로 몰수할 수 없다(대판 2008. 2. 14, 2007도10034).
③ 형법 제48조 제1항의 범인에는 공범자도 포함된다고 해석되므로, 범인 자신의 소유물은 물론 공범자의 소유물에 대하여도 이를 몰수할 수 있다(대판 2007. 3. 15, 2006도8929).
④ 범죄행위에 제공하려고 한 물건은 범인 이외의 자의 소유에 속하지 아니하거나 범죄 후 범인 이외의 자가 정을 알면서 취득한 경우 이를 몰수할 수 있고, 한편 법원이나 수사기관은 필요한 때에는 증거물 또는 몰수할 것으로 사료하는 물건을 압수할 수 있으나, 몰수는 반드시 압수되어 있는 물건에 대하여서만 하는 것이 아니므로, 몰수대상물건이 압수되어 있는가 하는 점 및 적법한 절차에 의하여 압수되었는가 하는 점은 몰수의 요건이 아니다(대판 2003. 5. 30, 2003도705).

형법 제48조 제1항 : 범인 외의 자의 소유에 속하지 아니하거나 범죄 후 범인 외의 자가 사정을 알면서 ㉠ 범죄행위에 제공하였거나 제공하려고 한 물건, ㉡ 범죄행위로 인하여 생겼거나 취득한 물건, ㉠ 또는 ㉡의 대가로 취득한 물건은 전부 또는 일부를 몰수할 수 있다.

22. ①, ② 대판 2006. 4. 28, 2003도4128
③ 법률 위반 행위 중간에 일시적으로 판례에 따라 그 행위가 처벌대상이 되지 않는 것으로 해석되었던 적이 있었다고 하더라도 그것만으로 자신의 행위가 처벌되지 않는 것으로 믿은 데에 정당한 이유가 있다고 할 수 없다(대판 2021. 11. 25, 2021도10903).
④ 대판 2000. 8. 18, 2000도2943

23. ①, ② 대판 2013. 11. 28, 2013도5117
③ 위계에 의한 업무방해죄에서 '위계'란 행위자가 행위목적을 달성하기 위하여 상대방에게 오인, 착각 또는 부지를 일으키게 하여 이를 이용하는 것을 말하고, 업무방해죄의 성립에는 업무방해의 결과가 실제로 발생함을 요하지 않고 업무방해의 결과를 초래할 위험이 발생하면 족하며, 업무수행 자체가 아니라 업무의 적정성 내지 공정성이 방해된 경우에도 업무방해죄가 성립한다고 할 것이다. 나아가 컴퓨터 등 정보처리장치에 정보를 입력하는 등의 행위가 그 입력된 정보 등을 바탕으로 업무를 담당하는 사람의 오인, 착각 또는 부지를 일으킬 목적으로 행해진 경우에는 그 행위가 업무를 담당하는 사람을 직접적인 대상으로 이루어진 것이 아니라고 하여 위계가 아니라고 할 수는 없다(대판 2013. 11. 28, 2013도4178).
④ 대판 2021. 3. 11, 2016도14415

24. ① 피고인이 고속도로 2차로를 따라 자동차를 운전하다가 1차로를 진행하던 甲의 차량 앞에 급하게 끼어든 후 곧바로 정차하여, 甲의 차량 및 이를 뒤따르던 차량 두 대는 연이어 급제동하여 정차하였으나, 그 뒤를 따라오던 乙의 차량이 앞의 차량들을 연쇄적으로 추돌케 하여 乙을 사망에 이르게 하고 나머지 차량 운전자 등 피해자들에게 상해를 입힌 사안에서, 편도 2차로의 고속도로 1차로 한가운데에 정차한 피고인은 현장의 교통상황이나 일반인의 운전 습관·행태 등에 비추어 고속도로를 주행하는 다른 차량 운전자들이 제한속도 준수나 안전거리 확보 등의 주의의무를 완전하게 다하지 않을 수도 있다는 점을 알았거

나 충분히 알 수 있었으므로, 피고인의 정차 행위와 사상의 결과 발생 사이에 상당인과관계가 있다(대판 2014. 7. 24, 2014도6206).

② 한의사인 피고인이 피해자에게 문진하여 과거 봉침을 맞고도 별다른 이상반응이 없었다는 답변을 듣고 알레르기 반응검사(skin test)를 생략한 채 환부인 목 부위에 봉침시술을 하였는데, 피해자가 위 시술 직후 아나필락시 쇼크반응을 나타내는 등 상해를 입은 사안에서, 피고인에게 과거 알레르기 반응검사 및 약 12일 전 봉침시술에서도 이상반응이 없었던 피해자를 상대로 다시 알레르기 반응검사를 실시할 의무가 있다고 보기는 어렵고, 설령 그러한 의무가 있다고 하더라도 제반 사정에 비추어 알레르기 반응검사를 하지 않은 과실과 피해자의 상해 사이에 상당인과관계를 인정하기 어렵다(대판 2011. 4. 14, 2010도10104).

③ 4일 가량 물조차 제대로 마시지 못하고 잠도 자지 아니하여 거의 탈진 상태에 이른 피해자의 손과 발을 17시간 이상 묶어 두고 좁은 차량 속에서 움직이지 못하게 감금한 행위와 묶인 부위의 혈액 순환에 장애가 발생하여 혈전이 형성되고 그 혈전이 폐동맥을 막아 사망에 이르게 된 결과 사이에는 상당인과관계가 있다(대판 2002. 10. 11, 2002도4315).

④ 폭행 또는 협박으로 타인의 재물을 강취하려는 행위와 이에 극도의 흥분을 느끼고 공포심에 사로잡혀 이를 피하려다 상해에 이르게 된 사실과는 상당인과관계가 있다(대판 1996. 7. 12, 96도1142).

25. ① 대판 1995. 11. 10, 95도2088
② 대판 1983. 12. 13, 83도1458
③ 대판 1996. 10. 15, 96도1669
④ 공무원인 피고인이 그 직무에 관하여 이 건 문제로 된 사문서 사본에 "원본대조필 토목기사 피고인"이라 기재하고 도장을 날인하였다면 그 기재 자체가 공문서로 되고, 이 경우 피고인이 실제로 원본과 대조함이 없이 "원본대조필"이라고 기재한 이상 그것만으로 곧 허위공문서작성죄가 성립하는 것이고, 피고인이 위 문서작성자에게 전화로 원본과 상이없다는 사실을 확인하였다거나 객관적으로 그 사본이 원본과 다른 점이 없다고 하더라도 위 죄가 성립한다(대판 1981. 9. 22, 80도3180).

정답 및 해설(2023년 6월 24일 시행)

정답

01. ④ 02. ③ 03. ② 04. ② 05. ④ 06. ④ 07. ③ 08. ② 09. ② 10. ②
11. ① 12. ④ 13. ① 14. ① 15. ③ 16. ④ 17. ③ 18. ④ 19. ② 20. ①
21. ② 22. ③ 23. ④ 24. ④ 25. ④

01. ① 대판 1989. 2. 28. 87도1718
② 대판 1981. 8. 25. 80도2019
③ 대판 2004. 1. 27. 2003도5114
④ 민사소송의 당사자는 증인능력이 없으므로 증인으로 선서하고 증언하였다고 하더라도 위증죄의 주체가 될 수 없고, 이러한 법리는 민사소송에서의 당사자인 법인의 대표자의 경우에도 마찬가지로 적용된다(대판 1998. 3. 10. 97도1168).

02. ① 대판 2021. 2. 18. 2016도18761 전합
② 대판 2016. 5. 19. 2014도6992 전합
③ 명의수탁자가 제3자와 한 처분행위가 부동산실명법 제4조 제3항에 따라 유효하게 될 가능성이 있다고 하더라도 이는 거래 상대방인 제3자를 보호하기 위하여 명의신탁약정의 무효에 대한 예외를 설정한 취지일 뿐 명의신탁자와 명의수탁자 사이에 위 처분행위를 유효하게 만드는 어떠한 위탁관계가 존재함을 전제한 것이라고는 볼 수 없다. 따라서 말소등기의무의 존재나 명의수탁자에 의한 유효한 처분가능성을 들어 명의수탁자가 명의신탁자에 대한 관계에서 '타인의 재물을 보관하는 자'의 지위에 있다고 볼 수도 없다. 그러므로

부동산실명법을 위반한 양자간 명의신탁의 경우 명의수탁자가 신탁받은 부동산을 임의로 처분하여도 명의신탁자에 대한 관계에서 횡령죄가 성립하지 아니한다. 이러한 법리는 부동산 명의신탁이 부동산실명법 시행 전에 이루어졌고 같은 법이 정한 유예기간 이내에 실명등기를 하지 아니함으로써 그 명의신탁약정 및 이에 따라 행하여진 등기에 의한 물권변동이 무효로 된 후에 처분행위가 이루어진 경우에도 마찬가지로 적용된다(대판 2021. 2. 18. 2016도18761 전합).

④ 대판 2014. 12. 24. 2011도11084

03. ① 형법 제354조, 제328조 제1항에 의하면 배우자 사이의 사기죄는 이른바 친족상도례에 의하여 형을 면제하도록 되어 있으나, 사기죄를 범하는 자가 금원을 편취하기 위한 수단으로 피해자와 혼인신고를 한 것이어서 그 혼인이 무효인 경우라면, 그러한 피해자에 대한 사기죄에서는 친족상도례를 적용할 수 없다(대판 2015. 12. 10. 2014도11533).

② 대판 1980. 11. 11. 80도131

③ 형법 제354조, 제328조의 규정을 종합하면, 직계혈족, 배우자, 동거친족, 호주, 가족 또는 그 배우자 간의 사기 및 사기미수의 각 죄는 그 형을 면제하여야 하고, 그 외의 친족 간에는 고소가 있어야 공소를 제기할 수 있으며, 또한 형법상 사기죄의 성질은 특정 경제범죄 가중 처벌 등에 관한 법률 제3조 제1항에 의해 가중처벌 되는 경우에도 그대로 유지되고, 특별법인 특정 경제범죄 가중처벌 등에 관한법률에 친족상도례에 관한 형법 제354조, 제328조의 적용을 배제한다는 명시적인 규정이 없으므로, 형법 제354조는 특정 경제범죄 가중처벌 등에 관한법률 제3조 제1항 위반죄에도 그대로 적용된다(대판 2000. 10. 13. 99오1).

④ 손자가 할아버지 소유 농업협동조합 예금통장을 절취하여 이를 현금자동지급기에 넣고 조작하는 방법으로 예금 잔고를 자신의 거래 은행 계좌로 이체한 사안에서, 위 농업협동조합이 컴퓨터 등 사용사기 범행 부분의 피해자라는 이유로 친족상도례를 적용할 수 없다(대판 2007. 3. 15. 2006도2704)

04. ① 대판 2023. 2. 2. 2022도4719

② 모욕의 수단과 방법에는 제한이 없으므로 언어적 수단이 아닌 비언어적·시각적 수단만을 사용하여 표현을 하더라도 그것이 사람의 사회적 평가를 저하시킬 만한 추상적 판단이나 경멸적 감정을 전달하는 것이라면 모욕죄가 성립한

다(대판 2023. 2. 2. 2022도4719).
③ 대판 2022. 8. 31. 2019도7370
④ 대판 2022. 7. 28. 2020도8336

05. ① 대판 1986. 1. 21. 85도2472
② 대판 2009. 4. 23. 2009도1203
③ 대판 2004. 4. 9. 2003도8219
④ 장물이라 함은 재산범죄로 인하여 취득한 물건 그 자체를 말하고, 그 장물의 처분대가는 장물성을 상실하는 것이지만, 금전은 고도의 대체성을 가지고 있어 다른 종류의 통화와 쉽게 교환할 수 있고, 그 금전 자체는 별다른 의미가 없고 금액에 의하여 표시되는 금전적 가치가 거래상 의미를 가지고 유통되고 있는 점에 비추어 볼 때, 장물인 현금을 금융기관에 예금의 형태로 보관하였다가 이를 반환받기 위하여 동일한 액수의 현금을 인출한 경우에 예금계약의 성질상 인출된 현금은 당초의 현금과 물리적인 동일성은 상실되었지만 액수에 의하여 표시되는 금전적 가치에는 아무런 변동이 없으므로 장물로서의 성질은 그대로 유지된다고 봄이 상당하고, 자기앞수표도 그 액면금을 즉시 지급받을 수 있는 등 현금에 대신하는 기능을 가지고 거래상 현금과 동일하게 취급되고 있는 점에서 금전의 경우와 동일하게 보아야 할 것이다. 따라서 제1심 공동피고인이 장물인 자기앞수표와 현금을 그의 명의의 예금계좌에 예치하였다가 현금으로 인출하였다고 하여 인출된 현금이 장물로서의 성질을 상실하였다고 볼 수는 없고, 피고인들이 그 정을 알고서 이를 보관 또는 취득하였다면 장물죄가 성립한다(대판 2000. 3. 10. 98도2579).

06. ① 대판 2010. 10. 14. 2010도387
② 대판 2017. 3. 15. 2016도19659
③ 대판 2011. 11. 24. 2011도9585
④ 제3자뇌물수수죄에서 제3자란 행위자와 공동정범 이외의 사람을 말하고, 교사자나 방조자도 포함될 수 있다. 그러므로 공무원 또는 중재인이 부정한 청탁을 받고 제3자에게 뇌물을 제공하게 하고 제3자가 그러한 공무원 또는 중재인의 범죄행위를 알면서 방조한 경우에는 그에 대한 별도의 처벌규정이 없더라도 방조범에 관한 형법총칙의 규정이 적용되어 제3자뇌물수수방조죄가 인정될 수 있다(대판 2017. 3. 15. 2016도19659).

07. ① 통상의 일반적인 안수기도의 방식과 정도를 벗어나 환자의 신체에 비정상적이거나 과도한 유형력을 행사하고 신체의 자유를 과도하게 제압하여 그 결과 환자의 신체에 상해까지 입힌 경우라면, 그러한 유형력의 행사가 비록 안수기도의 명목과 방법으로 이루어졌다 해도 사회상규상 용인되는 정당행위라고 볼 수 없음은 물론이고, 이를 치료행위로 오인한 피해자 측의 승낙이 있었다 하여 달리 볼 수도 없다(대판 2008. 8. 21. 2008도2695).

② 신문기자인 피고인이 고소인에게 2회에 걸쳐 증여세 포탈에 대한 취재를 요구하면서 이에 응하지 않으면 자신이 취재한 내용대로 보도하겠다고 말하여 협박하였다는 취지로 기소된 사안에서, 피고인이 취재와 보도를 빙자하여 고소인에게 부당한 요구를 하기 위한 취지는 아니었던 점, 당시 피고인이 고소인에게 취재를 요구하였다가 거절당하자 인터뷰 협조요청서와 서면질의 내용을 그 자리에 두고 나왔을 뿐 폭언을 하거나 보도하지 않는 데 대한 대가를 요구하지 않은 점, 관할 세무서가 피고인의 제보에 따라 탈세 여부를 조사한 후 증여세를 추징하였다고 피고인에게 통지한 점, 고소인에게 불리한 사실을 보도하는 경우 기자로서 보도에 앞서 정확한 사실 확인과 보도 여부 등을 결정하기 위해 취재 요청이 필요했으리라고 보이는 점 등 제반 사정에 비추어, 위 행위가 설령 협박죄에서 말하는 해악의 고지에 해당하더라도 특별한 사정이 없는 한 기사 작성을 위한 자료를 수집하고 보도하기 위한 것으로서 신문기자의 일상적 업무 범위에 속하여 사회상규에 반하지 아니하는 행위라고 보는 것이 타당하다(대판 2011. 7. 14. 2011도639).

③ 대판 2009. 12. 24. 2007도6243

④ 피고인들이 확성장치 사용, 연설회 개최, 불법행렬, 서명날인운동, 선거운동기간 전 집회 개최 등의 방법으로 특정 후보자에 대한 낙선운동을 함으로써 공직선거 및 선거부정방지법에 의한 선거운동제한 규정을 위반한 피고인들의 같은 법 위반의 각 행위는 위법한 행위로서 허용될 수 없는 것이고, 피고인들의 위 각 행위가 시민불복종운동으로서 헌법상의 기본권 행사 범위 내에 속하는 정당행위이거나 형법상 사회상규에 위반되지 아니하는 정당행위 또는 긴급피난의 요건을 갖춘 행위로 볼 수는 없다(대판 2004. 4. 27. 2002도315).

08. ① 대판 2007. 9. 28. 2007도606 전합
② 협박죄가 성립하려면 고지된 해악의 내용이 행위자와 상대방의 성향, 고지 당시의 주변 상황, 행위자와 상대방 사이의 친숙의 정도 및 지위 등의 상호관계,

제3자에 의한 해악을 고지한 경우에는 그에 포함되거나 암시된 제3자와 행위자 사이의 관계 등 행위 전후의 여러 사정을 종합하여 볼 때에 일반적으로 사람으로 하여금 공포심을 일으키게 하기에 충분한 것이어야 하지만, 상대방이 그에 의하여 현실적으로 공포심을 일으킬 것까지 요구하는 것은 아니며, 그와 같은 정도의 해악을 고지함으로써 상대방이 그 의미를 인식한 이상, 상대방이 현실적으로 공포심을 일으켰는지 여부와 관계없이 그로써 구성요건은 충족되어 협박죄의 기수에 이르는 것으로 해석하여야 한다(대판 2007. 9. 28. 2007도606 전합).
③ 대판 2007. 9. 28. 2007도606 전합
④ 대판 2012. 1. 27. 2011도16044

09. ① 대판 2022. 4. 14. 2021도17744
② 동장인 피고인이 동 주민자치위원에게 전화를 걸어 '어제 열린 당산제(마을제사) 행사에 남편과 이혼한 甲도 참석을 하여, 이에 대해 행사에 참여한 사람들 사이에 안 좋게 평가하는 말이 많았다.'는 취지로 말하고, 동 주민들과 함께한 저녁식사 모임에서 '甲은 이혼했다는 사람이 왜 당산제에 왔는지 모르겠다.'는 취지로 말하여 甲의 명예를 훼손하였다는 내용으로 기소된 사안에서, 피고인의 위 발언은 甲의 사회적 가치나 평가를 침해하는 구체적인 사실의 적시에 해당하지 않는다(대판 2022. 5. 13. 2020도15642).
③ 대판 2021. 8. 26. 2021도641
④ 대판 2020. 11. 19. 2020도5813 전합

10. ① 대판 2017. 5. 30. 2015도15398
② 자기 자신을 무고하기로 제3자와 공모하고 이에 따라 무고행위에 가담하였더라도 이는 자기 자신에게는 무고죄의 구성요건에 해당하지 않아 범죄가 성립할 수 없는 행위를 실현하고자 한 것에 지나지 않아 무고죄의 공동정범으로 처벌할 수 없다(대판 2017. 4. 26. 2013도12592).
③ 대판 2022. 6. 30. 2022도3413
④ 대판 2000. 7. 4. 2000도1908,2000감도62

11. ① 업무방해죄의 성립에 있어서는 업무방해의 결과가 실제로 발생함을 요하지 않고 업무방해의 결과를 초래할 위험이 발생하면 족하다. 상대방으로부터 신청을 받아 상대방이 일정한 자격요건 등을 갖춘 경우에 한하여 그에 대한 수

용 여부를 결정하는 업무에 있어서는 신청서에 기재된 사유가 사실과 부합하지 않을 수 있음을 전제로 자격요건 등을 심사·판단하는 것이므로, 업무담당자가 사실을 충분히 확인하지 않은 채 신청인이 제출한 허위의 신청사유나 허위의 소명자료를 가볍게 믿고 이를 수용하였다면 이는 업무담당자의 불충분한 심사에 기인한 것으로서 신청인의 위계가 업무방해의 위험성을 발생시켰다고 할 수 없어 위계에 의한 업무방해죄를 구성하지 않는다(대판 2020. 9. 24. 2017도19283).
② 대판 2005. 5. 27. 2004도8447
③ 대판 2013. 2. 28. 2011도16718
④ 대판 2007. 12. 27. 2005도6404

12. ① 양도인이 허위의 채권에 관하여 그 정을 모르는 양수인과 실제로 채권양도의 법률행위를 한 이상, 공증인에게 그러한 채권양도의 법률행위에 관한 공정증서를 작성하게 하였다고 하더라도 그 공정증서가 증명하는 사항에 관하여는 불실의 사실을 기재하게 하였다고 볼 것은 아니고, 따라서 공정증서원본불실기재죄가 성립한다고 볼 수 없다(대판 2004. 1. 27. 2001도5414).
② 법원에 허위 내용의 조정신청서를 제출하여 판사로 하여금 조정조서에 불실의 사실을 기재하게 하였다는 취지의 공정증서원본 불실기재의 공소사실에 대하여, 위 조정조서가 공정증서원본에 해당한다고 판단하여 유죄로 인정한 원심판단에 법리오해의 위법이 있다(대판 2010. 6. 10. 2010도3232).
③ 주식회사의 신주발행의 경우 신주발행에 법률상 무효사유가 존재한다고 하더라도 그 무효는 신주발행무효의 소에 의해서만 주장할 수 있고, 신주발행무효의 판결이 확정되더라도 그 판결은 장래에 대하여만 효력이 있으므로(상법 제429조, 제431조 제1항), 그 신주발행이 판결로써 무효로 확정되기 이전에 그 신주발행사실을 담당 공무원에게 신고하여 공정증서인 법인등기부에 기재하게 하였다고 하여 그 행위가 공무원에 대하여 허위신고를 한 것이라거나 그 기재가 불실기재에 해당하는 것이라고 할 수는 없다(대판 2007. 5. 31. 2006도8488).
④ 대판 2012. 4. 26. 2009도5786

13. ① 대판 2011. 9. 8. 2011도5165
② 형법 제327조에 규정된 강제집행면탈죄에 있어서의 재산의 '은닉'이라 함은 강제집행을 실시하는 자에 대하여 재산의 발견을 불능 또는 곤란케 하는 것을

말하는 것으로서, 재산의 소재를 불명케 하는 경우는 물론 그 소유관계를 불명하게 하는 경우도 포함한다(대판 2003. 10. 9. 2003도3387).

③ 형법 제327조의 강제집행면탈죄는 위태범으로서 현실적으로 민사소송법에 의한 강제집행 또는 가압류, 가처분의 집행을 받을 우려가 있는 객관적인 상태 아래 즉 채권자가 본안 또는 보전소송을 제기하거나 제기할 태세를 보이고 있는 상태에서 주관적으로 강제집행을 면탈하려는 목적으로 재산을 은닉, 손괴, 허위양도하거나 허위의 채무를 부담하여 채권자를 해할 위험이 있으면 성립하는 것이고, 반드시 채권자를 해하는 결과가 야기되거나 행위자가 어떤 이득을 취하여야 범죄가 성립하는 것은 아니다(대판 1996. 1. 26. 95도2526).

④ 형법 제327조는 "강제집행을 면할 목적으로 재산을 은닉, 손괴, 허위양도 또는 허위의 채무를 부담하여 채권자를 해한 자"를 처벌한다고 규정하고 있다. 강제집행면탈죄는 강제집행이 임박한 채권자의 권리를 보호하기 위한 것이므로, 강제집행면탈죄의 객체는 채무자의 재산 중에서 채권자가 민사집행법상 강제집행 또는 보전처분의 대상으로 삼을 수 있는 것이어야 한다. 한편 의료법 제33조 제2항, 제87조 제1항 제2호는 의료기관 개설자의 자격을 의사 등으로 한정한 다음 의료기관의 개설자격이 없는 자가 의료기관을 개설하는 것을 엄격히 금지하고 있고, 이를 위반한 경우 형사처벌하도록 정함으로써 의료의 적정을 기하여 국민의 건강을 보호·증진하는 데 기여하도록 하고 있다. 또한 국민건강보험법 제42조 제1항은 요양급여는 '의료법에 따라 개설된 의료기관'에서 행하도록 정하고 있다. 따라서 의료법에 의하여 적법하게 개설되지 아니한 의료기관에서 요양급여가 행하여졌다면 해당 의료기관은 국민건강보험법상 요양급여비용을 청구할 수 있는 요양기관에 해당되지 아니하여 해당 요양급여비용 전부를 청구할 수 없고, 해당 의료기관의 채권자로서도 위 요양급여비용 채권을 대상으로 하여 강제집행 또는 보전처분의 방법으로 채권의 만족을 얻을 수 없는 것이므로, 결국 위와 같은 채권은 강제집행면탈죄의 객체가 되지 아니한다(대판 2017. 4. 26. 2016도19982).

14. ① 사실의 증명을 위해 작성된 문서가 그 사실에 관한 내용이나 작성명의 등에 아무런 허위가 없다면 '증거위조'에 해당한다고 볼 수 없다. 설령 사실증명에 관한 문서가 형사사건 또는 징계사건에서 허위의 주장에 관한 증거로 제출되어 그 주장을 뒷받침하게 되더라도 마찬가지이다(대판 2021. 1. 28. 2020도

2642).
② 대판 2021. 1. 28. 2020도2642
③ 대판 2021. 1. 28. 2020도2642
④ 대판 1995. 4. 7. 94도3412

15. ① 범죄의 성립과 처벌은 행위 시의 법률에 의한다고 할 때의 "행위시"라 함은 범죄행위의 종료 시를 의미한다(대판 1994. 5. 10. 94도563).
② 의료법은 '의료인이 아니면 누구든지 의료행위를 할 수 없다'고 규정하며, 제87조 제1항 제2호는 제27조 제1항을 위반한 자를 처벌하도록 규정하고 있다. 그런데 의료법이 이와 같이 의료인이 되는 자격에 대한 엄격한 요건을 규정하면서 보건복지부장관의 면허를 받은 의료인에게만 의료행위 독점을 허용하는 것은 국민의 건강을 보호하고 증진하려는 목적(의료법 제1조)을 달성하기 위한 것이다. 의료법의 목적, 우리나라 보건복지부장관으로부터 면허를 받은 의료인에게만 의료행위 독점을 허용하는 입법 취지 및 관련 조항들의 내용 등을 종합하면, 의료법상 의료제도는 대한민국 영역 내에서 이루어지는 의료행위를 규율하기 위하여 체계화된 것으로 이해된다. 그렇다면 구 의료법 제87조 제1항 제2호, 제27조 제1항이 대한민국 영역 외에서 의료행위를 하려는 사람에게까지 보건복지부장관의 면허를 받을 의무를 부과하고 나아가 이를 위반한 자를 처벌하는 규정이라고 보기는 어렵다(대판 2020. 4. 29. 2019도19130).
③ 대판 2011. 8. 25. 2011도6507
④ 형법 제7조는 "죄를 지어 외국에서 형의 전부 또는 일부가 집행된 사람에 대해서는 그 집행된 형의 전부 또는 일부를 선고하는 형에 산입한다."라고 규정하고 있다. 이 규정의 취지는, 형사판결은 국가주권의 일부분인 형벌권 행사에 기초한 것이어서 피고인이 외국에서 형사처벌을 과하는 확정판결을 받았더라도 그 외국 판결은 우리나라 법원을 기속할 수 없고 우리나라에서는 기판력도 없어 일사부재리의 원칙이 적용되지 않으므로, 피고인이 동일한 행위에 관하여 우리나라 형벌법규에 따라 다시 처벌받는 경우에 생길 수 있는 실질적인 불이익을 완화하려는 것이다. 그런데 여기서 '외국에서 형의 전부 또는 일부가 집행된 사람'이란 문언과 취지에 비추어 '외국 법원의 유죄판결에 의하여 자유형이나 벌금형 등 형의 전부 또는 일부가 실제로 집행된 사람'을 말한다고 해석하여야 한다. 따라서 형사사건으로 외국 법원에 기소되었다가 무죄판

결을 받은 사람은, 설령 그가 무죄판결을 받기까지 상당 기간 미결구금되었더라도 이를 유죄판결에 의하여 형이 실제로 집행된 것으로 볼 수는 없으므로, '외국에서 형의 전부 또는 일부가 집행된 사람'에 해당한다고 볼 수 없고, 그 미결구금 기간은 형법 제7조에 의한 산입의 대상이 될 수 없다(대판 2017. 8. 24. 2017도5977 전합).

16. ① 피고인이 검찰의 소환에 따라 자진 출석하여 검사에게 위 금품수수와 그 직무관련성을 포함한 이 사건 범죄사실에 관하여 자백함으로써 형법상 자수의 효력이 발생하였음을 인정할 수가 있고, 그 후에 피고인이 검찰이나 법정에서 범죄사실을 일부 부인하였다고 하더라도 일단 발생한 자수의 효력이 소멸하는 것은 아니라고 할 것이므로, 원심이 피고인의 자수를 인정하고 이에 대하여 법률상 감경을 한 조치는 정당하다(대판 2002. 8. 23. 2002도46).
② 자수라 함은 범인이 스스로 수사책임이 있는 관서에 자기의 범행을 자발적으로 신고하고 그 처분을 구하는 의사표시를 말하고, 가령 수사기관의 직무상의 질문 또는 조사에 응하여 범죄사실을 진술하는 것은 자백일 뿐 자수로는 되지 않는다(대판 1992. 8. 14. 92도962).
③ 형법 제35조 소정의 누범이 되려면 금고 이상의 형을 받아 그 집행을 종료하거나 면제를 받은 후 3년 내에 다시 금고 이상에 해당하는 죄를 범하여야 하는바, 이 경우 다시 금고 이상에 해당하는 죄를 범하였는지 여부는 그 범죄의 실행행위를 하였는지 여부를 기준으로 결정하여야 하므로 3년의 기간 내에 실행의 착수가 있으면 족하고, 그 기간 내에 기수에까지 이르러야 되는 것은 아니다(대판 2006. 4. 7. 2005도9858 전합).
④ 대판 2001. 7. 27. 2001도2521 및 형법 제35조제1항

17. ① 형법 제62조제1항
② 대판 2007. 7. 27. 2007도768
③ "형의 집행을 유예하는 경우에는 보호관찰을 받을 것을 명하거나 사회봉사 또는 수강을 명할 수 있다."라고 규정하고 있다. 나아가 보호관찰 등에 관한 법률 제59조 제1항은 "법원은 형법 제62조의2에 따른 사회봉사를 명할 때에는 500시간 … 의 범위에서 그 기간을 정하여야 한다. 다만 다른 법률에 특별한 규정이 있는 경우에는 그 법률에서 정한 바에 따른다."라고 규정하고 있다(대판 2020. 11. 5. 2017도18291).
④ 대판 2016. 6. 23. 2016도5032

18. ① 법원이나 수사기관은 필요한 때에는 증거물 또는 몰수할 것으로 사료하는 물건을 압수할 수 있으나, 몰수는 반드시 압수되어 있는 물건에 대하여서만 하는 것이 아니므로, 몰수대상물건이 압수되어 있는가 하는 점 및 적법한 절차에 의하여 압수되었는가 하는 점은 몰수의 요건이 아니다(대판 2003. 5. 30. 2003도705).
② 필로폰(히로뽕)을 수수하여 그 중 일부를 직접 투약한 경우에는 수수한 필로폰(히로뽕)의 가액만을 추징할 수 있고 직접 투약한 부분에 대한 가액을 별도로 추징할 수 없다(대판 2000. 9. 8. 2000도546).
③ 뇌물을 받는다는 것은 영득의 의사로 금품을 받는 것을 말하므로, 뇌물인지 모르고 받았다가 뇌물임을 알고 즉시 반환하거나 또는 증뢰자가 일방적으로 뇌물을 두고 가므로 나중에 기회를 보아 반환할 의사로 어쩔 수 없이 일시 보관하다가 반환하는 등 영득의 의사가 없었다고 인정되는 경우라면 뇌물을 받았다고 할 수 없다(대판 2017. 3. 22. 2016도21536).
④ 대판 2022. 12. 29. 2022도8592

19. ① 타인의 사무를 처리하는 자의 임무위배행위는 민사재판에서 법질서에 위배되는 법률행위로서 무효로 판단될 가능성이 적지 않고, 그 결과 본인에게도 아무런 손해가 발생하지 않는 경우가 많다. 이러한 때에는 배임죄의 기수를 인정할 수 없다. 그러나 의무부담행위로 인하여 실제로 채무의 이행이 이루어지거나 본인이 민법상 불법행위책임을 부담하게 되는 등 본인에게 현실적인 손해가 발생하거나 실해 발생의 위험이 생겼다고 볼 수 있는 사정이 있는 때에는 배임죄의 기수를 인정하여야 한다(대판 2017. 9. 21. 2014도9960). 그러므로 법 제359조에 의한 미수범은 처벌받는다.
② 대판 2022. 12. 22. 2020도8682 전합
③ 피고인이 알 수 없는 경위로 甲의 특정 거래소 가상지갑에 들어 있던 비트코인을 자신의 계정으로 이체받은 후 이를 자신의 다른 계정으로 이체하여 재산상 이익을 취득하고 甲에게 손해를 가하였다고 하여 특정경제범죄 가중처벌 등에 관한 법률 위반(배임)의 예비적 공소사실로 기소된 사안에서, 비트코인이 법률상 원인관계 없이 甲으로부터 피고인 명의의 전자지갑으로 이체되었더라도 피고인이 신임관계에 기초하여 甲의 사무를 맡아 처리하는 것으로 볼 수 없는 이상 甲에 대한 관계에서 '타인의 사무를 처리하는 자'에 해당하지 않는다는 이유로, 이와 달리 보아 공소사실을 유죄로 인정한 원심판단에 배임죄에

서 '타인의 사무를 처리하는 자'에 관한 법리오해의 잘못이 있다(대판 2021. 12. 16. 2020도9789).

④ 이른바 보통예금은 은행 등 법률이 정하는 금융기관을 수치인으로 하는 금전의 소비임치 계약으로서, 그 예금계좌에 입금된 금전의 소유권은 금융기관에 이전되고, 예금주는 그 예금계좌를 통한 예금반환채권을 취득하는 것이므로, 금융기관의 임직원은 예금주로부터 예금계좌를 통한 적법한 예금반환 청구가 있으면 이에 응할 의무가 있을 뿐 예금주와의 사이에서 그의 재산관리에 관한 사무를 처리하는 자의 지위에 있다고 할 수 없다. 그러므로 임의로 예금주의 예금계좌에서 5,000만 원을 인출한 금융기관의 임직원에게 업무상배임죄가 성립하지 않는다(대판 2008. 4. 24. 2008도1408).

20. ① 실행의 수단 또는 대상의 착오로 인하여 결과의 발생이 불가능하더라도 위험성이 있는 때에는 처벌한다. 단, 형을 감경 또는 면제할 수 있다(형법 제27조).
② 대판 1999. 4. 13. 99도640
③ 대판 2005. 12 .8. 2005도8105
④ 대판 2019. 3. 28. 2018도16002 전합

21. ① 대판 2022. 3. 31. 2021도17197
② 주식회사의 지배인이 자신을 그 회사의 대표이사로 표시하여 연대보증채무를 부담하는 취지의 회사 명의의 차용증을 작성·교부한 경우, 그 문서에 일부 허위 내용이 포함되거나 위 연대보증행위가 회사의 이익에 반하는 것이더라도 사문서위조 및 위조사문서행사에 해당하지 않는다(대판 2010. 5. 13. 2010도1040).
③ 대판 2017. 5. 17. 2016도13912
④ 대판 2008. 10. 23. 2008도5200

22. ① 대판 2002. 7. 18. 2002도669 전합
② 대판 1991. 6. 25. 91도643
③ 택시운행을 방해하는 과정에서 이 부분 공소사실 기재와 같이 피해자들에 대한 폭행행위가 있었고, 이는 업무방해죄의 행위 태양인 '위력으로써 업무를 방해하는 행위'의 일부를 구성하는 것으로서 업무방해죄에 흡수되므로 업무방해죄 1죄만이 성립할 뿐 별도로 폭력행위 등 처벌에 관한 법률 위반(공동폭행)죄가 성립하지 않는다(대판 2012. 10. 11.2012도1895).

④ 대판 2013. 10. 31. 2013도10020

23. ① 2인 이상의 서로 대향된 행위의 존재를 필요로 하는 대향범에 대하여 공범에 관한 형법 총칙 규정이 적용될 수 없다. 이러한 법리는 해당 처벌규정의 구성요건 자체에서 2인 이상의 서로 대향적 행위의 존재를 필요로 하는 필요적 공범인 대향범을 전제로 한다. 구성요건상으로는 단독으로 실행할 수 있는 형식으로 되어 있는데 단지 구성요건이 대향범의 형태로 실행되는 경우에도 대향범에 관한 법리가 적용된다고 볼 수는 없다(대판 2022. 6. 30. 2020도7866).
② 형사소송법 제253조 제2항에서 말하는 '공범'에는 뇌물공여죄와 뇌물수수죄 사이와 같은 대향범 관계에 있는 자는 포함되지 않는다(대판 2015. 2. 12. 2012도4842).
③ 2인 이상이 어떠한 과실행위를 서로의 의사연락아래 하여 범죄되는 결과를 발생케 한 경우에는 과실범의 공동정범이 성립된다(대판 1962. 3. 29. 4294형상598).
④ 대판 2011. 1. 13. 2010도9927

24. ①, ②, ③ 대판 2022. 12. 29. 2022도12494
④ 사기죄가 성립되려면 피기망자가 착오에 빠져 어떠한 재산상의 처분행위를 하도록 유발하여 재산적 이득을 얻을 것을 요하고, 피기망자와 재산상의 피해자가 같은 사람이 아닌 경우에는 피기망자가 피해자를 위하여 그 재산을 처분할 수 있는 권능을 갖거나 그 지위에 있어야 한다(대판 2022. 2. 29. 2022도12494).

25. ① 대판 2016. 11 .25. 2016도9219
② 대판 2022. 11. 30. 2022도1410
③ 대판 2017. 5. 30. 2017도4578
④ 권리행사방해죄에서의 보호대상인 타인의 점유는 반드시 점유할 권원에 기한 점유만을 의미하는 것은 아니고, 일단 적법한 권원에 기하여 점유를 개시하였으나 사후에 점유 권원을 상실한 경우의 점유, 점유 권원의 존부가 외관상 명백하지 아니하여 법정절차를 통하여 권원의 존부가 밝혀질 때까지의 점유, 권원에 기하여 점유를 개시한 것은 아니나 동시이행항변권 등으로 대항할 수 있는 점유 등과 같이 법정절차를 통한 분쟁 해결 시까지 잠정적으로 보호할

가치 있는 점유는 모두 포함된다고 볼 것이고, 다만 절도범인의 점유와 같이 점유할 권리 없는 자의 점유임이 외관상 명백한 경우는 포함되지 아니한다(대판 2006. 3. 23. 2005도4455).

정답 및 해설(2024년 6월 22일 시행)

정답

01. ① 02. ① 03. ① 04. ② 05. ② 06. ③ 07. ② 08. ④ 09. ③ 10. ②
11. ② 12. ④ 13. ④ 14. ② 15. ④ 16. ③ 17. ④ 18. ④ 19. ① 20. ③
21. ④ 22. ① 23. ② 24. ① 25. ③

01. ① 문서위조죄는 문서의 진정에 대한 공공의 신용을 보호법익으로 하는 것이므로 행사할 목적으로 작성된 사문서가 일반인으로 하여금 당해 명의인의 권한 내에서 작성된 문서라고 믿게 할 수 있는 정도의 형식과 외관을 갖추고 있으면 사문서위조죄가 성립하고, 위와 같은 요건을 구비한 이상 명의인이 문서의 작성일자 전에 이미 사망하였더라도 그러한 문서 역시 공공의 신용을 해할 위험성이 있으므로 사문서위조죄가 성립한다. 위와 같이 사망한 사람 명의의 사문서에 대하여도 문서에 대한 공공의 신용을 보호할 필요가 있다는 점을 고려하면, 문서명의인이 이미 사망하였는데도 문서명의인이 생존하고 있다는 점이 문서의 중요한 내용을 이루거나 그 점을 전제로 문서가 작성되었다면 이미 문서에 관한 공공의 신용을 해할 위험이 발생하였다 할 것이므로, 그러한 내용의 문서에 관하여 사망한 명의자의 승낙이 추정된다는 이유로 사문서위조죄의 성립을 부정할 수는 없다(대판 2011. 9. 29. 선고 2011도6223).
② 대판 2023. 3. 30. 2022도6886
③ 대판 2011. 9. 29. 2010도14587
④ 대판 1995. 4. 14. 94도3401

02. ① 가출자의 가족에 대하여 가출자의 소재를 알려주는 조건으로 보험가입을 요구

한 피고인의 소위는 가출자를 찾으려고 하는 그 가족들의 안타까운 심정을 이용하여 보험가입을 권유 내지 요구하는 언동으로 도의상 비난할 수 있을지언정 그로 인하여 가족들에 새로운 외포심을 일으키게 되거나 외포심이 더하여 진다고는 볼 수 없으므로 이를 공갈죄에 있어서의 협박이라고 단정할 수 없다(대판 1976. 4. 27. 75도2818).
② 대판 1994. 12. 22. 94도2528
③ 대판 2002. 12. 10. 2001도7095
④ 사람을 공갈하여 재물의 교부를 받거나 재산상의 이익을 취득한 경우 공갈죄(법 제350조제1항)에 해당하고 공갈죄의 범죄로 대가가 지급되었다 하더라도 대가를 공제하지 아니한 갈취액 전부가 재물 또는 재산상의 이득이므로 갈취이득액에 해당한다.

03. ① 손자가 할아버지 소유 농업협동조합 예금통장을 절취하여 이를 현금자동지급기에 넣고 조작하는 방법으로 예금 잔고를 자신의 거래 은행 계좌로 이체한 사안에서, 위 농업협동조합이 컴퓨터 등 사용사기 범행 부분의 피해자라는 이유로 친족상도례를 적용할 수 없다(대판 2007. 3. 15. 2006도2704).
② 대판 2014. 3. 13. 2013도16099
③ 대판 2013. 11. 14. 2011도4440
④ 대판 2006. 9. 14. 2006도4127

04. ① 형법 제35조
② 형법 제35조의 규정에 의하면 금고이상의 형을 받아 그 집행을 종료하거나 면제를 받은 후 3년 내에 금고이상에 해당하는 죄를 범한 자를 누범 가중하여 처단하게 되어 있으므로 잔형기 경과전인 가석방기간 중에 본건 범행을 저질렀다면 이를 위 형법 제35조에서 말하는 형집행 종료 후에 죄를 범한 경우에 해당한다고 볼 수 없으므로 여기에 누범가중을 할 수 없는 이치라 할 것이다(대판 1976. 9. 14. 76도2071).
③ 대판 1982. 5. 25. 82도600, 82감도115
④ 대판 2020. 5. 14. 2019도18947

05. ① 대판 2004. 4. 23. 2002도2518
② 형법 제246조에서 도박죄를 처벌하는 이유는 정당한 근로에 의하지 아니한 재물의 취득을 처벌함으로써 경제에 관한 건전한 도덕법칙을 보호하는 데 있

다. 그리고 도박은 '재물을 걸고 우연에 의하여 재물의 득실을 결정하는 것'을 의미하는바, 여기서 '우연'이란 주관적으로 '당사자에 있어서 확실히 예견 또는 자유로이 지배할 수 없는 사실에 관하여 승패를 결정하는 것'을 말하고, 객관적으로 불확실할 것을 요구하지 아니한다. 따라서, 당사자의 능력이 승패의 결과에 영향을 미친다고 하더라도 다소라도 우연성의 사정에 의하여 영향을 받게 되는 때에는 도박죄가 성립할 수 있다(대판 2008. 10. 23. 2006도73).
③ 대판 2014. 3. 13. 2014도212
④ 대판 2011. 1. 13. 2010도9330

06. ① 대판 2022. 6. 30. 2021도8361
② 대판 2017. 3. 15. 2015도1456
③ 교육공무원 징계령 제17조 제1항이 징계처분권자가 징계위원회로부터 징계의결서를 받은 경우에는 받은 날로부터 15일 이내에 집행하여야 한다고 규정하고 있는 점, 교육공무원의 징계에 관한 사항을 징계위원회의 의결사항으로 규정한 것은 임용권자의 자의적인 징계운영을 견제하여 교육공무원의 권익을 보호함과 아울러 징계의 공정성을 담보할 수 있도록 절차의 합리성과 공정한 징계운영을 도모하기 위한 데 입법 취지가 있는 점, 징계의결서를 통보받은 징계처분권자는 국가공무원법 제82조 제2항에 의하여 징계의결이 가볍다고 인정하는 경우에 한하여서만 심사 또는 재심사를 청구할 수 있는 점 등 교육공무원의 징계에 관한 관련 규정을 종합하여 보면, 교육기관·교육행정기관·지방자치단체 또는 교육연구기관의 장이 징계위원회에서 징계의결서를 통보받은 경우에는 징계의결을 집행할 수 없는 법률상·사실상의 장애가 있는 등 특별한 사정이 없는 이상 법정 시한 내에 이를 집행할 의무가 있다(대판 2015. 9. 10. 2013추524).
④ 대판 2006. 10. 19. 2005도3909 전합

07. ① 대판 2023. 8. 31. 2021도17151
② 피고인 甲, 乙이 공모하여, 피고인 甲 명의로 개설된 예금계좌의 접근매체를 보이스피싱 조직원 丙에게 양도함으로써 丙의 丁에 대한 전기통신금융사기 범행을 방조하고, 사기피해자 丁이 丙에게 속아 위 계좌로 송금한 사기피해금 중 일부를 별도의 접근매체를 이용하여 임의로 인출함으로써 주위적으로는 丙의 재물을, 예비적으로는 丁의 재물을 횡령하였다는 내용으로 기소되었는

데, 원심이 피고인들에 대한 사기방조 및 횡령의 공소사실을 모두 무죄로 판단한 사안에서, 피고인들에게 사기방조죄가 성립하지 않는 이상 사기피해금 중 일부를 임의로 인출한 행위는 사기피해자 丁에 대한 횡령죄가 성립한다(대판 2018. 7. 19. 2017도17494 전합).
③ 대판 2017. 5. 31. 2017도3045
④ 대판 2017. 1. 12. 2016도15470

08. ①, ② 대판 2021. 10. 28. 2021도7538
③ 대판 2023. 9. 21. 2018도13877 전합
④ 피고인이 피해자 甲(여, 48세)에게 욕설을 하면서 자신의 바지를 벗어 성기를 보여주는 방법으로 강제추행하였다는 내용으로 기소된 사안에서, 甲의 성별·연령, 행위에 이르게 된 경위, 甲에 대하여 어떠한 신체 접촉도 없었던 점, 행위장소가 사람 및 차량의 왕래가 빈번한 도로로서 공중에게 공개된 곳인 점, 피고인이 한 욕설은 성적인 성질을 가지지 아니하는 것으로서 '추행'과 관련이 없는 점, 甲이 자신의 성적 결정의 자유를 침해당하였다고 볼 만한 사정이 없는 점 등 제반 사정을 고려할 때, 단순히 피고인이 바지를 벗어 자신의 성기를 보여준 것만으로는 폭행 또는 협박으로 '추행'을 하였다고 볼 수 없는데도, 이와 달리 보아 유죄를 인정한 원심판결에 강제추행죄의 추행에 관한 법리오해의 위법이 있다(대판 2012. 7. 26. 2011도8805).

09. ① 가해자의 행위가 피해자의 부당한 공격을 방위하기 위한 것이라기 보다는 서로 공격할 의사로 싸우다가 먼저 공격을 받고 이에 대항하여 가해하게 된 것이라고 봄이 상당한 경우, 그 가해행위는 방어행위인 동시에 공격행위의 성격을 가지므로 정당방위 또는 과잉방위행위라고 볼 수 없다(대판 2000. 3. 28. 2000도228).
② 사회상규에 의한 정당행위를 인정하려면, 첫째 그 행위의 동기나 목적의 정당성, 둘째 행위의 수단이나 방법의 상당성, 셋째 보호이익과 침해이익과의 법익균형성, 넷째 긴급성, 다섯째로 그 행위 외에 다른 수단이나 방법이 없다는 보충성 등의 요건을 갖추어야 하는데, 위 '목적·동기', '수단', '법익균형', '긴급성', '보충성'은 불가분적으로 연관되어 하나의 행위를 이루는 요소들로 종합적으로 평가되어야 한다. '목적의 정당성'과 '수단의 상당성' 요건은 행위의 측면에서 사회상규의 판단 기준이 된다. 사회상규에 위배되지 아니하는 행위로 평가되려면 행위의 동기와 목적을 고려하여 그것이 법질서의 정

신이나 사회윤리에 비추어 용인될 수 있어야 한다. 수단의 상당성·적합성도 고려되어야 한다. 또한 보호이익과 침해이익 사이의 법익균형은 결과의 측면에서 사회상규에 위배되는지를 판단하기 위한 기준이다. 이에 비하여 행위의 긴급성과 보충성은 수단의 상당성을 판단할 때 고려요소의 하나로 참작하여야 하고 이를 넘어 독립적인 요건으로 요구할 것은 아니다. 또한 그 내용 역시 다른 실효성 있는 적법한 수단이 없는 경우를 의미하고 '일체의 법률적인 적법한 수단이 존재하지 않을 것'을 의미하는 것은 아니라고 보아야 한다(대판 2023. 5. 18. 2017도2760).

③ 자초위난이 행위자에 의해 도발된 경우 긴급피난이 불허되며 자초행위가 고의인 경우 원칙적으로 긴급피난이 불허된다. 다만 자초행위와 위난발생 간에 직접적 관련성이 결여되거나, 보호법익에 비해 침해법익이 현저하게 경미한 경우에는 예외적으로 긴급피난이 허용될 수 있다.

④ 성직자라 하여 초법규적인 존재일 수는 없으며 성직자의 직무상 행위가 사회상규에 반하지 아니한다 하여 그에 적법성이 부여되는 것은 그것이 성직자의 행위이기 때문이 아니라 그 직무로 인한 행위에 정당, 적법성을 인정하기 때문인 바, 사제가 죄지은 자를 능동적으로 고발하지 않는 것에 그치지 아니하고 은신처마련, 도피자금 제공등 범인을 적극적으로 인닉·도피케 하는 행위는 사제의 정당한 직무에 속하는 것이라고 할 수 없다(대판 1983. 3. 8. 82도3248).

10. ① 대판 2021. 7. 8. 2014도12104

② 청산회사의 대표청산인이 처리하는 채무의 변제, 재산의 환가처분 등 회사의 청산의무는 청산인 자신의 사무 또는 청산회사의 업무에 속하는 것이므로, 청산인은 회사의 채권자들에 대한 관계에 있어 직접 그들의 사무를 처리하는 자가 아니므로 배임죄가 성립하지 않는다(대판 1990. 5.25, 90도6).

③ 종업원지주제도는 회사의 종업원에 대한 편의제공을 당연한 전제로 하여 성립하는 것인 만큼, 종업원지주제도 하에서 회사의 경영자가 종업원의 자사주 매입을 돕기 위하여 회사자금을 지원하는 것 자체를 들어 회사에 대한 임무위배행위라고 할 수는 없을 것이나, 경영자의 자금지원의 주된 목적이 종업원의 재산형성을 통한 복리증진보다는 안정주주를 확보함으로써 경영자의 회사에 대한 경영권을 계속 유지하고자 하는 데 있다면, 그 자금지원은 경영자의 이익을 위하여 회사재산을 사용하는 것이 되어 회사의 이익에 반하므로 회사에

대한 관계에서 임무위배행위가 된다(대판 1999. 6. 25. 99도114).
④ 대판 2008. 6. 19. 2006도4876 전합

11. ① 피고인이 피해자를 살해하려고 그의 목 부위와 왼쪽 가슴 부위를 칼로 수 회 찔렀으나 피해자의 가슴 부위에서 많은 피가 흘러나오는 것을 발견하고 겁을 먹고 그만 두는 바람에 미수에 그친 것이라면, 위와 같은 경우 많은 피가 흘러나오는 것에 놀라거나 두려움을 느끼는 것은 일반 사회통념상 범죄를 완수함에 장애가 되는 사정에 해당한다고 보아야 할 것이므로, 이를 자의에 의한 중지미수라고 볼 수 없다(대판 1999. 4. 13. 99도640).
② 피고인이 피해자를 강간하려다가 피해자의 다음번에 만나 친해지면 응해 주겠다는 취지의 간곡한 부탁으로 인하여 그 목적을 이루지 못한 후 피해자를 자신의 차에 태워 집에까지 데려다 주었다면 피고인은 자의로 피해자에 대한 강간행위를 중지한 것이고 피해자의 다음에 만나 친해지면 응해 주겠다는 취지의 간곡한 부탁은 사회통념상 범죄실행에 대한 장애라고 여겨지지는 아니하므로 피고인의 행위는 중지미수에 해당한다(대판 1993. 10. 12. 93도1851).
③ 피고인이 장롱 안에 있는 옷가지에 불을 놓아 건물을 소훼하려 하였으나 불길이 치솟는 것을 보고 겁이 나서 물을 부어 불을 끈 것이라면, 위와 같은 경우 치솟는 불길에 놀라거나 자신의 신체안전에 대한 위해 또는 범행 발각시의 처벌 등에 두려움을 느끼는 것은 일반 사회통념상 범죄를 완수함에 장애가 되는 사정에 해당한다고 보아야 할 것이므로, 이를 자의에 의한 중지미수라고는 볼 수 없다(대판 1997. 6. 13. 97도957).
④ 강도가 강간하려고 하였으나 잠자던 피해자의 어린 딸이 잠에서 깨어 우는 바람에 도주하였고, 또 피해자가 시장에 간 남편이 곧 돌아온다고 하면서 임신 중이라고 말하자 도주한 경우에는 자의로 강간행위를 중지하였다고 볼 수 없다(대판 1993. 4. 13. 93도347).

12. ①, ②, ③ 대판 2021. 12. 30. 2021도11924
④ 형법 제127조는 공무원 또는 공무원이었던 자가 법령에 의한 직무상 비밀을 누설하는 행위만을 처벌하고 있을 뿐 직무상 비밀을 누설받은 상대방을 처벌하는 규정이 없는 점에 비추어, 직무상 비밀을 누설받은 자에 대하여는 공범에 관한 형법총칙 규정이 적용될 수 없다(대판 2017. 6. 19. 선고 2017도4240).

13. ① 다른 사람의 소유물을 본래의 용법에 따라 무단으로 사용·수익하는 행위는 소유자를 배제한 채 물건의 이용가치를 영득하는 것이고, 그 때문에 소유자가 물건의 효용을 누리지 못하게 되었더라도 효용 자체가 침해된 것이 아니므로 재물손괴죄에 해당하지 않는다. 타인 소유 토지에 권원 없이 건물을 신축함으로써 그 토지의 효용을 해하였다는 원심은 판시와 같은 이유로 무죄로 판단하였다. 원심판결 이유에는 적절하지 않은 부분이 있지만, 피고인의 행위는 이미 대지화된 토지에 건물을 새로 지어 부지로서 사용·수익함으로써 그 소유자로 하여금 효용을 누리지 못하게 한 것일 뿐 토지의 효용을 해하지 않았으므로, 재물손괴죄가 성립하지 않는다(대판 2022. 11. 30. 2022도1410).
② 대판 1979. 7. 24. 78도2138
③ 대판 1989. 10. 24. 88도1296
④ 甲 주식회사의 직원인 피고인들이 유색 페인트와 래커 스프레이를 이용하여 甲 회사 소유의 도로 바닥에 직접 문구를 기재하거나 도로 위에 놓인 현수막 천에 문구를 기재하여 페인트가 바닥으로 배어 나와 도로에 배게 하는 방법으로 다중의 위력으로써 도로의 효용을 해하였다고 하여 특수재물손괴로 기소된 사안에서, 피고인들이 위와 같은 방법으로 도로 바닥에 여러 문구를 써놓은 행위가 위 도로의 효용을 해하는 정도에 이른 것이라고 보기 어렵다는 이유로, 이와 달리 보아 공소사실을 유죄로 판단한 원심판결에 재물손괴죄에 관한 법리를 오해하는 등의 잘못이 있다(대판 2020. 3. 27. 2017도20455).

14. ① 경합범을 동시에 판결할 때에는 가장 무거운 죄에 대하여 정한 형이 사형, 무기징역, 무기금고인 경우에는 가장 무거운 죄에 대하여 정한 형으로 처벌한다(형법 제38조제1항1호).
② 각 죄에 대하여 정한 형의 장기 또는 다액을 합산한 형기 또는 액수를 초과할 수 없다(동법 제38조제1항2호). 그러므로 경합범 가중을 하면 처단형은 징역 12년 이하가 된다.
③ 국가공무원법 제33조 제6호의2 및 제6호의3과 지방공무원법 제31조 제6호의2 및 제6호의3은 공무원이 국민의 신뢰를 바탕으로 고도의 윤리성과 준법의식이 요구되는 직업적·신분적 특징이 있음을 고려하여 특정한 범죄에 관한 형선고 전력을 공무원 결격사유(당연퇴직사유)로 정하였다. 한편 국가공무원법 제33조의2는 결격대상범죄와 다른 죄의 경합범에 대하여 벌금형을 선고하는 경우 형법 제38조에도 불구하고 분리 선고하여야 한다고 규정하고, 지방

공무원법 제31조의2도 같은 내용의 분리 선고를 정하고 있다. 이러한 분리 선고 규정은 공무원의 결격 및 당연퇴직에 관한 규정의 입법 목적을 고려하여 공무원의 자격 유무에 영향을 미치는 결격대상범죄가 아닌 다른 죄가 결격대상범죄의 양형에 영향을 미치는 것을 최소화하려는 것이다. 공무원 자격에 관한 결격대상범죄를 정한 국가공무원법 및 지방공무원법 각 규정의 형식과 내용, 결격대상범죄에 관한 분리 선고 규정의 의의와 기능, 형법 제38조에 대한 예외 인정 필요성, 결격사유 규정과 분리 선고 규정의 관계, 분리 선고로 인해 피고인에게 발생할 수 있는 불이익 등을 종합적으로 고려하면, 결격대상범죄가 아닌 스토킹범죄와 다른 죄의 경합범에 대하여 벌금형을 선고하는 경우에는 분리 선고를 정한 국가공무원법 제33조의2 및 지방공무원법 제31조의2가 적용되지 않는다고 보아야 한다(대판 2024. 10. 31. 2023도12878).

④ 원심이 제1심과 마찬가지로 유죄를 인정하여 甲죄에 대하여는 금고형을, 乙죄와 丙죄에 대하여는 징역형을 선택한 후 각 죄를 형법 제37조 전단 경합범으로 처벌하면서 피고인에게 금고 5월, 집행유예 2년, 보호관찰 및 40시간의 수강명령을 선고한 사안에서, 금고형과 징역형을 선택하여 경합범 가중을 하는 경우에는 형법 제38조 제2항에 따라 금고형과 징역형을 동종의 형으로 간주하여 징역형으로 처벌하여야 한다(대판 2013. 12. 12. 2013도6608).

15. ① 대판 2022. 5. 12. 2021도16876
② 대판 2004. 6. 25. 2004도1751
③ 대판 2011. 1. 13. 2010도9330
④ 채권자들에 의한 복수의 강제집행이 예상되는 경우 재산을 은닉 또는 허위양도함으로써 채권자들을 해하였다면 채권자별로 각각 강제집행면탈죄가 성립하고, 상호 상상적 경합범의 관계에 있다(대판 2011. 12. 8. 2010도4129).

16. ① 수뢰자가 자기앞수표를 뇌물로 받아 이를 소비한 후 자기앞수표 상당액을 증뢰자에게 반환하였다 하더라도 뇌물 그 자체를 반환한 것은 아니므로 이를 몰수할 수 없고 수뢰자로부터 그 가액을 추징하여야 할 것이다(대판 1999. 1. 29. 98도3584).
② 피고인들이 뇌물로 받은 돈을 그 후 다른 사람에게 다시 뇌물로 공여하였다 하더라도 그 수뢰의 주체는 어디까지나 피고인들이고 그 수뢰한 돈을 다른 사람에게 공여한 것은 수뢰한 돈을 소비하는 방법에 지나지 아니하므로 피고인들로부터 그 수뢰액 전부를 각 추징하여야 한다(대판 1986. 11. 25. 86도

1951).
③ 수인이 공동하여 공무원이 취급하는 사건 또는 사무에 관하여 청탁을 한다는 명목으로 받은 금품을 분배한 경우에는 각자가 실제로 분배받은 금품만을 개별적으로 몰수하거나 그 가액을 추징하여야 한다(대판 1996. 11. 29. 96도2490).
④ 대판 2017. 3. 22. 2016도21536

17. ① 대판 1985. 2. 26. 84도2987
② 대판 2023. 10. 18. 2022도15537
③ 교사범의 교사가 정범이 죄를 범한 유일한 조건일 필요는 없으므로, 교사행위에 의하여 정범이 실행을 결의하게 된 이상 비록 정범에게 범죄의 습벽이 있어 그 습벽과 함께 교사행위가 원인이 되어 정범이 범죄를 실행한 경우에도 교사범의 성립에 영향이 없다(대판 1991. 5. 14. 91도542).
④ 교사범은 타인(피교사자)을 교사하여 죄를 범하게 하는 자로서 죄를 실행한 자와 동일한 형으로 처벌한다(법 제31조). 따라서 특정인에 대한 교사를 의미하므로 죄를 실행한자(정범)가 특정되어야 한다.

18. ① 공무원이 아닌 사람(이하 '비공무원'이라 한다)이 공무원과 공동가공의 의사와 이를 기초로 한 기능적 행위지배를 통하여 공무원의 직무에 관하여 뇌물을 수수하는 범죄를 실행하였다면 공무원이 직접 뇌물을 받은 것과 동일하게 평가할 수 있으므로 공무원과 비공무원에게 형법 제129조 제1항에서 정한 뇌물수수죄의 공동정범이 성립한다(대판 2019. 8. 29. 2018도13792 전합).
② 신분관계가 없는 자가 그러한 신분관계가 있는 자와 공모하여 업무상배임죄를 저질렀다면 그러한 신분관계가 없는 자에 대하여는 형법 제33조 단서에 의하여 단순배임죄에 정한 형으로 처단하여야 할 것이다(대판 1999. 4. 27. 99도883).
③ 치과의사가 환자의 대량유치를 위해 치과기공사들에게 내원환자들에게 진료행위를 하도록 지시하여 동인들이 각 단독으로 전항과 같은 진료행위를 하였다면 무면허의료행위의 교사범에 해당한다(대판 1986. 7. 8. 86도749).
④ 대판 1994. 12. 23. 93도1002

19. ① 열차승차권은 그 자체에 권리가 화체되어 있는 무기명증권이므로 이를 곧 사용하여 승차하거나 권면가액으로 양도할 수 있고 매입금액의 환불을 받을 수

있는 것으로서 열차승차권을 절취한 자가 환불을 받음에 있어 비록 기망행위가 수반한다 하더라도 절도죄 외에 따로 사기죄가 성립하지 아니한다(대판 1975. 8. 29. 선고 75도1996).
② 대판 1976. 11. 23. 76도3067
③ 대판 1978. 9. 26. 78도1787
④ 대판 2010. 2. 25. 2010도93

20. ① 대판 2021. 9. 9. 2020도12630 전합
② 대판 2022. 3. 24. 2017도18272 전합
③ 형법 제330조에 규정된 야간주거침입절도죄 및 형법 제331조 제1항에 규정된 특수절도(야간손괴침입절도)죄를 제외하고 일반적으로 주거침입은 절도죄의 구성요건이 아니므로 절도범인이 범행수단으로 주거침입을 한 경우에 주거침입행위는 절도죄에 흡수되지 아니하고 별개로 주거침입죄를 구성하여 절도죄와는 실체적 경합의 관계에 서는 것이 원칙이다(대판 2015. 10. 15. 2015도8169).
④ 대판 2017. 7. 11. 2017도4044

21. ① 대판 2011. 4. 28. 2007도7514
② 대판 2009. 6. 25. 2009도3505
③ 대판 2018. 3. 29. 2017도21537
④ 공무집행방해죄에 있어서 '직무를 집행하는'이라 함은 공무원이 직무수행에 직접 필요한 행위를 현실적으로 행하고 있는 때만을 가리키는 것이 아니라 공무원이 직무수행을 위하여 근무 중인 상태에 있는 때를 포괄한다. 야간 당직 근무 중인 청원경찰이 불법주차 단속요구에 응하여 현장을 확인만 하고 주간 근무자에게 전달하여 단속하겠다고 했다는 이유로 민원인이 청원경찰을 폭행한 사안에서, 야간 당직 근무자는 불법주차 단속권한은 없지만 민원 접수를 받아 다음날 관련 부서에 전달하여 처리하고 있으므로 불법주차 단속업무는 야간 당직 근무자들의 민원업무이자 경비업무로서 공무집행방해죄의 '직무집행'에 해당하여 공무집행방해죄가 성립한다(대판 2009. 1. 15. 2008도9919).

22. ① 사람을 살해할 목적으로 현주건조물에 방화하여 사망에 이르게 한 경우에는 현주건조물방화치사죄로 의율하여야 하고 이와 더불어 살인죄와의 상상적경

합범으로 의율할 것은 아니며, 다만 존속살인죄와 현주건조물방화치사죄는 상상적경합범 관계에 있으므로, 법정형이 중한 존속살인죄로 의율함이 타당하다(대판 1996. 4. 26. 96도485).
② 대판 2002. 3. 26. 2001도6641
③ 대판 2013. 12. 12. 2013도3950
④ 대판 1983. 1. 18. 82도2341

23. ① 형법 제310조는 "형법 제307조 제1항의 행위가 진실한 사실로서 오로지 공공의 이익에 관한 때에는 처벌하지 아니한다."라고 정한다. 여기서 '진실한 사실'이란 내용 전체의 취지를 살펴볼 때 중요한 부분이 객관적 사실과 합치되는 사실이라는 의미로 세부에서 진실과 약간 차이가 나거나 다소 과장된 표현이 있더라도 무방하다. 또한 '오로지 공공의 이익에 관한 때'란 적시된 사실이 객관적으로 볼 때 공공의 이익에 관한 것으로서 행위자도 주관적으로 공공의 이익을 위하여 그 사실을 적시한 것이어야 하는 것인데, 공공의 이익에 관한 것에는 널리 국가·사회 기타 일반 다수인의 이익에 관한 것뿐만 아니라 특정한 사회집단이나 그 구성원 전체의 관심과 이익에 관한 것도 포함한다. 적시된 사실이 공공의 이익에 관한 것인지는 사실의 내용과 성질, 사실의 공표가 이루어진 상대방의 범위, 표현의 방법 등 표현 자체에 관한 여러 사정을 감안함과 동시에 표현에 의하여 훼손되거나 훼손될 수 있는 명예의 침해 정도 등을 비교·고려하여 결정해야 하며, 행위자의 주요한 동기나 목적이 공공의 이익을 위한 것이라면 부수적으로 다른 사익적 목적이나 동기가 내포되어 있더라도 형법 제310조의 적용을 배제할 수 없다(대판 2023. 2. 2. 2022도13425).

② 형법 제309조 제1항 소정의 '사람을 비방할 목적'이란 가해의 의사 내지 목적을 요하는 것으로서 공공의 이익을 위한 것과는 행위자의 주관적 의도의 방향에 있어 서로 상반되는 관계에 있다고 할 것이므로, 형법 제310조의 공공의 이익에 관한 때에는 처벌하지 아니한다는 규정은 사람을 비방할 목적이 있어야 하는 형법 제309조 제1항 소정의 행위에 대하여는 적용되지 않는다(대판 2003. 12. 26. 2003도6036).

③ 명예훼손죄가 성립하려면 반드시 사람의 성명을 명시하여 허위의 사실을 적시하여야만 하는 것은 아니므로 사람의 성명을 명시한 바없는 허위사실의 적시행위도 그 표현의 내용을 주위사정과 종합판단하여 그것이 어느 특정인을 지

목하는 것인가를 알아차릴 수 있는 경우에는 그 특정인에 대한 명예훼손죄를 구성한다(대판 1982. 11. 9. 82도1256).
④ 타인을 비방할 목적으로 허위사실인 기사의 재료를 신문기자에게 제공한 경우에 기사를 신문지상에 게재하느냐의 여부는 신문 편집인의 권한에 속한다고 할 것이나 이를 편집인이 신문지상에 게재한 이상 기사의 게재는 기사재료를 제공한 자의 행위에 기인한 것이므로 기사재료의 제공행위는 형법 제309조 제2항 소정의 출판물에 의한 명예훼손죄의 죄책을 면할 수 없다(대판 1994. 4. 12. 93도3535).

24. ① 형법 제55조 제1항 제3호는 "유기징역 또는 유기금고를 감경할 때에는 그 형기의 2분의 1로 한다."라고 규정하고 있다. 이와 같이 유기징역형을 감경할 경우에는 '단기'나 '장기'의 어느 하나만 2분의 1로 감경하는 것이 아니라 '형기' 즉 법정형의 장기와 단기를 모두 2분의 1로 감경함을 의미한다는 것은 법문상 명확하다. 처단형은 선고형의 최종적인 기준이 되므로 그 범위는 법률에 따라서 엄격하게 정하여야 하고, 별도의 명시적인 규정이 없는 이상 형법 제56조에서 열거하고 있는 가중·감경할 사유에 해당하지 않는 다른 성질의 감경사유를 인정할 수는 없다. 따라서 유기징역형에 대한 법률상 감경을 하면서 형법 제55조 제1항 제3호에서 정한 것과 같이 장기와 단기를 모두 2분의 1로 감경하는 것이 아닌 장기 또는 단기 중 어느 하나만을 2분의 1로 감경하는 방식이나 2분의 1보다 넓은 범위의 감경을 하는 방식 등은 죄형법정주의 원칙상 허용될 수 없다(대판 2021. 1. 21. 2018도5475 전합).
② 형법 제10조 3항에 의하면 "위험의 발생을 예견하고 자의로 심신장애를 야기한 자의 행위에는 전 2항의 규정을 적용하지 아니한다"고 규정하고 있는바, 피고인이 자신의 승용차를 운전하여 술집에 가서 술을 마신 후 운전을 하여 교통사고를 일으킨 것이라면 음주할 때 교통사고를 일으킬 수 있다는 위험성을 예견하면서 자의로 심신장애를 야기한 경우에 해당한다 할 것이므로 심신미약으로 인한 형의 감경을 할 수 없다(대판 1994. 2. 8. 93도2400).
③ 대판 1994. 3. 8. 93도3608
④ 대판 2019. 4. 18. 2017도14609 전합

25. ① 대판 2023. 6. 15. 2023도1985
② 대판 2024. 3. 12. 2023도17394
③ 뇌물을 받은 자가 그 뇌물을 증뢰자에게 반환한 때에는 이를 수뢰자로부터

추징할 수 없다 할 것이므로 피고인이 수수한 위 금원을 그대로 보관하고 있다가 이를 공여자에게 반환하였다면 증뢰자로부터 몰수 또는 추징을 할 것이지 피고인으로부터 추징할 수 없다. 즉 수뢰자가 뇌물을 그대로 보관하였다가 증뢰자에게 반환한 때에는 증뢰자로 부터 몰수·추징할 것이므로 수뢰자로부터 추징함은 위법하다(대판 1984. 2. 28. 83도2783).
④ 대판 2017. 12. 22. 2017도12346

★도서에 관한 모든 것★
http://cafe.naver.com/expertone

법원직 형법 기출문제집(2025)

인 쇄	2025년 3월 5일
발 행	2025년 3월 10일
편 저	법원직시험연구진
발 행 인	홍미숙
발 행 처	엑스퍼트원
영 업 부	(67668) 서울 서초구 양재대로2길 11
	Tel : (02) 886-8203(代) (02) 577-6463
	Fax : (070) 8620-8204 (070) 8877-6463
반 품 처	경기도 파주시 신촌동 229-3 한강물류(엑스퍼트원)
E-mail	expertone7@naver.com 카페 http://cafe.naver.com/expertone
등 록	2022-000172호

정가 20,000원
ISBN 979-11-93137-54-3

판권
본사
소유

이 책의 무단 전재 또는 복제행위는 저작권법 제97조의5에 의거, 5년 이하의 징역 또는 5,000만원의 벌금에 처하거나 이를 병과 할 수 있습니다.